# सौन्दर्य तत्त्व निरूपण

एस.टी. नरसिंहाचारी

वाणी प्रकाशन

वाणी प्रकाशन
*4695, 21-ए, दरियागंज, नयी दिल्ली 110 002*
शाखा
*अशोक राजपथ, पटना 800 004*

फ़ोन : +91 11 23273167 फ़ैक्स : +91 11 23275710

www.vaniprakashan.in
vaniprakashan@gmail.com
sales@vaniprakashan.in

SAUNDARYA TATVA NIRUPAN
*by* S.T. Narasimhachari

ISBN : 978-93-87889-95-8
Criticism


प्रथम संस्करण 1977
द्वितीय संस्करण 2018

मूल्य : ₹ 695



*एम.एस. प्रिंटर्स, दिल्ली-110 093 में मुद्रित*

*वाणी प्रकाशन का लोगो मक़बूल फ़िदा हुसेन की कूची से*

सदा सम्मोहनाय

# द्वितीय संस्करण की भूमिका

बिहार राष्ट्रभाषा परिषद् द्वारा पुरस्कृत इस पुस्तक का द्वितीय संस्करण प्रकाशित होने में प्रसन्नता का अनुभव हो रहा है। विद्वान मित्रों, अध्यापकों और छात्रों के अनुरोध का यह परिणाम है। यह पुस्तक एम.ए. और एम.फिल. के स्तर पर कहीं-कहीं सन्दर्भ ग्रन्थ है। बीस वर्षों के बाद भी आलोच्य विषय पर कोई सुबोध और प्रामाणिक ग्रन्थ नहीं निकला है। इतना ही नहीं, विषय के जिज्ञासुओं के लिए इस रचना में आधारभूत तात्त्विक सामग्री मिल जाती है। पुस्तक की लोकप्रियता का यह भी एक कारण हो सकता है। आशा है, नयी पीढ़ी के अध्येताओं के लिए भी यह प्रेरणाप्रद सिद्ध होगी।

मैं स्वभावतः आलसी व्यक्ति हूँ। अपने गुरुदेव आचार्य केशवप्रसाद मिश्र की तरह काव्य के रस ग्रहण मात्र से सन्तुष्ट हूँ। यदि कुछ लिखा है तो भाषण देने के लिए, गोष्ठियों में भाग लेने के लिए, किसी परियोजना की पूर्ति के लिए या पदोन्नति के लिए। निःसंकोच स्वीकार करता हूँ कि यह कार्य भी इन्हीं लक्ष्यों की पूर्ति के लिए सम्पन्न हुआ है। पीएच.डी. के बाद कोई पुस्तक न लिखने का बहाना बनाकर मुझे प्रोफ़ेसर का पद नहीं दिया गया तो कृत संकल्प होकर, तीन महीने में चिन्तन-मनन करते हुए और तीन महीनों में पुस्तक की रचना पूरी कर दी। इससे मेरे ज्ञान में कोई श्री वृद्धि नहीं हुई, पर एक अभाव की पूर्ति अवश्य हो गयी। फिर प्रकाशक के अन्वेषण में एक-दो से तिरस्कृत होकर वाणी प्रकाशन की कृपा से प्रकाशित हो गयी। आज भी मेरी समझ में नहीं आता कि अध्यापक के लिए विद्वत्ता, आलोचनात्मक, प्रतिभा और सर्जनाशीलता कौन-कौन, कितना आवश्यक है। फिर दक्षिण का कोई हिन्दीतर भाषी अपने भाषा-साहित्य और तुलनात्मक अध्ययन के क्षेत्रों को छोड़कर काव्यशस्त्र या हिन्दी-साहित्य पर लिखने लगता है, उसे स्वीकाराने में विद्वानों और प्रकाशकों को संकोच होने लगता है। अन्य भाषा पर अधिकार कभी पूर्ण नहीं होता, लेकिन प्रतिभा, नवीनता, मौलिकता और चिन्तन की व्यापकता एवं गहराई, मातृभाषा होने से अपने आप प्राप्त नहीं हो जातीं। वे व्यक्तिगत हैं। काव्य-साहित्य के अनुशीलन के लिए साहित्यिक विवेक और रस-संवेदना के साथ दो-तीन प्रादेशिक और विदेशी साहित्यों के अध्ययन से विकसित उदार-चेतना और सहृदयता चाहिए। तभी किसी

भाषा साहित्य की उपलब्धियों और सीमाओं का पता चलता है, अन्यथा साहित्यक दृष्टि सीमित और संकुचित होती है तथा पाठक-आलोचक अपने ही लोक में तन्मय रह जाता है। आज इन पुरानी बातों और सम्बद्ध-असम्बद्ध प्रसंगों की स्मृतियों में मन एक विशेष आनन्द का अनुभव कर रहा है। ''नान्य दुच्यते किंचित्'' का पालन नहीं कर रहा हूँ, क्षमा करें।

आलोचना का अन्तिम लक्ष्य साहित्यिक अभिरुचि का परिष्कार और प्रसार है। इस ग्रन्थ के माध्यम से उस लक्ष्य की ओर कितना आगे बढ़ सका, यह कह नहीं सकता। मैं अपनी रचना की सीमाओं से अनभिज्ञ नहीं हूँ। सहृदय आलोचकों ने उनकी ओर संकेत भी किया है लेकिन इन सीमाओं की परिधि में अपनी सफाई और उपलब्धियों का स्पष्टीकरण भी बहुत ही आवश्यक है। पुस्तक के सम्बन्ध में एक शिकायत है, मौलिकता का अभाव। मैं किसी नये सिद्धान्त का प्रतिपादक 'आचार्य' नहीं, 'आचारी' हूँ। दूसरे शब्दों में, सौन्दर्यशास्त्र के इतिहास और चिन्तन को समग्र एवं समन्वय दृष्टिगत रूप में प्रस्तुत करने वाला अध्यापक-आलोचक हूँ, आचार्यों के सिद्धान्तों का आख्याता हूँ। विचारों की विविधता में भी मैंने अपना एक स्पष्ट अभिमत व्यक्त किया है कि सौन्दर्य रूपाश्रित है। वह क्रमशः ऐन्द्रिय से मानसिक और आध्यात्मिक धरातलों पर पहुँच जाता है। सौन्दर्यानुभूति की भी ये तीन दशाएँ होती हैं। रूपाश्रित सौन्दर्य, भाषा पर आधारित इससे भिन्न है। शुक्ल जी की तरह सौन्दर्य को केवल किया विचार पद से जोड़ना और शील-सौन्दर्य तथा कर्म-सौन्दर्य को नैतिक सन्दर्भ में ग्रहण करना करना उचित नहीं है। यह पाश्चात्य सौन्दर्य की अवधारणा नहीं है। सौन्दर्य और इसके सिद्धान्त, काव्यानन्द की भिन्न-भिन्न दृष्टियों से व्याख्या करते हैं। और कुछ नहीं किया है तो, मैंने हिन्दी आलोचना के क्षेत्र में सौन्दर्यशास्त्र का विश्लेषण-विवेचन, उसके आधारभूत विचार तथा उस दृष्टि से हिन्दी काव्य की संक्षिप्त समीक्षा—इनकी ओर पहली बार संकेत किया है। आगे चलकर इस सम्बन्ध में विस्तार से लेख और पुस्तकें लिखीं हैं। इस आधार पर मेरे कार्य के ऐतिहासिक महत्त्व और मौलिकता को पूरा अस्वीकार नहीं किया जा सकता।

मेरे दृष्टिकोण में एक प्रौढ़ परिणति और नवीनता है। सौन्दर्य-सम्बन्धी व्यक्तिवादी और सामाजिक विचारधाराओं के बीच मैंने उसके व्यक्तिवादी, भावात्मक और सांस्कृतिक आधार को ही ग्रहण किया है। कलागत सौन्दर्य को जीवन-सापेक्ष, जीवन के विविध पहलुओं से प्रभावित मानते हुए भी अन्ततः उन सबकी परिणति व्यक्त-मानस की सौन्दर्य-चेतना में माना है। यह अन्तर्मुखी दृष्टिकोण शुद्ध कलावादी या साहित्यिक है। इस रचना की वास्तविक मौलिकता और नवीनता, सौन्दर्यशास्त्र को दार्शनिक उलझन से मुक्त करके व्यावहारिक धरातल पर ले आने का प्रयत्न है। यह कार्य सैद्धान्तिक और प्रायोगिक, दोनों क्षेत्र में हुआ है। आख्यान, तर्क-वितर्क, उद्धरण, उदाहरण आदि के द्वारा हर एक विचार, विश्लेषण और मूल्यांकन को सुस्पष्ट और

सुबोध बनाया गया है। सौन्दर्य, उदात्त और कुरूप तथा उनके ये दोष-भेदों का निरूपण ही नहीं; उनकी भिन्न-भिन्न अनुभूति और उन अनुभूतियों की अन्तर्दशाओं के उल्लेख का प्रयत्न भी किया गया है। इस प्रयत्न में कहीं-कहीं उदाहरण दे नहीं पाया हूँ तो वह मेरे ज्ञान-क्षेत्र की सीमा है जिसके लिए क्षमा प्रार्थी हूँ। छायावादी युग में कलावाद-सम्बन्धी विविध मान्यताओं के साथ सौन्दर्य की व्यापक चर्चा भी हुई। उसके समर्थक कवि-समीक्षकों ने सौन्दर्य की परिभाषा, उसके स्वरूप और महत्त्व पर विचार किया। यद्यपि उसके तनिक अन्तदृर्शन, विविध पक्षों और उसके विवेचन की लम्बी परम्परा और इतिहास पर ज्यादा ध्यान नहीं दिया। छायावादी युग में कलह और सौन्दर्य-सम्बन्धी नये विचारों का साहित्य-जगत् और आलोचना पर इतना गहरा प्रभाव पड़ा कि उसके विरोधी रसवादी शुक्ल जी ने अपनी आलोचना में अनेक अवसरों पर उसका खण्डन किया। साथ ही उनकी सहृदयता और रसज्ञता ने 'कविता क्या है' की चर्चा में सौन्दर्य को काव्य के एक तत्त्व के रूप में स्वीकार करते हुए उसकी तात्त्विक अनुभूति के सम्बन्ध में अपने विचार प्रकट किये। सौन्दर्यशास्त्र में सौन्दर्य के अन्तदर्शन बहिर्मुखी-अन्तर्मुखी अनेक स्तरों पर हुए हैं। उनका यथा स्थान निरूपण करते हुए मैंने सौन्दर्य की अन्तर्मुखी मानसिक स्थिति का समर्थन किया है। तभी भाव-सौन्दर्य और कर्म-सौन्दर्य की समस्या का समाधान हो सकता है तथा भावगत एवं कर्मगत सौन्दर्य की पहचान सम्भव है। इस सौन्दर्य का मूल्य, नैतिक-सामाजिक अन्य मूल्यों पर आधारित न होकर मानसिक चेतना की स्पन्दनशीलता को लेकर व्यक्त होता है। तभी वह शुद्ध सौन्दर्यशास्त्रीय है। इस रचना में नवीन कुछ चिन्तन के साथ मेरी निजी अवधारणा के सूत्र लिखे हुए हैं।

पुस्तक के प्रथम प्रकाशन के बाद एक सहृदय विद्वान मित्र ने कहा था कि सौन्दर्यशास्त्र पर यह पहली समग्र, समन्वयशील और सुबोध रचना है। मेरे ज्ञान की परिधि में मैंने भरसक सभी विचार-सूत्रों को एकत्रित करने का प्रयत्न किया है। फिर भी अपनी सीमाओं के कारण बहुत-से अंश छूट गये हैं; विशेषतः सौन्दर्य-सम्बन्धी भारतीय दार्शनिक विचार। शैव और वैष्णव दार्शनिक ग्रन्थों में ईश्वरीय कलाओं और लीला का सूक्ष्म विवेचन है जो कलगत सौन्दर्य का उद्घाटन करता है।

परस्पर विरोधी चिन्तन की विविधता में समन्वय स्थापित करना कठिन कार्य है। आलोचक की सुदृढ़ और सुनिश्चित विचारधारा और विकसित व्यक्तित्व की प्रौढ़ता में ही यह सम्भव है। एक प्रकार की विचारधारा को लेकर आलोचना करने वाले समीक्षक के सामने यह कठिनाई नहीं है। अनेकता में एकता स्थापित करना ही कष्टसाध्य है। मेरी दृष्टि में हिन्दी में आचार्य रामचन्द्र शुक्ल ही एकमात्र ऐसे समीक्षक हैं जिन्होंने काव्यशास्त्र के पुराने-नये और भारतीय-पाश्चात्य चिन्तन को समन्वित ही नहीं किया है, बल्कि उस समन्वयशीलता में भारतीयता के अन्दर पाश्चात्य को इस तरह मिला दिया है कि उसके स्वतन्त्र अस्तित्व का आभास नहीं नहीं मिलता।

उसमें नये की पहचान के लिए ज्ञान, विवेक और श्रम से बहुत प्रयास करना पड़ता है। शुक्ल जी के विचारों में असंगति और विरोध दिखाई नहीं देते। वे जहाँ पाश्चात्य विच्छृंखलता का घोर विरोध करने लगते हैं, तभी कहीं-कहीं विचारों में विरोधाभास का अनुभव होने लगता है। कालक्रम में मैंने अपने साहित्य-सम्बन्धी विचारों को एकरूपता में ढालने का प्रयत्न किया है। अपने व्यक्तित्व और अपनी निजता को स्थापित कर लेने का कुछ प्रयास भी किया है। लेकिन सच्ची समन्वयशीलता के लिए आवश्यक प्रौढ़ता मुझमें आंशिक रूप में ही विद्यमान है। सहृदयों को जितना प्राप्त होता है, उसी से सन्तुष्ट होना चाहिए।

एक और मित्र ने कहा था कि इतने प्रचुर उदाहरण आपने कहाँ से और कैसे एकत्रित किये हैं। अपने व्यापक अध्ययन, ग्रन्थों, आलोचनात्मक पुस्तकों से ही नहीं, दूसरों से उद्धृत अंशों, बेईमानी से भी ये उदाहरण लिए गये हैं। अनन्त साहित्य-जगत् में स्मृति का आधार लेकर पूरी पुस्तक का अन्वेषण करके अभीष्ट स्थान और अंश का चयन हुआ है। इस बेईमानी के बिना, उदाहरणों के अभाव में केवल आख्यान के द्वारा आलोच्य विषय का प्रतिपादन समग्र और सुबोध नहीं होता। इसे समग्र और परिपूर्ण बनाने के लिए अनुचित कार्यों में शामिल होने की बात निस्संकोच स्वीकार करता हूँ।

विषय की सुबोधता के सम्बन्ध में भी दो बातें कहनी हैं। प्रसाद गुण के बिना दार्शनिक विषय मन को उलझा देता। कामायनीकार की श्रद्धा कहती है कि वह मन की उलझन को सुलझा देती है। आगे लज्जा सर्ग में वह सौन्दर्य की उलझन को भी सुलझाने का प्रयत्न करती है। मन केन्द्रबिन्दु जिसकी ग्रहणशीलता से ही उलझन दूर होती है। व्याख्या, उदाहरण, तुलना, आख्यान, कला तथा मानवजीवन एवं प्रकृति के विविध प्रसंगों में अभिव्यक्त विचारों की साररूपता आदि के द्वारा दार्शनिक विषय को बोधगम्य और व्यावहारिक रूप दिया गया है। फिर भी रस की तरह सौन्दर्य भी कुछ न कुछ रहस्यमय ही रह जाता है। अनुभूति ही सौन्दर्य की बोद्धव्यता, उसके उत्कर्ष-अपकर्ष और मूल्यांकन का आधार है।

आलोक्ष्य विषय के व्यावहारिक पक्ष को और स्पष्ट करने के लिए हिन्दी काव्य में सौन्दर्य चेतना के विविध आयामों पर अधिक विस्तार से लिखना चाहता था। लेकिन पृष्ठों की संख्या और पुस्तक का आकार बढ़ जाने के भय से उस विचार को छोड़ दिया है। न प्रकाशक और न पाठक उसे चाहेंगे। इसलिए 'हिन्दी काव्य में सौन्दर्य चेतना का विकास' नाम से स्वतन्त्र रचना के प्रयत्न में संलग्न हूँ जो प्रस्तुत पुस्तक की पूरक होगी।

इस सुदीर्घ भूमिका से लेखक के दृष्टिकोण और प्रतिपाद्य को समझने में कुछ सहायता मिलती है तो वह 'अनपेक्षित' नहीं है।

**—एस.टी. नरसिंहाचारी**

# दृष्टिकोण
## (प्रथम संस्करण का प्राक्कथन)

सौन्दर्यशास्त्र दर्शन का अंग है। सहज ही उसमें दार्शनिक उलझन भरी हुई है। उसका चिन्तन, सौन्दर्य के तात्त्विक स्वरूप को भले ही प्रकट करे, कला या साहित्य की व्याख्या में विशेष उपयोगी नहीं है। सौन्दर्य कला या साहित्य का मूलभूत आधार अवश्य है, पर अभिव्यंजना में उसकी पहचान के लिए सौन्दर्य-सम्बन्धी दार्शनिक चेतना का ज्ञान उतना आवश्यक नहीं है। विषय की जटिलता और व्यावहारिक अनुपादेयता के कारण साहित्य के आचार्य सौन्दर्यशास्त्र से दूर रहना ही श्रेयस्कर मानते हैं। लेकिन सौन्दर्य-बोध ग्राहक की रसज्ञता का सूक्ष्म उन्मीलन कर सकता है, इसलिए सौन्दर्यशास्त्र का ज्ञान साहित्य के अध्येता के लिए नितान्त अनुपयोगी नहीं है। यदि सौन्दर्य की दार्शनिक भावना जटिल है तो उसे साहित्य के सन्दर्भ में सरल व्यावहारिक रूप देना चाहिए जिससे कलात्मक अभिव्यंजना की मूल चेतना स्पष्ट हो।

प्रस्तुत अध्ययन दार्शनिकता से बचकर सामान्य विवेक के आधार पर सौन्दर्य-भावना को स्पष्ट करने का प्रयत्न है। साथ ही उसमें सौन्दर्य-सम्बन्धी बहिर्मुखी विशेषताओं का उद्‌घाटन मात्र न होकर अन्तर्दर्शन के द्वारा उसके तात्त्विक स्वरूप पर भी विचार किया गया है। सौन्दर्य-बोध के लिए सिद्धान्त-ज्ञान के साथ व्यावहारिक या प्रायोगिक अन्वय का परिचय भी आवश्यक है। इसलिए उदाहरणों के द्वारा जीवन और साहित्य में सौन्दर्याभिव्यक्ति का स्वरूप समझाया गया है। हिन्दी साहित्य में सौन्दर्य-भावना के विकास की ऐतिहासिक गतिविधि, उसके स्वरूप के आकलन को पुष्ट करने वाली है। साहित्य में सौन्दर्य की अभिव्यक्ति जीवन-सापेक्ष है। इसी दृष्टि से सौन्दर्य का सैद्धान्तिक और व्यावहारिक अनुशीलन होना चाहिए। तभी कलाकार की सौन्दर्य-चेतना की सजीवता बोधगम्य होती है।

जीवन और साहित्य के क्षेत्रों में अनुभूति और चिन्तन के बल पर सौन्दर्य के सत्य और व्यावहारिक स्वरूप को सामने रखने का मैंने जो प्रयास किया है, उससे यदि विषय यत्किंचित् भी सरल हो सका तो मैं अपने प्रयास को वृथा नहीं समझूँगा।

तिरुपति **एस.टी. नरसिंहाचारी**

# अनुक्रम

**सौन्दर्य** **15-161**

1. विषय-प्रवेश 15
2. सामान्य विवेचन 20
3. भारतीय चिन्तन 28
4. पाश्चात्य चिन्तन 34
5. सृष्टि-सौन्दर्य और कला-सौन्दर्य 43
6. सौन्दर्यानुभूति और रसानुभूति 46
7. सत्य, शिव और सुन्दर 50
8. वस्तुनिष्ठ विशेषताएँ 55
9. स्वरूप-विश्लेषण 61
10. भाव-सौन्दर्य और कर्म-सौन्दर्य की समस्या 70
11. वर्गीकरण 72
12. सौन्दर्यानुभूति 86
13. सौन्दर्य-बोध 94
14. सौन्दर्यानुभूति का महत्त्व 98
15. सौन्दर्य-सम्बन्धी समस्याएँ 101
16. सौन्दर्य के साधक तत्त्व 105
17. हिन्दी साहित्य में सौन्दर्य-भावना का विकास 120

**उदात्तता** **162-229**

1. सामान्य विवेचन 162
2. भारतीय चिन्तन 171
3. पाश्चात्य चिन्तन 176
4. सौन्दर्य और उदात्तता 185
5. अनुकूल आधारभूमि 189

6. स्वरूप-विश्लेषण 194
7. उदात्त की अनुभूति 203
8. उदात्त के साधन 206
9. हिन्दी साहित्य में उदात्त भावना 212

**कुरूपता** **230-259**
1. सामान्य विवेचन 230
2. भारतीय चिन्तन 232
3. पाश्चात्य चिन्तन 234
4. तात्त्विक विश्लेषण 236
5. सौन्दर्यरहित स्थिति 240
6. जीवन-जगत् में कुरूपता 241
7. साहित्य में कुरूपता 243
8. विविध भावनाओं का विकास 246
9. हिन्दी साहित्य में कुरूपता की भावना 249
10. नवीन सौन्दर्य-बोध 254

**परिशिष्ट** **260-266**
सन्दर्भ-ग्रन्थ 260

# सौन्दर्य

## 1. विषय-प्रवेश

जीवन-जगत् में सौन्दर्य सार्वजनीन अनुभूति का विषय है। देश और काल की सीमाओं से परे वह मनुष्यमात्र के हृदय को प्रभावित करता है। मात्राभेद होने पर भी वह हर एक को आकर्षित और स्पन्दित करता है। उसे मानव-मन की सहज वृत्ति भी कह सकते हैं जो सभ्यता और संस्कृति के विकास के साथ परिष्कृत होता आया है। काम के समान उसकी अनुभूति अत्यन्त तीव्र, गहरी और व्यापक होती है। इस अनुभूति के बावजूद मनुष्य यह कह नहीं पाता कि सौन्दर्य क्या है या वह किसी वस्तु को सुन्दर क्यों कहता है? सौन्दर्यानुभूति मन को इस तरह अभिभूत कर देती है कि बुद्धि के द्वारा उसका अवगाहन असम्भव हो जाता है। वह ऐसी उलझन है जिससे सुलझन रूठी हुई है।[1] बुद्धि के द्वारा उसे सुलझाने के प्रयत्न शताब्दियों से सौन्दर्यशास्त्र के मनीषी करते आ रहे हैं, लेकिन उलझन बढ़ती ही जा रही है। क्योंकि वह व्यक्ति की अनुभूति का विषय है और विद्यापति की राधा के शब्दों में 'अनुभव काहु न पेख।'[2] सौन्दर्य की व्याख्या की इन कठिनाई को दृष्टि में रखकर शिप्ले का कहना है कि :

The road to beauty is packed with graves of theories, but the ghosts walk; and as the road is always misty, few can tell the vital from the dead (The works of art wing high and clear to the goal.)[3]

व्युत्पत्ति की दृष्टि से सौन्दर्य शब्द का अर्थ मन को आर्द्र करने वाला है। 'सुष्ठु उनन्ति आर्द्री करोति चित्तमिति'[4]। यह सौन्दर्य के प्रभाव का सामान्य कथन मात्र है। रस का भी वही धर्म है—मन का आर्द्रीकरण। सौन्दर्य और रस के अतिरिक्त और भी अनेक कारणों से मन आर्द्र हो सकता है। इस तरह व्युत्पत्ति की दृष्टि से सौन्दर्य की प्रकृति एवं स्वरूप का निर्धारण नहीं हो सकता। भाषा-प्रयोग या व्यवहार के आधार पर ही उसकी विशिष्टता का निरूपण किया जा सकता है। वैदिक साहित्य में सौन्दर्य के लिए 'सुनर' शब्द का प्रयोग हुआ है। प्राणियों के सौन्दर्य-निरूपण के प्रसंग में ही उसका व्यवहार देखकर अनुमान किया जाता है कि उसके अर्थ की

व्याप्ति प्राण-जगत् तक सीमित रही होगी। लौकिक संस्कृत में सौन्दर्य शब्द का प्रयोग उससे व्यापक अर्थ में हुआ है। वह सभी मूर्त वस्तुओं के सौन्दर्य का द्योतक है। लेकिन वह रूप के बाह्य आकर्षण को ही व्यक्त करता था। अतः सौन्दर्य के लिए लावण्य शब्द चलता था। पाश्चात्य सम्पर्क में आने पर आधुनिक भाषा-साहित्यों में सौन्दर्य शब्द का अर्थ अत्यन्त व्यापक हो गया। वह रूप के आन्तरिक और बाह्य सभी पहलुओं के आकर्षण का द्योतन करने लगा। पाश्चात्य सौन्दर्यशास्त्र की सभी विशेषताओं से वह सम्बद्ध हो गया।

व्यवहार में सौन्दर्य शब्द सन्दर्भानुसार भिन्न-भिन्न अर्थों में प्रयुक्त होता है—(1) सामान्यतः वह रूप की विषेषता है जिससे वस्तु दर्शनीय बनती है। वस्तु का रूप निश्चित या अनिश्चित हो सकता है, लेकिन मूर्त अवश्य होना चाहिए। गोचर रूप में ही सौन्दर्य होता है, अमूर्त में नहीं। (2) सौन्दर्य वस्तु के एक विशिष्ट मूल्य को प्रकट करता है। इस मूल्य-दृष्टि को लेकर अर्थ-विस्तार में सौन्दर्य प्रशंसा का शब्द भी हो गया। जब कोई वस्तु या बात हमें अच्छी लगती है, जिसका हम अनुमोदन करते हैं, उसे सुन्दर कहकर साधुवाद देते हैं, जैसे—आपने जो कहा, वह बहुत ही सुन्दर है। यहाँ 'सौन्दर्य संज्ञा का नहीं, 'सुन्दर' विशेषण का प्रयोग ध्यान देने योग्य है। जिस अर्थ में हम कहते हैं कि रूप में सौन्दर्य होता है, उस अर्थ में वाणी सुन्दर नहीं हो सकती। यहाँ सुन्दर केवल प्रशंसा का शब्द है। (3) रूप-सौन्दर्य के द्वारा विशिष्ट आनन्द की अनुभूति होती है। व्यक्ति-निष्ठ दृष्टि से जब विशिष्ट आनन्द की अनुभूति होती है, तब वस्तु को सुन्दर कहते हैं। इसीलिए कुछ सौन्दर्यशास्त्री सौन्दर्य को आनन्द का वस्तुनिष्ठ प्रेक्षण मानते हैं। रूप के अतिरिक्त भाव और कर्म से भी जब विशिष्ट आनन्दानुभूति होती है, अनुभूति की प्रकृति समान होने के कारण भाव और कर्म को भी सुन्दर कहा जाता है। दोनों अमूर्त हैं, फिर भी उनमें सौन्दर्य माना जाता है। इस तरह व्यवहार में भाव-सौन्दर्य और कर्म-सौन्दर्य की भी परिकल्पना की गयी। यहाँ सौन्दर्य संवेद्य होने का तथा आनन्द प्रदान करने का द्योतक है। वास्तव में भाव और कर्म का मूल्यांकन सौन्दर्य और कुरूपता के आधार पर नहीं, सत्यासत्य या शुभाशुभ के आधार पर होता है और होना भी चाहिए। लेकिन कला या साहित्य में उनकी अभिव्यक्ति संवेद्य होती है, इसलिए उनके साथ सौन्दर्य शब्द जोड़ा जाता है। यह संवेद्यता या सौन्दर्य, अन्ततोगत्वा भाव और कर्म की मूल प्रकृति, सत्य और शिव से ही निर्धारित होता है। (4) साहित्य के सन्दर्भ में सौन्दर्य शब्द का प्रयोग उसके अर्थ-विस्तार का एक और प्रमाण है। 'विद्यापति के काव्य में सौन्दर्य का सफल चित्रण हुआ है'—इस वाक्य में सौन्दर्य शब्द रूप या अभिव्यक्ति की मार्मिकता की ओर संकेत करता है। यहाँ सौन्दर्य या तो केवल प्रभाव को व्यक्त करता है या रूप-योजना में कवि की प्रतिभा से उत्पन्न सौन्दर्य को। भाव और कर्म भी साहित्य में रूपात्मक अभिव्यक्ति के बल पर सुन्दर कहे जा सकते हैं। विभिन्न प्रकार के

इन प्रयोगों में कोई असंगति नहीं है। क्योंकि सभी सन्दर्भों में सौन्दर्य रूपाश्रित ही है—चाहे रूप वस्तु-सम्बन्धी हो, चाहे अभिव्यंजना-सम्बन्धी। कभी-कभी शुद्ध कलावादी दृष्टि से यह भी कहा जाता है कि रूप-वर्णन में भी सौन्दर्य वस्तु-सम्बन्धी न होकर उसकी बिम्बात्मक अभिव्यक्ति-सम्बन्धी है।

संस्कृत में सौन्दर्य के अनेक पर्यायवाची शब्द हैं। उनमें अधिकांश रूप की प्रशंसा या मन पर उसके प्रभाव को व्यक्त करने वाले सामान्य शब्द हैं, जैसे—साधु, मंजु, मनोहर आदि। कुछ ऐसे विशिष्ट शब्द भी हैं जो रूप-सौन्दर्य के विशेष पहलुओं के द्योतक हैं। यहाँ भी विशेष अन्तर के बिना ही अनेक शब्दों की संरचना हो गयी है, जैसे—आभा, कान्ति, द्युति आदि। सौन्दर्य के सार्थक पर्यायवाची शब्दों में विशेष ध्यान देने योग्य रूप, लालित्य, रमणीय, सौष्ठव, शोभा, कान्ति, चारुता, लावण्य, सुषमा और छवि हैं। इनमें कहीं-कहीं व्युत्पत्ति की दृष्टि से नये अर्थ की प्रतीति होती है तो कहीं व्यवहार में भाषा-प्रयोग के आधार पर। ये शब्द संस्कृत से प्रभावित आर्य और द्राविड़ भाषाओं में प्रायः प्रचलित हैं और जीवन के विशेष सन्दर्भों में व्यवहृत होते हैं।

रूप आकृति का द्योतक सामान्य शब्द है जो व्यवहार में दर्शनीय रूप का व्यंजक होकर सौन्दर्य को भी व्यक्त करने लगा। व्युत्पत्ति की दृष्टि से 'रूपयति इति रूप' है। रूपायन की प्रक्रिया स्वयं आकर्षक है। रूप शब्द सौन्दर्य की रूपाश्रितता, गोचरता और वस्तुनिष्ठा को प्रकट करता है। रूप बाह्य आकृति का है और उसकी विशेषताएँ सौष्ठव और सुषमा हैं। सुष्ठु का भाव सौष्ठव है। व्युत्पत्ति के अनुसार वह रूप की प्रशंसनीयता का व्यंजक है। लेकिन व्यवहार में वह आनुपातिक और औचित्यपूर्ण अवयव-गठन को द्योतित करता है, जैसे नारी के अवयव सौष्ठवपूर्ण होते हैं। 'सुशोभन समं सर्वं यथा' सुषमा है। सुसम भी सौष्ठव को व्यक्त करता है, लेकिन सुषमा के अर्थ में अंगांगों की प्रमुखता के साथ एक सर्वव्यापी शोभा की व्यंजना भी है। सौष्ठव के साथ तुलना में वह बाह्य रूप के परम सौन्दर्य का व्यंजक है।

श्री और शोभा शब्द समानार्थक हैं और व्यक्त रूप की संस्कारिता को, जो नैसर्गिक भी हो सकती है, प्रकट करते हैं। आलंकारिकों के अनुसार कोमल और सुकुमार अंगों से शोभा छलकती है। यौवन के प्रादुर्भाव में विकसित वह नारी का सात्त्विक अलंकार मानी गयी है। व्यवहार में उसके अर्थ की व्याप्ति इससे कहीं अधिक है। रूप की मूर्तता से प्रकट होने वाला वह अमूर्त धर्म है जो बेढंगेपन का उलटा है। संस्कार की शोभा अवयव-संचालन, गति आदि में व्यक्त होती है, जैसे नायिका की चाल में विशेष शोभा है। लालित्य, सौकुमार्य, कोमलता आदि समष्टि रूप या अवयवों के आकर्षक धर्म हैं। ये सभी अमूर्त हैं लेकिन मूर्त रूप से सम्बन्धित। बाह्य रूप से सम्बद्ध होने के कारण ये अन्तःसौन्दर्य या लावण्य की विशेषताएँ नहीं हैं। लालित्य शब्द का व्यापक सौन्दर्यशास्त्रीय अर्थ में भी प्रयोग चलता है, जैसे कालिदास के काव्य में लालित्य तत्त्व। यहाँ लालित्य का सम्बन्ध प्रकृति या मनुष्य

के रूप से नहीं, कलाकार की कल्पना से है जिसके कारण वस्तु संवेद्य बनती है। इस तरह लालित्य कलागत सौन्दर्य का पर्यायवाची है।'[5]

छवि शब्द उत्पत्ति के अनुसार निर्दोष रूप को प्रकट करता है। 'छूयति सूक्ष्मं करोति यद्वा छूयति छिनत्ति दूरीकरोति मालिन्यादि कुवेशमिति।'[6] व्यवहार में यह सौन्दर्य का निषेधात्मक नहीं, विधायक धर्म लगता है। छवि का सौन्दर्य वस्तु के स्फुट अवयवों का नहीं, समग्रता की झाँकी का है, यद्यपि कुछ अवयव समष्टि के आकर्षण के प्रमुख कारण लगते हैं।

लावण्य अन्तःसौन्दर्य का निरूपक शब्द है। रूप के माध्यम से लावण्य की तरल आभा प्रकट होती है। वह बाह्य रूप से नहीं, आन्तरिक चेतना या जीव-शक्ति से सम्बद्ध है। दार्शनिक दृष्टि से उसे वस्तुगत भाव भी कह सकते हैं। व्युत्पत्ति की दृष्टि से लवण का भाव लावण्य है। लेकिन लवण के प्रचलित अर्थ 'नमक' से उसका कोई प्रत्यक्ष सम्बन्ध नहीं दिखाई देता। लाक्षणिक अर्थ ग्रहण करके यह कहना पड़ता है कि रुचियों में लवण के समान वह महत्त्वपूर्ण, सूक्ष्म और अन्तर्यामी है या लवणों के द्वारा पुष्ट होने पर शरीर या रूप में उसकी तरल आभा प्रकट होती है। क्षितीशचन्द्र ने वाल्मीकि रामायण में प्रयुक्त 'रामण्यक' से उसका विकास माना है। 'र' और 'ल' के अभेद और 'म' अनुनासिक के विषमीकरण के द्वारा 'व' में परिवर्तन में लावण्य बना है।[7] वेदान्त देशिक ने रामानुज के गीताभाष्य की टीका में वैदिक वाङ्मय से उद्धरण देते हुए लावण्य को 'समुदाय शोभा' कहा है।[8] इस रूप में वह समष्टि सौन्दर्य का द्योतक है। कान्ति, द्युति, आभा आदि शब्द भी अन्तःसौन्दर्य को ही सूचित करते हैं। बाह्य आकृति के रंग से उनका सम्बन्ध नहीं है। लावण्य की उज्ज्वल आलोकमयता को कान्ति कह सकते हैं। पाश्चात्य सौन्दर्यशास्त्रियों ने भी रूप की उज्ज्वलता को सच्चे सौन्दर्य की पहचान माना है। अनन्त रमणीय ईश्वर आलोकमय रूप में ही अभिव्यक्त होता है।

रमणीय, चारु, रुचिर आदि शब्द अनुभूति की दृष्टि से सौन्दर्य की व्याख्या करते हैं। मन को रमाने वाला रूप रमणीय है। यह रमणीयता क्षण-क्षण रूप के नवीन लगने पर निर्भर है। चारु की उत्पत्ति है 'चरित चित्ते इति'। चित्त में संचलन उत्पन्न करना, उसमें व्याप्त हो जाना और उसे प्रभावित करना चारु का धर्म है। रुचिर सौन्दर्य की आस्वादनीयता का व्यंजक है। सौन्दर्य के ये पर्यायवाची शब्द उसके आन्तरिक और बाह्य धर्मों को, व्यष्टि और समष्टि रूप की विशेषताओं को, अनुभूति की प्रक्रिया और स्वरूप को, निर्दोषता और प्रशंसनीयता को प्रकट करते हैं। सौन्दर्य के सभी पहलुओं की ओर उनके संकेत, भारतीय सौन्दर्य दर्शन की समग्रता को प्रकट करते हैं। भारतवर्ष में अलग सौन्दर्यशास्त्र की कल्पना नहीं की गयी, परन्तु सौन्दर्य की मर्मज्ञता को व्यक्त करने वाले अनेक बिखरे हुए सूत्र अवश्य मिल जाते हैं।

अंग्रेजी में सौन्दर्य का पर्यायवाची शब्द 'ब्यूटी' है। ऑक्सफोर्ड शब्दकोश के

अनुसार 'ब्यूटी' मानवीय मुख, रूप या इतर वस्तुओं में आकृति, अनुपात, रस आदि गुणों का ऐसा संयोग है जो नेत्र को आनन्द देता है, जो नैतिक तथा बौद्धिक भावना का भी परितोष करता है।[9] स्पष्ट ही सौन्दर्य की यह परिभाषा व्यापक है। व्यवहार में सूक्ष्म अर्थभेद के साथ इस शब्द के अनेक लाक्षणिक प्रयोग दिखाई देते हैं। हिन्दी में सौन्दर्य शब्द के व्यापक अर्थ और प्रयोग की भिन्नता की ओर पहले जो संकेत किया गया है, वह वास्तव में अंग्रेजी शब्द के स्थानापन्न होने के कारण ही है।

संस्कृत के समान अंग्रेजी में 'ब्यूटी' के पर्यायवाची शब्दों की बहुलता नहीं है। इसका कारण भाषाओं की प्रकृति का अन्तर और शब्द-संरचना की सुविधा है। अंग्रेजी में 'ब्यूटी' से सम्बद्ध जो शब्द मिलते हैं, वे समानार्थक न होकर रूप-सम्बन्धी विशिष्ट धर्मों के प्रतिपादक हैं। वे क्रमशः सौन्दर्य के अधिकाधिक आकर्षण को भी व्यक्त करते हैं। प्रेट्टी (Pretty) लघुरंजक रूप है जिसका आकर्षण सामान्य है। ग्रेसफुल (Graceful) सुसंस्कृत व्यवहार, गति, शैली आदि की नागरिक भावना को व्यक्त करता है। लवलीनेस (Loveliness) प्रशंसनीय और आनन्दमयी रूप का धर्म है। ब्रिलियन्स (Brilliance) और लस्टर (Lustre) रूप की उज्ज्वल कान्ति को प्रकट करते हैं। पहले में कान्ति की प्रमुखता है तो दूसरे में कान्ति की अधिकता की व्यंजना है जो रूप से चारों ओर विकीर्ण होती रहती है। प्रथम तीन शब्द-रूप सौन्दर्य के सामान्य आयाम हैं जबकि परवर्ती दोनों शब्द सच्चे सौन्दर्य की ओर संकेत करते हैं। ग्रांडियर (Grandeur) और स्प्लेंडर (Splendour) सौन्दर्य की पराकाष्ठा को व्यक्त करते हैं। रूप की शालीनता, गौरवशालिता, गतिशीलता और शक्तिशाली प्रभावोत्पादकता 'ग्रांडियर' है। स्प्लेंडर इससे अधिक उज्ज्वल वैभवशाली सौन्दर्य है। ब्रेडले ने अनुभूति की दृष्टि से सौन्दर्य की पाँच श्रेणियों का उल्लेख किया है–रंजक (Pretty), शोभामय (Graceful) सुन्दर (Beautiful), भव्य (Grand) और उदात्त (Sublime)।[10] इस विभाजन में सौन्दर्य का स्थान मध्यवर्ती है। कमनीयता की दृष्टि से उसकी प्रकृति पूर्ववर्ती दोनों रूपों से मिलती है, यद्यपि आकर्षण की दृष्टि से उसका धरातल अधिक ऊँचा है। फिर भी सौन्दर्य अन्तिम दोनों की ऊँचाई पर कभी पहुँच नहीं सकता। ब्रेडले ने महानता के आधार पर उनके पार्थक्य को स्पष्ट किया है। प्रथम दोनों रूपों में महानता का कोई भी पहलू नहीं होता। सौन्दर्य में भी महानता नहीं होती, लेकिन उसका प्रवेश निषिद्ध भी नहीं है। प्रथम दो के साथ महानता का प्रकृतिमय विरोध है जबकि सौन्दर्य के साथ वह असंगत प्रतीत नहीं होती। अन्तिम दो रूप महानता पर आधारित हैं। उसके बिना भव्यता या उदात्तत्ता की अनुभूति नहीं हो सकती।

संस्कृत और अंग्रेजी में सौन्दर्य और उसके पर्यायवाची शब्दों का उपर्युक्त विवरण, सौन्दर्य-चिन्तन और सौन्दर्यशास्त्र की विविध दिशाओं का दिग्दर्शन कराता है।

## 2. सामान्य विवेचन

सौन्दर्य, रूप की विभूति है जो मानव मन को अपनी ओर आकृष्ट करता है। इस आकर्षण में ही सौन्दर्य की सत्ता का बोध होता है। रूप के आकर्षण का माध्यम नेत्रेन्द्रिय है। गोचर रूप पर निर्भर सौन्दर्यानुभूति की प्राथमिक स्थिति शुद्ध ऐन्द्रिय है। सात्त्विक और कायिक अनुभावों से उसकी अभिव्यक्ति होती है। प्राप्ति की क्रियाशीलता भी उसके साथ सम्बद्ध हो सकती है। जब ऐन्द्रिय अनुभूति का मन पर प्रभाव पड़ता है, उसमें अनेक भावनाओं का संचार हो जाता है। मन बराबर सौन्दर्य-दर्शन की अभिलाषा करता है और दर्शन से कभी अघाता नहीं। अति परिचय से भी एकतानता का अनुभुव नहीं होता। स्वयं सुन्दर और पूर्णकाम होने पर भी श्रीकृष्ण का मन रुक्मिणी के लिए व्याकुल रहता है :

*'अति प्रेरित रूप आँखियाँ अत्रिपत*
*माइव जद्यपि त्रिपत मन।*
*बार-बार तिम करै विलोकन*
*धन मुख जेइ रंक धन।''*[11]

इस अतृप्ति का कारण सौन्दर्य की रहस्यमयता है जो बुद्धि को परास्त कर देती है :

*'रावरे रूप की रीति अनूप नयो-नयो लागत ज्यौ-ज्यौ निहारियै।*
*त्यों इन आँखिन वानि अनोखी, अघानि कहूँ नहिं आनि तिहारियै।।*[12]

और

*'रूप चमूप सज्यौ दल देखि...बुधि-बापूरी है करि दासी।''*[13]

नाइट का कहना है कि यही रहस्यमयता सौन्दर्य का लक्षण है–'Beauty reveals itself to us in a series of steps, but at the last it remains a mystery, and without mystery there would be no beauty. There must be in every work of art, as in every Material object that is beautiful, some thing that we feel but do not know, something, we apprehend, but do not comprehend.[14]

जहाँ सौन्दर्य ऐन्द्रिय धरातल पर मन को व्याकुल कर देता है, अनुभूति की चरम स्थिति पर आनन्ददायी हो जाता है। आनन्दानुभूति के साथ रमणीयता भी बढ़ती जाती है। इसीलिए कोट्रम कहते हैं कि :

'A thing of beauty is a joy for ever
Its loveliness increases but
It will never pass into nothingness.'[15]

सौन्दर्यानुभूति मनुष्य के हृदय को परिष्कृत, कोमल और व्यापक बनाती है। वह हमें वास्तविकता की गहराई में ले जाकर सच्चे आनन्द में परिणत हो जाती है।[16]

इस अपूर्व अनुभूति के आधार को छोड़कर वास्तव में सौन्दर्य क्या है, इसका कोई निश्चित समाधान नहीं हो सकता। जैसा कि सूर की गोपिकाएँ कहती हैं; नित्य नवीन लगना ही इसका लक्षण है :

*'स्याम सो काहे की पहचानि।*
*निमिष निमिष वह रूप न वह छबि रति कीजै जेहि जानि।'*[17]

क्षण-क्षण की इस नवीनता के कारण ही सौन्दर्य का चित्र खींचा नहीं जा सकता।

*'लिखन बैठि जाकी सबी गहि गहि गरब गरूर।*
*भये न केते जगत के चतुर चितेरे कूर।।'*[18]

इस अनुभूतिमूलक व्याख्या में सौन्दर्य केवल बाह्य-रूप-सापेक्ष नहीं रह जाता। बाह्य रूप या आकृति केवल स्थितिशील है, सौन्दर्य की गतिशीलता मानसिक चेतना की सजीवता पर निर्भर है। रूप-सौन्दर्य की सजीवता, मानसिक स्पन्दनशीलता के साथ आत्म-चैतन्य का भी परिणाम हो सकती है। तब रूप और उसके सौन्दर्य पर आत्मा की मंगलमय छाया पड़ती है। आत्मवादी भारतीयों ने सौन्दर्य के आध्यात्मिक और मंगलमय रूप पर बल दिया है। रवीन्द्र कहते हैं कि :

'At first we detach beauty from tis surroundings, we hold it apart from the rest, but at the end we realise its harmony with all... When he has the power to see thigns detached from self-interest and from the insistant claims of the lust and of the senses, then alone can we have the true vision of the beauty that is every where."[19]

कालिदास ने पार्वती के वर्णन में सुन्दर और शिव को समन्वित कर दिया।

*'यदुच्यते पार्वति पापवृत्तये न रूपमित्यव्यभिचारि तद्वचः।*
*तथा हि ते शीलमुदारदर्शने तपस्विनामत्युपदेशतां गतम्॥'*[20]

इस पवित्र सौन्दर्य के प्रभाव से हिमालय भी पूत और विभूषित हो उठा है।[21] जो रूप-सौन्दर्य केवल वासना को उत्तेजित करता है और उस कारण अपने लक्ष्य की पूर्ति में सफल नहीं होता, वह निन्दनीय है। इसीलिए पार्वती ने अपने रूप की निन्दा की। 'निनिन्द रूपं हृदयेन पार्वती'।[22]

सौन्दर्य को प्रकृति और जीवन की वास्तविकता के परिपार्श्व में ही समझा जा सकता है। शिव की तरह सत्य के साथ भी उसका सम्बन्ध है। जीवन के सत्य को आध्यात्मिक और लौकिक, दोनों रूपों में ग्रहण किया जा सकता है। आध्यात्मिक सत्य कल्पना और आदर्श पर आधारित होकर सौन्दर्य को भी सूक्ष्म रूप प्रदान करता है। दूसरी ओर वास्तविकता का सत्य सौन्दर्य को यथार्थ से सम्बद्ध रखता है। कलाओं में जहाँ वास्तविकता को छोड़कर कल्पना की ऊँची उड़ान होती है और अति आदर्शीकरण का प्रयत्न किया जाता है, सौन्दर्य जीवन से विच्छिन्न और काल्पनिक हो जाता है। रूपवादी कल्पना के द्वारा शुद्ध सौन्दर्य की सृष्टि का प्रयत्न

करते हुए उसे जीवन रस की सजीवता से वंचित करते हैं। आचार्य शुक्ल ने 'काव्य में अभिव्यंजनावाद' में उसका तीव्र विरोध किया है।[23]

सौन्दर्य वस्तु-रूप का धर्म अवश्य है। साथ ही वह कोई दार्शनिक निरपेक्ष तत्त्व भी नहीं है। यदि वह भौतिक पदार्थ नहीं है तो शुद्ध मानसिक या मनोवैज्ञानिक भावना भी नहीं। वह वस्तु-रूप और व्यक्ति मन के सम्बन्ध-सूत्र पर आधारित है। वे एक-दूसरे को प्रभावित करते हुए समष्टि रूप में सौन्दर्य की अनुभूति देते हैं।[24] वस्तु की विशिष्टता आत्मा के प्रक्षेपण से उज्ज्वल हो उठती है तो आत्मा स्वयं रूप से क्रियाशील होती है। सौन्दर्य रूप और नेत्र की विशिष्टता में ही नहीं, उनके उचित संयोग में भी है। इसीलिए कविवर बिहारी ने कहा है :

*'रूप रिझावन हारु वह, ए नैना रिझवार।'*[25]

आचार्य रामचन्द्र शुक्ल ने भी सौन्दर्य के सम्बन्ध में इस समन्वित दृष्टि का ही समर्थन किया है कि वह न मन के बाहर की वस्तु है और न मन की भावना में ही उसका अस्तित्व है। 'सौन्दर्य बाहर की कोई वस्तु नहीं है, मन के भीतर की वस्तु है। यूरोपीय कला समीक्षा की यह एक बड़ी ऊँची उड़ान या बड़ी दूर की कौड़ी समझी गयी है, पर वास्तव में यह भाषा के गड़बड़झाले के सिवा और कुछ नहीं है। जैसे वीरकर्म से पृथक् वीरत्व कोई पदार्थ नहीं, वैसे ही सुन्दर वस्तु से पृथक् सौन्दर्य कोई पदार्थ नहीं। कुछ रूप-रंग की वस्तुएँ ऐसी होती हैं जो हमारे मन में आते ही थोड़ी देर के लिए हमारी सत्ता पर ऐसा अधिकार कर लेती हैं कि उसका ज्ञान ही हवा हो जाता है और हम उन वस्तुओं की भावना के रूप में ही परिणत हो जाते हैं। हमारी अन्तःसत्ता की यही तदाकार परिणति सौन्दर्य की अनुभूति है। जिस वस्तु के प्रत्यक्ष ज्ञान या भावना से तदाकार-परिणति जितनी अधिक होगी, उतनी ही वह वस्तु हमारे लिए सुन्दर कही जायेगी। इस विवेचन से स्पष्ट है कि भीतर-बाहर भेद व्यर्थ है। जो भीतर है, वही बाहर है।[25]

सौन्दर्य के सम्बन्ध में ध्यान देने योग्य एक और बात उसकी देश-काल और व्यक्ति-सापेक्षता है। जहाँ तक सौन्दर्य रूपगत है, वहाँ तक उसकी अनुभूति सार्वभौमिक है। प्रत्येक देश और काल का व्यक्ति सौन्दर्य का निरन्तर अनुभव करता रहता है। वस्तु का नाश हो सकता है, उसके सौन्दर्य का नहीं। इस अर्थ में सौन्दर्य एक सीमा तक शाश्वत सत्य भी माना जा सकता है। उसकी व्यापक सार्वजनीन अनुभूति के कारण वस्तुनिष्ठ सौन्दर्य की विशेषता के साथ मानव प्रकृति और स्वभाव की समानता भी है जिसके आधार पर सौन्दर्य का ग्रहण और आस्वादन होता है। सौन्दर्यशास्त्र में इसे अभिरुचि कहते हैं जो सौन्दर्य के प्रति भावना का द्योतक है। सामाजिक सन्दर्भ में अभिरुचि संस्कारों का द्योतक बनकर सापेक्ष हो जाती है। मनुष्य की सौन्दर्याभिरुचि के दो पहलू हैं—एक, व्यक्ति की सामान्य भावना और कल्पना पर आधारित होकर सहृदयता का अभिव्यंजक है और दूसरा, व्यक्ति के सामाजिक संस्कारों से प्रभावित है।

संस्कृत अलंकारशास्त्र में रसानुभूति के प्रसंग में भरतमुनि ने प्रेक्षक के सामाजिक होने का आग्रह किया है तो अभिनव गुप्त के पाठक की सहृदयता का। संस्कृत साहित्य और अलंकारशास्त्र क्रमशः जीवन से विच्छिन्न हो गये और सहृदयता पर जोर दिया गया। कला और साहित्य में सामाजिक यथार्थता के पहलू की अपेक्षा अनुभूतिमूलक मनोवैज्ञानिक पहलू को अधिक महत्त्व दिया गया जिससे रस-सिद्धान्त में एकांगिकता आ गयी। पाश्चात्य सौन्दर्यशास्त्रियों ने भी कुछ इसी प्रकार की गलती की। सौन्दर्य को लौकिकता से निरपेक्ष मानकर शुद्ध सौन्दर्याभिरुचि का आग्रह होने लगा। इसी निरपेक्ष रूप और अनुभूति की कल्पना के बल पर सौन्दर्य को सार्वभौमिक घोषित किया गया जो जीवन की प्रत्यक्ष अनुभूति से तुलना करने पर असत्य सिद्ध होता है। सौन्दर्य की सार्वजनिकता वस्तुनिष्ठता और सामान्य मानवीय भावना के बल पर है, दार्शनिक निरपेक्षता को लेकर नहीं।

देश-काल के संस्कारों को लेकर सौन्दर्य की भावना न्यूनाधिक बदलती भी रहती है। भाव-विचारों की तरह रूप-सौन्दर्य की सामाजिक यथार्थता से सम्बन्ध ही इसका कारण है। सामाजिक परिवेश में जब रूप बदलता है तो सौन्दर्य की प्रकृति और उसके स्वरूप का परिवर्तन भी अनिवार्य है। रूप और सौन्दर्य को अलग करके एक को भौतिक होने के कारण परिवर्तनशील और दूसरे को मानसिक-आध्यात्मिक होने के कारण अपरिवर्तनशील नहीं माना जा सकता। भौतिक वस्तु और रूप का परिवर्तन स्थूल होने से स्पष्ट दिखाई देता है जबकि मानसिक भावना का परिवर्तन सूक्ष्म होकर अस्पष्ट रह जाता है। अनुभूति के सूक्ष्म विश्लेषण से ही उसका पता चलता है। सहज-वृत्ति से सम्बद्ध भावना एक पहलू अनुभूति में शाश्वत रूप से वर्तमान रहने के कारण अपरिवर्तनशीलता का भ्रम उत्पन्न करता है। लैंगिक आकर्षण की सहज-वृत्ति शाश्वत है पर प्रेम के स्वरूप और अनुभूति में देश-काल के सापेक्ष परिवर्तन होता रहता है। अमूर्त सौन्दर्य में भी आकर्षण का एक पहलू ही स्थायी है, रूप सापेक्ष इतर पहलू, सामाजिक मान्यताओं के अनुसार बदलते रहते हैं, क्योंकि रूप और उसके आकर्षण की भावना ही बदलती जाती है। युग-युग में कला और साहित्य का रूप-परिवर्तन इसका प्रमाण है। यह कहा जा सकता है कि सृष्टि या प्रकृति का नैसर्गिक रूप इस तरह नहीं बदलता। स्थूल अर्थ में एक फूल का रूप जब तक वह मुरझाता नहीं है, अपरिवर्तनशील लग सकता है। लेकिन प्रेक्षक को भावना के प्रक्षेपण और स्वयं उसकी जीव-शक्ति के विकास के अनुरूप रूप का मानसिक भावन और सौन्दर्य का बोध बदलता जाता है।

व्यवहार में सौन्दर्य की देश-काल-सापेक्षता सामाजिक-संस्कृतिक मान्यताओं को लेकर है। क्या सुन्दर है और क्या सुन्दर नहीं है, इसका निर्धारण मनुष्य की सामाजिक-सांस्कृतिक मान्यताओं से होता रहता है। स्वयं रूप का परिवेश सामाजिक-सांस्कृतिक होता है। इस तरह वस्तुनिष्ठ और भावनिष्ठ, दोनों रूपों में

मनुष्य की सौन्दर्य-भावना देश और समाज की संस्कृति पर निर्भर है। सामाजिक मर्यादा भी औचित्य और अनौचित्य की भावनाओं के माध्यम से उसकी निर्धारक है। सामाजिक प्राणी के रूप में सौन्दर्य-भावना पर मनुष्य के सामाजिक और सांस्कृतिक संस्कारों का प्रभाव अनिवार्य है। सहृदय होकर सौन्दर्यानुभूति में या उसके लिए इन संस्कारों से ऊपर उठने का कोई प्रश्न ही नहीं उठता। क्योंकि ये संस्कार अनुभूति से ही सम्बद्ध न होकर रूप और उसके सौन्दर्य को निश्चित करने वाले भी हैं। इस तरह सौन्दर्य-भावना के एक सामाजिक-सांस्कृतिक आधार को स्वीकार करना ही पड़ता है जिसके अनुपात में सौन्दर्य सापेक्ष है। सौन्दर्य-निर्धारण में सामाजिक-सांस्कृतिक संस्कारों की प्रबलता, प्रकृति की अपेक्षा मानवीय रूप और कलासृष्टि के सन्दर्भ में अधिक दिखाई देती है। क्योंकि सामाजिक-सांस्कृतिक भावना में उनका प्रत्यक्ष सम्बन्ध है जबकि प्रकृति का रूप केवल मानव-भावना के सापेक्ष है। विशेषतः कला मनुष्य की सामाजिक-सांस्कृतिक अभिव्यक्ति है। जब पश्चिम के लोग हमारे प्राचीन संस्कृत साहित्य की सौन्दर्य-भावना को अधिक काल्पनिक मानते हैं और हम उनकी सौन्दर्य-भावना को अधिक ऐन्द्रिय मानते हैं तो उसका कारण दार्शनिक-सांस्कृतिक विभिन्नताओं से विकसित सौन्दर्य के संस्कार हैं। इसी आधार पर सभ्य-असभ्य जातियों की, विभिन्न देशों की, भिन्न सांस्कृतिक वर्गों की, नागरिक-ग्रामीण समूहों की सौन्दर्य-भावना अलग-अलग हो जाती है। समान सामाजिक-सांस्कृतिक समुदाय में भी सामान्य तत्त्वों के आधार पर सौन्दर्य-भावना की कुछ एकरूपता रहती है तो वर्गीय विभेदों को लेकर भिन्नता भी। यहाँ तक कि आर्थिक वर्गभेद भी सामाजिक-सांस्कृतिक मान्यताओं में अन्तर करके सौन्दर्य-दृष्टि को निर्धारित करता है। सौन्दर्य की यह देशीय सापेक्षता काल के अनुसार भी बदल जाती है। इसका एक कारण गतिशील समाज में स्वाभाविक परिवर्तन है तो दूसरा, अन्य संस्कृतियों के साथ सम्पर्क और प्रभाव भी है। मध्य युग में मुस्लिम संस्कृति के और आधुनिक युग से पाश्चात्य संस्कृति के प्रभाव से भारतीय सौन्दर्य-भावना बहुत कुछ बदल गयी। स्वाभाविक विकास की अपेक्षा बाहरी प्रभावों से परिवर्तन अधिक शक्तिशाली और आमूल बदलने वाला हो जाता है। इस कारण कभी-कभी सौन्दर्य-भावना बिल्कुल नयी-सी लगती है। हिन्दी के प्राचीन और नवीन साहित्यों की सौन्दर्य-भावना इसका उदाहरण है। आधुनिक युग में यातायात की सुविधाओं और भाव-विचारों के स्वच्छन्द आदान-प्रदान से एक नवीन मानवीय संस्कृति और समन्वित सौन्दर्य-भावना का विकास हो रहा है जिसमें राष्ट्रीय संस्कारों के अवशेष छूटते जा रहे हैं। पाश्चात्यों द्वारा भारतीय आध्यात्मिक संस्कृति का ग्रहण और हमारी संस्कृति पर विदेशी प्रभाव निरन्तर बढ़ता जा रहा है। आधुनिक युग में रवीन्द्र की व्यापक और समन्वित सौन्दर्य-भावना इस नवीन विकास का द्योतक है।

सौन्दर्य का एक पहलू व्यक्ति-सापेक्ष भी है। आखिर सौन्दर्य का ग्रहण, धारण

और भावन, व्यक्ति-मन के द्वारा ही होता है। व्यक्ति-मन का मनोवैज्ञानिक पहलू उसको प्रभावित करता है। सौन्दर्य की अनुभूति के लिए व्यक्ति को भावनाशील और कल्पनाशील होना पड़ता है। सौन्दर्यानुभूति की मात्रा भावना और कल्पना के द्वारा उत्पन्न मन की स्पन्दनशीलता पर निर्भर है। इसके लिए सन्तुलित मन की प्रौढ़ सांस्कारिकता भी आवश्यक है। इस तरह सौन्दर्यानुभूति की प्रक्रिया में व्यक्ति मन की उचित क्रियाशीलता का योग रहता है—वस्तुनिष्ठ रूप में भी सौन्दर्य-भावना कलाकार के व्यक्तित्व, मन और कल्पना पर निर्भर है। नैसर्गिक सौन्दर्य के सम्बन्ध में यह प्रश्न नहीं उठता पर कला-सृष्टि में रूप-कल्पना और उसका सौन्दर्य कलाकार-सापेक्ष है। वहाँ सामाजिक-सांस्कृतिक मान्यताओं के अनुसार किसी साहित्यिक प्रवृत्ति की सामान्य सौन्दर्य-भावना निश्चित होती है, उसकी विशिष्टता साहित्यकार के व्यक्तित्व, दृष्टिकोण और मानसिक प्रकृति के अनुसार होती है। इस कारण प्रत्येक प्रतिभाशाली कलाकार की सौन्दर्य-भावना दूसरों से भिन्न हो जाती है। उसकी रूप-सृष्टि पर निजता की छाप लग जाती है। क्रोचे इस विचारधारा को चरम सीमा पर ले जाकर प्रत्येक कलाकृति के रूप को विशिष्ट मानते हैं। सौन्दर्य की निरपेक्ष परिकल्पना के कारण रूप की विशिष्टता के साथ विभिन्न कृतियों के सौन्दर्य का अन्तर स्वीकार नहीं करते। उनके अनुसार रूप की विशिष्ट अभिव्यंजना ही सौन्दर्य है। विशिष्टता रूप का अनिवार्य आन्तरिक धर्म है, अतिरिक्त धर्म नहीं।

कलाकार और ग्राहक, दोनों को सौन्दर्य की भावना-शक्ति चाहिए। ग्राहक का भावन जहाँ सृष्टिगत या कलागत सौन्दर्य के ग्रहण में क्रियाशील होता है, कलाकार का भावन अनुभूति के धरातल से सृष्टि के धरातल पर पहुँच जाता है। क्रोचे तो ग्राहक के द्वारा कलागत सौन्दर्य के भावन को सर्जनाशील मानते हैं, क्योंकि माध्यम से वह कलाकार के मानसिक बिम्ब का अपने मन में पुनर्निर्माण कर लेता है। चाहे ग्राहक हो, चाहे स्रष्टा, सौन्दर्य के भावन-व्यापार में वैयक्तिक मनोवैज्ञानिक पहलू का महत्त्वपूर्ण योगदान रहता है। वह अनुभूति और सर्जना की प्रक्रिया का मनोवैज्ञानिक पहलू है।

इसके अतिरिक्त सौन्दर्यानुभूति का एक मनोवैज्ञानिक मूल उत्स भी है जिसे व्यापक अर्थ में वैयक्तिक कहा जा सकता है। सौन्दर्य-भावना का काम-वृत्ति से बड़ा घनिष्ठ सम्बन्ध है। सौन्दर्यानुभूति काम या यौन-भावना की तीव्र आकांक्षा का परिणाम है। वह मानवीय और मानवेतर समस्त सृष्टि के आकर्षण को निर्धारित करता है। अवस्था के अनुसार काम के विकास-प्रसार को लेकर सौन्दर्यानुभूति की प्रकृति और स्वरूप निश्चित होता है। यौवन में तीव्र आकांक्षा की चरम सीमा पर सौन्दर्य की अनुभूति अत्यन्त प्रौढ़ और रंगीन होती है। उस समय की अनुभूति अधिक ऐन्द्रिय भी रहती है। विकसित प्रौढ़ अवस्था में वासना की उत्तेजना जब घट जाती है, सौन्दर्यानुभूति सूक्ष्म और मानसिक हो जाती है। अविकसित बाल्यावस्था

में उनका स्वरूप सरल होता है। काम की यह प्रेरणा, कला के क्षेत्र में प्रतीकात्मक, उदात्तीकृत और परिवर्तित होकर सौन्दर्यानुभूति को अधिक मानसिक रूप प्रदान करती है। सौन्दर्य की ऐन्द्रिय संवेदना प्रकृति और कला, दोनों क्षेत्रों में भौतिक रूप तक ही सीमित है। साहचर्य, सामीप्य, दूरी आदि मनोवैज्ञानिक तत्त्व भी सौन्दर्यानुभूति को एक सीमा तक प्रभावित करते हैं।

सौन्दर्य तत्त्व का अन्वेषण ललित कलाओं के सन्दर्भ में आरम्भ हुआ, उसके स्रोतों का अनुसन्धान करते हुए सृष्टिगत सौन्दर्य की ओर भी ध्यान आकृष्ट हुआ। कुछ पाश्चात्य दार्शनिकों ने आध्यात्मिक दृष्टि से सृष्टि को परम सौन्दर्य का अभिव्यंजक माना है तो कुछ ने उसे अपूर्ण कहकर ललित कलाओं में ही सौन्दर्य की परिपूर्णता को स्वीकार किया है। ऐसे विचारकों की कमी भी नहीं है जिन्होंने मानवीय कल्पना से ही सौन्दर्य का सम्बन्ध जोड़कर सृष्टि में सौन्दर्य की वस्तुनिष्ठ सत्ता को स्वीकार ही नहीं किया। सृष्टिगत और कलागत सौन्दर्य में जो अन्तर है, वह प्रकृतिगत या तात्त्विक न होकर प्रक्रियागत है। आचार्य हजारीप्रसाद द्विवेदी ने इस अन्तर को दृष्टि में रखकर कलागत सौन्दर्य को 'लालित्य' शब्द से व्यक्त किया है। 'सौन्दर्य असल में वस्तु की समग्रता की अनुभूति है। इसके दो रूप हैं। एक तो वह जो हमें अभिभूत करता है, चालित करता है, पर इसलिए नहीं कि वह ऐसा करना चाहता है।'[27] दूसरा, पद-पद पर मानव-चित्त के ऊपर औत्सुक्य को प्रकट करने वाली इच्छा-शक्ति से उन्मेषित होता है। 'इच्छा अनन्त है, क्रिया शान्त है। इच्छा नाद है—कंटिनुअस है, क्रियाबिन्दु है—क्वैण्टम है। इच्छा गति है, क्रिया स्थिति है। गति और स्थिति का यह द्वन्द्व चलता रहता है। इसी से रूप बनता है, छन्द बनता है, संगीत बनता है, नृत्य बनता है।'[28] एक प्राकृतिक सौन्दर्य है, दूसरा मानवीय इच्छा-शक्ति का विलास है। दूसरा सौन्दर्य प्रथम द्वारा चालित होता है, पर है मनुष्य के अन्तरतर की अपार इच्छा-शक्ति को रूप देने का प्रयास। एक केवल अनुभूति देकर विरत हो जाता है। दूसरा अनुभूत से उत्पन्न होकर अनुभूति-परम्परा का निर्माण करता है।...प्रथम सौन्दर्य से व्यावृत करने के लिए इसे हम 'लालित्य' कहेंगे। लालित्य, प्राकृतिक सौन्दर्य से भिन्न किन्तु उसके समानान्तर चलने वाला मानव-रचित सौन्दर्य है।'[29] मनुष्य की इच्छा-शक्ति जब सर्जनात्मक रूप ग्रहण करती है तो भारतीय शास्त्रों में उसे विश्वव्यापिनी सर्जनात्मक शक्ति ललिता का व्यष्टिगत रूप कहा गया है।'[30] 'सर्वत्र मनुष्य ने उल्लास-चंचल होकर जड़ता के बन्धनों पर विजय पाने का प्रयास किया है।'[31] इसी प्रयास में कला का जन्म हुआ है। 'भाव रूप में ग्रहण करना (इच्छा) और ग्रहीत भाव को पुनः अभिव्यक्त करना (क्रिया) अपने आपमें अन्त नहीं है। ये मनुष्य के अन्तर्निहित विशुद्ध चैतन्य के सहायक हैं। चैतन्य की सीमाहीन अभिव्यक्ति की व्याकुलता लालित्य तत्त्व का मूल उत्स है।'[32]

आचार्य द्विवेदी जी के इन विचारों से यह निष्कर्ष निकलता है कि सृष्टि का

सौन्दर्य स्थिति या स्वयं अभिव्यक्ति है। कला का सौन्दर्य गतिशील कामना से प्रेरित सर्जना है जिसमें ग्राहक तक सौन्दर्य संक्रमण का उद्देश्य अन्तर्निहित रहता है। मानव-मन को अनन्त कामना के अनुरूप सौन्दर्य-सृष्टि भी अनन्तरूपा है। मानव-मन या आत्मा ही गतिशील चेतना का प्रसार कला-सौन्दर्य का मूल उत्स और प्रयोजन भी है। क्रोचे के अभिव्यंजनावाद की व्याख्या करते हुए विल्डन कार ने कलागत सौन्दर्य की प्रकृति को इस तरह स्पष्ट किया है :

'The beautiful is not a physical fact, beauty does not belong to thigns, it belongs to the human aesthetic activity, and this is a mental or spiritual fact.'[33]

यहाँ सौन्दर्य को वस्तुगत न मानकर सर्जनाशील कल्पना का मानसिक या आध्यात्मिक तत्त्व माना गया है। सृष्टि में ही नहीं कला में भी सौन्दर्य को भौतिक रूप से बिल्कुल अलग कर देने का यह प्रयत्न अतिवादी हो सकता है, पर कला में सौन्दर्य की सर्जना के एक पहलू को अवश्य स्पष्ट करता है। कलाओं में सौन्दर्य-सृष्टि के लिए भौतक ऐन्द्रिय धरातल से ऊपर उठ जाना अत्यन्त आवश्यक है :

'Emotions are feelings which have risen or been raised from the status of sensations to what we may call a higher level, higher not morally but in the sense that they presuppose the lower and are not presupposed by them.'[34]

सौन्दर्यपरक संवेगों की यह विशेषता है कि वे वस्तुगत सूक्ष्म भाव को पकड़कर रूप-सौन्दर्य की सृष्टि करते हैं। रवीन्द्र कला-सौन्दर्य के इसी तात्त्विक स्वरूप पर बल दे रहे हैं, जब वे कहते हैं कि :

'If you ask me to draw some particular tree, and I am no artist, I try to copy every detail, lest I should otherwise loose the peculiarity of the tree, forgetting that the peculiarity is not the personality. But when the true artist comes, he overlooks all details and gets into the essential characterization.'[35]

कला का सौन्दर्य अनुकृतिमूलक न होकर प्रकृति के नियमों के आधार पर नवीन सृष्टि का है। उसके लिए वस्तु की समग्र और सम्पूर्ण अनुभूति की आवश्यकता है :

'It must be the experience whole and entire, both what I saw and what I felt in perfect combination.'[36]

इस समय अनुभूति के बल पर कलाकार एक ऐसे सौन्दर्य की सृष्टि करता है जो समन्वित, सूक्ष्म और आत्मगत है।

'There is a beauty which requires a working of human thought to elicit it from nature, a beauty not of parts and single persons, but of complex totalities, a beauty not of flesh and blood, but of mind, imagination, feeling. It is the synthetic, intellectual, spirit penetrated beauty to which the arts aspire.'[37]

आलोचना के क्षेत्र में कलागत इस सौन्दर्य की व्यावहारिक व्याख्या का प्रयत्न किया जाता है। काव्यशास्त्र सैद्धान्तिक रूप से उसे स्पष्ट करने का प्रयास करता है। लेकिन व्याख्या की अनन्तता और सिद्धान्तों की बहुलता, इस बात का प्रमाण है कि सौन्दर्य पूर्णतया उनकी पकड़ में नहीं आता और नये प्रयत्न होते रहते हैं। सौन्दर्यशास्त्र के दार्शनिक प्रयासों की भी यही स्थिति है। इस सन्दर्भ में यह प्रश्न उठता है कि क्या काव्यशास्त्र के सिद्धान्त कला के आकर्षण को निरूपित करने वाली व्यावहारिक चर्चाएँ हैं या सौन्दर्य तत्त्व को आलोकित करने वाले सिद्धान्त। पहला विकल्प ही सत्य प्रतीत होता है क्योंकि वे रूपाश्रित सौन्दर्य की पूर्ण व्याख्या नहीं करते, बल्कि अभिव्यक्ति की संवेद्यता के किसी पहलू को लेकर चलते हैं। सौन्दर्यशास्त्रीय अर्थ में रूप या रूपगत सौन्दर्य उनके चिन्तन का लक्ष्य नहीं है। प्रसंगवश ही उन सिद्धान्तों में रूप और सौन्दर्य की ओर कुछ संकेत किये गये हैं। काव्य की आत्मा के निरूपक रस, अलंकार, रीति, ध्वनि, वक्रोक्ति और औचित्य सम्प्रदायों की यही स्थिति है। अनुकृति, कल्पना आदि पाश्चात्य सिद्धान्तों की भी कहानी इससे भिन्न नहीं है।

### 3. भारतीय चिन्तन

पाश्चात्य देशों की तरह भारत में सौन्दर्यशास्त्र की व्यवस्थित परम्परा का विकास नहीं हुआ। उसकी आध्यात्मिक दृष्टि में गोचर सौन्दर्य का कोई विशेष महत्त्व नहीं था। व्यक्त रूप में अन्तर्निहित ईश्वरीय भावना पर ही उनकी दृष्टि केन्द्रित थी। फिर भी भारतीय सौन्दर्य के मर्म से अनभिज्ञ नहीं थे। प्रकृति के अनन्त सौन्दर्य-वैभव से सम्पन्न देश के मनीषी, सौन्दर्य के रहस्य के ज्ञाता न हों, यह सम्भव नहीं है। उनकी अपूर्व कला-सृष्टि इस बात का प्रमाण है। सौन्दर्य की विस्तृत सैद्धान्तिक चर्चाएँ भले ही न हुई हों, उसकी ओर अनेक मार्मिक संकेत, दार्शनिक विवेचन, काव्य-रचना, अलंकारशास्त्र और कलाशास्त्र में अवश्य मिल जाते हैं।

प्रकृति के साहचर्य में जीवन बिताते हुए ऋषियों ने वैदिक काल में ही प्रकृति के उस अनन्त सौन्दर्य की ओर संकेत किया, जो रहस्यमय ईश्वरीय आभा से आलोकित हो उठा है। उपनिषदों के युग में आध्यात्मिक दृष्टि को प्रबलता के कारण व्यक्त से अव्यक्त रूप को अधिक महत्त्व मिला और अनेक कोणों से ईश्वरीय सौन्दर्य की परिकल्पना हुई। पौराणिक युग में अवतारवादी कल्पना से आध्यात्मिक सौन्दर्य को मूर्त मानवीय रूप देने का प्रयत्न किया गया। परवर्ती प्रमुख दार्शनिक सिद्धान्तों ने सृष्टि को माया तो घोषित किया, लेकिन उसके विरोध में अलौकिक ईश्वरीय लीला के अद्‌भुत सौन्दर्य पर मुग्ध भी हुए। भागवतकार का कहना है कि 'तदैव रूपं रुचिरं नवं नवं तद्वैव शाश्वन्मनसौ महोत्सवम्'।[38] जैसा कि महेन्द्रनाथ सरकार ने कहा है, भारतीय दार्शनिक दृष्टि ने सौन्दर्य को आत्मगत माना है :

'The Indian mind draws a distinction between beauty of spirit and beauty of nature. Nature in her apparent nakedness has no beauty, but it is a beautiful in so far as it is the expression of spirit... The figure may be harmonious in all parts but is beautiful when it is such as is indicative of the underlying meaning of the soul.'[39]

कवियों ने लौकिक दृष्टि से व्यक्त रूप-सौन्दर्य की व्याख्या का प्रयत्न किया। इस व्याख्या में बाह्य रूप और आन्तरिक लावण्य, दोनों पर उनकी दृष्टि गयी। गतिशील चेतनागत सौन्दर्य से वे अनभिज्ञ नहीं थे। भारतीय आत्मवादी दृष्टि के अनुरूप उनका सौन्दर्य-चिन्तन केवल ऐन्द्रिय धरातलों तक सीमित न होकर मानसिक पहुलओं की ओर भी उन्मुख हुआ है। भारत के सर्वश्रेष्ठ प्राचीन सौन्दर्यवादी कवि कालिदास ने इन्दुमती को 'संचारिणी दीपशिखा'[40] कहकर सौन्दर्य की रूपगत आन्तरिक ज्योति की ओर मार्मिक संकेत किया है।

नवयौवन से मानव शरीर में ऐन्द्रिय सौन्दर्य का नवीन उन्मीलन हो जाता है जिसकी शोभा अपूर्व लगती है। पार्वती के सम्बन्ध में कालिदास कहते हैं—

*'उन्मीलितम् तूलिकयेव चित्रम्*
*सूर्यांशुचिर भिन्नमिवारविन्दम्।*
*बभूवतस्ताः चतुरस्रशोभी*
*वपुर्विभक्तं नव यौवननेन।।'*[41]

यह रूप के माध्यम से सौन्दर्य की नवीन व्यंजना का उदाहरण है। उचित द्रव्यरूपी साधनों के द्वारा औचित्यपूर्ण उपनिबन्ध और सामंजस्य से सौष्ठवपूर्ण बाह्य रूप की योजना होती है :

*'सर्वोपमाद्रव्यसुमुच्चयेन यथापदेशं विनिवेशितेन।*
*सानिर्मिता विश्सृजा प्रयत्नादेकस्थ सौन्दर्यदिदृक्षयेव।।'*[42]

कालिदास का कहना है कि यह रूप-सौन्दर्य ध्यान योग के साथ सृष्टिकर्ता की मानसिक परिकल्पना से उद्भुत होता है :

*"चित्रे निवेश्य परिकल्पित सत्वयोगा*
*रूपोच्चयेन मनसा विधिना कृता नु।'*[43]

वास्तविक सौन्दर्य को रूप देना कठिन है। लावण्य का अंशमात्र ही रूप में व्यंजित हो पाता है :

*'तथापि तस्या लावण्यं रेखया किंचिदन्वितम्।'*[44]

कालिदास के अनुसार नैसर्गिकता में ही सच्चा सौन्दर्य है। नैसर्गिक रूप अलंकरण की अपेक्षा नहीं रखता :

*'सरसिज मनुविद्धं शैवलेनापि रम्यं*
*मलिनमपि हिमांशोर्लक्ष्म लक्ष्मीं तनोति।*

*इयमधिकमनोज्ञा वल्कलेनापि तन्वी*
*किमिव हि मधुराणां मण्डनं नाकृतीनाम्।।'*[45]

कुसुमदेव ने भी दृष्टान्त शतक में इसे पुष्ट किया है कि 'स्वभावसुन्दरं वस्तु न संस्कार मपेक्षते।'[46] सौन्दर्य की यह सार्वभौमिकता है कि सभी अवस्थाओं में उसका आकर्षण बना रहता है :

*'सर्वावस्थासु रमणीयत्वम् आकृतिविशेषाणाम्।'*[47]

इस तरह कालिदास की दृष्टि में लौकिक सौन्दर्य भी अलौकिक आध्यात्मिक सौन्दर्य के समान सत्य होकर शिव या सौभाग्य का कारण होता है :

*'प्रियेषु सौभाग्य फला हि चारुता।'*[48]

मनुष्य के उपचेतन या अचेतन मन में सौन्दर्य की कामना रहती है। उससे प्रेरित होकर चेतन मन जब रूप-सौन्दर्य का ग्रहण करता है, अनन्त अभिलाषाएँ जगकर लोकोत्तर सौन्दर्यानुभूति होती है। इसलिए रूप लौकिक हो या अलौकिक, सौन्दर्य की अनुभूति अचेतन मन के सौन्दर्य-संस्कारों को उद्बुद्ध करके अलौकिक प्रतीत होती है :

*'रम्याणि वीक्ष्य मधुरांश्च निशम्य शब्दान्*
*पर्युत्सुकोभवित यत् सुखिनोऽपि जन्तुः।*
*तच्चेतसा स्मरति नूनमबोध पूर्व*
*भावस्थिराणि जननान्तर सौहृदानि।।'*[49]

कालिदास के समान भारवि की दृष्टि में भी सच्चे सौन्दर्य के लिए आहार्य के कृत्रिम गुणों की आवश्यकता नहीं है, रूप की नैसर्गिकता ही पर्याप्त है :

*'न रम्य माहार्य मपेक्षते गुणम्।।'*[50]

माघ ने गतिशीलता के द्वारा रूप की नित्य नूतनता की ओर संकेत करते हुए सौन्दर्य को रूप-सौष्ठव की अपेक्षा उसकी स्पन्दनशील सजीवता पर आधारित माना है।

*'क्षणे क्षणे यन्नवतामुपैति तदेव रूपं रमणीयतायाः।'*[51]

कवियों की जीवन-सापेक्ष दृष्टि का, लौकिक रूप की विशेषताओं के अंगांग सौष्ठव, लावण्य, नैसर्गिकता और सजीवता के—निरूपण की ओर उन्मुख रहना स्वाभाविक ही है।

अलंकारशास्त्र ने साहित्य की मार्मिकता की विविध दशाओं का निरूपण करने के प्रयत्न में वस्तुगत और रूपगत सौन्दर्य के रहस्य की ओर भी अनेक संकेत किये हैं। यदि रस साहित्य की आत्मा है तो सौन्दर्य कभी वस्तु का धर्म होकर और कभी रूप की विशेषता होकर, काव्य को संवेद्य रस-रूप देने वाला आधार है। रस-व्यवस्था में विभाव और भाव का घनिष्ठ सम्बन्ध है। विभाव भाव का कारण है तो भाव-विभाव या वस्तु को रंगकर रूपगत सौन्दर्य को प्रत्यक्ष करता है। रस की साधारणीकृत स्थिति में ही सौन्दर्य की सात्त्विक निर्लिप्त अनुभूति होती है। शृंगार रस का आलम्बन मूर्तिमान सौन्दर्य होता है। रति या प्रेम के विकास में अन्य विशेषताओं की अपेक्षा सौन्दर्य का ही अधिक सक्रिय योग रहता है। मानवीय सौन्दर्य के पूर्ण उन्मीलन के

लिए काव्यशास्त्र में नख-शिख वर्णन का आदेश दिया गया है। उद्दीपन विभाव के अन्तर्गत और स्वतन्त्र रूप में भी ऋतुवर्णन का भी यही प्रयोजन है। नायिका-भेद, शारीरिक और मानसिक अवस्थाओं तथा व्यक्तित्व के अनुसार, रूप-सौन्दर्य की विविध छवियों का निरूपण है।[52] नायिका के 28 सात्त्विक अलंकार माने गये हैं जिनके कुछ नैसर्गिक, कुछ यत्नज और कुछ स्वभावज हैं।[53] यौवन के प्रादुर्भाव में नैसर्गिक भावनाओं और चेष्टा-व्यापारों से सौन्दर्य का अपूर्व उन्मेष होता है। मन की प्रकृति और स्वभाव से उसकी पुष्टि होती है। अन्य रसों के आलम्बनों में केवल अद्‌भुत का आधार अपने नवीन चमत्कारी रूप के कारण आकर्षक हो सकता है। सभी रसों की वस्तु के रूप-विधान में सौन्दर्य होता ही है, भाव-व्यंजना में भी सौन्दर्यशास्त्रीय दृष्टि विद्यमान रहती है जिससे भावनाएँ संवेद्य बनती हैं। कोमल भावनाओं में अति ऐन्द्रियता से बचने का प्रयत्न होता है तो उग्र और दुःखद भावनाओं को संयम, सन्तुलन, विरोध और सार्थकता के द्वारा नवीन रूप में ढाला जाता है।

अलंकार सम्प्रदाय में रूपगत सौन्दर्य का विस्तृत और सूक्ष्म विवेचन किया गया है। अलंकारों के द्वारा काव्य में चारुता, शोभा, सौन्दर्य और चित्रता का सम्पादन होता है। भामह ने वक्रता को और दण्डी ने अतिशयता को अलंकारों की आलंकारिकता का मूल कारण माना है। वास्तव में अलंकारों का अलंकारत्व सौन्दर्य के ही कारण है। इसीलिए वामन ने सौन्दर्य को ही अलंकार कहा है।'[54] दण्डी ने 'काव्य शोभाकरान् धर्मान् अलंकारान् प्रचक्षते'[55] कहकर बाहरी शोभा को ही महत्त्व दिया है। शोभा रूप के आकर्षण की पूरी व्याख्या नहीं कर सकती, इसीलिए वामन ने सौन्दर्य शब्द का प्रयोग किया है। शोभा बढ़ाने वाले रूप में अलंकार काव्य की आत्मा नहीं हो सकता। वामन के शब्दों में, उसे सौन्दर्य का पर्यायवाची शब्द बनना पड़ेगा। चारुता अनुभूति के आकर्षण को और विच्छिति अंगों के प्रसाधनों को प्रकट करने वाले शब्द हैं और शोभा के साथ बाह्य सौन्दर्य और उसकी अनुभूति को ही द्योतित करते हैं। अलंकार सम्प्रदाय ने यह स्पष्ट कर दिया है कि सादृश्य, विरोध आदि के द्वारा रूप-सौन्दर्य किस तरह मूर्त हो उठता है और अत्युक्ति, वक्रता, विचित्रता, चमत्कार आदि से वह उज्ज्वल एवं प्रमुख हो उठता है।

रीति-सम्प्रदाय के अन्तर्गत गुणों के विवेचन में वामन ने सौन्दर्य के दशविधि आन्तरिक पहलुओं की ओर संकेत किया है। वामन के दश गुण शब्दगत ही नहीं, अर्थगत भी हैं। कोमलता, मसृणता, माधुर्य, ओज, प्रसाद आदि बाह्य रूप के आकर्षण के साथ लावण्य को भी व्यंजित करते हैं।

ध्वनिकार ने प्रतीयमान अर्थ के द्वारा कला में बाह्य रूप की अपेक्षा अन्तःसौन्दर्य के महत्त्व का प्रतिपादन किया है। ध्वन्यालोककार ने ध्वनि की तुलना लावण्य से की–

*'प्रतीयमानं पुनरन्यदेव वस्त्वस्ति वाणीषु महाकवीनाम्।*
*यत्प्रसिद्धावयवातिरिक्तं विभाति लावण्य मिवांगनासु।।'*[56]

ध्वनि में नवीन भावनाओं के स्फुरण और अनुभूति की अनेक सम्भावनाएँ रहती हैं जिनसे हृदय झंकृत हो उठता है। वास्तव में ध्वनि, वक्रोक्ति और औचित्य के सम्प्रदाय रूप-सौन्दर्य की व्याख्या करने वाले सिद्धान्त न होकर साहित्य के कुछ पहलुओं की व्याख्या करने वाले हैं।

फिर भी कुन्तक ने अनेक अवसरों पर काव्य की सौन्दर्यशास्त्रीय व्याख्याएँ कीं। भारतीय आलंकारियों में सौन्दर्य पर सबसे अधिक दृष्टि रखने वाले आचार्य वे ही हैं। उनके अनुसार लोक-सामान्य स्वाभावोक्ति में नहीं, कवि के विदग्ध वक्र कथन में ही सौन्दर्य है। यहाँ वक्रता कथन का एक विलक्षण प्रकार न होकर सौन्दर्य की पर्यायवाची है। यह सौन्दर्य लोक का धर्म न होकर कवि-प्रतिमा की देन है। सृष्टिगत सौन्दर्य के सम्बन्ध में पाश्चात्य सौन्दर्यशास्त्रियों में भी मतभेद हैं लेकिन कुन्तक के साथ इतना स्वीकार करना ही पड़ता है कि कलागत सौन्दर्य में कलाकार का महत्त्वपूर्ण योगदान रहता है। इस सन्दर्भ में कुन्तक के विचार क्रोचे से मिलते-जुलते हैं। लावण्य और सौभाग्य की चर्चा में कुन्तक ने बाह्य सौन्दर्य और अन्तःसौन्दर्य का भी अन्तर स्पष्ट किया है। लावण्य बाह्य शब्द-रूप का सौन्दर्य है। सौभाग्य अन्तःसौन्दर्य की संज्ञा है जो बाह्य रूप या लावण्य का आश्रित होकर ही प्रस्फुटित हो सकता है।'[57]

क्षेमेन्द्र ने औचित्य को रस का जीवित माना है। यह सौन्दर्यानुभूति की भी प्राथमिक आवश्यकता है। रूप का अनौचित्य, कुरूपता की अनुभूति कराता है। रूप में सौन्दर्य होने पर भी औचित्य का निर्वाह न होने पर सौन्दर्य विघटित हो सकता है। विशेषतः अलंकरण, रीति आदि रूप-सम्बन्धी कुछ विशेषताओं के अनौचित्य का यह परिणाम होता है। इसीलिए औचित्य की यह परिभाषा दी गयी है :

*'उचितं प्राहुराचार्यः सादृश्यं किलयस्य यत्।'*[58]

विधायक रूप में अंगागों में औचित्य के निर्वाह की आवश्यकता है ही, आन्तरिक और बाह्य रूप में सामंजस्य में भी उसका निर्वाह हो जाना आवश्यक है।

सौन्दर्य-विवेचन करने वाले आचार्यों में पण्डितराज और रूपगोस्वामी विशेष उल्लेखनीय हैं। पण्डितराज ने रस की परिधि को सीमित मानकर रमणीयता को काव्य की आत्मा कहा है। रमणीयता विशिष्ट वस्तु की लोकोत्तर आह्लादजनक चमत्कारी ज्ञानगोचरता में है जिसका बार-बार अनुसन्धान होता रहता है–

'रमणीयता च लोकोतराह्लादजनक ज्ञानगोचरता। लोकोत्तरत्वं चाह्लादगत चमत्कारत्वापरर्यायोऽनुभव साक्षिको जाति विशेषः। कारणं च तदविच्छिन्नभावनाविशेषः पुनःपुनरनुसंधानात्मा।'[59]

रमणीयता की यह व्याख्या अनुभूति की दृष्टि से है और इसलिए व्यक्तिनिष्ठ है। रूपगोस्वामी ने वस्तुनिष्ठ दृष्टि से अंग-सौष्ठव पर जोर दिया है–

*'अङ्ग प्रत्यङ्गकानां यः सन्निवेशो यथोचित्म।*
*संश्लिष्ट सन्धिबन्धः स्यात् तत् सौन्दर्यमितीर्यते।।'*[60]

यह सौन्दर्य स्वयंशोभन होता है–

*'अङ्गान्यभूषितान्येव केनचिद् भूषणदिना।*
*येन भूषितवद् भान्ति तद् रूपमिति कथ्यते।'*[61]

यहाँ पर लेखक ने प्राकृतिक अन्तःसौन्दर्य की ओर भी संकेत किया है जिसके लिए अलंकारों को आवश्यकता नहीं है और जो प्रकाशवान है।

भारतीय आचार्यों ने साहित्येतर ललित कलाओं पर भी विचार किया है। यह चिन्तन प्रधानतः रचना की प्रविधि का है, सौन्दर्यशास्त्रीय नहीं। भारतीय कला में बाह्य रूप को नहीं, अन्तःसौन्दर्य को महत्त्व दिया गया है। पाश्चात्य कला की तरह रूप-सौष्ठव में नहीं, सजीवता में सौन्दर्य का रहस्य छिपा हुआ है। कला सृष्टि की अनुकृति नहीं है। उसमें भौतिक रूप की पुष्टि का नहीं, उज्ज्वल कान्ति या दीप्ति का आकर्षण होना चाहिए। ध्यानयोग की पवित्र साधना के द्वारा कलाकार मानसिक मूर्ति को गढ़कर उसे दिव्य आलोकमण्डल से मण्डित करता है। नाट्य का सौन्दर्य नर्तकी के अंग-सौष्ठव या बाहरी वेश-विन्यास पर नहीं, सात्त्विक अभिनय में व्यक्त मन की चेतन अभिव्यक्ति पर निर्भर है।

साहित्य का सौन्दर्य प्रधानतः वर्ण्य के रूप-विधान पर आधारित है। कवि की प्रतिभा रूप का नवीन उन्मेष करती है। भारतीय आचार्यों ने प्रतिभा की इसी रूप में व्याख्या की। भट्टतौत के अनुसार, 'प्रजा नवनवोन्मेष शालिनी प्रतिभा मता'[62] है तो आनन्दवर्धन के अनुसार प्रतिभा के द्वारा रूप का नवीन उन्मीलन होता है। वास्तव में उन्मीलन की प्रक्रिया ही रूपायन है–

*'यदुन्मीलन शक्त्यैव विश्वमुन्यीलयति क्षणात्।*
*स्वात्मायतनविश्रांतां वन्दे प्रतिभां शिवाम्।।'*[63]

ईश्वर की शक्ति जिस तरह पंचभूतों से विश्व का उन्मीलन करती है, उसी तरह कवि की प्रतिभा रचना के माध्यम और साधनों के उचित उपयोग के द्वारा नवीन रूप का उन्मेष करती है। इस नवीन उन्मेष में रूप मूर्त और गोचर होकर प्रत्यक्ष बनता है। भौतिक रूप से समान कवि-कल्पित रूप को प्रत्यक्ष बना देना प्रतिभा का कार्य है। राजशेखर और महिमभट्ट ने प्रतिभा की सृष्टि में रूप के प्रत्यक्ष साक्षात्कार की ओर इस तरह संकेत किया है, 'अप्रतिभस्य पदार्थ सार्थः परोक्ष एव। प्रतिभावतः पुनः अपश्यातोऽपि प्रत्यक्ष इव।'[64]

*'विशिष्टमस्य यद्रूपं तत् प्रत्यक्षस्य गोचरम्।*
*स एव सत्कविगिरां गोचरः प्रतिभा भुवां।।'*[65]

मानस-प्रत्यक्ष को गोचर-प्रत्यक्ष बनाने वाली प्रतिभा की रूप-कल्पना में ही साहित्य का सौन्दर्य है।

## 4. पाश्चात्य चिन्तन

प्राचीन ग्रीक संस्कृति के युग से लेकर आधुनिक काल तक सौन्दर्य-सम्बन्धी पाश्चात्य चिन्तन की एक लम्बी परम्परा है। पहले दर्शन, कला और साहित्य के विवेचन में जो स्फुट विचार होता था, उसे अठारहवीं शताब्दी में बामगार्टन (Baumgarten) के द्वारा एक व्यवस्थित शास्त्रीय आधार प्राप्त हुआ। तभी से सौन्दर्यशास्त्र को वर्तमान रूप मिला है। उसके पल्लवन का सारा श्रेय दार्शनिकों को है। सौन्दर्यशास्त्र दर्शन का एक अंग हो गया। भारतीय रस-सिद्धान्त की तरह पाश्चात्य सौन्दर्य-भावना ने भी दार्शनिक रूप प्राप्त किया है जो स्वाभाविक ही है क्योंकि प्राचीनकाल से वही समस्त शास्त्रों का आधार रहा है। आधुनिक काल में आकर ही अन्य ज्ञान-विज्ञान उससे अलग और बिल्कुल स्वतन्त्र हो गये। सौन्दर्यशास्त्र में सौन्दर्य की व्यावहारिक नहीं, दार्शनिक व्याख्या की गयी। सौन्दर्यशास्त्र सौन्दर्य का दर्शन माना गया। इस रूप में वह सौन्दर्य के रहस्य को सुलझाने वाला नहीं, उलझाने वाला हुआ और कलाकारों तथा समीक्षकों ने उससे दूर रहना ही श्रेयस्कर समझा। सौन्दर्यशास्त्र कला से निरपेक्ष एक स्वतन्त्र शास्त्र हो गया। सौन्दर्य-बोध के सौन्दर्य में गम्भीर गवेषणा करके सौन्दर्य-बोध की शक्ति को नहीं बढ़ाया जा सकता। इसी कारण पीटर (Peter) ने अपने ग्रन्थ 'द रेनेसां' में कहा है : 'The value of aesthetic philosophy has most often been in the suggestive and penetrative things said by the way. Such discussions help us very little to enjoy what has been well done in art and poetry.[66]

पाश्चात्य सौन्दर्यशास्त्र की कुछ ऐसी सामान्य विशेषताएँ हैं जो सौन्दर्य के स्वरूप और उसके अध्ययन की दिशा को स्पष्ट करती हैं। (1) वस्तु का सौन्दर्य उसकी स्थूल उपयोगिता से परे है। उसका दृष्टिकोण व्यावहारिक नहीं है। (2) सौन्दर्य-बोध एक ओर तार्किक ज्ञान से भिन्न है तो दूसरी ओर नैतिक धारणा से भिन्न है। सौन्दर्य का मूल रूप में सत्य और शिव से सम्बन्ध हो सकता है, लेकिन उसका निर्णय ज्ञानात्मक या नैतिक धारणा के रूप में नहीं होता। सौन्दर्यपरक, तार्किक और नैतिक, मन की तीन भिन्न शक्तियाँ हैं। पहली का सम्बन्ध प्रतिभा, ज्ञान और कल्पना से, दूसरी का बुद्धि से और तीसरी का सामान्य मानवीय विवेक से है। (3) सौन्दर्य रूपाश्रित है। सृष्टि में और कलाओं में रूप के बिना सौन्दर्य की अभिव्यक्ति नहीं हो सकती। रूप का सौन्दर्य केवल गोचर भौतिकता से नहीं है। 'आज भी अरस्तु की धारणा सत्य प्रतीत होती है कि किसी वस्तु के अस्तित्व का वह आभ्यन्तर कारण है जिसके द्वारा उस वस्तु के उपादान (Material) को आकार प्राप्त हो जाता है।'[67] रूप वस्तु की बाह्य आकृति नहीं, उसका मानसिक बिम्ब है जो अनेक आभ्यन्तर उपादानों से समन्वित और संघटित होकर विशिष्ट गुणात्मक (Characteristic) होता है। इस

विशिष्टता के अभाव में रूप की केवल बौद्धिक धारणा बनती है। वस्तुनिष्ठ और व्यक्तिनिष्ठ दोनों दृष्टियों के प्रायः सभी सौन्दर्यशास्त्रियों ने सौन्दर्य को रूपगत ही माना है। प्लाटिनस ने स्पष्ट कहा है कि Beauty is only in the form, not in the material and this must be so as it is the form alone that can enter our apprehension.[68] (4) सौन्दर्य भौतिक सृष्टि में नहीं, मानव-मन की कल्पना में है। सीमित सौन्दर्यशास्त्रियों को छोड़कर अन्य आचार्यों ने या तो सृष्टि के सौन्दर्य को स्वीकार नहीं किया या उसे अपूर्ण माना है। यदि सृष्टि में सौन्दर्य का कभी दर्शन होता भी है तो वह सौन्दर्यशास्त्रीय दृष्टि, बोध या संस्कारों के आधार पर ही। मानव-मन की कल्पना से निरपेक्ष सृष्टि में सौन्दर्य का अस्तित्व ही नहीं है। कला में जो सौन्दर्य है, वह इसी कल्पना की देन है।[69] इस सन्दर्भ में इतना मानना ही पड़ता है कि सौन्दर्य भौतिकता में ही नहीं, कलाकार की कल्पना में भी है। (5) सौन्दर्य की अनुभूति अन्य लौकिक अनुभूतियों से विशिष्ट और इस विशिष्टता के कारण अलौकिक होती है। काण्ट के अनुसार, वह बौद्धिक धारणाओं से परे स्थूल उद्‌देश्य रहित, विशेष सार्थक, सार्वजनीन आनन्दानुभूति है।'[70]

पाश्चात्य सौन्दर्य चिन्तन के विकास को स्थूल रूप से तीन युगों में बाँट सकते हैं। बामगार्टन के पूर्व का प्राचीन युग, आरम्भिक सरल चिन्तन का है। उस समय सौन्दर्य आनन्ददायक माना गया और आनन्द के स्रोत, रूप का सामंजस्य, व्यवस्था एकता आदि समझे गये। दार्शनिक दृष्टि से सौन्दर्य के सत्य और शिव के साथ सम्बन्ध पर विचार किया गया। कालक्रम के अनुसार इस युग के प्रधान आचार्य सुकरात, प्लेटो, अरस्तू, लोंजाइनस, प्लाटिनस, अगस्टैन आदि हैं। दूसरा युग बामगार्टन से क्रोचे तक का है जिसमें सौन्दर्य-चिन्तन ने शास्त्रीय दार्शनिक रूप प्राप्त किया। सौन्दर्य-बोध, सौन्दर्य की तात्त्विक समीक्षा, रूप-विचार, सौन्दर्यानुभूति आदि सभी पहलुओं में गहराई आ गयी। सौन्दर्य-बोध के अन्तर्गत मन के अन्तर्दर्शन के द्वारा सौन्दर्य-सम्बन्धी संस्कारों का सूक्ष्म-निरूपण हुआ तो सौन्दर्य मीमांसा में सत्य और शिव के साथ सौन्दर्य के सम्बन्ध का ही नहीं, सौन्दर्य की जटिल प्रकृति का भी विवेचन किया गया। उदात्त और कुरूपता भी सौन्दर्य से सम्बद्ध हुए। सौन्दर्य के स्रोतों में बाह्य रूप की विशेषताओं का ही नहीं, आन्तरिक रूप की प्रकृति और संरचना पर भी ध्यान दिया गया। लौकिक अनुभूति से भिन्न सौन्दर्यानुभूति की समस्त विशेषताओं का उद्‌घाटन हुआ। सौन्दर्य-सम्बन्धी इस गम्भीर चिन्तन के मूल में रोमांटिक प्रवृत्ति का महत्त्वपूर्ण योगदान है। प्राचीनकाल में कला अनुकृति मानी गयी। इसलिए सौन्दर्य का आधार सृष्टि और स्रष्ठा ईश्वर माना गया। रोमांटिक प्रवृत्ति ने कला को कवि कल्पना की सृष्टि मानकर क्लासिकल निश्चित रूप-विधान के सौन्दर्य को अस्वीकार कर दिया। कल्पना के आधार पर सौन्दर्य की नयी व्याख्या की गयी। उससे प्रेरणा लेकर सौन्दर्य के वास्तविक रूप पर तात्त्विक विचार होने लगा। इस युग के प्रधान

सौन्दर्यशास्त्री कालक्रम के अनुसार बामगार्टन, बर्क, होगार्थ, लेसिंग, काण्ट, हेगेल, शोपनहॉवर, क्रोचे, रस्किन आदि हैं। सौन्दर्य-चिन्तन का तीसरा युग आधुनिक काल है। आधुनिक मनोविज्ञान और मार्क्सवाद ने सौन्दर्य-चिन्तन को नयी दिशाएँ दीं। एक ने मानस विश्लेषण के द्वारा और दूसरे ने समाजशास्त्रीय दृष्टि से सौन्दर्य की नयी व्याख्याएँ कीं। आधुनिक काल की वैज्ञानिक दृष्टि ने भी सौन्दर्य-चिन्तन को प्रभावित किया। वैज्ञानिक युग में सौन्दर्य की शुद्ध दार्शनिक व्याख्या मान्य नहीं हो सकती। तीनों के प्रभाव से आधुनिक सौन्दर्यशास्त्री अपने सौन्दर्य-विवेचन को अधिक मनोवैज्ञानिक, जीवन-सापेक्ष और वैज्ञानिक रूप प्रदान करने का प्रयत्न कर रहे हैं। इस युग के मार्क्सवादी विचारकों में उल्लेखनीय कॉडवेल, वेलिन्स्की, प्लेखानोव आदि है।

पाश्चात्य सौन्दर्य-निरूपण इतना व्यापक है कि अन्तर्विभाजन से ही वह सुबोध हो सकता है। सौन्दर्य के सम्बन्ध में तीन दृष्टिकोण मिलते हैं। (1) प्लेटो, अरस्तू, बर्क, हेगेल, लेसिंग, क्रोचे आदि अधिकांश सौन्दर्यशास्त्रियों का दृष्टिकोण वस्तुनिष्ठ है। सौन्दर्य को वस्तुगत मानने पर भी सौन्दर्य-सम्बन्धी उनकी धारणाएँ बिल्कुल भिन्न हैं। कुछ सौन्दर्य को ईश्वरीय या आध्यात्मिक मानते हैं तो कुछ कलाकार की कल्पना से प्रसूत, रूपगत। (2) काण्ट, रस्किन आदि कुछ सौन्दर्यशास्त्रियों का दृष्टिकोण व्यक्तिनिष्ठ है। व्यक्तिनिष्ठता का अर्थ सौन्दर्य को केवल व्यक्ति-मन की भावना में ढूँढ़ना नहीं है। वे ग्राहक अनुभूति की विशिष्टता की दृष्टि से सौन्दर्य की व्याख्या करते हैं। वे व्यक्ति के भावन व्यापार को महत्त्व देते हैं और कल्पना की क्रियाशीलता के बिना सौन्दर्य की सत्ता को स्वीकार नहीं करते। व्यक्तिनिष्ठ दृष्टि के आचार्यों की भी सौन्दर्य-धारणा आध्यात्मिक, नैतिक आदि अनेक रूपों में विभाजित हो सकती है। वास्तव में सौन्दर्य की प्रतीति जहाँ वस्तुधर्म पर आधारित है, वहाँ ग्राहक-मन की संस्कारिता, अभिरुचि और कल्पना की अपेक्षा भी रखती है। (3) तीसरा दृष्टिकोण सापेक्षता का है जिसके प्रतिपादक अलेक्जेंडर हैं। सौन्दर्य वस्तु और ग्राहक के मन के सम्बन्ध में है। जब दोनों के बीच में भावनापरक सम्बन्ध स्थापित होता है, तभी सौन्दर्य की अनुभूति होती है। जब यह सम्बन्ध स्थापित नहीं हो पाता, तब वस्तु के सुन्दर-असुन्दर होने का कोई प्रश्न ही नहीं उठता। यह सामान्य अनुभव की बात है कि वस्तु-जगत् सदा मन को आकृष्ट नहीं कर पाता। तब व्यक्ति प्रकृति और कलाकृति, दोनों की उपेक्षा कर जाता है।

दृष्टिकोण के आधार पर वर्गीकरण सौन्दर्य की प्रकृति एवं उसके स्वरूप का स्पष्टीकरण नहीं कर सकता। सौन्दर्य का सम्बन्ध वस्तु के किस पहलू से है, इसी को दृष्टिकोण में रखकर सौन्दर्य-सम्बन्धी धारणाओं का और उनके आचार्यों का उचित वर्गीकरण-विश्लेषण किया जा सकता है।

(1) प्रथम सौन्दर्य को आन्तरिक तत्त्व मानने वाले आचार्य हैं जिनकी दृष्टि

प्रधानतः आध्यात्मिक है। प्लेटो का कहना है कि 'If anything is beautiful it is butiful for no other reason than that it partakes of absolute beauty.'[71]

प्लेटो सौन्दर्य को दिव्य मानकर सत्य और शिव से उसे अभिन्न कर देते हैं। उनकी दृष्टि में अनुकरण होने के कारण कलाओं में उस परम सत्य, शिव और सौन्दर्य का प्रत्यक्षीकरण नहीं हो सकता। 18वीं और 19वीं शताब्दी के दार्शनिकों ने सौन्दर्य की आध्यात्मिकता के सिद्धान्त को पल्लवित करते हुए उसे पूर्ण बनाने का प्रयत्न किया। अगस्टेन धार्मिक दृष्टि से बाह्य सौन्दर्य की अपेक्षा शिव के सौन्दर्य को ही सच्चा सौन्दर्य मानते हैं।

'The beauty of any material object is congruence of parts together with a certain sweetness of colours...but how great will be the sweetness of colour when the righteous shall shine forth like the sun in the kingdom of their father.'[72]

शेफरसबरी की दृष्टि में भी सौन्दर्य, सृष्टि में परम विभु की ही अभिव्यक्ति है।[73] हेगेल ने इस विचारधारा को परिष्कृत रूप दिया। परम भाव को अभिव्यक्ति का प्रयास ही सौन्दर्य-सृजन है। वस्तु में उसकी अभिव्यक्ति जितनी पूर्णता और सफलता के साथ हो पाती है, उसमें उतना ही सौन्दर्य होता है। सृष्टि में ईश्वरीय सौन्दर्य होने पर भी हेगेल की दृष्टि में उसकी पूर्णता का प्रकाशन कलाओं में ही अधिक होता है। इस दृष्टि के अनुरूप उन्होंने सौन्दर्य की परिभाषा इस तरह दी :

"Beauty is the shining of the Idea through matter."[74]

सौन्दर्य को आध्यात्मिक मानने वाले ईश्वरीय चेतना, वस्तुगत भाव और बाह्य रूप के आकर्षण की अपेक्षा उसकी उज्ज्वल आलोकमयता को महत्त्व देते हैं। वे भी सौन्दर्य का प्रकाशन रूप के माध्यम से ही मानते हैं, लेकिन उसे रूपगत विशेषताओं से सम्बद्ध नहीं करते। बहुत करके चेतना के सौन्दर्य को रूप के सामंजस्य में देखने या दिखाने का प्रयत्न करते हैं। आध्यात्मिक दृष्टि ग्रहण करने पर सौन्दर्य की अनुभूति उदात्त हो जाती है। लोंजाइनस ने उदात्त का स्रोत भी आध्यात्मिक माना है :

'Sublimity is, so to say, the image of greatness of soul.'[75]

(2) सौन्दर्य को आन्तरिक और आध्यात्मिक मानते हुए भी कुछ आचार्यों ने लौकिक दृष्टि ग्रहण करके रूप-सौन्दर्य को नैतिक मान्यताओं के अनुरूप होना आवश्यक माना है। नैतिकता का सम्बन्ध आध्यात्मिकता से नहीं, धर्म से है। धार्मिक दृष्टि नैतिकता में ही सौन्दर्य देखती है। आध्यात्मिक दृष्टि का एक पहलू शिवत्व अवश्य है लेकिन उसका दृष्टिकोण अधिक अन्तर्मुखी, व्यापक और मानवतावादी है।

सुकरात के अनुसार सौन्दर्य का आकर्षण अभीष्ट उद्देश्य की पूर्ति में है, 'The beautiful is that which is fitting and answers to the end required.'[76]

प्लेटो ने कलाओं पर अनैतिकता का जो आक्षेप लगाया, उसका उत्तर देते हुए

अरस्तू ने रूप-सौन्दर्य के आकर्षण को ही स्पष्ट नहीं किया बल्कि अच्छाई के साथ उसके सम्बन्ध की ओर संकेत भी किया।

'The beautiful is that good which is pleasant because it is good.'[77]

इन मान्यताओं के आधार पर टॉलस्टॉय और रस्किन ने सौन्दर्य का नैतिकता के साथ सम्बन्ध स्थापित किया और वे ही सच्चे अर्थ में नैतिकतावादी सौन्दर्यशास्त्री हैं। कलाओं के क्षेत्र में तथाकथित शुद्ध सौन्दर्यवादी दृष्टि का विरोध करते हुए टॉलस्टॉय कहते हैं–

'People have now only to reject the false theory of beauty according to which enjoyment is considered to be the purpose of art and religious perception will naturally take its place as the guide of our times.'[78]

रस्किन का विचार है कि जब कोई वस्तु बौद्धिक व्यायाम के बिना अपने बाह्य गुणों के सहज भावन से आनन्द देती है, तब हम उसे सुन्दर कहते हैं।[79] वे सौन्दर्य को प्रकृतिगत मानते हैं और वह ईश्वरीय अभिव्यक्ति होने के कारण उदात्त है। वह सौन्दर्याभिरुचि परिष्कृत है जो हमारी नैतिक वृत्ति के अनुकूल वस्तु की शुद्धता और पूर्णता से सर्वाधिक आनन्द प्राप्त करता है :

'Perfect taste is the faculty of receiving the greatest possible pleasure from those material sources which are attractive to our moral nature in purity and perfection.'[80]

(3) सौन्दर्यशास्त्र के कुछ ऐसे आचार्य भी हैं जो सौन्दर्य को आन्तरिक सजीवता और उसकी उज्ज्वल अभव्यक्ति में मानते हैं। ये मूलतः आध्यात्मिक दृष्टि के हो सकते हैं, लेकिन व्यवहार में सौन्दर्य को वस्तुरूप की सजीवता पर आधारित मानते हैं। प्लाटिनस का कहना है कि–

'Beauty is rather a light that plays over the symmetry of things than the symmetry itself, and in this consists its charm ... why are the more life-like statues the more beautiful though the others be more symmetrical?'[81]

लेस्सिंग सौन्दर्य को प्रकृतिगत मानते हैं। वस्तुगत सौन्दर्य को कलाकार अपने माध्यम के अनुसार अभिव्यक्त करने का प्रयत्न करता है। माध्यम की सीमाएँ अभिव्यक्ति की सीमाएँ हो जाती हैं।

(4) काण्ट सौन्दर्य को वस्तुगत तत्त्व न मानकर विशिष्ट अनुभूति के कारण मानते हैं। टॉलस्टॉय और रस्किन भी अनुभूति पर बल देते हैं, लेकिन उनका दृष्टिकोण नैतिक है। जहाँ काण्ट निर्लिप्त भावन को महत्त्व देते हैं, वे केवल उदात्त अनुभूति को काण्ट के अनुसार मानसिक सामंजस्य और सन्तुलन, सार्वजनीनता, निर्लिप्तता और उद्‌देश्यहीन सार्थकता, भावन-व्यापार की विशेषताएँ हैं जिनसे सौन्दर्य की प्रतीति होती है। सत्य और शिव की ज्ञानात्मक धारणाओं से सौन्दर्य-भावन की विशिष्टता को

लेखक ने इस तरह स्पष्ट किया है, 'The beautiful is the form of purposivenss in an object in so for as this can be percieved without the idea of an end.'[82]

'A flower, for instance a tulip, is considered beautiful because a certain purposiveness is found in the perception of it which is not within our act of judging refered to any end.'[83]

(5) पाश्चात्य सौन्दर्यशास्त्र के अनेक आचार्य रूपवादी हैं जो सौन्दर्य का सम्बन्ध केवल वस्तु के रूप से मानते हैं। सौन्दर्य को तत्त्वगत मानने वाले, चाहे—उनका दृष्टिकोण आध्यात्मिक हो, चाहे लौकिक-मानसिक—वस्तु के आन्तरिक पहलू को महत्त्व देते हैं। कला के क्षेत्र में वर्ण्य और उसके मूल्य से सौन्दर्य का सम्बन्ध स्वीकार करते हैं। वर्ण्य का सौन्दर्य प्रकृति या जीवन-सापेक्ष है। अनुकृति के द्वारा प्रत्यक्ष रूप में या कल्पना के सूक्ष्म परिवर्तनों के माध्यम से वर्ण्य में सौन्दर्य का आगमन होता है। ये आचार्य रूप के सौन्दर्य को स्वीकार करते हैं, पर अन्तःसौन्दर्य को रूप का अतिक्रामक सच्चा सौन्दर्य कहते हैं। इसके विपरीत रूपवादी प्रकृति और कला, दोनों में सौन्दर्य को रूप की विशेषताओं से सम्बद्ध मानते हैं। व्यवस्था, एकता, स्पष्टता, मसृणता, सौष्ठव, व्यंजकता, सामंजस्य, अनुपात, वर्ण-दीप्ति, औचित्य आदि अनेकानेक रूप की विशेषताएँ सौन्दर्य की सृष्टि करती हैं। रूपवादी कला की रूप-योजना को भौतिक रूप का अनुकरण नहीं, कलाकार की कल्पना की सृष्टि कहते हैं।

अरस्तू प्रकृति की अनुकृति में सौन्दर्य मानते हैं। इस प्रकार सौन्दर्य प्रकृति और अनुकृति के पुनर्निर्माण, दोनों में है। कलात्मक पुनर्निर्माण में वे रूप की व्यवस्था, सौष्ठव और निश्चयात्मिकता पर जोर देते हैं। रूपवादी दृष्टि का विकास इसी सूत्र से आरम्भ होता है। परवर्ती दार्शनिकों ने रूप के सम्बन्ध में सूक्ष्म चिन्तन करते हुए उसके सौन्दर्यशास्त्रीय पहलुओं को स्पष्ट किया है। लैबिनट्स रूप के सामंजस्य को सौन्दर्य कहते हैं जिसमें अन्तर्विरोध भी हो सकता है।'[84] ह्यूम के अनुसार अंग-निर्माण और व्यवस्था में ही सौन्दर्य है :

'Beauty is such an order and construction of parts, as either by the primary constitution of our nature, by customor by caprice, is fitted to give pleasure and satisfaction to the soul.'[85]

बर्क अंगों की कोमलता और उज्ज्वलता को महत्त्व देते हैं तो हीगार्थ रूप की जटिलता और विविधता में अविच्छिन्नता की। शोपनहॉवर की दृष्टि में सौन्दर्य मानसिक भाव का सम्मूर्तन है।

कुछ रूपवादियों ने वर्ण्य की उपेक्षा न करके सार्थक रूप में सौन्दर्य देखा है। वर्ण्य से रूप को सार्थकता मिलती है। वास्तव में प्रकृति और कला, दोनों में वर्ण्य और रूप का पार्थक्य सम्भव नहीं है और सौन्दर्य समष्टि का ही हो सकता है। क्लाइवबेल, कॉलरिज आदि सार्थक रूप के समर्थक हैं।

कुछ रूपवादियों ने सामंजस्य की परिपूर्णता पर जोर दिया है। बामगार्टन ऐन्द्रिय संवेदनों की परिपूर्णता को सौन्दर्य कहते हैं, जो परिपूर्णता बौद्धिक क्षेत्र में अभिव्यक्त होने पर सत्य कहलाती है।[86] वैसे अनेक सौन्दर्यशास्त्रियों की धारणा है कि कला प्रकृति के अपूर्ण सौन्दर्य को पूर्णता प्रदान करती है।

(6) सौन्दर्यशास्त्र के कुछ आचार्य सौन्दर्य को शुद्ध मानसिक और कल्पनाजन्य मानते हैं। प्राकृतिक वस्तु का सौन्दर्य, वस्तु पर मन की चेतना के प्रभाव या प्रक्षेपण का परिणाम है। कला में सौन्दर्य कल्पना की रूप-सृष्टि पर निर्भर है। ये आचार्य भी रूपवादी ही हैं, लेकिन रूप को बहिर्मुखी भौतिक अर्थ में ग्रहण नहीं करते। रूप में सौन्दर्य मानते हैं, पर वह एक विशिष्ट मानसिक प्रक्रिया का परिणाम है। इस तरह उनके रूप-सौन्दर्य की भावना एक दार्शनिक आधार पर निर्मित है। सौन्दर्य-चिन्तन के आरम्भकाल से ही सौन्दर्य का रूप के साथ सम्बन्ध और उसकी सृष्टि में कलाकार की प्रतिभा, कल्पना, कौशल आदि का महत्त्व स्वीकार किया गया। अरस्तू, प्लूटार्क आदि का विचार है कि कलाकार अपने कौशल के द्वारा कुरूपता आदि सौन्दर्य की जटिल समस्याओं को सुलझाता है।[87] जैसा कि पहले कहा गया है कि रोमांटिक युग में प्रकृति के अनुकरण की अपेक्षा कला की रचना में कलाकार की कल्पना आदि का अधिक महत्त्वपूर्ण योगदान माना गया है। क्रोचे ने इन बिखरे हुए सूत्रों को अपने अभिव्यंजनावाद में एक दार्शनिक-सैद्धान्तिक व्यवस्था दी। कॉलिंगवुड ने उसे आगे बढ़ाने का प्रयत्न किया।

क्रोचे के अनुसार, सौन्दर्य प्रकृतिगत न होकर कलाकार की सृष्टि है।[88] मन के सहज ज्ञान की बिम्बात्मक अभिव्यक्ति उसका कारण है। जो सहज ज्ञान की बिम्बात्मक अभिव्यंजना नहीं है, वह केवल ऐन्द्रिय संवेदन या प्राकृतिक धारणा है।[89] सहज ज्ञान का बिम्ब मानसिक है और कलाकार उसे अपने माध्यम में प्रकटीकरण का प्रयत्न करता है।[90] इस व्यक्त रूप के द्वारा ग्राहक कलाकार की भावना या मानसिक अभिव्यंजना तक पहुँच पाता है। इस तरह क्रोचे ने कला आत्माभिव्यक्ति है या सम्प्रेष्य, इस विवाद को समाप्त कर दिया। मूलतः वह मानसिक अभिव्यक्ति है, उसका बाह्य रूप भले ही दूसरों के लिए कलात्मक अनुभूति का साधन बने।

क्रोचे के अनुसार, सहज ज्ञान की मानसिक अभिव्यंजना और सौन्दर्य में कोई अन्तर नहीं हैं, 'It seems both permissible and advisable to define beauty as successful expression or rather expression and nothing more because expression when it is not successful is not expression.[91] सौन्दर्य सफल अभिव्यंजना है, इसलिए उसकी मात्राएँ नहीं होतीं। वह पूर्ण है। असफल अभिव्यंजना या कुरूपता की ही मात्राएँ हो सकती हैं।[92]

क्रोचे ने रूप के स्थान पर अभिव्यंजना शब्द को ग्रहण करके कला और सौन्दर्य-सम्बन्धी अनेक जटिल समस्याओं को दूर करने का प्रयत्न किया है। अभिव्यंजना

संश्लिष्ट और अखण्ड है। वर्ण्य और रूप के वर्गों में उसका विभाजन नहीं हो सकता। यह विभाजन तार्किक ज्ञान के आधार पर कला के बोध या उसकी आलोचना की सुविधा के लिए है। काव्य का सौन्दर्य काव्योक्ति के संश्लिष्ट रूप का है, उसके किसी पहलू का नहीं। अभिव्यंजनावादी क्रोचे को रूपवादी मानना उनके सिद्धान्त की भ्रामक व्याख्या का परिणाम है। सौन्दर्य का रूप से घनिष्ठ सम्बन्ध अवश्य है। रूप के आन्तरिक और बाह्य पहलुओं को लेकर सौन्दर्यशास्त्र में अनेक विवाद होते रहे और सौन्दर्य को अपनी-अपनी दृष्टि से वस्तु-रूप के किसी-न-किसी पहलू से सम्बद्ध करके कला और सौन्दर्य का एकांगी विवेचन होता रहा। क्रोचे ने रूप और सौन्दर्य के दोनों पहलुओं को अविभाज्य मानकर सौन्दर्य की अखण्डता को प्रतिष्ठित किया। कला के क्षेत्र में वर्ण्य और रूप के अलगाव का निराकरण हो गया। रूपधारण में वर्ण्य रूप का अभिन्न अंग हो जाता है। एक के बिना दूसरे की कल्पना ही नहीं हो सकती। अभिव्यंजना की प्रक्रिया में मूल पदार्थ रूप गहण करते हैं और जो अंश रूप में समा जाता है, उसे वर्ण्य कहते हैं। उसकी प्रकृति मूल पदार्थ से भिन्न होती है क्योंकि रूपायन में कल्पना के द्वारा पदार्थ की प्रकृति का परिवर्तन अनिवार्य है, अन्यथा वर्ण्य और रूप की प्राकृतिक संगति नहीं बैठ सकती। कला के सम्बन्ध में ही नहीं, सृष्टि के रूपायन के सम्बन्ध में भी यह बात लागू हो जाती है।[93] ललित कला, वस्तु को रूप देने का प्रयत्न नहीं है। वह यान्त्रिक उपयोगी कला की विशेषता है।[94] रूप-कल्पना के सम्बन्ध में क्रोचे के ये विचार विशेष ध्यान देने योग्य हैं:

'It is true, content is that which is convertable into form, but it has not determinable qualities until this transformation takes place. We know nothing about it. It does not become aesthetic content before, but only after it has been actually transformed. The aesthetic content has also been defined as the 'interesting'. That is not an untrue statement...Being interested is precisely the raising of the content to the dignity of form.[95]

परवर्ती सौन्दर्यशास्त्रियों ने क्रोचे के सौन्दर्य-चिन्तन-सम्बन्धी इन पहलुओं पर विशेष आक्षेप किये हैं–(1) मानस विश्लेषण, (2) कला को शुद्ध मानसिक व्यापार मानना और (3) वर्ण्य की पूर्व स्थिति और उसके मूल्य की अस्वीकृति। वास्तव में क्रोचे ने इन तीनों पहलुओं में पाश्चात्य सौन्दर्यशास्त्र के अमूर्त आदर्शीकरण को चरम सीमा पर पहुँचा दिया है। जहाँ अभिव्यंजना में सौन्दर्य का दर्शन बिल्कुल व्यावहारिक और सुबोध सत्य-सा प्रतीत होता है, अभिव्यंजना की सारी प्रक्रिया दार्शनिक जटिलता से भरी हुई है। इसीलिए अभिव्यंजनावाद के आधार पर कला की जो समीक्षा आरम्भ हुई, वह विकसित होकर बहुत आगे नहीं बढ़ सकी।

(7) वेलिन्स्की, कॉडवैल, प्लेखानोव आदि मार्क्सवादी विचारकों ने सौन्दर्य का सामाजिक जीवन से सम्बन्ध स्थापित किया है। सौन्दर्य न आध्यात्मिक है और न

उसकी अनुभूति ही लौकिक से भिन्न और निर्लिप्त है। रूप से उसका सम्बन्ध अवश्य है, लेकिन रूप की उच्चवर्गीय आदर्श कल्पना से नहीं। उच्चवर्गीय रूप की कोमलता में नहीं, श्रमिक वर्ग की पुष्ट मांसलता और स्वस्थता में ही सौन्दर्य है। सौन्दर्य जीवन के सामाजिक संस्कारों और मान्यताओं पर आधारित और उन्हीं से विकसित भावना है। मार्क्सवादी सौन्दर्य को सामाजिक उपयोगिता से परे नहीं मानते। प्लेखानोव के अनुसार काण्ट की निर्लिप्तता का सिद्धान्त गलत है, सौन्दर्य की अनुभूति वस्तु की सामाजिक उपयोगिता के सन्दर्भ में है :

'The enjoyment of a work of art is enjoyment of the depiction advantageous to the kind.'[96]

मार्क्सवादी दृष्टि में सौन्दर्य भौतिक और सामाजिक ही नहीं, प्रगतिशील प्रेरणा देने में भी है। जहाँ परम्परागत दार्शनिक सौन्दर्यशास्त्रियों ने सौन्दर्य के आध्यात्मिक, मानसिक और रूपगत पहलुओं की ओर ध्यान आकृष्ट किया, वहाँ मार्क्सवादियों ने उसके जीवन-सापेक्ष सामाजिक पक्ष का उद्घाटन किया।

(8) मनोविज्ञान और विज्ञान ने अपने स्वतन्त्र सौन्दर्यशास्त्रियों को जन्म नहीं दिया, लेकिन आधुनिक युग के सौन्दर्य-चिन्तन को विशेष प्रभावित किया। वैज्ञानिक दृष्टि ने अलौकिक कहलाने वाली सौन्दर्य की रहस्यमयता को स्पष्ट बोधगम्य रूप देने की प्रेरणा दी। विज्ञान के द्वारा सृष्टि के रहस्यों के उद्घाटन ने जीवन-जगत् में रहस्य के लिए कोई स्थान नहीं रख छोड़ा। परिणामवाद तथा आनुवंशिकी (जेनिटिक्स) निर्जीव और सजीव रूप के विकास के सूक्ष्मातिसूक्ष्म तत्त्वों के उद्घाटन में संलग्न हैं। रूप के विशिष्ट और सामान्य लक्षणों का विश्लेषण होता जा रहा है। भौतिक रूप की इस प्रत्यक्ष व्याख्या को मानव-कल्पित रूप-सृष्टि पर भी लागू किया जा सकता है।

विज्ञान का दृष्टिकोण वस्तुन्मुख है तो मनोविज्ञान का व्यक्तिपरक। उसने ध्यान, स्मृति, भावना, कल्पना आदि की व्याख्या के द्वारा कला की सर्जना और अनुभूति का युक्तिसंगत स्पष्टीकरण करने का प्रयत्न किया है। मनोविज्ञान का मानस विश्लेषण, सौन्दर्य की आधारभूमि की व्याख्या के द्वारा उसकी प्रकृति और स्वरूप को निर्धारित कर रहा है। सौन्दर्य जो भावना का विषय था, उसे बोध का विषय बनाया जा रहा है। जैसा कि मैंकेलेंजलो की व्याख्या में, फ्रायड ने स्वीकार किया है, इस प्रयत्न में अभी पूर्ण सफलता नहीं मिली है।[97] मनोवैज्ञानिकों ने काम, अहं, अन्तश्चेतना, व्यक्तित्व आदि की व्याख्या के द्वारा कला और सौन्दर्य के मूल प्रेरणास्रोतों की ओर भी संकेत किया है। प्रायोगिक मनोविज्ञान में अभिरुचि और अनुभूति की समस्याओं को सुलझाया जा रहा है। जी.टी. फेकनेर, जेम्स लैंग, मार्टिन, क्लैण्टाइन, मिल्टन, एच. बर्ड आदि इस क्षेत्र में उल्लेखनीय हैं। प्रायोगिक मनोविज्ञान की सबसे बड़ी उपलब्धि अनुभूति को प्रक्रिया और अभिरुचि की व्यक्ति-सापेक्षता को स्पष्ट करने में है।[98]

पाश्चात्य सौन्दर्यशास्त्र के तीन आधारस्तम्भ हैं : वस्तु, सौन्दर्य और चेतना।

वस्तुरूप नैसर्गिक या मानव-निर्मित है। वही सौन्दर्य का आधार है। सौन्दर्य आध्यात्मिक, मानसिक या ऐन्द्रिय रूपगत है। यदि सृष्टिगत है तो अनुकृति या कल्पना के द्वारा मानव-निर्मित कलाकृति में आ जाता है। ऐसी स्थिति में मानव-जीवन के सभी पहलुओं का सौन्दर्य-भावना के साथ सम्बन्ध स्थापित हो जाता है। उसके प्रधान पहलू आध्यात्मिक, नैसर्गिक और सामाजिक हैं। इस रूप में सौन्दर्य की वास्तविकता को स्वीकार करना ही पड़ता है—चाहे उसे आध्यात्मिक कहें, चाहे भौतिक। दूसरी ओर सौन्दर्य को सृष्टिगत न मानकर कल्पना-प्रसूत मानने से उसका अस्तित्व केवल मानसिक है। मन के आदर्शीकरण में उसका प्रादुर्भाव होता है और मन की विशेष संस्कारिता को ही वह प्रभावित करता है। सौन्दर्य की अनुभूति में व्यक्ति-मन की चेतना का महत्त्वपूर्ण योग होता है। उसकी सजीवता और क्रियाशीलता में ही अनुभूति सम्भव है, अन्यथा मन के लिए वस्तुज्ञान को छोड़कर उसके सौन्दर्य का कोई अस्तित्व ही नहीं रह जाता। वास्तव में वस्तुरूप, सौन्दर्य और चेतना, एक-दूसरे को प्रभावित करते हुए, तीनों के पूर्ण सामंजस्य के द्वारा सौन्दर्य के विशिष्ट मूल्य की अनुभूति देते हैं जो आनन्दात्मक होने के कारण ग्राह्य और पुनः-पुनः चर्वणीय हो जाती है।

## 5. सृष्टि-सौन्दर्य और कला-सौन्दर्य

सृष्टि ईश्वरीय चिति की क्रियाशीलता के द्वारा उन्मीलित रूप है या वैज्ञानिक विकासवादी सिद्धान्त के अनुसार विकास के परिणामस्वरूप स्वयं अभिव्यक्त है। दोनों स्थितियों में उसका अपना एक रूप है और उसमें निरन्तर सौन्दर्य की अनुभूति होती रहती है। दोनों स्थितियों में वह परिवर्तनशील या गतिशील है इसलिए सौन्दर्य की नित्य नूतन अनुभूति होती है। सृष्टि को ईश्वरीय मानने पर भी वह सचेष्ट प्रयत्न से निर्मित न होकर नैसर्गिक अभिव्यक्ति है। इसलिए सृष्टि के रूप और उसके सौन्दर्य को सहज या नैसर्गिक माना जाता है। उसका रूप निर्मित न होने के कारण पूर्वनिर्धारित और सुनिश्चित नहीं है।

सौन्दर्यशास्त्री सौन्दर्य को प्रधानतः कला का विषय मानते हैं।[99] उनकी दृष्टि में सौन्दर्य मनुष्य की भावना और कल्पना पर आधारित है और उनसे निरपेक्ष प्रकृति में सौन्दर्य की अनुभूति भी नहीं होती। उनके बिना अनुभूति गहरी और तीव्र नहीं होती। प्रकृति-सौन्दर्य का प्रत्यक्षीकरण सरल ऐन्द्रिय प्रक्रिया से सम्बन्धित होने के कारण अनुभूति की सान्द्रता सम्भव नहीं है। क्रोचे तो प्रकति को कला-सौन्दर्य की सृष्टि के लिए केवल उद्दीपन मानते हैं।[100] सौन्दर्य कल्पना की सृष्टि है। प्रकृति में सुनियोजित और सुनिश्चित कल्पना की संरचना का आभास नहीं मिलता। हेगेल जैसे कुछ दार्शनिकों ने ही सृष्टिगत सौन्दर्य को स्वीकार किया है। लेकिन वे उसे सौन्दर्य की प्राथमिक स्थिति मानते हैं।[101] क्योंकि उसमें सौन्दर्य की प्रतीति के लिए आवश्यक जीवन्त रासायनिक एकता नहीं है। उनकी दृष्टि में जड़ की अपेक्षा चेतन

प्राणियों में जीवशक्ति की एकता अधिक अनुभूत होती है और इसलिए सृष्टि में प्राणी अधिक सुन्दर है।

लेकिन कला-सौन्दर्य की तरह सृष्टि-सौन्दर्य की अनुभूति के लिए भी ग्राहक कल्पना के योग की आवश्यकता है। जब तक वस्तु और ग्राहक के बीच में भावनाशील सम्बन्ध स्थापित नहीं होता और ग्राहक की कल्पना क्रियाशील नहीं होती, तब तक न कलाकृतियों में और न ही प्रकृति में सौन्दर्य का दर्शन होता है। जहाँ तक अनुभूति की गहराई का प्रश्न है, वह ग्राहक-मन की प्रत्यक्षीकरण की शक्ति पर निर्भर है। कलाकार के द्वारा सुनियोजत होने के कारण कलाकृति में गहरी पैठ के साथ रूप-सौन्दर्य की सान्द्र अनुभूति सरल हो जाती है। स्पष्ट योजनाबद्ध न होने के कारण प्रकृति या प्रकृतिगत किसी वस्तु में रूप-सौन्दर्य की अनुभूति के लिए सूक्ष्म अन्तःदृष्टि की आवश्यकता है। यदि वह दृष्टि हो तो भावक के लिए सृष्टि में कला से कहीं अधिक अनन्त सौन्दर्य की छवियाँ मिल जाती हैं।

सृष्टि-सौन्दर्य और कला-सौन्दर्य का अन्तर क्रमशः प्राकृतिक और मानव-निर्मित होने के कारण है। मानव-निर्मित वस्तु कृत्रिम होती है। कलाकार द्वारा लाख नैसर्गिक रूप देने का प्रयत्न करने पर भी कलाकृति कृत्रिमता से बच नहीं सकती। यह प्रकृति और प्राकृतिक होने का अन्तर है। मानव-निर्मित रूप सुनिश्चित होने के कारण उसके सौन्दर्य की अनन्तता की प्रतीति भी नहीं हो सकती। प्राकृतिक रूप की ही यह विशेषता है। प्राकृतिक सौन्दर्य रूप का अतिक्रमण कर जाता है। अनुकृतिमूलक कलाकृति की अपेक्षा कल्पनाशील कलाकृति में रूप अधिक लचीला होकर सौन्दर्य की व्यंजना के लिए अधिक अवकाश देता है। क्लासिकल रूप-विधान और स्वच्छन्दतावादी रूप-विधान का यही अन्तर है। इस स्वच्छन्द रूप-कल्पना की भी अपनी सीमाएँ हैं। अधिक सौन्दर्य की व्यंजना के लिए रूप की अनिश्चयात्मक या रहस्यमयता की प्रेरणा भी प्राकृतिक रूप से ही प्राप्त होती है।

मानव-निर्मित होने के कारण कलाकृति के रूप-सौन्दर्य की कुछ ऐसी विशेषताएँ हैं जो उसे नैसर्गिक रूप-सौन्दर्य से पृथक् कर देती हैं। कलाकृति का रूप एक प्रयोजन या सार्थकता की अनुभूति की दृष्टि से समन्वित और निश्चित होता है। रूप का यह आयोजन सम्प्रेषण को सरल बना देता है तो सार्थकता अनुभूति को तीव्र और सजीव बनाती है। सृष्टिगत वस्तु और उसके रूप की सार्थकता स्पष्ट प्रतीत नहीं होती। उसका अनुमान करना पड़ता है। कभी-कभी सृष्टि प्रयोजनातीत क्रीड़ा या लीला लगती है। दूसरी ओर उसकी अभिव्यक्ति में, प्रत्यक्ष-अप्रत्यक्ष किसी भी रूप में, सम्प्रेषण का कोई प्रश्न ही नहीं उठता। उसके रूप-सौन्दर्य का ग्रहण ग्राहक-मन की इच्छा पर निर्भर है। कलाकृति का संवेद्य रूप अपनी योजना के अनुसार ग्राहक-मन को अपनी ओर आकृष्ट कर लेता है। प्राकृतिक या कलात्मक सौन्दर्य मन को बलात् अपनी ओर खींच लेता है, लेकिन कलाकृति की संरचना में

यह खिंचाव उसका एक पहलू है। कलाकृति में रूप की निश्चित रेखाएँ सौन्दर्य को प्रमुख रूप में सामने रखती हैं जबकि प्राकृतिक वस्तु की रेखाएँ इस तरह उभरी न होकर सौन्दर्य को तरल नहीं बना देतीं।

सौन्दर्यशास्त्रियों के अनुसार कला सौन्दर्य को पूर्णता प्रदान करती है। वे प्रकृति के सौन्दर्य को निर्दोष और पूर्ण नहीं मानते। कला में रूप के आदर्शीकरण से सौन्दर्य सुसंस्कृत और पूर्ण हो जाता है। सृष्टि-सौन्दर्य की अपूर्णता खण्डित दृष्टि का परिणाम है। द्वन्द्वातीत मनःस्थिति में उसकी पूर्णता का बोध होता है। 'भूमा का यह मधुमयदान'[102] वैदिक दृष्टि की विशेषता है। कामायनीकार ने उसे समरसता की स्थिति कहा है। कला का आदर्शीकरण व्यक्त से अव्यक्त की ओर जाने का आध्यात्मिक प्रयत्न है। प्रकट न दीखने पर भी सृष्टि में यह अव्यक्त आध्यात्मिक सत्ता अन्तर्निहित है। कला में आदर्शीकरण सौन्दर्य का नहीं, रूप का है जिससे उचित प्रभाव की सृष्टि हो पाती है। कलाकार आदर्शीकरण के द्वारा अभीष्ट अनुभूति देने का प्रयत्न करता है। ईश्वरीय होने के कारण सृष्टि में रूप-सौन्दर्य स्वयं पूर्ण आदर्श स्थिति में विद्यमान है।

कुछ सौन्दर्यशास्त्री सृष्टि में सौन्दर्य-दर्शन के लिए ग्राहक दृष्टि के सौन्दर्यशास्त्रीय प्रशिक्षण और संस्कार से नियन्त्रित और अनुशासित होना आवश्यक मानते हैं।[103] सौन्दर्याभिरुचि कलाओं से संस्कृत हो सकती है, लेकिन मूलतः वह प्रकृति से ही विकसित होती है। सौन्दर्य-बोध के विकास का आदिम स्रोत सृष्टि ही है।

इस सन्दर्भ में यह भी विचारणीय है कि कला-सौन्दर्य कहाँ तक सृष्टि-सौन्दर्य का ऋणी है। अनुकृति का सिद्धान्त सौन्दर्य को सृष्टिगत मानता है और कला-सौन्दर्य को उसका प्रतिबिम्ब। वास्तव में कला अनुकृति न होकर सर्जना है। उनका सौन्दर्य प्रतिभा या कल्पना-प्रसूत है। कलाकार सृष्टि-सौन्दर्य से प्रेरणा लेता है, उसे वर्ण्य रूप में ग्रहण करता है और कल्पना के बिम्ब-विधान में उसे रूपान्तरित कर देता है। इस तरह कल्पना के बिम्ब को एक सौन्दर्यशास्त्रीय सार्थकता प्राप्त होती है। उसका सौन्दर्य, सृष्टि के सौन्दर्य से बिल्कुल भिन्न हो जाता है, यद्यपि उपादान और संरचना के नियम प्रकृति से ही प्राप्त होते हैं। दूसरे शब्दों में कहा जा सकता है कि कला-सौन्दर्य प्राकृतिक और काल्पनिक स्रोतों से पुनर्निर्मित होता है।

सृष्टि और कला के सौन्दर्य में प्रकृतिगत नहीं, स्वरूपगत अन्तर है। प्राकृतिक सौन्दर्यानुभूति और कलात्मक सौन्दर्यानुभूति में भी अन्तर स्वरूपगत ही है। मूलतः सौन्दर्यानुभूति आनन्दात्मक, सामंजस्यपूर्ण, स्थूल प्रयोजनातीत, निर्लिप्त और अलौकिक है। प्राकृतिक सौन्दर्यानुभूति आलम्बन के अनुरूप सहज होती है और कला की अनुभूति रूप-परिष्कार के अनुरूप सुसंस्कृत। प्रकृति के क्षेत्र में सौन्दर्यानुभूति के ऐन्द्रिय होने की अधिक सम्भावना है; क्योंकि वस्तु इन्द्रियों के सामने भौतिक रूप में प्रत्यक्ष होती है। कला का बिम्ब-विधान मानसिक रूप का होने के कारण अनुभूति अधिक निर्लिप्त और सूक्ष्म हो जाती है। वास्तुकला को छोड़कर कलाकृति का

भौतिक रूप ग्राहक की अनुभूति को प्रभावित नहीं करता। भौतिक रूप से सम्बन्धित होने के कारण सृष्टि-सौन्दर्य की अनुभूति अनेक अवसरों पर सकाम वासना को उत्तेजित करती है; विशेषतः नारी-सौन्दर्य की अनुभूति/भौतिक सौन्दर्य की अनुभूति में संवेगात्मक तीव्रता होती है तो कलात्मक अनुभूति में भावना व्यापार की तीव्रता जिससे सौन्दर्य की अनुभूति अधिक प्रभविष्णु भी लगती है। भौतिकता के बन्धनों से मुक्त कलागत सौन्दर्य की अनुभूति अधिक उन्मुक्त या स्वच्छन्द तथा अतीन्द्रय हो जाती है। भौतिक जगत् में सौन्दर्यानुभूति के मार्ग में अनेक बाधाएँ उपस्थित होती हैं और वह विरल भावनाशीलों को ही प्राप्त होती है जिसके कारण कलाओं को ही शुद्ध सौन्दर्यानुभूति का क्षेत्र माना जाता है। वास्तव में दोनों का अन्तर, इन्द्रियों और मन की सापेक्ष क्रियाशीलता के आधार पर है।

## 6. सौन्दर्यानुभूति और रसानुभूति

कलाओं की रूप-कल्पना से प्राप्त ग्राहक की अनुभूति को पाश्चात्य सौन्दर्यानुभूति कहते हैं। काव्य-साहित्य की अनुभूति को भारतीय आलंकारिकों ने रसानुभूति की संज्ञा दी। वस्तुनिष्ठ दृष्टि से सौन्दर्यानुभूति कलाकृति के रूप की है और रसानुभूति काव्यगत भावव्यंजना की। अनुभूति की दृष्टि से दोनों की प्रकृति में साम्य का अभाव नहीं है। दोनों सामान्य ऐन्द्रिय एवं संवेगात्मक लौकिक अनुभूतियों से भिन्न, एक प्रकार से अलौकिक अनुभूतियाँ हैं। सौन्दर्यानुभूति भावना, व्यापार और कल्पना के द्वारा प्राप्त अनुभूति है जिसकी ओर संकेत भट्टनायक और अभिनवगुप्त की रस एवं साधारणीकरण की व्याख्या में भी मिल जाता है। दार्शनिकों ने सौन्दर्य और रस की इन विशिष्ट मानसिक अनुभूतियों को आध्यात्मिक रूप देने का पूरा प्रयत्न किया है। एक ओर ईश्वर को अनन्त रमणीय मानकर उस परम भाव की एक झलक सृष्टि और ललित कलाओं में देखी गयी तो दूसरी ओर 'रसो वै सः' कहकर ईश्वर को रस-रूप माना गया है। लौकिक अनुभूतियों से भिन्न इनकी प्रकृति आनन्दात्मकता में है। सौन्दर्यानुभूति और रसानुभूति स्वयं आनन्द रूप नहीं है; आनन्द अनुभूति का परिणाम है। इसका प्रमाण वर्ण्य के अनुसार सौन्दर्य की भिन्नता और विविध रसों की परिकल्पना है। सौन्दर्य और रस, दोनों की अनुभूति व्यवस्थित और समन्वित है और उसमें अखण्डता या पूर्णता का बोध रहता है। अनुभूति के समय ग्राहक-मन की स्थिति सामंजस्यपूर्ण या समरस, सात्त्विक और चैतन्य रूप होती है। दोनों मन की चेतन अनुभूतियाँ हैं; संवेगात्मक अनुभूति की तरह आत्म-बोधरहित मन की विमुग्ध या विमूढ़ दशाएँ नहीं।

सौन्दर्यानुभूति और रसानुभूति की धारणाएँ विभिन्न परिस्थितियों में भिन्न-भिन्न दृष्टियों को लेकर विकसित हुई हैं; इसलिए उनमें अन्तर हो जाना स्वाभाविक है। सौन्दर्य का सिद्धान्त व्यक्त रूप के आकर्षण को लेकर वस्तुनिष्ठ दृष्टि से उनकी

अनुभूति के रहस्य का उद्घाटन करता है। रस-सिद्धान्त अव्यक्त या अमूर्त भावना को लेकर व्यक्तिनिष्ठ रूप में अनुभूति की विशेषता का निरूपण करता है। पाश्चात्य सौन्दर्यशास्त्र और समीक्षाशास्त्र कवि कर्म, काव्य और अनुभूति की ओर प्रस्थान करते हैं; सर्जनात्मक प्रक्रिया की दृष्टि से उनकी व्याख्या करते हैं। इसके विपरीत अलंकारशास्त्र का रस-सिद्धान्त, ग्राहक अनुभूति की दृष्टि से अभीष्ट काव्य-व्यवस्था की ओर निर्देश करता है। यह प्रेषणीयता और साधारणीकरण का अन्तर है। ये दोनों सिद्धान्त सौन्दर्य-सृष्टि और रस-संवेदना के अनुशीलन में विकसित हुए हैं। उनका अन्तर सौन्दर्य और रस के अन्तर को प्रकट करता है। काण्ट आदि कुछ दार्शनिकों ने व्यक्तिनिष्ठ दृष्टि से सौन्दर्य की व्याख्या अवश्य की और दूसरी ओर भरतमुनि के काव्य में विभाव, अनुभाव और संचारी भावों की वस्तुनिष्ठ व्यवस्था की ओर संकेत अवश्य किया। लेकिन प्रधानतः सौन्दर्य और रस के सिद्धान्त सर्जना और अनुभूति सम्बन्धी हैं। इस दृष्टि से ये एक-दूसरे के पूरक भी हैं। सौन्दर्य रचना का धर्म है और रस अनुभूति की विशेषता।

भारतीय रस-सिद्धान्त के आधुनिक व्याख्याताओं में आचार्य मिश्र जैसे कुछ समीक्षकों ने सौन्दर्य को बाह्य रूप की विशेषता मानकर उसे रस से निम्न स्थान देने का प्रयत्न किया है।[104] साहित्येतर कलाओं में बाह्य रूप-सौन्दर्य की ओर काव्य-साहित्य में भाव-व्यंजना की प्रधानता मानी गयी और रूप-संगठन के लिए प्रतिभा नहीं कौशल पर्याप्त समझा गया। बाह्य रूप की सौन्दर्यानुभूति को रस तन्मयता की अपेक्षा अस्थायी और कलाकार के कौशल की प्रशंसात्मक भावना भी घोषित किया गया। भारतीय परम्परा में अन्य कलाओं को उपविद्या और साहित्य को विद्या मानने का कारण, माध्यम की सीमाओं से उत्पन्न भाव-व्यंजना की परिमित सम्भावनाएँ हैं, न कि सौन्दर्य और रस की प्रधानता-अप्रधानता। भारतीय दृष्टि सभी कलाओं में बाह्य रूप के आकर्षण की अपेक्षा रसात्मकता को ही आत्मा मानने वाली है। भाषा की तरह अन्य कलाओं के माध्यमों में भाव की सुनिश्चित अभिव्यक्ति नहीं हो सकती। साहित्य की तुलना में अन्य कलाओं की यही सीमा है। इस कारण साहित्येतर कलाओं में सर्जनात्मक प्रक्रिया और अनुभूति सम्बन्धी कुछ कठिनाइयाँ भी उपस्थित हो जाती हैं। साहित्य सहित सभी कलाओं में सर्जना के लिए प्रतिभा और कौशल, दोनों की आवश्यकता है : प्रतिभा नवीन दृष्टि के लिए और कौशल माध्यम का उचित उपयोग करते हुए सफल रूप-संरचना के लिए। अन्य कलाओं में रूप-संरचना और सम्प्रेषण, भाषा की तरह सामाजिक माध्यम के अभाव में अधिक कष्टसाध्य है। इस कठिनाई के कारण साहित्येत्तर कलाओं की अनुभूति में तन्मयता के लिए माध्यम के प्रयोग का तकनीकी ज्ञान आवश्यक हो जाता है। जन्म से ही भाषा-प्रयोग से परिचित ग्राहक के लिए साहित्य के आस्वादन हेतु काव्यशास्त्र का ज्ञान उतना आवश्यक नहीं है। साहित्य और संगीत की तुलना से स्पष्ट हो जाता है

कि अनुभूति की तन्मयता और गहराई में पहला दूसरे की समता नहीं कर सकता।

तात्पर्य यह है कि सौन्दर्य का क्षेत्र कला और रस का साहित्य नहीं है और न ही सौन्दर्य की अनुभूति रस से निम्न कोटि की बहिर्मुखी ऐन्द्रिय अनुभूति है। कला और साहित्य, दोनों में रूप-निरूपण और भाव-व्यंजना का प्रयत्न होता है।

रस की अनुभूति भाव-सम्बन्धी एक विशेष व्यवस्था पर आधारित है। यह व्यवस्था विभाव, अनुभाव और संचारी की योजना पर ही नहीं, विभाव और भाव की औचित्यपूर्ण अनुरूपता और पारस्परिक प्रभाव के साथ दोनों के आन्तरिक समन्वय तथा असंगत एवं विरोधी स्वरों के परिहार के साथ व्यवस्था की एक-समन्वय तथा असंगत एवं विरोधी स्वरों के परिहार के साथ व्यवस्था की एकोन्मुख पूर्णता आदि पर निर्भर करती है। इन विशेषताओं से रस की अनुभूति सघन आदर्शीकृत रूप प्राप्त करती है। रस-संवेदना के लिए जैसा कि आचार्यों ने कहा है, कलात्मक और जीवन सम्बन्धी औचित्य का निर्वाह तथा रस-विरोध और रस-विघ्नों से बचना आवश्यक है। स्पष्ट ही रस-सिद्धान्त मूलतः भावाश्रित है। विभाव का वस्तुरूप, भावविकास का कारण और उद्दीपक है। वह भावनाओं को रंग देता है तो भावनाएँ उसमें रंग भरकर अनुभूति को तीव्र और सान्द्र बना देती हैं।

इसके विपरीत सौन्दर्य रूपाश्रित है—चाहे रूप निश्चित और सीमित हो, चाहे अनिश्चित और असीम। भाव और कर्म से उसका सम्बन्ध, रूप को सजीव और गतिशील बनाने में है। रूपाश्रित हुए बिना अमूर्त भाव या कर्म का अपना कोई सौन्दर्य नहीं है। रूप से सौन्दर्यानुभूति के अतिरिक्त रति, उत्साह आदि अन्य भावनाओं का विकास भी हो सकता है। रूपजन्य ये भावनाएँ सौन्दर्यानुभूति को पुष्ट करती हैं। दूसरी ओर कुरूपताजन्य जुगुप्सा, भय आदि भावनाएँ वस्तुरूप के प्रति विकर्षण को बढ़ाकर निषेधात्मक, अप्रत्यक्ष रूप से सौन्दर्य के मूल्य का प्रतिपादन करती हैं।

रस-व्यवस्था में रूप भाव-जागृति का कारण है। रूप की सौन्दर्यानुभूति या कुरूपता की अनुभूति, भाव-व्यवस्था का एक पहलू मात्र है जिससे भाव की अनुभूति गहरी हो उठती है और अन्त में भाव के साथ समन्वित होकर रस रूप में परिणत हो जाती है। सौन्दर्यशास्त्र में रूप की अनुभूति स्वयं साध्य है। रूप से अन्य भावनाओं का स्फुरण, आनुषंगिक रूप में ही सौन्दर्यानुभूति का अंग बन सकता है। रस-सिद्धान्त सुखात्मक-दुःखात्मक भावनाओं की परिणति की प्रक्रिया का विचार करता है तो सौन्दर्य सिद्धान्त रूप-कुरूप की सौन्दर्यानुभूति में परिणति पर। रस-सिद्धान्त में आलम्बन का सौन्दर्य और उसकी कुरूपता, अनुरूप भाव की जागृति की दृष्टि से सार्थक है। बीभत्स रस में कुरूपता संवेद्य नहीं होती। उससे उत्पन्न जुगुप्सा नवीन सार्थकता या मूल्य की अनुभूति के साथ आस्वाद्य होती है। यहाँ आलम्बन की कुरूपता, जुगुप्सा की भावना का अभिन्न सार्थक अंग है और आलम्बन सहित रूप में भाव आस्वाद्य हो जाता है।

सौन्दर्यशास्त्र साहित्य में केवल बिम्बविधान का महत्त्व स्वीकार करता है। जिस

तरह वस्तु-रूप के बिम्बविधान में सौन्दर्य होता है, उसी तरह भाव और कर्म की बिम्बात्मक अभिव्यक्ति में भी। भाव-बिम्ब की सौन्दर्यशास्त्रीय सार्थकता भाव में नहीं, उनकी व्यंजना में है। उस व्यंजना को लेकर भाव-बिम्ब की भाव-निरपेक्ष शुद्ध सौन्दर्यानुभूति हो सकती है। लेकिन रस-सिद्धान्त, भावानुभूति की संवेद्य रस रूप में परिणति को स्वीकार करता है। भावों के आधार पर रस के विविध रूप निर्धारित होते हैं। निश्चित ही यहाँ भाव का मूल्य जीवन-सापेक्ष है। इसलिए रसों का मूल्य भी जीवन-सापेक्ष मानना पड़ता है। लौकिक स्थायी भावों से भिन्न रसों का नामकरण और रस की अलौकिकता का तार्किक प्रतिपादन, रस के मूल की जीवन-सापेक्षता को इनकार नहीं कर सकता। रस की अनुभूति में जीवन-सापेक्ष लौकिकता का प्रत्यक्ष आभास करुण रस में मिल जाता है। करुण के प्रसंग में ग्राहक की आँखों के आँसू, जैसा कि शुक्ल जी ने कहा है, सात्त्विक आनन्द के नहीं, संवेदना के हैं।[105] रस की अनुभूति लौकिक भावानुभूति से भिन्न अवश्य है। वह सूक्ष्म और मानसिक ही नहीं, कल्पनाजन्य एक नयी सार्थकता या मूल्य के साथ न्यूनाधिक मात्रा में आनन्दमय भी प्रतीत होती है। रस के सन्दर्भ में भाव की बिम्बात्मकता इससे निरपेक्ष न होकर उसकी आकृति और प्रकृति का व्यंजक एवं निर्धारक है तथा कवि के द्वारा अभीष्ट भाव-सम्बन्धी मूल्य का प्रतिपादन उसी बिम्बात्मक व्यंजना पर निर्भर है। बिम्ब का जो सौन्दर्यशास्त्रीय पहलू है, वह भाव को संवेद्य बनाता है। यहाँ यह स्वीकार करना पड़ता है कि भाव की सार्थकता से निरपेक्ष उसकी बिम्बात्मकता की शुद्ध अनुभूति असम्भव नहीं तो सरल भी नहीं है। दूसरे शब्दों में, साहित्यिक बिम्ब की अनुभूति जीवन-मूल्य-सापेक्ष भी होती है। इस दृष्टि से रस-सिद्धान्त कलात्मक अनुभूति के क्षेत्र को व्यापक बनाने वाला और सौन्दर्य-सिद्धान्त का पूरक है। शुद्ध सौन्दर्यानुभूति के सिद्धान्त की अपेक्षा रस-सिद्धान्त लौकिक अनुभूति की ओर कुछ अधिक झुका हुआ है। लेकिन कला के क्षेत्र में उसके महत्त्व को अस्वीकार नहीं किया जा सकता। शुद्ध सौन्दर्यानुभूति अधिक सूक्ष्म है जबकि रसानुभूति अधिक प्रत्यक्ष।

निष्कर्ष रूप में कहा जा सकता है कि सौन्दर्यानुभूति रूप या बिम्ब की शुद्ध मानसिक अनुभूति है। रसानुभूति, रूप की अनुभूति के साथ उत्पन्न भावनाओं की संवेद्य आनुषंगिक अनुभूति की सम्मिलित व्यवस्था है। दोनों का अपना-अपना महत्त्व है और पूरक रूप में दोनों मिलकर अनुभूति को पूर्णता प्रदान करते हैं। भाव से निरपेक्ष रूप का अस्तित्व और उसकी अनुभूति सदा सम्भव नहीं है। भाव की अनुभूति सदा संवेगात्मक और लौकिक नहीं होती। कल्पना के धरातल पर भाव और कर्म, रूप की तरह संवेद्य हो जाते हैं। साहित्य के क्षेत्र में भी जीवन-सापेक्ष वर्ण्य से, बिम्बात्मक रूप निरपेक्ष होकर स्वतन्त्र अनुभूति का विषय नहीं हो सकता। कला में जब वर्ण्य और रूप अभिन्न हैं, रूपाश्रित सौन्दर्यानुभूति और भावाश्रित रसानुभूति का संयोग भी अनिवार्य है। वर्ण्य को संवेद्य बनाने वाले मूल्यों में सौन्दर्य भी एक

है। इस तरह भावाश्रित रसानुभूति को सौन्दर्य का आंशिक आधार भी मिल जाता है। रमणीयता को महत्त्व देने वाले पण्डितराज जगन्नाथ ने सौन्दर्य को रस के कुछ ऊपर रखा है।[106] सौन्दर्य कला की प्रकृति का द्योतक है, रस भाव क्षेत्र को मिलाकर उनकी अनुभूति की व्यापकता का निरूपक।

## 7. सत्य, शिव और सुन्दर

दार्शनिकों ने अनेक दृष्टियों से सृष्टि पर विचार करते हुए उसके मूलभूत तत्त्वों या धर्मों को पहचानने का प्रयत्न किया है और निरन्तर करते जा रहे हैं। आध्यात्मिक दृष्टि से वे उसे ईश्वरीय अभिव्यक्ति मानते हैं। ईश्वर की तीन विभूतियाँ हैं–सत्, चित् और आनन्द। सृष्टि की भी ये ही विशेषताएँ हैं–सत्यता, चेतनता और आनन्दमयता। चेतना की प्रकृति के मंगलमय और आनन्द के सौन्दर्य या आकर्षण के परिणाम होने के कारण, सृष्टि के इन धर्मों को सत्य, शिव और सुन्दर भी कह सकते हैं। सृष्टिगत हर एक वस्तु के ये तीन पहलू हैं। सत्य, वस्तु की वास्तविक सत्ता का, शिव उसकी सामाजिक उपयोगिता का और सौन्दर्य उसके रूप के आकर्षण का बोध कराते हैं।[107] सत्य, शिव और सुन्दर का क्रमशः ज्ञान-विज्ञान, धर्म और कला से भी सम्बन्ध जोड़ा जाता है, क्योंकि विज्ञान में सत्य की, धर्म में शिव की और कला में सौन्दर्य की उपलब्धि का प्रयत्न प्रधान होता है।

सृष्टि के सम्बन्ध में दार्शनिक से भिन्न दो प्रधान दृष्टियाँ वैज्ञानिक और समाजशास्त्रीय हैं। वैज्ञानिक दृष्टि प्रधानतः सत्य का अन्वेषण करती है, शिव और सुन्दर से उसका प्रत्यक्ष सम्बन्ध नहीं हैं वैज्ञानिक दृष्टि से मिलती-जुलती मनोवैज्ञानिक दृष्टि तीनों की वास्तविकता में व्यक्त को ही सत्य न मानकर अव्यक्त की ओर प्रस्थान करते हुए व्यक्त विशेषताओं की मूल प्रेरणाओं का उद्घाटन करती है। समाजशास्त्रीय दृष्टि तीनों विशेषताओं को सामाजिक सन्दर्भ में देखकर उनके सामाजिक स्वरूप को ही सत्य मानती है। जहाँ मनोवैज्ञानिक दृष्टि सत्य, शिव और सुन्दर की वास्तविकता को व्यक्ति-मन या अन्तर्मन से सम्बद्ध करती है, सामाजिक दृष्टि उनको सामाजिक चेतना में ढूँढ़ती है।

आध्यात्मिक दृष्टि से कुछ दार्शनिकों ने सत्य, शिव और सुन्दर को एक ही घोषित किया है। कवियों ने भी तीनों को अभिन्न माना है। प्रसिद्ध अंग्रेजी कवि कीट्स का कहना है कि:

'Beauty is truth, truth is beauty—That is all
Ye know on earth, and allye need to know.'[108]

व्यापक अर्थ में शिव का सत्य में अन्तर्भाव हो जाता है। सत्य से ही मानव का हित होता है। इसलिए कीट्स ने सत्य और सुन्दर की एकता का ही उल्लेख किया है। पन्त जी ने प्रेम को भी जोड़कर चारों तत्त्वों को समन्वित किया है :

*'वही प्रजा का सत्य स्वरूप*
*हृदय में बनता प्रणय आधार;*
*लोचनों में लावण्य अनूप*
*लोकसेवा में शिव अविकार।।*[109]

प्रेम सौन्दर्याश्रित है, उसका अलग उल्लेख आवश्यक नहीं है। सत्य, शिव और सुन्दर की आध्यात्मिक व्याख्या करने पर उनमें कोई अन्तर नहीं रह जाता। तत्त्वतः जीवन के सभी पहलू ईश्वरीय चिति या चेतना में समन्वित हो जाते हैं। लेकिन लौकिक दृष्टि से उनका अन्तर स्वीकार करना ही पड़ता है। सत्य से जिज्ञासा की, शिव से सामाजिक भावना की और सौन्दर्य से रचनात्मक प्रवृत्ति की तुष्टि होती है। सत्य के अनुसन्धान में विषय या वस्तु का महत्त्व होता है और वैयक्तिक दृष्टि वर्जित है। शिवत्व व्यक्ति-मन की भावना पर आधारित है। वस्तु या विषय का शुभाशुभ हो जाना व्यक्ति के अनुसार होता है। धर्म शिवत्व का आग्रह तो करता है लेकिन उसका निर्णय व्यक्ति-मन के विवेक पर छोड़ देता है। सौन्दर्य के सन्दर्भ में वस्तु और व्यक्ति, दोनों का समान महत्त्व है। सौन्दर्य की अनुभूति वस्तुगत विशेषताओं के आकर्षण को लेकर ही हो सकती है। वस्तु आकर्षण उत्पन्न करती है तो उस आकर्षण में मन की भावना वस्तु को रंगीन रूप प्रदान करती है। रूप और भावना के संयोग से ही सौन्दर्य का प्रत्यक्षीकरण होता है। इस तरह सत्य वस्तुनिष्ठ, शिव व्यक्तिनिष्ठ और सौन्दर्य उभयनिष्ठ है।

सत्य, शिव और सुन्दर लौकिक अर्थ में भिन्न होने पर भी उनमें घनिष्ठ सम्बन्ध अवश्य है। सत्य और शिव से परे या पृथक् सच्चे सौन्दर्य या पूर्ण सौन्दर्य की परिकल्पना नहीं की जा सकती। प्रस्तुत प्रसंग में सौन्दर्य से उनका सम्बन्ध-निरूपण ही अभीष्ट है; उलटे क्रम में सत्य का शिव और सौन्दर्य से और शिव का सत्य और सौन्दर्य से नहीं। सौन्दर्य की प्रकृति, स्वरूप एवं व्यापकता को समझने के लिए अन्य जीवन-मूल्यों से उसके सम्बन्ध पर विचार करना अत्यन्त आवश्यक है।

अनेक दृष्टियों से सत्य की उपलब्धि मानव जीवन का एक प्रधान लक्ष्य मानी जाती है। सत्य के दो रूप हैं—एक वैज्ञानिक है जो तथ्यपरक है और दूसरा दार्शनिक है जो तात्त्विक है। दोनों वस्तु-सत्ता से सम्बन्धित हैं, लेकिन एक वास्तविकता या व्यक्त रूप को महत्त्व देता है तो दूसरा उसके आन्तरिक पहलू को जो वस्तु के अन्तर्दर्शन पर निर्भर है। कला या साहित्य का सत्य दार्शनिक सत्य की तरह तात्त्विक है। अन्तर प्राप्ति के साधनों को लेकर है। दार्शनिक अन्तर्मुखी बौद्धिक चिन्तन से जिस तात्त्विक सत्य को प्राप्त करता है, कलाकार उसे अनुभूति या भावना और कल्पना के द्वारा प्रतिपादित करता है। इसलिए साहित्य के सत्य को भावात्मक या कल्पनाशील सत्य कहा जाता है। वास्तव में कलाकार सत्य को भावना या कल्पना के द्वारा वस्तु के अन्तर्दर्शन से प्रत्यक्ष कर लेता है।

साहित्य का सत्य वास्तविकता, उसकी अनुभूति और कल्पना के योग से निर्धारित होता है। सौन्दर्य भी वस्तुस्थिति, उसकी प्रतिक्रिया और कल्पनाशीलता के संयोग में ही मूर्त रूप धारण करता है। वस्तु की अनुभूति में उसके सत्य और सौन्दर्य के पहलू समान भावात्मक प्रक्रिया से निर्धारित होते हैं और एक-दूसरे से मिले रहते हैं। सत्य को छोड़कर केवल सौन्दर्य का ग्रहण सम्भव नहीं है। सत्य वस्तु की सत्ता की भावना में निहित रहता है और रूप-सौन्दर्य की अनुभूति की प्राथमिक स्थिति उसके सत्ता के बोध की है। सत्ता का सत्य, अपने पुष्ट रूप में सौन्दर्य की अनुभूति को सजीव और रंगीन बना देता है। सत्य वास्तविकता है तो उसका आभास या बोध सौन्दर्यानुभूति का अनिवार्य अंग है। सत्य के योग से ही वस्तु के रूप की समग्र भावना मन में प्रस्तुत हो सकती है। विशेषतः अन्तःसौन्दर्य के साथ उसका घनिष्ठ सम्बन्ध है। सत्य रूपगत चेतना का एक प्रमुख पहलू है। साहित्य के क्षेत्र में सत्य सौन्दर्य से बाह्य और रमणीय होता है। सत्य वस्तु का आन्तरिक पहलू है और सौन्दर्य उसका ग्राह्य रूप-विधान।

वस्तु में सत्य की अभिव्यक्ति की मात्रा के अनुसार उसका आकर्षण या सौन्दर्य होता है। अखण्ड और पूर्ण सत्य ईश्वरीय आदर्श कल्पना है। जगत् के नाना पदार्थों में उसका आंशिक प्रकाशन होता रहता है। सौन्दर्य की उज्ज्वलता, सत्य को अपने में समाविष्ट कर लेने में है। सर्वाधिक सौन्दर्य ईश्वरीय रूप की परिकल्पना में है क्योंकि उसमें सत्य साकार होता है। कवि का कहना है कि:

*'तुम सत्य रहे चिर सुन्दर*
*मेरे इस मिथ्या जग के।'*[110]

लौकिक धरातल पर भी यह बात चरितार्थ हो जाती है। वेश्या-रूप की तड़क-भड़क से कुलवधू में अधिक सौन्दर्य का दर्शन, रूपगत जीवन की सत्यता के आधार पर ही है। सत्याश्रित मूल्य के कारण रूप-सौन्दर्य का महत्त्व ही नहीं बढ़ता बल्कि स्वयं रूप का सौन्दर्य निर्धारित होता है। निषेधात्मक रूप में जहाँ सत्य का प्रकाश नहीं है, वहाँ सच्चा सौन्दर्य नहीं हो सकता। इन्द्रजाल या स्वप्न का सौन्दर्य अत्यन्त आकर्षक होने पर भी क्षणभंगुर और असत्य है। सत्य या वास्तविकता का आधार न लेने पर कवि-कल्पना में सौन्दर्य का सच्चा और शाश्वत आकर्षण नहीं हो सकता। सृष्टि का सौन्दर्य स्वीकार न करने वाले दार्शनिक उसे असत्य या माया सिद्ध करते हैं। सत्य और सौन्दर्य, दोनों सृष्टिगत अनेकता में एकता को निष्पन्न करते हैं। एक तात्त्विक एकता स्थापित करता है तो दूसरा रूपगत।

शिव के साथ सौन्दर्य का सम्बन्ध सत्य के साथ सौन्दर्य की अपेक्षा स्थूल और बहिर्मुखी है। सत्य और सौन्दर्य का सम्बन्ध वस्तुगत चेतना से है, वे उसके आन्तरिक पहलू हैं। शिवत्व वस्तु की बहिर्मुखी सामाजिक भावना या सार्थकता से सम्बन्धित है। उसकी दृष्टि लौकिक है। शिवत्व की साधना अत्यन्त सूक्ष्म धरातल पर पहुँचकर

ही सत्य के साथ अभिन्न और अन्तर्मुखी हो सकती है। सृष्टिगत विविध वस्तुओं में सत्य और सौन्दर्य के साथ शिव का पहलू भी अवश्य रहता है। लेकिन वह न उतना प्रमुख है और न ही उसका उतना महत्त्व है।

शिव का निम्नतम धरातल वस्तु की उपयोगिता सम्बन्धी है। सत्य और सौन्दर्य इससे परे की भावनाएँ हैं। सृष्टि की सार्थकता उसकी स्थूल उपयोगिता में नहीं है। मनुष्य उससे कुछ चाहता है और अन्तर्दर्शन से पाता भी है। उपयोगितावादी भौतिक दृष्टि से ऊपर उठकर उसमें सत्य और सौन्दर्य का दर्शन, मनुष्य के सांस्कृतिक विकास का द्योतक है। मनुष्य ने अपने सांस्कृतिक विकास में ऐसी वस्तुओं की भी रचना की है जिनकी कोई स्थूल व्यावहारिक उपयोगिता नहीं है। ललित कलाकृतियों की रचना केवल मानसिक आनन्द की प्राप्ति के लिए है। धर्म, राजनीति आदि के प्रचार में उनका और कोई उपयोग हो सकता है और प्रत्येक साहित्य के इतिहास में हुआ भी है, लेकिन वह केवल आनुषंगिक बात है। मनुष्य की सौन्दर्य-दृष्टि उपयोगी वस्तु को भी सुन्दर रूप में ढालने का प्रयत्न करती है। यह उसकी संस्कृत रुचि का प्रमाण और अतिरिक्त लाभ है। उपयोगिता में स्वयं एक आकर्षण है। आवश्यकता की उचित पूर्ति मनुष्य को तृप्ति प्रदान करती है। उपयोगी वस्तुओं का सौन्दर्य उद्‌देश्य की पूर्ति में है, 'A garment is only beautiful because it is exactly suitable to a given person in a given condition.'[111] शुद्ध सौन्दर्य भी आनन्द में अपने उद्‌देश्य की पूर्ति कर लेता है। ललित कलाओं के आकर्षण का रहस्य भी इसी में है।

शिव का उदात्त धरातल सामाजिक और धार्मिक है। मनुष्य सामाजिक प्राणी होने के नाते अपने हिताहित के साथ समाज का कल्याण भी चाहता है। धर्म समाज के इस योगक्षेम पर जोर देता है। ईश्वर सत्य और सुन्दर होने के साथ-साथ शिव भी है। भारतीय धर्म ने सौन्दर्य और मंगल को अभिन्न माना है। 'हमारे पुराणों में लक्ष्मी केवल सौन्दर्य की ही देवी नहीं है, वह मंगल की भी देवी है। सौन्दर्य-मूर्ति ही मंगल की पूर्ण मूर्ति है और मंगलमूर्ति ही सौन्दर्य का पूर्ण स्वरूप है।'[112]

शिवत्व वस्तु की उपयोगिता या उसके मूल्य में है। उसका निर्धारण लौकिक सामाजिक दृष्टि से होता है। लौकिक धरातल पर सामाजिक मूल्य वस्तु के आकर्षण और सौन्दर्य को अवश्य प्रभावित करता है। वस्तु के मूल्य या सामाजिक सार्थकता की मात्रा के अनुसार रूप का आकर्षण भले ही न हो, वह आकर्षण को बढ़ा अवश्य देता है। सामाजिक प्राणी वस्तु की सार्थकता से प्रभावित हुए बिना नहीं रह सकता। काण्ट आदि सौन्दर्यशास्त्री इस अनुभूति को शुद्ध सौन्दर्यानुभूति नहीं मानते। लेकिन वे इस अनुभूति की अनिवार्यता को स्वीकार करते हैं।[113] सौन्दर्यानुभूति पर उसके प्रभाव को भी अस्वीकार नहीं किया जा सकता।

प्रगतिवादी रूप की सामाजिकता में ही सच्चा सौन्दर्य मानते हैं। सामाजिक

रूप स्वस्थ, जीवन्त और वास्तविक रूप है। सामाजिक परिपार्श्व से कटा हुआ रूप एकान्तिक ही नहीं, कल्पित और कृत्रिम भी है। रूप-सौन्दर्य उसी अनुपात में स्वस्थ और सजीव होता है, जिस अनुपात में वह सार्थकता और औचित्य को अपने में समाविष्ट कर लेता है। मध्ययुगीन साहित्य की सौन्दर्य-भावना की यही दुर्बलता और सीमा है। सामाजिक मान्यताओं के विरुद्ध होने पर न लौकिक वस्तु का रूप सुन्दर लगता है और न कलाकार की सृष्टि। कला की सार्वजनीनता, प्रेषणीयता और सौन्दर्यानुभूति की स्वस्थता एवं स्वाभाविकता इसी सामाजिकता पर निर्भर है। उससे वियुक्त रूप-सौन्दर्य विलक्षण और असामान्य हो जाता है। सामाजिक रूप का वस्तु के व्यक्तित्व की विशिष्टता के साथ कोई विरोध नहीं है। सामान्य से भिन्न विशिष्टता सामाजिक जीवन की यथार्थता में ही निर्धारित होती है और सामाजिक मान्यता के साथ सामंजस्य में विकसित होती है। यही रूप-सौन्दर्य की आदर्श स्थिति है। जहाँ व्यक्तित्व की प्रकृति सामाजिक रूप से संघर्ष में आ जाती है, वहाँ रूप-सौन्दर्य का केवल नैसर्गिक पहलू ही प्रकाश में आ सकता है। जीवन-मूल्यों के निर्धारण में भी सामाजिकता का इतना प्रबल हाथ रहता है कि उसके अभाव में वस्तु-रूप का सौन्दर्य एकांकी भी लग सकता है।

शिव अपनी जीवन-सापेक्ष सार्थकता के द्वारा सौन्दर्य को निर्धारित और प्रभावित करता रहता है। शिव के इसी प्रभाव से रूप-सौन्दर्य की भावना देशकाल के अनुसार बदलती रहती है। सामाजिक परिवर्तन, सत्य और सौन्दर्य की धारणाओं को भी न्यूनाधिक बदलते हैं, भले ही शाश्वतवादी दार्शनिक दृष्टि उनको ईश्वरीय मानकर अपरिवर्तनशील सिद्ध करे। शिव में स्वयं सौन्दर्य न होने पर भी शिवत्व उसकी अनुभूति की आवश्यक भावभूमि प्रस्तुत करता है। शिवत्व की पूर्णता शेष सृष्टि के साथ व्यक्ति की समरसता की स्थिति है जो सौन्दर्यानुभूति में वस्तु के साथ व्यक्ति की भावात्मक तदाकार परिणति से मिलती-जुलती भावना है। समरसता या सामंजस्य के आध्यात्मिक धरातल पर शिव के सौन्दर्य की प्रतीति हो सकती है। लौकिक धरातल पर वह सौन्दर्यानुभूति के लिए उचित वातावरण प्रस्तुत करके उसके प्रभाव को स्वच्छता प्रदान करता है।

शिव एक प्रकार से सत्य का ही अंग है। पूर्ण सत्य अशिव नहीं हो सकता। कटु सत्य आरम्भ में अशिव लग सकता है, लेकिन उसी से अन्ततः मनुष्य का कल्याण हो सकता है। अशिव कभी पूर्ण सत्य नहीं हो सकता। इसी कारण कला या साहित्य में सत्य और सौन्दर्य पर ही जोर दिया जाता है। कला में प्रत्यक्ष रूप से शिव का आग्रह होने पर कला की कलात्मकता या सौन्दर्य ही नष्ट नहीं हो जाता बल्कि प्रचार की अतिरंजना में सत्य का पूर्ण रूप प्रकट नहीं हो पाता और सौन्दर्य की आभा मन्द हो जाती है। शिव का आकर्षण सत्य और सौन्दर्य-सापेक्ष है। अशिव भी कभी-कभी आकर्षक हो सकता है जिसे साहित्यकारों ने 'सुन्दर पाप'[114] कहा

है। लेकिन सत्य के अभाव में उसका आकर्षण या सौन्दर्य स्थायी नहीं हो सकता। सौन्दर्य सत्याश्रित और शिव से पुष्ट होता है।

## 8. वस्तुनिष्ठ विशेषताएँ

जीवन-जगत् में वस्तु के सौन्दर्य की प्रतीति रूप-सम्बन्धी कुछ विशेष धर्मों पर आधारित है। ये धर्म ईश्वरीय सृष्टि में सहज समाविष्ट हैं तो कलाकार अपनी रचना में उन प्राकृतिक धर्मों के पालन के द्वारा सौन्दर्य-सृष्टि का प्रयत्न करता है। रूप की इन विशेषताओं को सौन्दर्यानुभूति की प्राथमिक आवश्यकताएँ कह सकते हैं।

उनमें पहली रूप की नैसर्गिकता है। ईश्वर की नैसर्गिक सृष्टि में ही सच्चा सौन्दर्य होता है। स्वयं अनन्त रमणीय ईश्वर सृष्टिगत नैसर्गिक रूप-सौन्दर्य का उदात्तीकृत रूप है जिसकी झलक भक्तों को सृष्टि के कण-कण में दिखाई देती है। इस उदात्तीकरण में जहाँ सौन्दर्य की अनन्तता और अतिशयता की अनुभूति होती है, वहाँ नैसर्गिकता का भी बोध होकर सौन्दर्यानुभूति चरम उत्कर्ष पर पहुँच जाती है। कलाकार सौन्दर्य की प्रतीति के लिए वस्तु की इस नैसर्गिकता को दर्शाने का प्रयत्न करता है। प्रसाद जी के शब्दों में कामायनी—

*कुसुम कानन अंचल में मन्द*
*पवन प्रेरित सौरभ साकार।'*[115]

है। रूप-वर्णन में कवियों के द्वारा प्राकृतिक अप्रस्तुतों के चयन का यही कारण है। अपने अभिव्यंजना-शिल्प में भी कलाकार इस नैसर्गिकता की रक्षा का पूरा-पूरा प्रयत्न करता है और करना भी चाहिए। वाल्मीकि और सूर की अभिव्यंजना में इसकी अनुभूति होती है। कालिदास और तुलसी में अभिव्यंजना-शिल्प ने सान पर चढ़कर अधिक प्रौढ़ रूप धारण किया है, यद्यपि वह नैसर्गिकता से बहुत दूर नहीं हो गया है। पहले वर्ग के नैसर्गिक कवि हैं तो दूसरे वर्ग के सचेत कलाकार हैं। रीतिकाव्य की अभिव्यंजना, शिल्प की अधिक सूक्ष्म बारीकियों को दिखाने के प्रयत्न में कुछ कृत्रिम-सी हो गयी है। शब्द-संरचना पर ध्यान का केन्द्रीकरण इसका कारण है। जो कलाकार अभिव्यंजना के माध्यम को साध्य मानकर उसके प्रयोगों में अपना कौशल दिखाने का प्रयत्न करता है, उसकी रूप-कल्पना का कृत्रिम हो जाना स्वाभाविक है। शकुन्तला के सम्बन्ध में कालिदास की यह उक्ति नैसर्गिक रूप के सौन्दर्य को स्पष्ट करती है—

*'किमि हि मधुराणां मण्डनं नाकृतिनाम्।'*[116]

सौन्दर्य के लिए घातक कृत्रिमता है जो नैसर्गिकता के विपरीत है। सभ्यता के विकास में मनुष्य का जीवन और उसका सौन्दर्य-बोध अधिकाधिक कृत्रिम होता गया है और होता जा रहा है। वह प्रकृति से और प्राकृतिक सौन्दर्य से दूर हट रहा है। मध्ययुगीन दरबारी संस्कृति का और आधुनिक यन्त्र-जीवन का सौन्दर्य-बोध इसका

प्रमाण है। जीवन की परिस्थितियों से नित्य अभ्यस्त होने के कारण मनुष्य अपने कृत्रिम सौन्दर्य-बोध को नैसर्गिक नहीं तो स्वाभाविक अवश्य मान रहा है। जीवन की इस कृत्रिमता का प्रतिफलन कलाओं में हो रहा है। कलाकार मानव-निर्मित वस्तु समुदाय में—चाहे वह मध्यकाल की तरह वैभव-विलास से सम्बन्धित हो, चाहे आधुनिक काल की तरह यान्त्रिक—सौन्दर्य देखने और दिखाने का प्रयत्न कर रहा है। आधुनिक सभ्य जीवन की परिस्थितियों में प्रकृति की ओर छायावादी नवीन प्रस्थान सफल नहीं हो सका। सभ्यता की कृत्रिमता दो रूपों में प्रकट होती है—प्रदर्शन की प्रवृत्ति में और दुराव-छिपाव में। दोनों मनोवैज्ञानिक स्थितियाँ हैं। रीतिकालीन कवियों ने राधाकृष्ण के बहाने नग्न सौन्दर्य के प्रदर्शन का प्रयत्न किया है तो आधुनिक कलाकार आध्यात्मिकता का बहाना छोड़कर वास्तविकता के नाम पर प्रकारान्तर से उसी प्रयत्न में लगे हुए हैं। आधुनिक जीवन के विकास की गतिविधियों को देखते हुए इस कृत्रिमता में ही भावी पीढ़ी को सच्चे सौन्दर्य की प्रतीति हो तो कोई आश्चर्य की बात नहीं है। नागरिक जीवन में प्रकृति से कट जाने का यह स्वाभाविक परिणाम है।

मनुष्य सौन्दर्य के अभाव को या उसकी सीमाओं को कृत्रिम साधनों के द्वारा आच्छादित कर देने का प्रयत्न करता है। सभ्यता और संस्कृति के साथ विकसित उसका सौन्दर्य-बोध जीवन की विकृति को देखना नहीं चाहता। इस प्रयत्न की सफलता में उसे गर्व का अनुभव भी होता है कि मेरी रुचि और सौन्दर्य-दृष्टि अत्यन्त परिष्कृत है। प्रायः नागरिकों की यह धारणा होती है कि ग्रामीणों की तुलना में उनकी सौन्दर्याभिरुचि अत्यन्त प्रौढ़ और संस्कृत है। उनकी दृष्टि में उचित वेश-भूषा, अलंकरण आदि के द्वारा नैसर्गिक सौन्दर्य और भी चमक उठता है। निश्चित ही नागरिक सभ्यता ने उपयोगितावादी दृष्टि से परे सौन्दर्य-दृष्टि का विकास किया है। वस्त्र आदि आवश्यकता की पूर्ति के साधन मात्र न रहकर मनुष्य के सौन्दर्य-बोध के द्योतक हो गये हैं—

*'चिर नग्न प्राण उनमें लिपटें*
*सुन्दरता का कुछ बढ़े मान।'*[117]

प्राचीनकाल से ही अलंकार सौन्दर्यवर्धक माने गये। पत्र-पुष्प आदि प्राकृतिक प्रसाधनों से आरम्भ होकर अलंकरण की प्रवृत्ति अंगराग, अलक्तक, सिन्दूर आदि मानव-निर्मित वस्तुओं और सुवर्ण एवं रत्नों के आभूषणों की ओर अधिकाधिक उन्मुख होती गयी। मध्ययुगीन नागरिक जीवन में कृत्रिम अलंकारों की ही प्रधानता हो गयी और उन्हीं में सौन्दर्य देखा गया। उसका प्रभाव काव्य पर भी पड़ा। नायिकाएँ सहज लावण्य से नहीं सोलह शृंगारों से, सातों वारों के अलग-अलग आभूषणों से दीप्त हो उठीं। अप्रस्तुत विधान में प्राकृतिक वस्तुओं की नैसर्गिक शोभा की अपेक्षा वैभव-विलास की सामग्री पर ध्यान केन्द्रित होता गया। प्राकृतिक उपमानों का प्रयोग रूढ़ काव्य-परम्परा का निर्वाह-मात्र रह गया है और उसमें सौन्दर्यानुभूति

की व्यंजना की अपेक्षा चमत्कार-प्रदर्शन का प्रयत्न होने लगा। काव्य में अलंकरण की प्रवृत्ति बढ़ती गयी।

नागरिक संस्कार रूप-सौन्दर्य को अधिक उज्ज्वल बना देता है। रूप अधिक प्रभविष्णु और आकर्षक हो जाता है। वन र्गिक शोभा, उपवन के व्यवस्थित और संस्कृत रूप में, अधिक सौष्ठव के साथ चित्त को आकृष्ट करती है। इस अर्थ में ललित कलाएँ प्रकृति से अधिक सुन्दर लगती हैं और मानी भी जाती हैं। सृष्टि से भिन्न कलाकृति में रूप का आयोजन एक निश्चित व्यवस्था के अनुसार होने के कारण वह अधिक सुन्दर प्रतीत होती है। सृष्टि में व्यवस्था की रेखाएँ उतनी स्पष्ट न होकर अन्तर्निहित रहती हैं। उसकी व्यापकता में अन्विति का दर्शन भी सरल काम नहीं है। लेकिन उसकी व्यापक व्यवस्था और अन्विति के अन्तर्दर्शन के संस्कारों का विकास होने पर प्रकृति के सामने कला का सौन्दर्य अत्यन्त परिमित लगता है। कुछ सौन्दर्यशास्त्रियों के अनुसार कला का आदर्शीकरण प्रकृति को पूर्णता प्रदान करता है। वास्तव में यह पूर्णता सीमित रूप की परिपूर्णता है। प्रकृति अपूर्ण नहीं है, लेकिन उसके रूप में अनन्तता में यह भ्रम हो जाता है। सीमित का पूर्ण और असीम का अपूर्ण प्रतीत होना स्वाभाविक है।

नागरिक संस्कारिता के बढ़ जाने पर सौन्दर्य कृत्रिम लगता है। नागरिक सौन्दर्य-भावना में कृत्रिमता न्यूनाधिक मात्रा में अवश्य रहती है। रीतिकाव्य की यही स्थिति है। उसमें नागरिक सुकुमारता को चरम सीमा पर पहुँचा दिया गया है। जहाँ तक नागरिक अलंकरण का प्रश्न है, औचित्य के निर्वाह के साथ उसका रूप से अभिन्न हो जाना अत्यन्त आवश्यक है अन्यथा अलंकरण आरोपित, कृत्रिम और कहीं-कहीं कुरुचिपूर्ण लगता है। इसीलिए क्रोचे कविता में वर्ण्य और अलंकार को अभिन्न मानते हैं।[118] आवश्यक अलंकार वर्ण्य से सुसम्बद्ध होकर अपने समष्टि रूप में सौन्दर्य का उन्मेष करता है। यहाँ अलंकार सौन्दर्यवर्धक न होकर रूप-सौन्दर्य का अंग है। जहाँ अलंकाररहित उक्ति में ही सौन्दर्य है, वहाँ उसकी आवश्यकता ही नहीं है। सूर की रचना में अलंकारों का उतना ही बहुत प्रयोग है, जितना रीतिकाव्य में। लेकिन दूसरे में उसकी पृथक् सत्ता की प्रतीति, संश्लिष्ट काव्य में सौन्दर्य का द्योतक नहीं है।

संस्कारिता में सौन्दर्य की स्थिति मानते हुए भी रूप-सौन्दर्य का आदर्श यही है कि–

*'स्वभाव सुन्दरं वस्तु न संस्कारमपेक्षते।'*[119]

नागरिक जीवन में सौन्दर्य के नाम पर फैशन बहुत चलते हैं। उनके मूल में नवीनता और विलक्षणता का आग्रह रहता है। क्षण-क्षण रूप का नवीन लगना सौन्दर्य का लक्षण अवश्य है। लेकिन वह रूपगत सौन्दर्य की बहुमुखी सम्भावनाओं पर आधारित है, न कि क्षण-क्षण रूप या अलंकरण के परिवर्तन पर। नवीन सौन्दर्य ले

आने के लिए साहित्य के क्षेत्र में प्रत्येक युग के कलाकार नये-नये रूपों का प्रयोग करते रहते हैं। युग की नवीन सौन्दर्यानुभूति की आवश्यकताओं की पूर्ति के लिए सार्थक नये प्रयोग अनुचित नहीं हैं। लेकिन विलक्षणता और नवीनता से प्रेरित नये प्रयोगों में सौन्दर्य की मात्रा बहुत कम रहती है। फैशन की तरह उनका आकर्षण और प्रभाव क्षणिक होता है। इसलिए शुक्ल जी ने उनका घोर विरोध किया है।[120] विलक्षणता और नवीनता सौन्दर्यशास्त्रीय पहलू हो सकती हैं लेकिन वे सदा ऐसी हों, यह आवश्यक नहीं है और न ही वे सौन्दर्य के पर्यायवाची हैं। उनकी सार्थकता, ग्राहक के मन की कल्पना को सक्रिय बनाकर सौन्दर्यानुभूति के लिए आवश्यक भूमिका तैयार करने में है। सार्थक रूप से सम्बद्ध हुए बिना उनका अपना कोई मूल्य नहीं है।

सौन्दर्य की प्रतीति के लिए रूप की स्वच्छन्दता दूसरी आवश्यकता है। जो वस्तु नैसर्गिक होती है, उसका सहज रूप स्वच्छन्द होता है। स्वच्छन्दता बाहरी नियमों के प्रभाव और नियन्त्रण से मुक्त, रूप की प्राकृतिक स्थिति है। स्वच्छन्द रूप भी नियमों से बिल्कुल परे नहीं है, उसके नियम स्वभावजन्य और आन्तरिक संरचना से सम्बन्धित हैं। मानवेतर प्रकृति में रूप की पूर्ण स्वच्छन्दता का दर्शन होता है। वह अपने नैसर्गिक नियमों को छोड़कर बाहरी नियमों से अनुशासित नहीं है। मानवीय रूप भी अपने प्राकृतिक रूप में स्वच्छन्द ही है। लेकिन सामाजिक नियमों से बँधे हुए प्राणी में रूप का उन्मुक्त दर्शन नहीं हो पाता, जैसे सामाजिक मर्यादा से बँधी हुई कुलवधू का लज्जालु रूप। इस मर्यादाबद्ध रूप में अपना अलग विशिष्ट सौन्दर्य हो सकता है, प्राणी के सामाजिक संस्कार उस पर मुग्ध भी हो सकते हैं, लेकिन सामान्यतः नियम रूप को बाँध देते हैं और रूप-सौन्दर्य को पूर्णतया अभिव्यक्त नहीं होने देते। उसके लिए रूप का स्वच्छन्द होना आवश्यक है। सभ्यता और संस्कृति के नियम रूप-सौन्दर्य को एक परिधि में संकुचित कर देते हैं। मानवीय रूप से प्रकृति को अधिक सुन्दर मानने का यह एक कारण हो सकता है। यह बात जीवन और साहित्य, दोनों पर समान रूप से लागू हो जाती है। काव्यशास्त्र के आरोपित नियमों से बँधे हुए रीतिकाव्य के रूप, निर्माण को भक्तिकाव्य के भावानुभूति के अनुरूप स्वच्छन्द विधान से श्रेष्ठ मानना सच्चे सौन्दर्य-बोध के अभाव को प्रकट करता है।

जीवन और कला, दोनों के लिए नियमों की आवश्यकता को अस्वीकार नहीं किया जा सकता। उनसे रूप सुनिश्चित, स्पष्ट और मूर्त हो उठता है। लेकिन उनका प्राकृतिक होना भी आवश्यक है। सामाजिक जीवन के लिए मनुष्य जिन नियमों को बना लेता है, वे कालक्रम में रूढ़ होकर मनुष्य को बाँधने लगते हैं और नियमों की परिधि में पूर्ण आत्माभिव्यक्ति असम्भव हो जाती है। तब विद्रोह या क्रान्ति के द्वारा नियमों को तोड़ने का प्रयत्न होने लगता है और नियमों से परे स्वच्छन्दता का आग्रह किया जाता है। साहित्य के क्षेत्र में भी इसी तरह नियम-बद्धता और स्वच्छन्दता के युग-परिवर्तन होते रहते हैं। हिन्दी साहित्य के इतिहास में भक्तिकाल, छायावादी युग

आदि नियमबद्धता के बाद स्वच्छन्दता के उदाहरण हैं। जब कलाकार अनुभव करता है कि काव्य-परम्परा और काव्यशास्त्र के नियम उसकी प्रतिभा के स्वच्छन्द उन्मेष में बाधक हो रहे हैं, तब वह नियमों से परे नवीन स्वच्छन्द रूप-सृष्टि का प्रयत्न करता है। कला के इसी विद्रोह में सच्चा सौन्दर्य प्रकट होता रहा है। नव-नव उन्मेष करने वाली ही सच्ची प्रतिभा है।[121] नियतिकृत नियम रहित[122] होने पर ही कला में सच्चा सौन्दर्य समाविष्ट हो पाता है।

स्वच्छन्द रूप के सौन्दर्य की ओर संकेत जीवन और साहित्य, दोनों में पर्याप्त मिल जाते हैं। फूलों की माला में वह सौन्दर्य नहीं होता जो लता पर उनकी स्वच्छन्द गतिविधि में है। यहाँ नैसर्गिकता और स्वच्छन्दता का संयोग दिखाई देता है। इस उन्मुक्त सौन्दर्य पर मुग्ध कवि कहता है कि कामायनी कानन अंचल में मन्द पवन से डोलने वाले फूल के समान है।[123]

सौन्दर्य-प्रतीति की तीसरी आवश्यकता जीवन की यथार्थता और सामाजिकता के साथ उसका घनिष्ठ सम्बन्ध है। जीवन में वस्तु का रूप यथार्थ और सामाजिक रूप से अनुशासित होता है। प्रकृति के सम्बन्ध में केवल यथार्थ का ही प्रश्न उठता है। वास्तविकता और सामाजिकता के संस्पर्श से रूप सजीव हो उठता है और सौन्दर्य की प्रतीति गत्यात्मक, जीवन्त एवं चेतन हो जाती है। निषेधात्मक रूप में उनके अभाव से रूप-सौन्दर्य की अनुभूति निर्जीव एवं अस्वस्थ लगती है। मार्क्सवादी समाजशास्त्रीय दृष्टि जीवन की सामाजिक यथार्थता में ही स्वस्थ सौन्दर्य का अस्तित्व स्वीकार करती है। विपरीत स्थिति में सौन्दर्य दर्शन मानसिक रुग्णता का परिणाम है। उदाहरण के लिए, परम्परागत उच्चवर्गीय रूप की सुकुमारता के स्थान पर निम्नवर्गीय रूप की मांसल स्वस्थता में सौन्दर्य माना गया है। सुकुमारता को काल्पनिक चरम सीमा पर ले जाना मानसिक विकृति के अतिरिक्त और कुछ नहीं है। यहाँ सहज ही यह प्रश्न उठता है कि क्या रूप-सौन्दर्य की प्रतीति में कल्पना का कोई योगदान नहीं रहता। यह सच है कि भौतिक और यथार्थ रूप का ग्रहण कल्पना के द्वारा ही होता है और मन में रूप का मानसिक बिम्ब प्रस्तुत होता है। कल्पना का वह मानसिक बिम्ब यथार्थ होते हुए भी भौतिक से कुछ भिन्न हो जाता है। क्रोचे भौतिक में नहीं, इसी मानसिक बिम्ब में सौन्दर्य मानते हैं। मानव-मन के आदर्शीकरण की प्रवृत्ति भौतिक को कुछ भिन्न रूप में नये रंग-ढंग के साथ प्रस्तुत करती है। रूप चाहे केवल कल्पना की सृष्टि हो, चाहे भौतिक का पुनर्निर्माण, उसकी संरचना में कल्पना और आदर्शीकरण का न्यूनाधिक योगदान अवश्य रहता है। मार्क्सवादी दृष्टि भौतिकता को ज्यादा महत्त्व देती है।

कला या साहित्य के क्षेत्र में यह बात और भी स्पष्ट हो जाती है। वह कल्पना की सृष्टि है, यथार्थ (रियल) न होकर यथार्थोन्मुख (रियलिस्टिक) है। रूप की सजीवता के लिए यथार्थता का विभ्रम (इल्यूजन) उत्पन्न करना आवश्यक है अन्यथा रूप-सृष्टि

काल्पनिक और निर्जीव हो जाती है। कला में सौन्दर्यशास्त्रीय विभ्रम कल्पना की अपूर्व रहस्यमयता में न होकर कल्पना और यथार्थ के उचित सामंजस्य में है। कला की रूप-योजना भौतिक न होकर कल्पना की मानसिक प्रक्रिया में पुनर्निर्मित अवश्य है, लेकिन भौतिक आधार पर। इसलिए भौतिक रूप के यथार्थ और सामाजिक पहलुओं की उपेक्षा करके कला की रूप-सृष्टि नहीं हो सकती। उसके बिना साहित्य में स्वस्थ और सजीव सौन्दर्य की प्रतीति नहीं हो सकती। इसके प्रमाण मध्ययुगीन संस्कृत और हिन्दी साहित्य हैं जो अधिकाधिक काल्पनिक होते गये हैं। रीतिकाव्य का रूप-विधान मांसल और ऐन्द्रिय हो सकता है, लेकिन यथार्थोन्मुख और सामाजिक आधार पर नहीं। छायावाद से उसका अन्तर केवल स्थूलता और सूक्ष्मता को लेकर है; ऐन्द्रियता और अतीन्द्रियता सम्बन्धी है। दोनों की स्थिति वास्तविकता से दूर मानसिक कल्पना के आदर्शीकरण पर आधारित है।

छायावादी कवियों ने रूप की नैसर्गिकता और स्वच्छन्दता में ही सौन्दर्य देखा है। इसी कारण उन्होनें अपने साहित्य में प्रेयसी की ही सृष्टि की है, कुलवधू और नारी की नहीं। साहित्य के क्षेत्र में रूप की नैसर्गिकता और स्वच्छन्दता के अतिरिक्त यथार्थोन्मुखता और सामाजिकता के साथ सौन्दर्य के सम्बन्ध की ओर ध्यान आकृष्ट करने का श्रेय मार्क्सवाद पर आधारित प्रगतिवाद को है। उसके पूर्व सामाजिकता को नैतिकता के संकीर्ण अर्थ में ग्रहण करते हुए अनौचित्य को रूप-सौन्दर्य और रस-संवेदना का घातक माना गया है। विधायक रूप में केवल सामाजिक मर्यादा का पालन रूप-सौन्दर्य की अनुभूति के लिए आवश्यक समझा गया।

सौन्दर्य की प्रतीति की चौथी आवश्यकता रूप की रहस्यमयता है। निर्दिष्ट रूप का उतना आकर्षण नहीं होता, जितना रहस्यमय रूप का। उसकी अस्पष्टता ग्राहक की कल्पना को उत्तेजित करके सौन्दर्यानुभूति की अनेक सम्भावनाओं के लिए अवसर प्रदान करती है। उसमें सौन्दर्यानुभूति के लिए आवश्यक विभ्रम भी उत्पन्न होता है। रहस्यमयता रूप के अव्यक्त, आच्छादित या ध्वनिपूर्ण होने में है। ईश्वरीय रूप अव्यक्त होता है और प्रकृति के माध्यम से उसकी केवल एक झलक मिल पाती है। सृष्टि या प्रकृति की अनन्तता में रूप सुनिश्चित और सुबोध न होकर उसका आभास मात्र मिलता है। साहित्य के क्षेत्र में क्लासिकल या शास्त्रीय रूप-विधान स्पष्ट होता है तो रोमांटिक रूप-कल्पना अपनी अनिश्चयात्मकता में अधिक सुन्दर प्रतीत होता है। रूप आच्छादित होने पर अधिक सुन्दर लगता है। उससे जिज्ञासा बढ़कर आकर्षण की अनुभूति तीव्र हो उठती है। मुख पर अवगुण्ठन की यही सार्थकता है। शशिमुख पर घूँघट डालकर कुतूहल जगाते हुए प्रियतमा का मन में प्रवेश होता है।[124] ऐथेंस के सत्यार्थी की तरह नग्न रूप के सौन्दर्य-दर्शन में मनुष्य की आँखें चकराती हैं। सामाजिक दृष्टि से नग्न सौन्दर्य, घृणा और जुगुप्सा का विषय है। साहित्य के क्षेत्र में कलाकार की सौन्दर्य-भावना, शब्दार्थों में अन्तर्निहित रहकर उनके माध्यम

में स्पष्टास्पष्ट प्रतीत होने लगती है। रूप के कटे-छँटे और सुनिर्धारित न होने पर ग्राहक-मन उसमें नवीन ध्वनि या व्यंजना की कल्पना करता है। रूप में ध्वनन की जितनी अधिक शक्ति रहती है, उतना ही वह प्रभविष्णु होता है। इसीलिए ध्वनि को कला की आत्मा कहा गया है। इसी की प्रधानता के कारण कविता साहित्य की अन्य विधाओं से श्रेष्ठ मानी गयी है। स्पष्ट अभिव्यक्ति और वाच्यकथन में सौन्दर्य का उतना आकर्षण नहीं होता।

रहस्यमयता से सम्बद्ध रूप-सौन्दर्य की दो विशेषताएँ असाधारणता और विलक्षणता हैं। रूप की अनुभूति साधारण और प्राकृतिक होती है, इसलिए कवि असाधारण और विलक्षण रूप-सृष्टि से सौन्दर्यानुभूति कराने का प्रयत्न करते रहते हैं। रूप की ये विशेषताएँ अनुभूति की तीव्रता भी प्रदान करती हैं। लेकिन सौन्दर्य केवल असाधारणता और विलक्षणता पर ही आधारित नहीं है। रूप की नैसर्गिकता, स्वच्छन्दता, सामाजिकता आदि अनेकानेक धर्मों में से ये भी हैं। ये रूप के अद्‌भुतपन की द्योतक हैं और उस अर्थ में सौन्दर्य की व्यंजिका हो जाती हैं। दूसरी ओर जहाँ असाधारणता और विलक्षणता रूप की विकृति और मानसिक रुग्णता की प्रतिपादिका होती है, वहाँ सौन्दर्य के स्थान पर कुरूपता की अनुभूति होती है। जहाँ रोमांटिक छायावाद में इन तत्त्वों की सौन्दर्यशास्त्रीय दृष्टि से उपयोग कर लिया गया है, प्रयोगवाद और नयी कविता में उन्हें कुरूपता की सृष्टि के लिए ग्रहण किया गया है। यह दूसरी बात है कि इस कुरूपता को भी नये कवियों ने संवेद्य बनाने का प्रयत्न किया है।

जीवन में असाधारणता लौकिक और अलौकिक, दोनों धरातलों से सम्बन्धित हो सकती है। सामान्य से भिन्न रूप और व्यक्तित्व असाधारण है। साधारण बालकों से भिन्न प्रसाद के 'छोटे जादूगर' का या 'नीरा' कहानी के वृद्ध का व्यक्तित्व इसी प्रकार का है। जब असाधारणता अन्तर्विरोधी प्रवृत्तियों पर आधारित है तो वह विलक्षण भी लगती है, जैसे प्रसाद की कहानी 'गुंडा' के नन्हकू सिंह का रूप और व्यक्तित्व। ईश्वर का अनन्त रमणीय रूप अलौकिक असाधारणता का उदाहरण है। रूप-सौन्दर्य की ये विशेषताएँ रोमांटिक कल्पनाशील प्रवृत्ति की द्योतक हैं।

## 9. स्वरूप-विश्लेषण

सौन्दर्य रूपाश्रित है। रूपरहित उसकी अभिव्यक्ति नहीं हो सकती। ईश्वरीय सृष्टि और कलाकृति, दोनों में सौन्दर्य का प्रकाशन रूप के माध्यम से ही सम्भव है। दार्शनिक दृष्टि से रूप के बिना सृष्टि ही सम्भव नहीं है। सर्जना की प्रक्रिया ही रूप-धारणा की प्रक्रिया है—

*'हम दोनों का अस्तित्व रहा*
*उस आरम्भिक आवर्तन-सा*

*जिससे संस्कृति का बनता है*
*आकार रूप के नर्तन-सा।।"*[125]

क्रोचे के शब्दों में अभिव्यंजना मूर्त होती है और उसकी सफलता में ही सौन्दर्य है।[126] रूप नयन का अभिराम इन्द्रजाल है।[127] उससे नीलम की घाटी में रसघन छा जाता है।[128] अर्थात् रूप-सौन्दर्य और उसकी अनुभूति मूलतः ऐन्द्रिय है; वे नेत्रेन्द्रिय के विषय हैं। रूप का आँखों के लिए आकर्षण होना और उससे तृप्ति के द्वारा आनन्द प्राप्त होना सौन्दर्य की प्राथमिक आवश्यकताएँ हैं। जो रूप देखने योग्य है, उसके दर्शन से नेत्र चरितार्थ हो जाते हैं, विशेषतः जहाँ रूप-सौन्दर्य अद्भुत या अलौकिक प्रतीत होता है—

*'करहु सुफल सबके नयन सुन्दर बदन देखाइ।"*[129]

.... ... ... ...

*'निरखि सहज सुन्दर दोउ भाई।*
*होहिं सुफल लोचन फल पायी।।"*[130]

रूप के दो पहलू हैं—बाह्य और आन्तरिक। उसके आधार पर सौन्दर्य का भी बाह्य सौन्दर्य और अन्तःसौन्दर्य कहकर वर्गीकरण किया जा सकता है। यह वर्गीकरण समीक्षा की सुविधा के लिए है। वास्तव में रूप और उसका सौन्दर्य इकाई है और अनुभूति रूप-सम्बन्धी है। जीवन और साहित्य में रूप की बाह्य या आन्तरिक कुछ विशेषताएँ प्रमुख रूप से ग्राहक की इन्द्रियों और उसके मन को आकृष्ट कर सकती हैं। लेकिन अन्ततोगत्वा सौन्दर्य का मूल्य अनुभूति की इकाई और पूर्णता पर निर्भर करता है।

साहित्य के क्षेत्र में बाह्य सौन्दर्य और अन्तःसौन्दर्य को लेकर अनेक प्रकार की भ्रान्तियाँ फैली हुई हैं। व्यापक अर्थ में इन शब्दों के शिथिल प्रयोग से उनकी कोई विशेष सार्थकता ही नहीं रह जाती। बाह्य सौन्दर्य को रूप-सम्बन्धी और अन्तःसौन्दर्य को चरित्र या भाव-सम्बन्धी मानना उचित नहीं है। चरित्र, भाव या कर्म अमूर्त हैं इसलिए वहाँ सौन्दर्य का प्रश्न नहीं उठता। रूप से सम्बद्ध होने पर उनकी सौन्दर्यशास्त्रीय सार्थकता पर आगे विचार किया जायेगा।

## बाह्य सौन्दर्य

बाह्य सौन्दर्य के अन्तर्गत रूप के निम्नलिखित पहलू आ जाते हैं : समष्टि रूप या आकृति, अंगांग सौष्ठव, पृथक् अवयवों का आकर्षण और रंग। जीवन और कलाओं में बाह्य रूप का आकर्षण समष्टि का है। समष्टि रूप की संश्लिष्ट योजना के लिए कलाकार एकता, व्यवस्था, एकरूपता, औचित्य, संगति, अनुपात, स्पष्टता आदि का ध्यान रखते हैं जिनके नियम स्वयं प्राकृतिक रूप-विधान पर आधारित हैं। विश्लिष्ट

रूप में अन्विति का अभाव अभीष्ट प्रभाव डालने में घातक सिद्ध होता है। वहाँ सौन्दर्य केवल स्फुट अवयवों का होता है।

निराला जी ने समष्टि रूप के सौन्दर्य की ओर इस तरह संकेत किया है :

*'धीरे-धीरे फिर बढ़ा चरण,*
*बाल्य की कलियों का प्रांगण,*
*कर पार, कुंज तारुण्य सुधर,*
*आयी, लावण्य-भार थर-थर*
*काँपा कोमलता पर सस्वर।*
*ज्यों मालकोश नव वीणा पर*
*नैश स्वप्न ज्यों तू मन्द-मन्द*
*फूटी ऊषा जागरण छन्द*
*काँपी भर निज आलोक-भार*
*काँपा वन, काँपा दिक्प्रसार।'*[131]

नख-शिख की परम्परा स्फुट अवयव-सौन्दर्य का निरूपक है। समष्टि के अतिरिक्त स्फुट अंगों का अपना सौन्दर्य हो सकता है। रूप-सौन्दर्य की अतिशयता के कारण मानव-शरीर के मुख, नेत्र आदि कुछ विशेष अवयवों का कवियों ने विस्तार से वर्णन किया है। नख-शिख की पूरी परम्परा का निर्वाह न होने पर भी आधुनिक कविता में प्रमुख अंगों के सौन्दर्य-वर्णन का अभाव नहीं है। कला के क्षेत्र में समष्टि रूप उतना आकर्षक न होने पर भी उसके कुछ पहलू, अंश या अंग विशेष सौन्दर्य से भरे हो सकते हैं।

जहाँ अंगांग में सौष्ठव होता है, आकृति का सौन्दर्य अधिक आकर्षक (स्ट्राइकिंग) होता है। रूप का अंगांग सौष्ठव मूर्तिकला का स्मरण कराता है। लैला के रूप का यह वर्णन देखिए—'मैं उसके सुन्दर मुख को कला की दृष्टि से देख रहा था। कला की दृष्टि, ठीक तो बौद्ध-कला, गांधार-कला, द्राविड़ों की कला इत्यादि नाम से भारतीय मूर्ति सौन्दर्य के अनेकों विभाग हैं। जिनसे गठन का अनुमान होता है—मैं अपने मन में निश्चय कर रहा था कि यह वास्तविक गान्धार प्रतिमा है या ग्रीस और भारत का इस सौन्दर्य में समन्वय है।'[132]

आकृति रूप का ढाँचा मात्र नहीं है। उभरी हुई रेखाओं के साथ उसका पुष्ट होना आवश्यक है। इस पुष्टि को मानवीय रूप-सौन्दर्य के सम्बन्ध में मांसलता कहते हैं। जहाँ रूप भरा हुआ न हो, उसकी सरल रेखाओं से प्रगाढ़ सौन्दर्य की अनुभूति नहीं होती। क्रोचे के शब्दों में, रूप-सौन्दर्य कभी सरल रेखाओं से चरम स्थिति पर पहुँच नहीं सकता।[133] न्यूनता रूप-सौन्दर्य को नष्ट भी कर सकती है। किसी कृति का दर्शनीय होना उसकी पूर्णता पर निर्भर है। रूप या आकृति की विशेष स्थिति को मुद्रा या भंगिमा कहते हैं। वह नैसर्गिक और यत्नज, दोनों प्रकार की हो सकती है।

यत्नज भंगिमा मानवीय रूप को लेकर ही सम्भव है। मनुष्य अपने रूप को प्रयत्नपूर्वक विशेष भंगिमाओं से दिखाते हुए आकृति के सौन्दर्य को बढ़ा लेता है। क्षण-क्षण परिवर्तित भंगिमाओं की गतिशीलता में रूप-सौन्दर्य अद्भुत लगता है। नाट्य कला में यह चरम सीमा पर पहुँच जाता है। प्रसाद ने अंग-भंगिमाओं के सौन्दर्य को नृत्य के माध्यम से इस तरह व्यक्त किया है—

*'वह अनंग पीड़ा अनुभव-सा*
*अंगभंगियों का नर्तन।"*[134]

रंग का अपना कोई आकर्षण नहीं है। सौन्दर्य उसकी दीप्ति पर आधारित है। हमारे देवी-देवता श्यामल और गौर, दोनों प्रकार के हैं। दीप्ति या उज्ज्वलता के आधार पर दोनों में सौन्दर्य दिखाया गया है। प्रकृति के सन्दर्भ में प्रकाश और छाया का, चाँदनी और अन्धकार का कोई सौन्दर्यशास्त्रीय अन्तर नहीं है, दोनों के संयोग में सौन्दर्य द्विगुणित हो जाता है। मानवीय रूप के सम्बन्ध में गौरवर्ण की ओर अधिक आकर्षण जाति के संस्कारों का परिणाम है। आदिम-कालीन जातियों को श्यामल वर्ण ही सुन्दर लग सकता है। ललित कलाओं में रंग का सौन्दर्य-विरोध मैत्री, संयोग आदि के अनुसार होता है और विषयवस्तु के परिपार्श्व में ही उसके मूल्य का निर्धारण किया जा सकता है।

इनके अतिरिक्त बाह्य रूप-सौन्दर्य की और भी अनेक विशेषताएँ हो सकती हैं। लेकिन सबका सम्बन्ध चक्षुप्रीति से है। बाह्य सौन्दर्य स्थितिशील और ऐन्द्रिय रूप को लेकर है, यद्यपि ऐन्द्रिय अनुभूति अन्ततः मानसिक आनन्द में परिणत हो जाती है।

लेस्सिंग के अनुसार साहित्य कालक्रम से सम्बद्ध कला है जिसमें माध्यम की प्रकृतिगत सीमाओं के कारण रूप की अपेक्षा गतिशीलता की अधिक सफल अभिव्यंजना हो सकती है।[135] गोचर सौन्दर्य की मूर्त अभिव्यक्ति पार्श्व स्थापन की कलाओं का क्षेत्र है। साहित्यकार अपने माध्यम के अनुसार रूप को गतिशील बनाकर ही अभिव्यंजना में सफल हो पाता है। इस काम में उसका साधन प्रभाव-सृष्टि है। प्रभाव के माध्यम से रूप-सौन्दर्य की व्यंजना के छायावाद में अनेक उदाहरण मिल जाते हैं। छायावादी कवियों ने रूप का बिम्बात्मक वर्णन उतना नहीं किया है, जितना उसके प्रभाव की व्यंजना की है। पन्त का यह उदाहरण द्रष्टव्य है :

*'पछतावे की परछाईं-सी*
*तुम भू पर छाई हो कौन?*
*दुर्बलता-सी, अंगड़ाई-सी*
*अपराधी-सी भय से मौन!"*[136]

रूप-व्यंजना के लिए अप्रस्तुतों और बिम्बों का प्रयोग अनुभूति और प्रभाव के आधार पर ही है। तब भी साहित्य में रूप की गोचरता चित्र या मूर्ति की तरह पूर्णतया सिद्ध नहीं हो पाती। शब्दचित्र रूपचित्र की तरह विशिष्ट नहीं हो पाता। इसलिए

साहित्यकार रूप-सौन्दर्य की अनुभूति के लिए अन्य साधनों को भी अपना लेता है। जैसे ईश्वर ने स्वयं रूप-निर्माण किया है, उसमें सृष्टि का सारा रूप-सौन्दर्य समाया हुआ है या रूप-सौन्दर्य को देखकर प्रत्यक्ष अनुभूति का सत्य ही कहा जा रहा है—

*'कतेक जतन बिहि आनि समारल देखल नयन सरूपे।'*"[137]

.... ... ... ...

*'कतकत लखिमी चरन तल नओछए रंगिनि हेरि विभोर।'*"[138]

*'जत देखल तत कहए न पारिअ।'*"[139]

.... ... ... ...

## अन्तःसौन्दर्य

अन्तःसौन्दर्य व्यक्त रूप के माध्यम से अभिव्यक्त चेतना का सौन्दर्य है। जड़ प्रकृति के सम्बन्ध में मानव-मन की कल्पना वस्तु पर चेतना का आरोप करके उसकी सजीवता के सौन्दर्य का अनुभव करती है। जड़-चेतन समस्त सृष्टि के मूल में ईश्वरीय चिति को व्याप्त मानने वाली दार्शनिक दृष्टि, प्रकृति के चेतन सौन्दर्य की अनुभूति में सहायक होती है। कल्पनाशील और भावुक कवि के लिए प्रकृति का चेतन और सजीव लगना स्वाभाविक ही है अन्यथा प्रकृति के व्यक्त रूप से परे जो वस्तु की सत्ता, सार्थकता या विशेषता है, उसी में अन्तःसौन्दर्य की झलक मिल जाती है। वास्तव में वस्तु का पूर्ण रूप व्यक्त और गोचर विशेषताओं का ही नहीं है। जैसा कि प्लेटो ने कहा है, रूप भौतिक न होकर वस्तु का मानसिक बिम्ब है। इस मानसिक बिम्ब में अगोचर धर्मों का भी योगदान अवश्य रहता है। सजीव के सन्दर्भ में व्यक्तित्व और मन रूप के बिम्ब से सम्बद्ध हो जाते हैं तो निर्जीव के प्रसंग में उसकी आन्तरिक प्रकृति और धर्म।

सौन्दर्य को ऐन्द्रिय नहीं, मानसिक या आध्यात्मिक मानने वाले चेतना के अन्तःसौन्दर्य को ही महत्त्व देते हैं। वही सच्चा और शाश्वत सौन्दर्य है, ऐन्द्रिय रूप का सौन्दर्य मिथ्या और क्षणभंगुर है। मन की चेतना रूप में प्रतिफलित होकर उसे उज्ज्वल बना देती है। सौन्दर्य जिसे कहते हैं, वह चेतना का उज्ज्वल वरदान है।[140] इस अन्तर्मुखी दार्शनिक दृष्टि में प्रकृति की जड़ता का कोई प्रश्न ही नहीं उठता। मन की चेतना की अभिव्यक्ति, भावात्मक स्पन्दनशीलता और क्रियाशीलता के दो रूपों में होती है। सजीवता के ये ही दो पहलू हैं जिनमें सौन्दर्य का रहस्य छिपा हुआ है। उनके प्रभाव से ऐन्द्रिय रूप सौन्दर्य की आभा से आलोकमय हो जाता है। सौन्दर्यशास्त्र में इसे रूप की दीप्ति (ग्लो) की संज्ञा मिली है। यह दीप्ति वस्तु के चारों ओर एक आलोक-मण्डल की सृष्टि करती है। उसकी तीव्रता और व्यापकता सौन्दर्य के उत्कर्ष का प्रमाण है। इसी कारण चाँद से सूर्य अधिक सौन्दर्य-सम्पन्न है, यद्यपि सच्चे सौन्दर्य की तीक्ष्णता में उसे देखने की शक्ति चर्मचक्षुओं में नहीं

है। अनन्त रमणीय ईश्वर की आलोकमय कल्पना इसी आधार पर है। कलाकार सौन्दर्य की इस दीप्ति को महापुरुषों के शिर को परिवेष्टित आलोक-मण्डल के द्वारा व्यंजित करते हैं।

जहाँ संवेगात्मक अनुभूति और क्रियाशीलता की तरलता नहीं होती, वहाँ ऐन्द्रिय रूप निर्जीव लगता है। गतिशील रूप-सौन्दर्य, भाव और क्रिया को लेकर ही अभिव्यक्त होता है। सौन्दर्यशास्त्रीय दृष्टि से स्थितिशील रूप की अपेक्षा गतिशील रूप में अधिक सौन्दर्य होता है। रूप की भावात्मक स्पन्दनशीलता और गतिशीलता में इतना सौन्दर्य भरा रहता है कि कवियों ने प्रकृति पर भी उसका आरोप किया है, जैसे रात का यह वर्णन–

*'घूँघट उठा, देख मुसक्याती*
*किसे ठिठकती-सी आती।'*[141]

छायावादी कवियों ने चेतना के गतिशील सौन्दर्य के अनेक रमणीय बिम्ब प्रस्तुत किये हैं।

मानवीय रूप की बनावट सौष्ठवपूर्ण होने पर भी सजीवता के बिना हम अनुभव करते हैं कि उसमें सौन्दर्य का आकर्षण नहीं है। वह रूप मरा-मरा-सा लगता है। सौन्दर्य के लिए प्रतिभा में सजीवता की आवश्यकता है।[142] इस सजीवता से रूप की विकृति में भी आकर्षण का अनुभव हो सकता है। कुरूप नारी में भी अनुभूति-तरल स्निग्ध स्मिति की आभा पुरुष को मुग्ध कर देती है। मृत शरीर में चेतना की क्रियाशीलता न होने के कारण कोई सौन्दर्य नहीं दिखाई देता। प्रेमपात्र का शरीर, मृत्यु के बाद विकृत और भयंकर हो जाने से ही कफ़न से आच्छादित हो जाता है। मानव-मन क्षणों में सम्पन्न सौन्दर्य और कुरूपता के इस घोर विरोध को सह नहीं सकता। मरने के बाद खुली आँखों को बन्द करने का भी यही कारण हो सकता है। चेतना, रूप के विशेष अवयवों में अधिक सजीव व्यक्त होती है, जैसे मनुष्य के नेत्रों में। वे अधिक सुन्दर या आकर्षक लगते हैं। रूप-सौन्दर्य-वर्णन में कवियों की दृष्टि उन्हीं पर केन्द्रित रही है जो उचित ही है। स्तनों का मांसल ऐन्द्रिय सौन्दर्य भी उनकी तुलना में उपेक्षा का पात्र बन गया है। भाव-तरल आँखों के पानी में सौन्दर्य समाया रहता है[143] जो निर्लज्जता में उतर जाता है तो मृत्यु में समाप्त होकर भयंकर रूप धारण कर लेता है।

चेतना दार्शनिक दृष्टि से आत्मा की विशेषता है तो मनोवैज्ञानिक दृष्टि से मन की। दोनों स्थितियों में रूप की परिवर्तनशीलता के साथ वस्तुगत भाव अविच्छिन्न इकाई का बोध अवश्य रहता है जिसे प्राणियों के सम्बन्ध में 'अहं' या 'मैं' की भावना कह सकते हैं। 'चेतना की प्रमुख विशेषताएँ हैं, निरन्तर परिवर्तनशीलता अथवा प्रवाह। इस प्रवाह के साथ-साथ विभिन्न अवस्थाओं में एक अविच्छिन्न एकता और साहचार्य।'[144] इन दोनों की अनुमति के योग में सौन्दर्य की प्रतीति होती है।

एकता के बिना परिवर्तनशीलता में वस्तु के बदल जाने से सौन्दर्य की अनुभूति की सम्भावना नहीं रह जाती। सौन्दर्य में क्षण-क्षण नवीन रूप का आभास अवश्य है, वस्तु या उसके रूप का वास्तविक परिवर्तन नहीं।

चेतना का सौन्दर्य स्फूर्ति और उल्लास की सजीवता के द्वारा व्यक्त होता है। स्मिति अभिव्यक्ति का प्रधान साधन है। भाव-प्रेरित स्मिति में इतना माधुर्य भरा रहता है कि कवियों ने अनेक रूपों में उसे व्यंजित किया है। उसका सौन्दर्य गतिशील है। हार्दिक हर्षोल्लास की अनुभूति के अभाव में स्मिति शुष्क और सामाजिक मर्यादा का पालक होकर स्फूर्ति की तरल लहरों की सृष्टि नहीं कर सकती। यह वस्तु-पक्ष और ग्राहक-पक्ष, दोनों पर लागू हो जाती है।

अन्तःसौन्दर्य ज्वाला की ज्योति के समान आकृति के आवरण को फोड़कर प्रकट होता है और समस्त वातावरण आलोकित हो उठता है...

*'याकि नव इन्द्रनील लघु शृंग*
*फोड़कर धाक रही हो कान्त*
*एक लघु ज्वालामुखी अचेत*
*माधवी रजनी में अश्रान्त।'*[145]

कालिदास ने 'संचरिणी दीपशिखा' से उसकी तुलना की है।[146] वह ज्योति दीपक के स्वर में दिपती है।[147]

चेतनागत यह अन्तःसौन्दर्य वस्तु और उसके रूप को ही नहीं, जड़-चेतन रूप इस संसार को भी रमणीय बना देता है। सच्चे सौन्दर्य की यही पहचान है कि वह स्वयं ही आकर्षक नहीं होता बल्कि दूसरों को भी आकर्षक बना देता है। यह सौन्दर्य की अपूर्वता है कि वातावरण या परिपार्श्व से सौन्दर्य उद्दीप्त ही नहीं हो उठता, बल्कि वह अपने उज्ज्वल आलोक से वातावरण को आलोकित भी करता है। इसी दृष्टि से तुलसी ने सीता के अपूर्व सौन्दर्य का इस तरह वर्णन किया है—

*'सुन्दरता कहुं सुन्दर करई।*
*छबि यह दीपसिखा जनु बरई।'*[148]

भारतीय आचार्यों ने अन्तःसौन्दर्य को लावण्य की भी संज्ञा दी—

*'मुक्ताफलेषु छायायास्तरलत्वमिवान्तरा।*
*प्रतिभाति यन्दगेषु तल्लावण्यमिवोच्यते।।'*[149]

लावण्य अंगों में कान्ति की तरलता है जो रूप में से झलकती रहती है। चेतन और अचेतन, दोनों वस्तुओं में उसकी सत्ता हो सकती है, यद्यपि रूढ़ परम्परा में उसका सम्बन्ध चेतन और उसमें भी नारी रूप में जोड़ा जाता है। लावण्य रूप को उज्ज्वलता प्रदान करने वाली विशेषता है। चेतन का सम्बन्ध रूप की स्पन्दनशीलता या गतिशीलता से है जबकि लावण्य स्थितिशील रूप का आन्तरिक आकर्षक पहलू है। उसका आकर्षण तरलता या गतिशीलता में अवश्य है, लेकिन उसके लिए रूप की

गतिशीलता आवश्यक नहीं है। इस दृष्टि से लावण्य अन्तःसौन्दर्य का एक पहलू है।

अन्तः सौन्दर्य की ज्योति बाह्य रूप की मलिनता में भी आकर्षण की सृष्टि करती है। कृशांगी विरहिणी का सौन्दर्य इसका उदाहरण है। वह सौभाग्यवती का दृप्त सौन्दर्य नहीं है, करुणा या दीन रूप के सौन्दर्य की मन्दरेखा है। जहाँ मन की वेदना के स्थान पर परिस्थितियों की विवशता से रूप मलित होता है, वहाँ सौन्दर्य तीक्ष्ण रूप में भी चमक सकता है, जैसे मीना के इस वर्णन में–

'लज्जा ने देखा बालिका का शुभ्र शरीर, मलिन वस्त्र में भी दमक रहा था... उसका विरागी सौन्दर्य शरद के शुभ्र घन के हलके आवरण में पूर्णिमा के चाँद-सा आप ही लज्जित था।'[150]

मानवीय प्रकृति और व्यक्तित्व से अन्तःसौन्दर्य का घनिष्ठ सम्बन्ध है। कोमल प्रकृति और व्यक्तित्व से व्युत्पन्न कमनीय सौन्दर्य तेजोमयी प्रकृति और व्यक्तित्व के उद्दीप्त सौन्दर्य से भिन्न प्रकार का होता है। इरावती और कालिन्दी के सौन्दर्य में इसी प्रकार का अन्तर है। अग्निमित्र ने 'इरावती को शान्त शरद नदी के रूप में देखा; जिसमें मीठी हिलकोर थी। किन्तु यह तट-वृक्ष को वहाँ ले जाने वाली, उत्ताल तरंगमयी, कूल-प्लाविनी वर्षा की बढ़ी हुई महानदी उसने जीवन में आज ही देखी।'[151] मन की प्रकृति और व्यक्तित्व रूप को प्रभावित करता है और उसके माध्यम से सौन्दर्य की प्रकृति एवं स्वरूप को भी निर्धारित करता है।

भारतीय काव्यशास्त्र में नायिका के सात्त्विक अलंकारों की चर्चा में रूप-सौन्दर्य सम्बन्धी अनेक विशेषताओं का उद्‌घाटन हुआ है। ये अलंकार अलंकार्य से भिन्न और आरोपित न होकर रूप के ही अंग या धर्म हैं। जैसा कि शुक्ल जी ने कहा है, ये अनुभाव न होकर आलम्बन सम्बन्धी हैं।[152] इनमें से हसित, शोभा, हाव-भाव आदि अयत्नज और स्वभावज हैं तो लीला, विलास आदि यत्नज और आरोपित हैं। धैर्य, औदार्य आदि मानवीय प्रकृति और व्यक्तित्व की विशेषताएँ हैं। सौन्दर्यशास्त्रीय दृष्टि से इन सात्त्विक अलंकारों का सम्बन्ध बाह्य रूप और आन्तरिक चेतना, दोनों से है। यहाँ पर बाह्य सौन्दर्य और अन्तःसौन्दर्य का सम्मिलित रूप दिखाई देता है। लेकिन आन्तरिक भावना की प्रेरणा से अभिव्यक्त होने के कारण उनमें प्रधानतः अन्तःसौन्दर्य की ही झलक मिलती है। चेष्टा-सम्बन्धी यत्नज अलंकारों का सौन्दर्य बहिर्मुखी रूप का ही है।

कला के क्षेत्र में अभिव्यक्त बाह्य रूप अपना सौन्दर्य होता है, साथ ही उसमें प्रतिफलित कलाकार की भावना में अन्तःसौन्दर्य भी होता है। साहित्य के सन्दर्भ में शब्दार्थों का आकर्षण बाह्य सौन्दर्य है, उनमें निहित भाव की तरलता आन्तरिक सौन्दर्य है। शब्दार्थों से कृति का संरचनात्मक रूप निर्धारित होता है और उसमें पारदर्शी भाव की व्यंजना सौन्दर्य का द्योतक है। यह व्यंजना बिम्ब रूप में होती है और होनी चाहिए। बिम्ब की आकृति बाहरी ढाँचा है और उसकी सजीवता अन्तःसौन्दर्य या

लावण्य है। इस सौन्दर्य की चरम सीमा, रूप या आकृति की परिधि का अतिक्रमण करके अनन्त रूप में अभिव्यंजित होने में है। इसी दृष्टि से कला या साहित्य में ध्वनि की महत्ता है। इस सजीवता और व्यंजना के अभाव में आलंकारिकों ने रचना को चित्रकाव्य कहा है।

जब भाव और रूप में संगति होती है, तभी रूप 'सार्थक' कहलाता है। अंगांगों की इसी संगति में सौन्दर्य है।[153] ऐसा उचित रूप-विधान होने पर अलंकरण की कोई आवश्यकता नहीं है। रूप की संश्लिष्ट अंगपुष्टि में अलंकारों के बिना ही सौन्दर्य की आभा झलक उठती है।[154]

**सामंजस्य**

जैसा कि पहले संकेत किया गया है, रूप अविभाज्य इकाई है और सौन्दर्य की समष्टि का एक ही मूल्य हो सकता है। बाह्य सौन्दर्य और अन्तःसौन्दर्य एक ही रूप के दो पहलू हैं। आकर्षण की मात्रा कभी बाह्य रूप पर, कभी आन्तरिक चेतना पर और कभी-कभी दोनों पर निर्भर है। रूप-सौन्दर्य की पूर्णता के लिए दोनों का सामंजस्य आवश्यक है। संस्कृत की एक प्राचीन लोकोक्ति है कि 'यत्राकृतिस्तत्रगुणाः'। आधुनिक युग की कृत्रिम सभ्यता में उसे उलट देना पड़ेगा क्योंकि मनुष्य रूप की साज-सज्जा से अपने दुर्गुणों को पूरा छिपा रहा है। विपरीत क्रम में, मन के गुण छिपाने का बहुत प्रयत्न करने पर भी अनजाने ही वे रूप में प्रतिबिम्बित हो जाते हैं। बाह्य रूप को जिस तरह अलंकारों के द्वारा आकर्षक बनाया जा सकता है, उस तरह गुणों का अलंकरण सम्भव नहीं है। मन के गुण सात्त्विक-असात्त्विक, कोमल-उग्र, अच्छे-बुरे अपने स्वाभाविक रूप में आकृति के माध्यम से व्यक्त होते रहते हैं। उससे न्यूनाधिक मात्रा में रूप का सौन्दर्य घटता-बढ़ता है। जहाँ सात्त्विक मन के साथ बाह्य रूप का सामंजस्य हो जाता है, वहाँ अपूर्व सौन्दर्य झलक उठता है। महान आत्माओं के रूप की यह विशेषता है–

*'हृदय की अनुकृति बाह्य उदार*
*एक लम्बी काया, उन्मुक्त।'*[155]

बाह्य और आन्तरिक सौन्दर्य की इस समरसता में ही सौन्दर्यानुभूति चरम उत्कर्ष पर पहुँचकर आध्यात्मिक अनुभूति में परिणत हो सकती है। रूप और रस, दोनों में समष्टि की समरस व्यवस्था ही उत्कर्ष का कारण है। रूप के बहिर्मुखी और अन्तर्मुखी पहलुओं में औचित्यपूर्ण सन्तुलन आवश्यक है अन्यथा इन्द्रियों और मन में किसी एक पर ही प्रभाव पड़ता है। सौन्दर्यानुभूति की प्रक्रिया में दोनों की सामंजस्यपूर्ण क्रियाशीलता होती है और होनी चाहिए।

इसी दृष्टि से पाश्चात्य आचार्यों ने कला या साहित्य में वर्ण्य और रूप की अभिन्नता का प्रतिपादन किया। पाश्चात्य समीक्षकों ने इस घनिष्ठता को 'सार्थक

रूप' की संज्ञा दी। भारतीय आलंकारिकों और कवियों ने शब्दार्थों के यथावत सहभाव या जल और वीचि की अभिन्नता का प्रतिपादन किया है।[156] शब्दार्थों के इसी सहभाव में साहित्यकार की कलात्मक भावना मूर्त हो उठती है। शब्दों का भाव व्यंजक होना आवश्यक है। गीतगोविन्द की तरह भाव-तरलता से असन्तुलित शब्दों की कोमलता में पूर्ण सौन्दर्य का उन्मेष नहीं हो सकता। छायावाद में भी इस शब्दमोह के अनेक उदाहरण मिल जाते हैं। शाब्दिक रूप-विधान को आन्तरिक भावना से प्रेरित ही नहीं, उसका अनिवार्य परिणाम और वाहक भी होना चाहिए। छायावाद की नवीन अभिव्यक्ति के सम्बन्ध में प्रसाद का कहना है—'आभ्यन्तर सूक्ष्म भावों की प्रेरणा बाह्य स्थूल आकार में भी कुछ विचित्रता उत्पन्न करती है।...उनके लिए नवीन शैली, नया वाक्य-विन्यास आवश्यक था। ...अपने भीतर से मोती के पानी की तरह आन्तर स्पर्श करके भाव-समर्पण करने वाली अभिव्यक्ति छाया कान्तिमयी होती है।'[157] यही भाव-व्यंजक कान्तिमयी छाया साहित्य में लावण्य कहलाती है।

## 10. भाव-सौन्दर्य और कर्म-सौन्दर्य की समस्या

जीवन-जगत् के तीन पहलू हैं—रूप, भाव और कर्म। वस्तुनिष्ठ दृष्टि से सौन्दर्य रूपगत विशेषता है। व्यक्तिनिष्ठ दृष्टि से वह एक विशेष प्रकार का आनन्द देने वाला धर्म है। वह विशेषता निर्लिप्तता, व्यावहारिक उद्‌देश्यहीनता, मानसिक सार्थकता, सार्वभौमिकता और अलौकिकता में है। इस व्यापक अर्थ में सौन्दर्य, भावगत और कर्मगत भी माना जा सकता है जिसे साहित्य के समीक्षक स्वीकार करते आ रहे हैं। शुक्ल जी के शब्दों में, 'कविता केवल वस्तुओं के ही रंग-रूप के सौन्दर्य की छटा नहीं दिखाती, प्रत्युत कर्म और मनोवृत्ति के सौन्दर्य के भी अत्यन्त मार्मिक दृश्य सामने रखती है। वह जिस प्रकार विकसित कमल, रमणी के मुख-मण्डल आदि का सौन्दर्य मन में लाती है, उसी प्रकार उदारता, वीरता, त्याग, दया, प्रेमोत्कर्ष इत्यादि कर्मों तथा मनोवृत्तियों का सौन्दर्य भी मन में जमाती है।'[158]

यहाँ शुक्ल जी ने रूप को गोचर रूप के सीमित अर्थ में ग्रहण किया है जबकि रूप वस्तु-सत्ता की पूर्ण अभिव्यक्ति है। रूप की भौतिक और मानसिक, दोनों प्रकार की अभिव्यक्तियाँ बिम्बात्मक हैं और उसी बिम्बात्मकता में सौन्दर्य है। लौकिक अर्थ में भाव और कर्म अमूर्त हैं, इसलिए उनके साथ सुन्दर-असुन्दर का प्रश्न नहीं उठता। स्वयं भाषा-प्रयोग इसका प्रमाण है। राम का रावण को मारना सुन्दर है या राम का सीता से प्रेम सुन्दर है—भाषा के ये प्रयोग अशुद्ध हैं। आधुनिक युग में कहीं-कहीं ऐसे प्रयोग दिखाई देते हैं तो वे कृत्रिम हैं। 'सुन्दर' शब्द के अर्थ के साथ खींचातानी करके इस तरह की वाक्य-रचना हो रही है। कर्म अच्छा या बुरा होता है और भावना सच्ची या झूठी। अपने सहज रूप में भाषा-प्रयोग भी ऐसा ही होता है अर्थात् भाव और कर्म की कसौटी के आयाम सौन्दर्यशास्त्रीय न होकर

मनोवैज्ञानिक और सामाजिक हैं। जीवन और कला में जहाँ भाव और कर्म की रूपात्मक अभिव्यंजना होती है, वहीं सौन्दर्य और कुरूपता का प्रश्न उठता है। कर्म करते समय रूप सुन्दर हो सकता है या कर्म करते समय रूप की भंगिमा सुन्दर हो सकती है, जैसे खिलाड़ी सुन्दर ढंग से टेनिस खेल रहा है। उसकी क्रियाशीलता में शोभा है। रवीन्द्र क्रियाशील गृहलक्ष्मी की शोभा को इसी तरह व्यक्त करते हैं, "Women, when you move about in your household service, your limbs sing like a hill stream among its pebbles."[159]

इसी तरह जब भावना की ऐन्द्रिय अभिव्यक्ति होती है, उसमें भी सौन्दर्य हो सकता है। मनोविज्ञान के अनुसार भावना का ऐन्द्रिय प्रकाशन अनिवार्य है। भारतीय रस-सिद्धान्त में उसे अनुभाव की संज्ञा दी गयी है। भाव की मूर्तता इसी ऐन्द्रिय अभिव्यक्ति में है। प्रसाद के शब्दों में लज्जा की यह ऐन्द्रिय अभिव्यक्ति है—

*'गिर रही पलकें झुकी थी नासिका की नोक,*
*भू-लता भी कान तक चढ़ती रही बेरोक।*
*स्पर्श करने लगी लज्जा ललित कर्ण कपोल,*
*खिला पुलक कदम्ब-सा था भरा गद्‌गद बोल।'*[160]

कला या साहित्य के क्षेत्र में भाव और कर्म का सौन्दर्य उसकी बिम्बात्मक अभिव्यक्ति है। जब साहित्यकार भाव का शब्दचित्र प्रस्तुत करता है, तब उसकी प्रतिभा या कल्पना रूपगत सौन्दर्य की सृष्टि करती है। क्रोचे इसी रूप-विधान में सौन्दर्य मानते हैं। उनके अनुसार सृष्टिगत रूप-सौन्दर्य के साथ कलात्मक रूप-निरूपण का कोई सम्बन्ध नहीं।[161] सौन्दर्यशास्त्री बिम्बात्मक अभिव्यंजना के सौन्दर्य को ही शुद्ध मानते हैं और रूपगत लौकिक सौन्दर्य, भावगत मनोवैज्ञानिक सत्यता एवं कर्मगत सामाजिक औचित्य को शुद्ध सौन्दर्यानुभूति से सम्बद्ध आनुषंगिक अनुभूति कहते हैं।[162]

भावना और क्रियाशीलता रूप को सजीव बनाकर सौन्दर्य का वर्धन करती हैं। उनके द्वारा सौन्दर्य गतिशीलता प्राप्त करता है। निश्चल और गम्भीर रूप के उदात्त सौन्दर्य से भी वह अधिक प्रभविष्णु होता है। क्षण-क्षण रूप के भाव तरल परिवर्तन में ही सच्चा सौन्दर्य है। भाव-सन्धि या भाव संघर्ष में रूप-सौन्दर्य सजीव तथा अद्‌भुत लगता है। विद्यापति ने वयःसन्धि के वर्णन में उसकी मार्मिक व्यंजना की है—

*'खने खन नयन कोन अनुसरई।*
*खने खन बसन धूलि तनु भरई।।*
*खने खन दसन-छटा छट हास।*
*खने खन अधर आगे गहु बास।।'*[163]

मन में आशा, कामना, लज्जा, उत्साह, करुणा, श्रद्धा आदि सात्त्विक भावनाओं के संचार से रूप उज्ज्वल बन चमक उठता है। मुख, नेत्र आदि कुछ अवयवों में सौन्दर्य की यह दीप्ति अधिक प्रतिफलित होती है। इसके विपरीत वासना, ईर्ष्या,

वेदना, भय, क्रोध आदि तामसी भावनाओं के प्रभाव से रूप का सौन्दर्य घट जाता है। मुख अपनी स्वाभाविक कान्ति को खोकर पीला या काला पड़ जाता है। इसी तरह मनुष्य के क्रिया-कलाप रूप में परिवर्तन लाकर कभी सौन्दर्य का वर्धन करते हैं तो कभी उसका विघटन। किसी की चाल शोभामय होती है तो किसी की बेढंगी या कुरूप। उससे रूप का प्रभाव बढ़ता या घटता है।

रूप-सौन्दर्य को बढ़ाना भाव या कर्म की सात्त्विकता पर निर्भर करता है। रावण पर क्रुद्ध राम का रूप सुन्दर लगता है। भावनाओं की कोमलता या उग्रता से रूप-सौन्दर्य को सदा जोड़ा नहीं जा सकता। उस भावना से प्रेरित होने पर भी ताण्डव में सौन्दर्य का आभास मिलता है। इसी तरह भावना की सुखात्मकता या दुःखात्मकता को लेकर रूप की सुन्दरता या कुरूपता का निर्धारण नहीं किया जा सकता। मानिनी नायिका का रूप और भी आकर्षक माना जाता है। क्रोध से भरा बच्चों का मुँह माँ को प्यारा-प्यारा लगता है—

*मोहन को मुख रिस समेत लखि, जसुमति सुनि-सुनि रीझै।*"[164]

मुख पर उग्र भावनाओं की अभिव्यक्ति तभी सुन्दर लगती है, जब हानि की सम्भावना नहीं हो या जब भावना धर्म-प्रेरित हो।

## 11. वर्गीकरण

वस्तु या आलम्बन के आधार पर रूप-सौन्दर्य को दो वर्गों में बाँटा जा सकता है—सृष्टिगत और मानव-निर्मित वस्तुगत। सृष्टि का रूप सहज अभिव्यक्त है, उसका कोई प्रत्यक्ष प्रयोजन नहीं है और न किसी उद्देश्य से उसकी रचना हुई है। धार्मिक दृष्टि से बहुत करके उसे ईश्वरीय और उसकी लीलाभूमि कह सकते हैं। सृष्टिगत वस्तु-समुदाय का सौन्दर्य नैसर्गिक है। सृष्टि के प्राकृतिक उपादानों से सन्तुष्ट न होकर मनुष्य अपनी मानसिक और भौतिक आवश्यकताओं की पूर्ति के लिए विभिन्न प्रकार के वस्तु-समुदाय का आविष्कार और निर्माण करने लगा। इस निर्माण का आधार सृष्टि ही है। उसने या तो सृष्टि का अनुकरण किया या सृष्टि के मूलभूत नियमों के आधार पर नवीन रचना की। यह रचना एक उद्देश्य को दृष्टि में रखकर सावधानी के साथ हुई है। इसलिए उसमें एक पूर्णता और स्पष्टता दिखाई देती है जो सृष्टि या उसके वस्तु-समुदाय के रूप में नहीं है। मानव-निर्मित वस्तु व्यापक अर्थ में कृत्रिम, सार्थक और सोद्देश्य है। सृष्टि का रूप-सौन्दर्य अधिक नैसर्गिक और सजीव है तो मानव-निर्मित वस्तु का रूप-सौन्दर्य अधिक सार्थक और परिपूर्ण है। सभ्यता और संस्कृति के उत्तरोत्तर विकास में अपने सौन्दर्य-बोध का सूक्ष्म विकास करके मनुष्य स्वयं निर्मित वस्तु को अधिक संस्कृत रूप देने का प्रयत्न कर रहा है। जैसा कि पहले कहा गया है, इस संस्कारिकता के साथ कृत्रिमता भी बढ़ती जा रही है।

सृष्टिगत रूप-सौन्दर्य के मानवीय और मानवेतर या प्राकृतिक दो उपवर्ग हैं : (1) मानवीय और प्राकृतिक रूप-सौन्दर्य का पहला अन्तर अनुभूति की सार्वभौमिकता को लेकर है। मानव-सौन्दर्य देशकाल और व्यक्ति-मन सापेक्ष है जबकि प्रकृति का सौन्दर्य अधिक निरपेक्ष, सार्वभौमिक और सार्वजनीन अनुभूति का विषय है। उसमें अनुभूति की मात्रा का भी उतना अन्तर नहीं होता। (2) मानव-रूप की परिवर्तनशीलता उसके सौन्दर्य को क्रमशः समाप्त करती जाती है। दूसरी ओर प्रकृति के परिवर्तन में एक ओर ह्रास होता है तो दूसरी ओर नव विकास। इसीलिए 'पल-पल परिवर्तित प्रकृति वेश'[165] नित्य नूतन सौन्दर्य की अनुभूति देता है। (3) प्रकृति में परस्पर विरोधी रूपों के आकर्षण का वैविध्य है। कोमल प्रकृति के साथ उग्र और विराट प्रकृति का भी अपना आकर्षण है। मानव रूप में वैविध्य है व्यक्तित्व को लेकर और विराटता भावात्मक स्पन्दनशीलता एवं क्रियाशीलता के आधार पर है। मानव के उग्र रूप में सौन्दर्य की प्रतीति नहीं हो सकती। (4) इसका कारण मानवीय सौन्दर्य का उपयोगिता और कामना से सम्बन्ध होना है। मानवीय सौन्दर्य आवश्यकता से प्रभावित होता है और प्रेम को जन्म देता है। प्राकृतिक सौन्दर्य की अनुभूति सूक्ष्म, निष्काम, निर्लिप्त और सात्त्विक है। (5) कामना या प्रेम की सापेक्षता में मानवीय सौन्दर्य आश्चर्यमय, रोमांचक और रहस्यमय हो जाता है। प्रकृति की रहस्यमयता, मानसिक अनुभूति की न होकर वस्तुनिष्ठ ओर आध्यात्मिक होती है। उस रहस्यमयता की गहराई में पैठने पर अहं का इदं के साथ समन्वय हो जाता है। (6) प्रकृति का सौन्दर्य, मानव मन की कल्पना को क्रियाशील बनाकर स्वच्छन्दता, स्वतन्त्रता और आत्मोन्नति का मार्ग खोल देता है। फिर भी वह स्वयं निरपेक्ष और तटस्थ है।[166]

मानवीय रूप-सौन्दर्य की प्रमुख विशेषता उसकी सजीवता में है। मनुष्य की भावात्मक स्पन्दनशीलता और क्रियाशीलता के कारण उसका रूप-सौन्दर्य गतिशील आकर्षण से भरा हुआ है। इसके विपरीत मानवेतर प्रकृति का सौन्दर्य प्रधानतः स्थितिशील रूप का है। उसमें भावगत और कर्मगत सजीवता की सम्भावना बहुत कम है। पशु-जगत् में उसकी जो कुछ गुंजाइश है, वह मानव-जगत् के साथ तुलना में अत्यन्त सीमित है। स्थावर प्रकृति से भिन्न जंगम प्रकृति की क्रियाशीलता और वनस्पति की सीमित गतिशीलता रूप-सौन्दर्य को पूर्ण सजीवता प्रदान करने वाली नहीं है।

मानवीय रूप-सौन्दर्य व्यक्तित्व के प्रकृतिगत और गुणात्मक पहलुओं के आधार पर अनन्त रूप धारण करता है और हरेक का अपना-अपना आकर्षण है। व्यक्तित्व के आधार पर हम रूप को वर्गों और उपवर्गों में भले ही बाँट दें और भोला, गम्भीर आदि संज्ञाएँ दे दें, लेकिन अन्ततोगत्वा हर एक व्यक्तित्व की विशिष्टता के साथ मानवीय रूप-सौन्दर्य भी हर एक व्यक्ति की विशिष्ट इकाई है। रूप-सौन्दर्य की यह अनन्तता प्रकृति में नहीं है। एक गुलाब का फूल दूसरे से ज्यादा भिन्न नहीं है। दो जातियों के फूलों में बाह्य रूप-सौन्दर्य का अन्तर भले ही हो, रूप-सौन्दर्य की प्रकृति

में उतना अन्तर नहीं है जितना विभिन्न प्रकार के व्यक्तित्वों के कारण दो व्यक्तियों के रूप में हो जाता है।

मनुष्य ने अपनी सभ्यता और संस्कृति के विकास के साथ अपने रूप को भी संस्कृत कर लिया है। यहाँ तक कि मनुष्य ने प्रकृति के रूप को भी सँवारकर वन को उपवन बनाया। उससे मानवीय रूप में कुछ कृत्रिमता भले ही आ गयी हो, रूप अधिक प्रभावोत्पादक भी हो गया है। संस्कृति ने भावात्मक प्रतिक्रिया और गतिशीलता में शोभा (ग्रेस) के आम को जोड़ दिया। दूसरी ओर भाव और कर्म की उदात्तता ने रूप को सात्त्विक गम्भीरता प्रदान की। प्रकृतिगत उदात्तता केवल रूपगत अनन्तता और रहस्यमयता को लेकर है, रूपगत चेतना के उत्कर्ष पर आधारित नहीं। दूसरे की अनुभूति पहले से अधिक सूक्ष्म और तीव्र होती है। मानवेतर प्रकृति के रूप-सौन्दर्य की विशेषता उसकी नैसर्गिकता में है।

मानवीय रूप की सजीवता और प्रकति की नैसर्गिकता और स्वच्छन्दता का अपना-अपना आकर्षण है। रूप-सौन्दर्य की पूर्णता दोनों के योग में है। इसलिए कवि प्रकृति का मानवीकरण करके उसमें मानवीय भावनाओं और चेष्टाओं का सजीव सौन्दर्य व्यक्त करता है :

*'दिवसावसान का समय,*
*मेघमय आसमान से उतर रही है*
*वह संध्या सुन्दरी परी-सी*
*धीरे धीरे धीरे।'*

तिमिरांचल में चंचलता का नहीं कहीं आभास:

*'मधुर मधुर है दोनों उसके अधर–*
*किन्तु जरा गम्भीर–नहीं है उनमें हास-विलास।'*[167]

दूसरी ओर वह प्राकृतिक अप्रस्तुओं की उपमा देकर मानवीय सौन्दर्य को प्रकृति के समान नैसर्गिक और स्वच्छन्द सिद्ध करने का प्रयत्न करता है–

*'और उस मुख पर वह मुसकान!*
*रक्त किसलय पर ले विश्राम*
*अरुण की एक किरण अम्लान*
*अधिक अलसाई ही अभिराम।'*[168]

मानवीय रूप की सजीवता में अधिक सौन्दर्य मानते हुए भी प्राकृतिक रूपगत पहलुओं के मूल्य को अस्वीकार नहीं किया जा सकता। कालिदास इसी नैसर्गिकता के मूल्य का प्रतिपादन कर रहे हैं, जब वे कहते हैं कि–

*'किमिव हि मधुराणां मण्डनं नाकृतीनाम्।*[169]

मानव-निर्मित वस्तुगत सौन्दर्य के भी दो उपवर्ग हैं–ललित कलाकृतियों का सौन्दर्य और उपयोगी वस्तुओं का सौन्दर्य। दोनों की प्रकृति में बड़ा अन्तर है। ललित कलाओं

का लक्ष्य मानसिक आवश्यकताओं की पूर्ति है तो दूसरे का लक्ष्य भौतिक आवश्यकताओं की पूर्ति है। उनका रूप-विधान इन लक्ष्यों की पूर्ति को दृष्टि में रखकर होता है। कलाकृति के रूप की सार्थकता मानसिक आनन्द प्रदान करने में है तो उपयोगी वस्तु के रूप की सार्थकता भौतिक सुख देने में है। एक में लालित्य या लावण्य की दृष्टि प्रधान होती है तो दूसरे में वह गौण या आनुषंगिक है। कलाकृति का रूप, जैसा कि 'कृति' शब्द से स्पष्ट होता है, सर्जनात्मक है। सृष्टि के प्राकृत नियमों के आधार पर आन्तरिक प्रेरणा के परिणामस्वरूप यह प्रतिसृष्टि होती है। उपयोगी वस्तु की रूप-रचना, आवश्यकता की पूर्ति के अनुरूप यान्त्रिक और योजनाबद्ध होती है। सृष्टि में वर्ण्य और रूप तथा माध्यम और रूप अभिन्न हो जाते हैं। उपयोगी वस्तु के रूप-निर्माण में उनका सम्बन्ध साधन-साध्य का है। इस अन्तर के कारण मानव-निर्मित होने पर भी कलाकृति का रूप और सौन्दर्य, उपयोगी वस्तु के रूप की अपेक्षा प्राकृतिक रूप-सौन्दर्य से अधिक मिलता-जुलता है। दोनों में बाह्य रूप से परे चेतनागत सौन्दर्य का महत्त्व है जबकि उपयोगी वस्तु के सम्बन्ध में केवल बाह्य रूप का ही। सृष्टि और कलासृष्टि का अन्तर केवल मानव-निर्मित होने से उत्पन्न कृत्रिमता और रूप की निश्चयात्मकता को लेकर है। उपयोगी वस्तु का रूप-सौन्दर्य भौतिक और स्थूल होता है। कलागत सौन्दर्य मानसिक और सूक्ष्म है। बेसिल वर्सफोल्ड का कहना है कि कला-सौन्दर्य केवल ऐन्द्रिय न होकर मानसिक है–

'Works of art, therefore, from a cathedral to a sonnet, are symbolic : that is to say they have a quality which is addressed to, and perceived by the mind, over and above the quality, or qualities which are perceived by the senses.[170]

कलागत सौन्दर्य वस्तुनिष्ठ रूप में भी और ग्राहक अनुभूति की दृष्टि से भी सूक्ष्म मानसिक भाव या भावना पर आधारित है जबकि उपयोगी वस्तु का सौन्दर्य केवल बाह्य रूप पर। कलाकृति की रचना में कलाकार प्राकृतिक तथा कल्पित उपादानों की अपनी कल्पना के बल पर परिवर्तित करके नवीन रूप-सौन्दर्य की सृष्टि करता है। ग्राहक कल्पना के योग से यह सौन्दर्य पुनरुज्जीवित और अधिक उज्ज्वल हो उठता है। इसी कल्पना के बल पर कवि साधारण नेत्रों के लिए अगोचर सृष्टि-सौन्दर्य का उद्घाटन भी कर पाता है। कला में सौन्दर्य-सृष्टि और सौन्दर्यानुभूति मनोवैज्ञानिक प्रक्रिया के द्वारा गहन और जटिल रूप प्राप्त करती है। जिसकी उपयोगी वस्तु की सरल आकृति के सौन्दर्य से तुलना ही नहीं की जा सकती।

मानवीय सौन्दर्य को पुरुष और नारी-सौन्दर्य के रूप में विभाजित किया जा सकता है। पुरुष और नारी की प्रकृति और व्यक्तित्व में बहुत अन्तर है। एक का रूप-सौन्दर्य कोमलता और माधुर्य में है तो दूसरे का ओजस्विता और गाम्भीर्य में। स्त्री का रूप 'सुन्दर' (Beautiful) है तो पुरुष का 'सुगठित' (Handsome)।

स्त्री-पुरुषों के सम्बन्ध में इन भिन्न-भिन्न अंग्रेजी शब्दों का प्रयोग, उनके रूप-सौन्दर्य के तात्त्विक अन्तर को प्रकट करता है। मिल्टन के शब्दों में–

*'for contemplation he and valour formed;*
for softness she and sweet attractive grace',

.... ... ... ...

*'His fair large form and eye sublime declared*
*Absolute rule; ... '*[171]

स्त्री-पुरुषों के रूप और व्यक्तित्व का यह अन्तर एक सीमा तक नैसर्गिक है तो कुछ अंशों में परम्परा, संस्कृति, सामाजिक गतिविधि आदि के द्वारा विकसित और कृत्रिम रूप में आरोपित भी है। स्त्री-पुरुषों में प्रकृतिगत और रूपगत अन्तर ही परस्पर आकर्षण का आधार है। सामाजिक परम्परा में पुरुष में सौन्दर्य की अपेक्षा व्यक्तित्व को और नारी में व्यक्तित्व की अपेक्षा सौन्दर्य को अधिक महत्त्व मिला है। एक का जीवन घर तक सीमित रहना और दूसरे का बाहर जाकर जीवन के साथ संघर्ष करने की आवश्यकता, इसका कारण हो सकता है। आधुनिक युग में जब नारी सामाजिक जीवन में भी सक्रिय भाग ले रही है, उसके व्यक्तित्व का भी अपना आकर्षण हो जाना स्वाभाविक है। इस तरह नवीन परिस्थिति में स्त्री और पुरुष के रूप-सौन्दर्य का अन्तर मूलभूत प्रकृतिगत ही रह गया है।

कुछ लोगों की दृष्टि में नारी के लिए पुरुष का व्यक्तित्व आकर्षण का केन्द्र है; उसके सम्बन्ध में रूप-सौन्दर्य का प्रश्न ही नहीं उठता। ये एक प्रकार से पुरुष की अपेक्षा नारी में रूप-सौन्दर्य की अधिकता मानते हैं। इसके विपरीत इस तरह कहने वालों का अभाव भी नहीं है कि वास्तविक सौन्दर्य पुरुष जाति में ही होता है। उस सौन्दर्य की गम्भीरता, व्यापकता और उदात्तता के सामने नारी का कमनीय ललित सौन्दर्य कुछ नहीं है। पशु-जगत् में भी पुरुष जाति ही अधिक सुन्दर लगती है, जैसे सिहनी से सिंह या मुर्गी से मुर्गा।

इस सन्दर्भ में सहज ही यह प्रश्न उठता है कि पुरुष, नारी और प्रकृति में, किसमें अधिक सौन्दर्य है और किसे सौन्दर्य का प्रतिमान माना जा सकता है? मनुष्य का विशेषतः कलाकार का सौन्दर्य-बोध प्रकृति-साहचर्य से विकसित और प्रभावित होता है, लेकिन मूलतः शिशु में सौन्दर्य के संस्कार माता के रूप-दर्शन से ही विकसित होते हैं। आकर्षण और प्रभाव की तीव्रता की दृष्टि से भी प्रकृति की अपेक्षा नारी-सौन्दर्य को अधिक महत्त्व मिलना चाहिए। फिर प्रकृति के रूप में नारी-सौन्दर्य की गतिशीलता और सजीवता भी नहीं है। 'चराचर-जगत् मानव सौन्दर्य की शक्तिशाली अनुभूति के परिणामस्वरूप ही हमें सुन्दर लगने लगता है, अन्यथा वह निष्प्राण या जड़ ही रहता है।'[172] प्रकृति-सौन्दर्य की नैसर्गिकता, स्वच्छन्दता, अनन्तता, रहस्यमयता आदि विशेषताएँ न्यूनाधिक मात्रा में नारी-रूप की भी विशेषताएँ हैं, यदि उसमें संस्कारिता की अधिक

कृत्रिमता न हो। नारी-रूप प्रकृति से भी अधिक रहस्यमय होकर सौन्दर्यानुभूति की अनन्त सम्भावनाएँ रखता है। सजीवता में रूप की परिधि का अतिक्रमण कर वह अनन्त सौन्दर्य की अनुभूति देता है। इसी कारण मानव-मन उसके दर्शन से कभी तृप्त नहीं होता। प्रकृति मानो नारी के इस रूप-सौन्दर्य का अभिनन्दन करती है, उससे प्रभावित होती है और सौन्दर्य प्राप्त करती है–

*'पश्चिम जलधि में,*
*मेरी लहरीली नीली अलकावली समान*
*लहरें उठती थीं मानो चूमने को मुझको,*
*और साँस लेता था समीर मुझे छूकर।'*[173]

इसीलिए कहा गया है कि, 'The beautiful has altogether its origin in woman.'[174]

सौन्दर्य का धर्म आकर्षण तथा नारी-रूप में पूर्णता प्राप्त करता है और कामना की चरम सीमा पर पहुँचा देता है।

पुरुष का ओजस्वी गम्भीर रूप नारी-सौन्दर्य की समता नहीं कर सकता। उसमें हाव-भावों की एक नैसर्गिक सजीवता रहती है। साहित्य दर्पणकार के अनुसार नारी के सात्त्विक अलंकारों में दस पुरुषों में भी हो सकते हैं।[175] लेकिन काव्य-परम्परा में उनकी शोभा स्त्रीपरक ही अधिक मानी गयी है। पुरुषों के रूप-वर्णन में उनका निरूपण बहुत ही कम हुआ है। धीर ललित नायक में ही सात्त्विक अलंकारों का निरूपण औचित्यपूर्ण हो सकता है। दूसरी ओर आकर्षण की तीव्रता और रूप-सौन्दर्य की रहस्यमय अनन्तता, नारी रूप की ही विशेषताएँ हैं। साहित्य के क्षेत्र में पुरुष के प्रति नारी के आकर्षण की अपेक्षा नारी के प्रति पुरुष के आकर्षण की ही कहानी प्रस्तुत की गयी है। श्रीकृष्ण के प्रति गोपियों का आकर्षण अपवाद ही है। वास्तव में पुरुष के प्रति नारी के अधिक आकर्षण की स्थिति सभ्यता के आदिम युग में मातृ व्यवस्था की द्योतक है जिसने कालक्रम में नवीन सभ्य रूप धारण किया है। पुरुष के प्रति नारी का आकर्षण केवल रूप-सौन्दर्य पर आधारित नहीं है। जब मिल्टन नारी के मुँह से कहलवाते हैं–

*'How beauty is excelled by manly grace.'*[176]

तो पुरुष के आकर्षण का रहस्य स्पष्ट हो जाता है। पुरुष का रूप-सौन्दर्य उसकी निश्चल गम्भीरता में है। लेकिन उसी के बल पर उसका रूप नारी के रूप से अधिक सुन्दर नहीं हो जाता। इस निश्चल गम्भीरता की तुलना में नारी का रूप-सौन्दर्य अधिक सजीव एवं गतिशील है।

## नारी-सौन्दर्य

जीवन में प्रेम के आधार के रूप में नारी-सौन्दर्य का विशेष महत्त्व है। साहित्य के

क्षेत्र में वह शृंगार रस का आलम्बन है। शृंगार रस की प्रधानता के कारण साहित्य में उसका विस्तार से वर्णन होता ही है, काव्यशास्त्र में भी उसका सूक्ष्म अनुशीलन किया गया है। उसके बाह्य रूप-सौन्दर्य में अंगांग सौष्ठव के अतिरिक्त सुकुमारता, कोमलता, मृदुता, स्निग्धता पर भी विशेष ध्यान दिया गया है। उसके प्रत्येक अंग की सौन्दर्यपरक विशेषताओं के निरूपण के लिए नख-शिख-परम्परा का विकास हुआ है। सृष्टिगत समस्त लावण्य उसी में मूर्तिमान माना गया है। यौवन में नारी के सौन्दर्य का पूर्ण उन्मेष दिखाई देता है। उस समय उसमें हाव-भाव आदि अनेक अयत्नज और स्वभावज सात्त्विक अलंकारों का प्रकाशन हो जाता है जिनसे सौन्दर्य सजीव गतिशील रूप प्राप्त करता है। चेष्टा-सम्बन्धी यत्नज अलंकारों से वह अपने सौन्दर्य का वर्धन कर लेती है। यौवन में प्रेम-भावना की अनुभूति के साथ उसके रूप और मानसिक अवस्था में अनेक सूक्ष्म परिवर्तन हो जाते हैं। मानसिक अवस्था और रूप की गतिविधि के आधार पर काव्यशास्त्र में नायिका-भेद की परिकल्पना की गयी जो नारी-सौन्दर्य के छाया-भेदों का द्योतक है। इस नायिका-भेद में नारी के व्यक्तित्व की ओर भी कुछ संकेत मिल जाते हैं। नारी-सौन्दर्य की अनन्तता और विविधता के साथ व्यक्तित्व का योग रूप-सौन्दर्य को पूर्णता प्रदान करता है। उसके आधार पर सौन्दर्य में प्रकृतिगत भेद भी हो जाता है। यौवन के अतिरिक्त नारी के कौमार्य और मातृ-रूप के सौन्दर्य की ओर भी ध्यान आकृष्ट हुआ है। इन वयोभेदों में नारी का सौन्दर्य अधिक सात्त्विक लगता है। यौवन के सौन्दर्य की तरह यहाँ वासना के उद्दीप्त होने की सम्भावना कम रहती है। छायावादी कवियों ने नारी के स्वच्छन्द सौन्दर्य को अधिक उद्बुद्ध किया है। उसके रूप का माधुर्य स्वच्छन्दता में ही अधिक उभरता है। वस्तुनिष्ठ दृष्टि से लालित्य और व्यक्तिनिष्ठ दृष्टि से माधुर्य नारी-सौन्दर्य की विशेषताएँ हैं। इसीलिए प्रसाद ने रूप-माधुर्य का इस तरह वर्णन किया है—

*'मेरे तो,*
*चरण हुए थे विजड़ित मधुभार से।*
*हँसती अनंग बालिकाएँ अन्तरिक्ष में*
*मेरी उस क्रीड़ा के अभिषेक में*
*नत-शिर देख मुझे।*
*कमनीयता थी जो समस्त गुजरात की*
*हुई एकत्र इस मेरी अङ्ग गलतिका में*
*पलकें मदिर भार से थी झुक पड़ती।'*[177]

माधुर्य का अर्थ सर्वावस्थाओं में रमणीय रहना है—'सर्वावस्था विशेषेषु माधुर्य रमणीयता।'[178] नारी का रूप सभी अवस्थाओं में मधुर ही लगता है। प्रेम की भावुक कल्पनाशीलता में वह और भी रंगीन हो उठता है।

**पुरुष-सौन्दर्य**

पुरुष का रूप-सौन्दर्य नारी से बिल्कुल भिन्न प्रकार का है। उसकी बाह्य आकृति में सौष्ठव के साथ विशालता का आयाम आवश्यक है। पुरुष का शरीर लम्बा-चौड़ा और हृष्ट-पुष्ट होने पर ही आकर्षक लगता है। शारीरिक गठन में दृढ़ता होनी चाहिए। रूप के धर्मों में सुकुमारता और कोमलता के स्थान पर ओजस्विता और शक्तिमत्ता की प्रधानता रहती है। स्फूर्ति, उत्साह और पौरुष, आन्तरिक चेतना की विशेषताएँ हैं जो रूप में प्रतिफलित होकर उसे तेजोमय बनाती हैं। इस तेजस्विता के कारण पुरुष का सौन्दर्य अधिक प्रखर और नारी के कोमल रूप से अधिक आकर्षक प्रतीत होता है। कर्तव्यनिष्ठ क्रियाशीलता में पुरुष का पौरुष द्विगुणित होकर रूप-सौन्दर्य गम्भीर हो उठता है। सृष्टि में रक्षण का भार सदैव पुरुष पर ही रहा, इसलिए उसकी आदर्श रूप-कल्पना उस कार्य को दृष्टि में रखकर की गयी है। कालिदास के शब्दों में पुरुष का यह रूप है–

*'व्यूढोरस्को वृषस्कन्धः सालप्रांशुर्महाभुजः।*
*आत्मकर्मक्षमं देह क्षात्रो धर्म दवाश्रितः।।'*[179]

पुरुष के कोमल रूप का वर्णन साहित्य में प्रायः कम मिलता है। उसके प्रति नारी के आकर्षण का आधार उसका सशक्त रूप है। प्रेम की कोमल अनुभूति के सन्दर्भ में ही पुरुष के रूप-सौन्दर्य का वर्णन कोमल होता है और नारी की तरह कमल आदि सृष्टि के कमनीय उपमानों के साथ उसकी तुलना की जाती है।

पुरुष का रूप-सौन्दर्य प्रधानतः व्यक्तित्व पर आधारित है। व्यापक सामाजिक अनुभवों के कारण उसके व्यक्तित्व का प्रौढ़ विकास होता है और यह व्यक्तित्व रूप से अभिन्न हो जाता है। साहित्य के क्षेत्र में नायकों का वर्गीकरण व्यक्तित्व और स्वभाव के आधार पर ही हुआ है जो उसके रूप को आकर्षक बना देते हैं। इसके विपरीत नायिकाओं का भारतीय वर्गीकरण प्रेम की अनुभूति में मानसिक प्रकृति और अवस्था के आधार पर है। पुरुष का पौरुषमय व्यक्तित्व प्रधानतः गम्भीर है। कहीं-कहीं कोमलता का भी दर्शन होता है। 'इरावती' में खारवेल का रूप-वर्णन इस तरह किया गया है–

'स्निग्ध श्याम वर्ण, दाढ़ी-मूँछ मुड़ा, कन्धों तक पीछे लटकती हुई सघन घुँघराली लटें, कौशेय का कंचुक, कमर में कटिबन्ध, उसमें छोटी कृपाणी, आँखों में निश्चिन्तता, मतवाली चाल से एक व्यक्ति धीरे-धीरे चला आ रहा था।'[180] इस अलंकृत स्निग्धता में भी पुरुष के शौर्य और मस्ती की झलक ओझल नहीं हुई है। आधुनिक युग के असमर्थ नायक में पौरुष के लिए गुंजाइश नहीं रह गयी है। रोमांटिक नायक नारी के समान कोमल और अलंकृत वेषभूषा में तत्पर हो गया तो परवर्ती नायक में यह कोमल रूप-सौन्दर्य भी नहीं रह गया। परिस्थितियों की प्रतिकूलता और अपनी असमर्थता के मारे उसका रूप चिन्ता-कातर हो रहा है।

## प्रकृति-सौन्दर्य

प्रकृति मानव जीवन का क्रीड़ा-स्थल ही नहीं, मनुष्य की सहचरी भी है। सृष्टि के आरम्भ से ही वह प्रकृति के सौन्दर्य से अनेक रूपों में प्रभावित होता आया है। कृत्रिम सभ्यता के विकास ने मध्य युग में मनुष्य को प्रकृति से दूर किया और साहित्य में मानवेतर सृष्टि का चित्रण प्रायः कम हो गया। प्रकृति उद्दीपक या आलंकारिक रूप-विधान का साधन मात्र रह गयी। आधुनिक यन्त्रयुग में भी मनुष्य प्रकृति से दूर चला जा रहा है। प्रकृति की ओर नवीन प्रस्थान के छायावादी प्रयत्न सफल नहीं हुए। वैज्ञानिक प्रभाव से प्रकृति का अर्थ और स्वरूप बदल रहा है।

प्रकृति ईश्वरीय या स्वान्तः प्रेरणा से विकसित है। इसलिए उसका रूप-सौन्दर्य नैसर्गिक, स्वच्छन्द और परिपूर्ण है। आध्यात्मिक दृष्टि से वह ईश्वरीय लीला-भूमि है। उसका बाह्य सौन्दर्य अनन्त रमणीय के सौन्दर्य की झलक है तो उसकी चेतना का सौन्दर्य ईश्वरीय चिति का है। रहस्यवादी साधक प्रकृति में ईश्वरीय रूप-सौन्दर्य के संकेत पाते हैं। उसके रूप की अनन्तता और रहस्यमयता एक ओर विराट व्यापकता का परिणाम है तो दूसरी ओर आध्यात्मिकता का व्यंजक है। प्रकृति की रहस्यमयता मानव-मन में आध्यात्मिक जिज्ञासा उत्पन्न करती है तो मानवीय रूप की, विशेषतः नारी-रूप की रहस्यमयता, आकर्षण और प्रभाव को बढ़ा देती है। प्रकृति की जिज्ञासा से प्राकृतिक रहस्यवाद का विकास हुआ है जिसकी सजीव अभिव्यक्ति उपनिषदों में हुई है। छायावाद में, विशेषतः पन्त की रचनाओं और प्रसाद की कामायनी में उसकी कुछ झाँकियाँ मिल जाती हैं।

प्रकृति के व्यक्त बाह्य रूप में आकृति, सौष्ठव, रंग-सम्मेलन आदि अनेक आकर्षक पहलू हैं जिनसे कलाकार विशेष प्रभावित होते हैं। वे या तो उसका दृश्य विधान करते हैं या उसे अपनी कला के सौन्दर्य-बोध का आधार बना लेते हैं। मानवीय रूप की तरह प्रकृति-रूप में भी सुकुमारता, कोमलता, स्निग्धता आदि सौन्दर्यशास्त्रीय अनेक विशेषताओं की अनुभूति होती है। प्रकृति का अन्तःसौन्दर्य उसकी विकासशीलता और गतिशीलता में है जिनसे उसका रूप-सौन्दर्य बदलता रहता है। प्रकृति का यह विकास उसकी जीवशक्ति पर आधारित है। आध्यात्मिक दृष्टि से प्रकृति को चेतन न माने और मानवीय भावना अपनी चेतना का प्रक्षेपण करते हुए उसका मानवीकरण न करे; तब भी प्रकृति अपनी जीवशक्ति के बल पर चेतन सौन्दर्यानुभूति देती रहेगी। वास्तव में इसी जीवशक्ति के विकास और परिणाम में चेतन प्राणियों और मानव का आविर्भाव हुआ है।

प्रकृति का रूप-सौन्दर्य कोमल और उग्र, दोनों प्रकार का होता है। कोमल रूप नारी-रूप के समान कमनीय है तो तेजोमय उग्र रूप पुरुष-सौन्दर्य के समान ओजस्वी है। यह ओजस्वी रूप अपनी विराटता में उदात्त सौन्दर्य की अनुभूति देता है। यहाँ पर

प्रकृति की आन्तरिक शक्ति और चेतना असीम रूप में क्रियाशील होकर अभिव्यक्त होती हैं। निराला की कविता में प्रकृति के इस विराट उदात्त रूप का दर्शन होता है। छायावाद में प्रकृति-रूप के माधुर्य और हर्षोल्लास की सर्वत्र व्यंजना हुई है। कवियों ने मानवीकरण से उसे और भी पुष्ट और सजीव किया है। वास्तव में मनुष्य की कल्पना ने जड़ प्रकृति को अत्यन्त मधुर रूप दिया है। दूसरी ओर आलंकारिक शैली में प्रकृतिगत इस नैसर्गिक माधुर्य को मानवीय रूप में भी दिखाया गया है।

प्रकृति का रूप-सौन्दर्य या तो दृश्यगत है या वस्तुगत। कभी-कभी वस्तु अनुकूल पृष्ठभूमि के साथ अधिक आकर्षक हो जाती है। चित्रकला और साहित्य, दोनों में प्रकृति-सौन्दर्य का चित्रण इन्हीं रूपों में होता है। हर एक स्थिति में सौन्दर्य की अनुभूति के लिए रूप की संश्लिष्टता आवश्यक है। दृश्य के सम्बन्ध में उसके सभी पहलुओं का समन्वित होना और वस्तु के सन्दर्भ में उसके विविध अवयवों का सामंजस्य, रूप और संश्लिष्टता का प्रमाण है। वस्तु-रूप, समीपता का गोचर रूप है और दृश्य दूर का गोचर रूप है। दूर से रूप रहस्यमय और अधिक आकर्षक लगता है। सौन्दर्यशास्त्र में उसे 'मानसिक दूरी' कहते हैं। समीपता में वस्तु-रूप से ऐन्द्रिय उत्तेजना की सम्भावना रहती है। दूरी में अनुभूति मानसिक और कल्पना पर आधारित होती है। दूरी की रहस्यमयता अद्‌भुत सौन्दर्य की भी सृष्टि करती है, जैसे—

*'उठती है किरनों के ऊपर*
*कोमल किसलय की छाजन-सी,*
*स्वर का मधु निस्वन रन्ध्रों में*
*जैसे कुछ दूर बजे बंसी।'*[181]

साहित्य के क्षेत्र में प्रकृति-चित्रण आलम्बन, उद्दीपन, वातावरण आदि अनेक रूपों में किया जाता है। उसका लक्ष्य सदा प्रकृति-सौन्दर्य का उद्‌घाटन नहीं है। प्रकृति के द्वारा सौन्दर्यानुभूति के अतिरिक्त भावानुभूति और आध्यात्मिक अनुभूति की बहुमुखी सम्भावनाएँ हैं। प्रकृति-चित्रण के विविध रूपों में आलम्बन, वातावरण और अप्रस्तुत विधान की पद्धतियों के द्वारा प्रकृति के रूप-सौन्दर्य का अधिक पल्लवन हो सकता है। उद्दीपक, संवेदनशील, आध्यात्मिक या रहस्यमय रूप-विधान में सौन्दर्य-निरूपण साध्य न होकर भावोत्तेजन, भाव-व्यंजना और आध्यात्मिक अनुभूति का साधन मात्र है।

## कलाकृतियों का सौन्दर्य

सौन्दर्य के सम्बन्ध में प्राकृतिक वस्तु के केवल दो पहलू हैं—वर्ण्य और रूप। मानव-निर्मित वस्तु के सम्बन्ध में माध्यम-सम्बन्धी और एक पहलू पर भी विचार करना है। माध्यम का सौन्दर्य ललित कलाकृति की अपेक्षा उपयोगी वस्तु में अधिक महत्त्वपूर्ण होता है। ललित कलाओं में माध्यम की सौन्दर्यानुभूति को सच्ची सौन्दर्यानुभूति

नहीं मान सकते। सच्चा सौन्दर्य माध्यम में व्यक्त कलाकार की भावना का है जो मूर्तरूप प्राप्त करता है। माध्यम का सौन्दर्य सच्चे मानसिक कलात्मक सौन्दर्य से भिन्न भौतिक और ऐन्द्रिय होता है, फिर भी ललित कलाओं में माध्यम के आकर्षण को अस्वीकार नहीं किया जा सकता जो कलात्मक भावना को अप्रत्यक्ष रूप में पुष्ट भी करता है। वास्तु और मूर्तिकलाओं में संगमरमर आदि के आकर्षण, चित्रकला में रंग-रेखा के प्रीतिदायी रूप, संगीत और साहित्य में स्वर एवं शब्द के लालित्य, नृत्य में नर्तकी के सौन्दर्य आदि का अपना अलग सौन्दर्यशास्त्रीय मूल्य है। कलाकृति में माध्यम का यह सौन्दर्य अपने स्वतन्त्र अस्तित्व की अनुभूति न देकर कलाकार की भावना और उसकी रूपात्मक अभिव्यक्ति के साथ अभिन्न सामंजस्य प्राप्त करता है। तभी सौन्दर्यानुभूति का उत्कर्ष होता है। उपयोगी वस्तु की संरचना में माध्यम और रूप के सौन्दर्य का अलग अस्तित्व-बोध होता है।

कलाकृति में अभिव्यक्त बाह्य रूप का सौन्दर्य स्थितिशील है। उस रूप में अभिव्यक्त सजीव चेतना में अन्तःसौन्दर्य है जो गतिशील है। ललित कलाओं में बाह्य रूप और आन्तरिक चेतना-सम्बन्धी सौन्दर्यशास्त्रीय विशेषताएँ नैसर्गिक सृष्टि की, विशेषतः स्पन्दनशील मानवीय रूप सौन्दर्य की विशेषताओं से मिलती-जुलती हैं। उसी आधार पर ललित कलाओं में सौन्दर्य का विधान किया जाता है, यद्यपि कलाओं में सृष्टिगत रूप और लावण्य का अनुकरण न करके उनकी प्रकृति को पहचानकर नवीन सृष्टि होती है। कलाओं का वास्तविक सौन्दर्य रूपगत सजीवता में है। इसका निर्धारक बाह्य रूप नहीं है। वह केवल आधेय है। इसीलिए कला में जीवन-जगत् के स्थूल रूप की अनुकृति आवश्यक नहीं मानी गयी। कलाकार की कल्पना वस्तु की सत्ता को, उसके व्यक्तित्व की पूर्णता को व्यंजित करती है। व्यक्त रूप पूर्ण नहीं है। अव्यक्त पहलुओं को मिलाकर ही वस्तु का पूर्ण रूप होता है। इस समष्टि की केवल मानसिक उद्‌भावना हो सकती है। कला में अनुकरणात्मक रचना को कल्पनाशील सृष्टि में निम्नकोटि का माना गया है, यद्यपि पहले में रूप का भौतक ऐन्द्रिय बिम्ब यथार्थता से मिलते-जुलते रूप में प्रस्तुत किया जाता है। रविवर्मा के चित्र रूप की अधिक यथार्थता और स्पष्टता के बावजूद श्रेष्ठतम कला के उदाहरण नहीं हैं। वस्तु के बाह्य रूप की अनुकृति में कला यान्त्रिक हो जाती है। फोटो में बाह्य रूप का अधिक यथार्थ चित्र उतरता है, लेकिन चित्रकला में बाह्य रूप की केवल रेखाएँ खींची जाती हैं, फिर भी उसी में रूपगत आभा की ज्योति प्रस्फुटित होकर पूर्ण रूप की व्यंजना हो पाती है।

जीवन-जगत् के सौन्दर्य का निरूपण सभी ललित कलाओं में समान रूप से नहीं हो सकता। वह दृश्य या पार्श्व स्थापन की कलाओं की विशेषता है। विशेषतः मूर्तिकला और चित्रकला की। जहाँ तक माध्यम में अभिव्यक्ति का प्रश्न है, माध्यम की सूक्षमता के साथ अभिव्यक्ति की सफलता बढ़ती जाती है और वह अधिकाधिक

मूर्त और सुन्दर होती है। इस दृष्टि से वास्तुकला का रूप-सौन्दर्य सबसे निम्नकोटि का है जिसमें रूपात्मक अभिव्यंजना केवल प्रतीकात्मक है, जैसे मन्दिर की रूप-कल्पना से श्रद्धा-भक्ति को व्यंजित करने का प्रयत्न। माध्यम की तरह यह रूप-कल्पना भी स्थूल, भौतिक और ऐन्द्रिय है। सबसे अधिक अभिव्यंजना-सौन्दर्य संगीत और साहित्य में है, जहाँ स्वरों और सांकेतिक शब्दों से सूक्ष्म रूप की संरचना होकर अनुभूति मानसिक होती है। ललित कलाओं का सौन्दर्य रूप और रूपगत भाव के सामंजस्य में है। यह सामंजस्य भौतिक माध्यम में उतना सफल नहीं हो पाता क्योंकि भौतिक पदार्थ के माध्यम से अभिव्यंजना या रूप-कल्पना की अनेक सीमाएँ हो जाती हैं। उसमें सृष्टि या जीवन की स्थूल रूपरेखा प्रस्तुत की जा सकती है, भावगत या कर्मगत सजीवता को व्यक्त नहीं किया जा सकता। मूर्तिकला से चित्रकला में और उससे संगीत व साहित्य में रूप की सजीवता और उसकी अनुभूति एवं प्रभाव को व्यंजित करने की अधिक सुविधा प्राप्त होती है। विशेषतः साहित्य में माध्यम की सभी सीमाओं को पार करके अन्तःसौन्दर्य की सफल अभिव्यंजना की अनेक सम्भावनाएँ हैं। भाषा की अभिव्यक्ति स्वच्छन्द और पूर्ण होती है। इसीलिए भारतीय आचार्यों ने उसे विद्या की संज्ञा देकर अन्य ललित कलाओं को 'उपविद्या' माना है। भाषा की यह शक्ति प्रेषण का सामाजिक माध्यम होने के कारण है।

### उपयोगी वस्तु-सौन्दर्य

मनुष्य प्रागैतिहासिक काल से ही अपने मानसिक आनन्द के लिए गीतों की सृष्टि करता था तो भौतिक आवश्यकताओं की पूर्ति के लिए उपयोगी वस्तुओं का आविष्कार और निर्माण भी करता था। सभ्यता और संस्कृति के विकास के साथ उपयोगी वस्तु को सुन्दर रूप भी देने का प्रयत्न करने लगा क्योंकि सृष्टिगत सौन्दर्य से प्रभावित उसका मन वस्तु के निर्माण में भी उसकी एक झलक देखना चाहता है। उसके प्राकृतिक सौन्दर्य-बोध के गहरे संस्कारों का अनजाने ही वस्तु की रचना पर प्रभाव पड़ना अनिवार्य है। इस तरह वस्त्र-निर्माण आदि में उसकी दृष्टि आवश्यकता से सौन्दर्य की ओर अधिकाधिक उन्मुख होती गयी :

*'किरनों सी तू बुन दे उज्ज्वल*
*मेरे मधु जीवन का प्रभात,*
*जिसमें सौन्दर्य प्रकृति सरल*
*ढँक ले प्रकाश से नवल गात।'*[182]

इस सौन्दर्य के मोह में मनुष्य इस बात को भी भुला देता है कि वस्तु से आवश्यकता की वास्तविक पूर्ति होती है या नहीं। लेकिन आदर्श रूप में उपयोगी वस्तु में उपयोगिता और रूप-सौन्दर्य का सामंजस्य आवश्यक है अन्यथा वस्तु से अभीष्ट की सिद्धि नहीं हो सकती। उपयोगी वस्तु का चरम कलात्मक रूप वास्तुकला

की सृष्टि में है, जहाँ भवन आदि भव्य-सौन्दर्य से मण्डित होने के साथ-साथ निवास योग्य भी होते हैं। इस स्थूल और व्यावहारिक उपयोगिता के कारण कुछ सौन्दर्यशास्त्री वास्तुकला को उपयोगी और ललित कलाओं के बीच की मानते हैं।

वास्तव में उपयोगी वस्तु के केवल आकर्षक होने में सौन्दर्य नहीं है। आवश्यकता की पूर्ति में उसकी उपादेयता ही आनन्द देती है। उसकी इस सार्थकता के अनुसार ही आकर्षण की मात्रा होती है। वस्तु का रूप सौन्दर्यमय होने के साथ-साथ आवश्यकता को सिद्ध करने वाला भी होना चाहिए। उपयोगी वस्तु के रूप और उसकी आवश्यकता में घनिष्ठ सम्बन्ध है। क्रोचे के शब्दों में,

'Rustic dwellings and places, churches and barracks, swords and ploughs, are beautiful, not in so far as they are embellished and adorned, but in so far as they express their end.'[183]

उपयोगी वस्तु का रूप-सौन्दर्य बाह्य आकृति और रंग-रूप सम्बन्धी ही है। उसके साथ अन्तःसौन्दर्य का कोई प्रश्न ही नहीं उठता। उपयोगिता की रक्षा के प्रयत्न में कलाकार की भावना कुण्ठित और सीमित हो जाती है। लतागुल्मों या पर्णकुटीरों की तरह जहाँ उपयोगी वस्तु का निर्माण प्राकृतिक उपादानों के आधार पर होता है, वहाँ माध्यम के रूप में प्रयुक्त द्रव्य के आधार पर सौन्दर्य अधिक खिल उठता है। उपयोगी वस्तु के सौन्दर्य में रूप के साथ द्रव्य का भी महत्त्वपूर्ण योगदान रहता है। साहित्य में जीवन की समग्रता का प्रतिपादन करने के लिए साहित्यकार आवश्यकता के अनुसार उपयोगी वस्तु का भी मूर्त शब्दचित्र प्रस्तुत करता है।

## अनुभूतिमूलक वर्गीकरण

सौन्दर्यशास्त्र में कलागत सौन्दर्य का विवेचन सौन्दर्य, उदात्तता, हास्य (Ludicrous) और कुरूपता—इन चार शीर्षकों के अन्तर्गत किया गया है। यह वर्गीकरण कलात्मक अनुभूति की प्रकृति एवं स्वरूप के आधार पर है। कला की विशिष्ट आनन्दानुभूति के ये चार साधन हैं। इनमें से अन्तिम कुरूपता निषेधात्मक है। उसका सौन्दर्य अभावात्मक सार्थकता में है। हास्य को भी कुरूपता के अन्तर्गत रखा जा सकता है क्योंकि वह प्रायः रूप की विकृति, असाधारणता, असंगति या साधारण से विरोध पर आधारित है। केवल वाग्वैदग्ध्य (Wit) का कुरूपता से कोई प्रत्यक्ष सम्बन्ध नहीं है। लेकिन कुरूपता और हास्य में इतना अन्तर अवश्य है कि एक में सौन्दर्य की सत्ता निषेधात्मक है तो दूसरे में विधायक सौन्दर्य और उदात्तता की आनन्दानुभूति के विधायक धर्म हैं। पहले का सम्बन्ध केवल रूप से है, दूसरे का रूप के साथ-साथ भाव और कर्म से भी सम्बन्ध है।

अनुभूति की दृष्टि से रूप-सौन्दर्य को तीन वर्गों में बाँटा जा सकता है—रंजक (Pretty), सुन्दर (Beautiful) और उदात्त (Sublime)। जहाँ रूप का आकर्षण

साधारण होता है, अनुभूति तीव्र और गहरी नहीं होती, उसे रंजक कहते हैं। यह रूप की प्रशंसा का सामान्य शब्द है। अंगांगों की कोमलता, सामान्य सौष्ठव और अबोधपन रंजक रूप की विशेषताएँ हैं। सौन्दर्य का दृप्त आलोक यहाँ दिखाई नहीं देता। रंजक को सुन्दर का हलका रूप मान सकते हैं। उसकी अनुभूति उदात्त की तरह प्रकृतितया भिन्न न होकर सौन्दर्यानुभूति से केवल मात्रागत अन्तर द्योतित करती है। शिशु का रूप रंजक होता है। कभी-कभी यौवन का विकास होने पर भी रूप में वही अबोधपन रह जाता है जो आकर्षण की सीमा बन जाता है। ऐसे रूप में सौन्दर्य की उज्ज्वल आलोकमयता नहीं होती।

इस तरह अनुभूति की प्रकृति के आधार पर आकर्षण के केवल दो प्रधान रूप हो जाते हैं—सुन्दर और उदात्त। दोनों का अन्तर गहरा और व्यापक है। दोनों की प्रकृति एक-दूसरे से बिल्कुल भिन्न है। सौन्दर्य की अनुभूति कमनीय होती है। दर्शक का मन वस्तु की समीपता चाहता है। उस समीपता में स्पर्श की ऐन्द्रिय अनुभूति का आग्रह रहता है। रूप की अनुभूति अत्यन्त मधुर लगती है। इसलिए ग्राहक वस्तु के रूप को आँखों में, मन में बिठा लेता है। आकर्षण के बढ़ जाने पर समीपता की अभिलाषा शाश्वत प्राप्ति की लालसा में परिवर्तित हो जाती है। सौन्दर्य की अनुभूति से एक ओर मन में अनेक कामनाएँ जाग उठती हैं तो दूसरी ओर वासना भी उत्तेजित हो सकती है। कवि कहता है कि :

*'उस कमनीयता कला की*
*सुषमा थी प्यारी-प्यारी।'*[184]

और

*'उज्ज्वल वरदान चेतना का*
*सौन्दर्य जिसे सब कहते हैं।*
*जिसमें अनन्त अभिलाषा के*
*सपने सब जगते रहते हैं।'*[185]

इसके विपरीत उदात्तता की अनुभूति में वस्तु और दर्शक के बीच दूरी का अनुभव होता है। वस्तु की विराटता, शक्तिमत्ता और महानता के कारण उसके साथ सौन्दर्य की तरह रागात्मक सम्बन्ध की स्थापना नहीं हो सकती। दर्शक वस्तु की महत्ता के सामने अपनी अल्पता का अनुभव करके भय, श्रद्धा, विस्मय आदि के साथ उसे दूर से ही देखता रहा है।

सौन्दर्य सुनिश्चित और सीमित रूप की विशेषता है जबकि उदात्त की अनुभूति असीम रूप को लेकर है। असीम होने पर भी वस्तु में रूप की समग्रता का भाव अन्तर्निहित अवश्य रहता है। काण्ट का कहना है कि :

'The beautiful in nature relates to the form of an object which consists in limitation, the sublime on the contrary is also found in a formless object in so far as limitless...is presented, to which never the less the thought of totality is added.'[186]

असीम में ही रूप-सौन्दर्य की आदर्श पूर्णता है। उसका रहस्यमय होना स्वाभाविक है। उदात्त वस्तु की रहस्यमयता वस्तुनिष्ठ है, जबकि सुन्दर वस्तु की रहस्यमयता अनुभूति की विशेषता है। सौन्दर्य का पूर्ण ग्रहण नेत्रेन्द्रिय और बुद्धि से नहीं हो पाता, इसलिए वह रहस्यमय लगता है।

सौन्दर्य, वस्तु के रूप से सीमित होने पर भी रूप से छलकता हुआ अनन्त और असीम लगता है :

*'मान कि रूप-सीमा है।*
*सुन्दर! तब चिर यौवन में*
*पर समा गये थे, मेरे*
*मन के निस्सीम गगन में।'*[187]

रूपगत होने पर भी सौन्दर्य की यह अतिशयता है जो चारों ओर अपने आलोक को बिखेरता रहता है। उदात्त, असीम की अतिक्रान्तता है जो अतीन्द्रिय होकर अलौकिक लगता है। सौन्दर्य की अलौकिकता साधारण ऐन्द्रिय और संवेगात्मक अनुभूति से भिन्न अद्भुत या विस्मयकारी होने में है तो उदात्तता की अलौकिकता अनुभूति के लौकिक धरातलों को पार करके आध्यात्मिक या आत्मीय होने में है। एक की अनुभूति अलौकिक प्रतीत होने पर भी लौकिक रूप से बिल्कुल भिन्न प्रकार की नहीं है, जबकि दूसरे की अनुभूति सच्चे अर्थ में लौकिक का अतिक्रमण कर जाती है।

लेकिन उदात्तता को महत्ता के आधार पर सौन्दर्य से बिल्कुल अलग भी नहीं किया जा सकता। दोनों में आकर्षण या रमणीयता की मूलभूत एकता भी है, भले ही अनुभूति की प्रकृति में अन्तर हो। सौन्दर्यशास्त्र के अनुसार उदात्तता अन्ततोगत्वा सौन्दर्य का ही एक रूप है। अनन्त महत्ता ही उदात्त नहीं है, बल्कि वह सौन्दर्य जो अनन्त महत्ता से युक्त है। उसका प्रभाव महत्ता का नहीं, अपनी सम्पूर्ण प्रकृति का है।[188] उदात्त का असीम भी अन्ततः बिम्बात्मक ही है, उसकी अभिव्यक्ति रूपाश्रित है। सौन्दर्य रूप या बिम्ब के आकर्षण का प्राथमिक पहलू है।

साहित्य के क्षेत्र में कलाकार सृष्टिगत सौन्दर्य और उदात्तता को उचित शब्द-विधान के माध्यम से व्यक्त करता है। विशेषतः उदात्तता वस्तुगत ही न होकर रूप या शैलीगत भी हो सकती है। उसे एपिक शैली या महाकाव्योचित शैली कह सकते हैं जिसकी गम्भीरता ललित शैली से बिल्कुल भिन्न प्रकार की होती है।

## 12. सौन्दर्यानुभूति

सौन्दर्यानुभूति का आधार आश्रय है। आश्रय की मानसिक विशेषताएँ वस्तु-रूप की सौन्दर्यानुभूति को निर्धारित करती हैं। उसकी प्राथमिक आवश्यकता आश्रय में

सौन्दर्याभिरुचि और संवेदनशील आत्मा है। उदात्त आत्मा के बिना केवल अभिरुचि व्यक्ति को सौन्दर्य की ओर उन्मुख नहीं कर सकती :

'To take an immediate interest in the beauty of nature (not only have a taste in estimating it) is always a mark of good soul.'[189]

आश्रय के व्यक्तित्व के अनुसार सौन्दर्य का ग्रहण होता है। बहिर्मुखी व्यक्तित्व वस्तु के बाह्य रूप और उसके सामाजिक मूल्य को ही महत्त्व देता है। अन्तर्मुखी व्यक्तित्व ही रूप के अन्तर्दर्शन के साथ उसके सौन्दर्य की भावना में सफल होता है। बौद्धिक तथ्यपरक दृष्टि सौन्दर्यानुभूति में बाधा देती है जबकि भावनाशील एवं कल्पनाशील दृष्टि, रूपगत सूक्ष्म सौन्दर्य का मन में पुनर्भावन कर पाती है। व्यक्ति के जन्मजात संस्कार जहाँ आश्रय की अनुभूति को दूसरों से भिन्न कर देते हैं, सौन्दर्य- सम्बन्धी अर्जित सामाजिक संस्कार सार्वजनीन अनुभूति की सामान्य भावभूमि को प्रस्तुत करते हैं।

सौन्दर्यानुभूति का आश्रय के चरित्र, मनःस्थिति, भावात्मक प्रकृति और शारीरिक-मानसिक विकास की अवस्था से भी घनिष्ठ सम्बन्ध है। आदर्शों के अनुसार व्यक्तित्व का रूढ़ निश्चित रूप-चरित्र कहलाता है। चरित्र की निश्चयात्मकता के प्रभाव में स्वच्छन्द सौन्दर्यानुभूति की सम्भावनाएँ कम हो जाती हैं। चरित्र की दृढ़ता में आश्रय अपनी मान्यताओं के अनुसार ही सौन्दर्य का ग्रहण कर पाता है। सौन्दर्य के प्रति उचित प्रतिक्रिया अनुकूल मानसिक स्थिति पर निर्भर है। वेदना की तीव्रता में सौन्दर्य-ग्रहण की क्षमता नहीं रहती। उसके लिए मन का प्रसन्न रहना आवश्यक है। इसी तरह संवेगात्मक प्रकृति का व्यक्ति अति भावुक होकर सौन्दर्य की संयमित और निर्लिप्त अनुभूति प्राप्त नहीं कर सकता। भावात्मक उत्तेजना में प्रकृति का सौन्दर्य सात्त्विक अनुभूति के स्थान पर वासना को उभारता है। वासना सर्ग में मनु की यही मनःस्थिति है।

श्रृंगार की तरह सौन्दर्य के संस्कार भी धीरे-धीरे विकसित होते रहते हैं। बचपन में सौन्दर्यानुभूति सीमित होती है, संस्कारों की अविकसित अवस्था में अनुभूति की गहराई और पूर्णता की अनेक सीमाएँ हो जाती हैं। बचपन का भोलापन सरल रूप में ही सौन्दर्य देखता है या सरल सौन्दर्य को ही वह ग्रहण कर पाता है। यौवन में सौन्दर्य के संस्कार पूर्ण विकास पाते हैं, लेकिन उसका भावोद्वेग सौन्दर्य की निर्लिप्त अनुभूति नहीं होने देता। यौवन में कामना सौन्दर्यानुभूति को आक्रान्त करती है। इसलिए शुद्ध सौन्दर्यानुभूति संयमित प्रौढ़ावस्था की ही होती है। वार्द्धक्य में मन और इन्द्रियों की शिथिलता के साथ सौन्दर्य के संस्कार भी दुर्बल हो जाते हैं।

आश्रय की सौन्दर्यानुभूति के वैयक्तिक पहलू की इस चर्चा में व्यक्ति-मन की भावनाओं के साथ उसका सम्बन्ध भी विचारणीय है। काम सौन्दर्यानुभूति का आधार है। कामायनी के काम सर्ग में कवि ने सौन्दर्य और कामना का अन्योन्याश्रित सम्बन्ध स्पष्ट किया है। सामान्य व्यवहार में सौन्दर्य काम का उत्पादक है। सौन्दर्य

के प्राथमिक आकर्षण के बाद ही प्रेम का विकास होता है। रूप और गुणों के कारण सीता के प्रति राम का प्रेम बढ़ता गया :

*प्रकृत्यैत प्रिया सीता रामस्यासीन्महात्मनः।*
*प्रियभावः स तु तया स्व गुणैरेव वर्धितः।।*[190]

राधकृष्ण का प्रेम तो केवल सौन्दर्य के आकर्षण पर आधारित है–

*"मोहन बदन बिलोकत अंखियनि उपजत है अनुराग।"*[191]

सौन्दर्य का आकर्षण ही क्रमशः विकसित होकर प्रेम का रूप धारणा करता है :

*'सौन्दर्य पलक प्याले का*
*अब प्रेम बना जीवन में।'"*[192]

लेकिन सौन्दर्य स्वयं वस्तु पर आत्मा के प्रक्षेपण से ही अनुभूत होता है। इस तरह सौन्दर्य और प्रेम, दोनों आत्मस्थ होकर मिल जाते हैं :

'O man! you yourself make all objects attractive by your looks. Looking at it with those eyes, you yourself shed your lustre upon the subject and then you fall in love with it.'[193]

दार्शनिकों और मनोवैज्ञानिकों का कहना है कि मन में काम के मूलभूत अस्तित्व के बिना सौन्दर्य का बोध नहीं होता। जॉर्ज सांतायन का कहना है कि 'The capacity to love gives our contemplation that glow without which it might often fail to manifest beauty; and the whole sentimental side of our aesthetic sensibility without which it would be perceptive and mathematical rather than aesthetic is due to out sexual organisation remotely stired.[194]

काम का अनुदात्त रूप वासना है तो उदात्त रूप प्रेम। भोगप्रधान हो जाने पर सौन्दर्यानुभूति में ईर्ष्या का भी जन्म हो सकता है। सौन्दर्यानुभूति का विधायक सम्बन्ध केवल प्रेम से है। सौन्दर्य का आकर्षण प्रेम में परिणत होता है तो, दूसरी ओर 'प्रेम की अनुभूति में आलम्बन का सौन्दर्य कुछ दूसरा ही हो जाता है। प्रेम में सौन्दर्य के ऐसे नये पहलू दिखाई देते हैं जो उसके अभाव में कभी अनुभूत नहीं हो सकते। 'प्रेम की प्राप्ति से दृष्टि आनन्दमयी और निर्मल हो जाती है, जो बातें पहले नहीं सूझती थीं, वे सूझने लगती हैं। चारों ओर सौन्दर्य का विकास दिखाई पड़ने लगता है।'[185] इसीलिए कहा जाता है कि लैला के सौन्दर्य को देखने के लिए मजनू की आँखें चाहिए। विल दुरान्त कहते हैं कि कोई वस्तु इसलिए सुन्दर है कि व्यक्ति के मन में उसकी अभिलाषा जाग उठी है।

'A thing is beautiful, first of all, because it is desired...So we desired nothing orginally because it is beautiful but we consider it beautiful because we desire it.'[196]

आगे वे कहते हैं कि 'Love then, is the mother of beauty and not its child, It is the sole origin of that primary beauty which is of persons and not of things.'[197]

डॉ. आत्रेय के अनुसार मानवीय ही नहीं समस्त सौन्दर्य का मूल उत्स वासना-प्रेरित प्रेम है : 'Beauty, therefore, whether of persons, of things, of nature, of art is the child of love which originates in sexual impulse.'[198]

यह अपूर्व सौन्दर्य-दर्शन प्रेम में उत्कट अभिलाषा का चमत्कार है। यह अभिलाषा या कामना मानवीय रूप के प्रति अधिक तीव्र होती है। इसीलिए कहा जाता है कि मानवीय रूप-सौन्दर्य का दर्शन प्रकृति-सौन्दर्य-दर्शन की तरह निष्काम नहीं हो पाता। सौन्दर्य की कामना पहले वासना को उत्तेजित करती है और फिर स्वार्थमय प्राप्ति की भावना की ओर ले जाती है।

*'कहा मनु ने, तुम्हें देखा अतिथि! कितनी बार;*
*किन्तु इतने तो न थे तुम दबे छवि के भार!*

*पूर्व जन्म कहूँ कि था स्पृहणीय मधुर अतीत;*
*गूँजते जब मन्दिर घन में वासना के गीत।'*[199]

मनु उस सौन्दर्य पर अपना पूर्ण अधिकार चाहते हैं :

*'विश्व में जो सरल सुन्दर हो विभूति महान,*
*सभी मेरी हैं, सभी करते रहे प्रतिदान।'*[200]

यह सौन्दर्य कहीं दूसरों का न हो जाये, उसकी दृष्टि कहीं दूसरी ओर न हो जाये, इससे ईर्ष्या की भावना उत्पन्न हो जाती है। मनु कामायनी से पूछते हैं :

*'तिस पर यह पीलापन कैसा*
*यह क्यों बुनने का श्रम सखेद?*
*यह किसके लिए बताओ तो*
*क्या इसमें है छिप रहा भेद?'*[201]

अन्य भावनाओं के साथ सौन्दर्यानुभूति का सम्बन्ध केवल अप्रत्यक्ष है। सौन्दर्य की अनुभूति में मानव-मन जब चेतन हो जाता है, उसका अनेक रूपों में स्पन्दित हो जाना स्वाभाविक है। ये भावनाएँ भी संचारी रूप में सौन्दर्यानुभूति को रंग सकती हैं।

आश्रय के मन में सौन्दर्य का स्पन्दन उत्पन्न करने में वस्तु और आश्रय के सम्बन्ध का अपना हाथ होता है। यह सम्बन्ध अन्तर्मुखी और बहिर्मुखी, दोनों प्रकार का है। पहला रागात्मक है जो वस्तु-रूप के साथ साहचर्य से घनिष्ठ हो जाता है। सामान्य वस्तु के सम्बन्ध में अति परिचय अवज्ञा का कारण हो सकता है, लेकिन सौन्दर्य के सन्दर्भ में आकर्षण की नित्य नूतनता का अनुभव होता रहता है। क्योंकि

गतिशील सौन्दर्य में क्षण-क्षण रूप-परिवर्तन की सम्भावना है। इसीलिए बिहारी ने कहा है कि नायिका का चित्र खींचने में :

*'भए न केते जगत के चतुर चितेरे कूर।'*[202]

सौन्दर्यानुभूति में समीपता और दूरी का सन्तुलन आवश्यक है। अच्छी तरह देखने की दृष्टि से समीपता आवश्यक है तो दूसरी ओर उससे सौन्दर्य की रहस्यमयता के समाप्त हो जाने की आशंका है। दूर के दृश्य जितने आकर्षक होते हैं, समीप की वस्तु उतनी नहीं। इसी कारण यह तेलुगु लोकोक्ति चल पड़ी कि 'दूर के पर्वत स्निग्ध दिखाई पड़ते हैं।' सौन्दर्य के प्रभाव को व्यक्त करते हुए प्रसाद कहते हैं—'जैसे कुछ दूर बजे बंशी।'[203] विरह में दर्शन की उत्कट लालसा का भी यही रहस्य है। रत्नाकर कहते हैं :

*'ज्यों-ज्यों बसे जात दूरि-दूरि प्रान मूरि*
*त्यों-त्यों धसे जात मन-मुकुर हमारे में।'*[204]

सौन्दर्य के आकर्षण की अनुभूति के लिए मनोवैज्ञानिक अन्तरा या दूरी की आवश्यकता है। यही अतीत का आकर्षण है, सौन्दर्य की रहस्यमयता है।

सौन्दर्य की अनुभूति के लिए जिस तरह आश्रय के मन की सन्नद्धता और भावात्मक गतिविधि की अनुकूलता चाहिए, उसी तरह बाह्य परिस्थितियों की अनुकूलता भी आवश्यक है। अभिनव गुप्त ने रस विघ्नों की जो चर्चा की, वह प्रकारान्तर से सौन्दर्यानुभूति पर भी लागू हो जाती है। शान्त, निश्चल और रंगीन वातावरण में सौन्दर्य की अनुभूति भी बढ़ जाती है।

सौन्दर्यानुभूति और उसकी प्रक्रिया, दोनों विशिष्ट प्रकार की हैं। रस की तरह सौन्दर्य की अनुभूति भी आनन्दात्मक है। वह लौकिक, ऐन्द्रिय और मानसिक अनुभूतियों से भिन्न प्रतीत होती है। इसी भिन्नता में उसकी अलौकिकता है। ऐन्द्रिय और मानसिक संवेदनों का आधार लेकर ही उसकी अनुभूति हो सकती है, लेकिन कल्पना के योग से उसकी अनुभूति का धरातल सूक्ष्म और निर्लिप्त लगता है। सौन्दर्य का अन्तर्दर्शन उसमें आध्यात्मिकता का भी आभास दे सकता है, क्योंकि बाह्य रूप से मन जब वस्तु की आन्तरिक चेतना में प्रविष्ट होता है, अपनी प्रगति में वह चेतना की सूक्ष्मतम छायाओं को भी छू लेता है।

सौन्दर्यानुभूति की प्रक्रिया में मन और इन्द्रियों की सामंजस्यपूर्ण क्रियाशीलता होती है। अनुभूति में व्यवस्था और एकता स्थापित होती है। मन की बौद्धिक, भावात्मक और कल्पनाशील शक्तियाँ एकोन्मुख हो जाती हैं। उनके प्रसार की दिशाओं में कोई विरोध नहीं होता। आनन्द चाहे लौकिक हो चाहे आध्यात्मिक, उसका रहस्य इसी समरसता में है जिसकी ओर कामायनीकार ने अपने काव्य के अन्त में संकेत किया है। इस समरसता को सौन्दर्यशास्त्र में भावन (Contemplation) कहते हैं जो मन की विचारात्मक, संवेगात्मक और कल्पनाशील लौकिक प्रवृत्ति से भिन्न है। इस समरसता

में आनन्द सहज ही संयमित और सुसंस्कृत होता है। सौन्दर्यानुभूति की मानसिक स्थिति लौकिक उद्विग्नता से परे शान्त सात्त्विक स्थिति है जो संस्कारिता से उदात्त के धरातल पर पहुँची हुई है। सौन्दर्यशास्त्र के अनुसार :

"In aesthetic enjoyment our capacities of feeling attain their fullest and most perfect development. Yet as its dependence on a quite attitude of contemplation might tell us, aesthetic experience is characterized by a certain degree of calmness and moderation."[205]

काण्ट के अनुसार सौन्दर्यानुभूति की चार प्रमुख विशेषताएँ हैं।[206] (1) पहली उसकी सार्वभौमिक आनन्दानुभूति है। मात्रा का वैयक्तिक अन्तर होने पर भी सौन्दर्य सार्वजनीन अनुभूति का विषय है। अनुभूति वस्तु-रूप के वस्तुनिष्ठ पहलुओं पर आधारित होने और मन की भावना का उससे प्रभावित तथा नियन्त्रित होने के कारण अनुभूति की सार्वभौमिकता सम्भव होती है। (2) दूसरी विशेषता तटस्थता (disinterestedness) है। सौन्दर्यानुभूति वस्तु-रूप की निर्लिप्त अनुभूति होती है। वस्तु की भौतिक सत्ता, उसकी व्यावहारिक सार्थकता या वस्तु-रूप के सामाजिक पहलू से उसका कोई सम्बन्ध नहीं है। काण्ट शुद्ध सौन्दर्यानुभूति को वस्तु-रूप की भौतिक-सामाजिक अनुभूति से भिन्न मानते हैं, यद्यपि सामाजिक प्राणी होने के नाते उस पहलू की ओर उसका ध्यान आकृष्ट होना स्वाभाविक स्वीकार करते हैं।[207] दर्शक की प्रतिक्रिया में शुद्ध सौन्दर्यानुभूति और सम्बद्ध अनुभूति मिली-जुली ही रहती हैं। (3) तीसरी विशेषता उद्देश्यहीन सार्थकता है। सौन्दर्यानुभूति वस्तु की धारणा और सार्थकता से भिन्न, रूप की एकता और सामंजस्य की अनुभूति है। लौकिक जीवन में हर एक वस्तु और उसकी अनुभूति का एक उद्देश्य और व्यावहारिक प्रयोजन रहता है। सौन्दर्य इस उद्देश्य और प्रयोजन से परे है। फिर भी उसकी अनुभूति की एक सार्थकता अवश्य होती है जो मानसिक है अन्यथा मनुष्य की सौन्दर्य की ओर प्रवृत्ति ही नहीं हो सकती। ललित कलाओं के सन्दर्भ में रूप का आयोजन एक विशेष सार्थकता की अनुभूति की दृष्टि से होता है। उसी सार्थकता में सौन्दर्य का रहस्य छिपा है। या तो सौन्दर्य की अनुभूति ही वह सार्थकता है या उसके द्वारा मासिक चेतना का विकास एवं प्रसार। (4) चौथी विशेषता इन्द्रियों और मन की स्वच्छन्द क्रियाशीलता और सामंजस्य से उत्पन्न अनुभूति की एकोन्मुखता, चेतनता और पूर्णता है जिसकी ओर पहले संकेत किया गया है।

मनोवैज्ञानिक दृष्टि से सौन्दर्यानुभूति के विकास की छः अवस्थाएँ हैं– (1) पहली रूप के प्रति आकर्षण है। सौन्दर्य रूप को आकर्षक बना देता है। (2) मन के आकृष्ट होने पर रूप के अन्तर्दर्शन का कुतूहल या जिज्ञासा उत्पन्न होती है जो दूसरी स्थिति है। मानव-मन सौन्दर्य के रहस्य को जानना चाहता है। इच्छा होती है कि :

*'चाँदनी सदृश खुल जाय कहीं*
*अवगुंठन आज सँवरता-सा'*[208]

मन में प्रश्न उठता है कि :

*'मैं देख रहा हूँ जो कुछ भी*
*वह सब क्या छाया उलझन है।*
*सुन्दरता के इस परदे में*
*क्या अन्य धरा कोई धन है?'*[209]

जिज्ञासा मानव-मन को व्यक्त से अव्यक्त की ओर, ससीम से असीम की ओर ले जाती है। व्यक्त सौन्दर्य के माध्यम से अनन्त रमणीय को पहचानने का प्रयत्न होने लगता है। (3) रूप के अन्तर्दर्शन के द्वारा अनन्त रमणीयता की पहचान से मानव-मन विस्मय-विमुग्धता की तीसरी अवस्था पर पहुँचता है। मन सौन्दर्य के अद्भुतपन से अभिभूत हो जाता है। अर्जुन श्रीकृष्ण के स्मरण से विस्मय की भावना में निमग्न हो जाते हैं :

*'तच्च संस्मृत्य संस्मृत्य रूपमत्यद्भुतं हरे :।*
*विस्मयो मे महान् राजन् हृष्यामि च पुनः पुनः।।'*[210]

(4) सौन्दर्य को बार-बार देखकर भी मन तृप्त नहीं होता। ऐसा लगता है कि अभी देखने को बहुत कुछ रह गया है या सौन्दर्य की पूर्णता का बोध नहीं हो पा रहा है। अमूर्त सौन्दर्य का कभी पूर्ण ग्रहण नहीं हो सकता। इसलिए सौन्दर्यानुभूति में रूप-दर्शन की लालसा व्याकुल करती ही रहती है। प्रसाद के शब्दों में :

*'प्यासी मछली की आँखें*
*थीं विकल रूप के जल में।'*[211]

नेत्र सौन्दर्यानुभूति में लीन हो जाने का मानो हठ करते हैं–

*'इत लोभि उत रूप परमनिधि कोउ न रहत मिति मानि।'*[212]

(5) इस व्याकुलता के बाद की अवस्था स्वप्न-दर्शन की है। सौन्दर्य के द्वारा मन में अनन्त अभिलाषा के सपने जगते रहते हैं।[213] सौन्दर्य-दर्शन से मन में मधुर भावनाओं का स्फुरण होता है और व्यक्ति कल्पन-लोक में पहुँच जाता है। गोचर भौतिक रूप को छोड़कर मन सौन्दर्य की भावना में तन्मय हो जाता है। (6) इस तन्मयता की परिणति अन्तिम छठी अवस्था आनन्द में हो जाती है।

सौन्दर्यानुभूति की विशिष्टता उसकी रहस्यमयता में है। सौन्दर्य का आलोक उसे रहस्यमय बना देता है। नेत्रेन्द्रिय उसके मर्म तक पहुँच नहीं पाता:

*'सौन्दर्यमयी चंचल कृतियाँ*
*बनकर रहस्य हैं नाच रही,*
*मेरी आँखों को रोक वहीं*
*आगे बढ़ने में जाँच रही।'*[214]

इन्द्रिय ही नहीं इन्द्रियजन्य ज्ञान भी उस रहस्य को भेदने में असमर्थ हो जाता है :

*'कौशल यह कोमल कितना है*
*सुषमा दुर्भेद बनेगी क्या?*
*चेतना इन्द्रियों की मेरी*
*मेरी ही हार बनेगी क्या?'*[215]

जब सौन्दर्य का उज्ज्वल आलोक सघन हो जाता है, जब आलोक ही रूप बनता है,[216] सौन्दर्य की चकाचौंध, सूर्य के अलोक की तरह दिङ् मूढ़ बना देती है। सौन्दर्य को अनुभूति के रहस्यमय न होने पर नित्य नूतनता की सम्भावना ही नहीं रह जाती और एक बार दर्शन के बाद सौन्दर्य फीका-सा हो जाता है। इसीलिए साहित्यकार अपनी अभिव्यक्ति में अनेक अर्थों और भावों की प्रतीति की सम्भावनाओं को भर देता है या यों कह सकते हैं कि साहित्यकार की रूप-कल्पना में नवीन व्याख्याओं की गुंजाइश रहती है और तभी वह क्लासिकल या श्रेष्ठ साहित्य होकर सभी युगों में समान रूप से आदर प्राप्त करता है। सौन्दर्य और सौन्दर्यानुभूति को इस रहस्यमयता को लक्ष्य करके फ्रायड जैसे वैज्ञानिक दृष्टि-सम्पन्न मनीषी भी कहते हैं कि :

'Some of the greatest and most overwhelming creations of art are still unsolved riddles to our understanding...We admire them, we feel overwhelmed, but we are not able to say what they represent to us, Some go to the extent of saying that this state of intellectual bewilderment is a necessary condition when a work of art has to achieve its greatest effecfts.[217]

इसी रहस्यमयता के कारण सौन्दर्यानुभूति को पाश्चात्य और भारतीय, दोनों अलौकिक मानते हैं। उसमें व्यक्ति-मन बहिर्जगत् से विमुख होकर ध्यान-केन्द्रीकरण के द्वारा अन्तर्मुखी मानव-व्यापार में संलग्न रहता है। दार्शनिकों की दृष्टि में वह समाधि की-सी दशा है जो योग की सविकल्प समाधि से मिलती-जुलती है।[218]

जीवन और साहित्य में सौन्दर्यानुभूति बहिर्मुखी और अन्तर्मुखी, दोनों प्रकार की होती है। बहिर्मुखी अनुभूति बाह्य रूप की है और अन्तर्मुखी रूपगत चेतना की है। 'आँखों की प्रतिष्ठा रूप में है और रूप-ग्रहण का सामर्थ्य उसकी स्थिति, हृदय में है।[219] 'ग्रीस द्वारा प्रचलित सौन्दर्यानुभूति बाह्य को, मूर्त को, विशेषता देकर उसकी सीमाओं में ही उसे पूर्ण बनाने की चेष्टा करती है और भारतीय विचारधारा ज्ञानात्मक होने के कारण मूर्त और अमूर्त का भेद हटाते हुए, बाह्य एवं आभ्यन्तर का एकीकरण करने का प्रयत्न करती है।''[220] सौन्दर्यानुभूति की पूर्णता ऐन्द्रिय और मानसिक अनुभूतियों के सामंजस्य में है। इस तरह सौन्दर्यानुभूति इकाई है जिसका विभाजन प्रधानता के आधार पर या आलोचना की सुविधा की दृष्टि से है।

सौन्दर्यानुभूति के ग्रहण की दृष्टि से तीन धरातलों की कल्पना की गयी है।

वे हैं—ऐन्द्रिय, मानसिक और आध्यात्मिक। वस्तु के बाह्य रूप-सौन्दर्य की अनुभूति ऐन्द्रिय है। उसमें तन्मयता के साथ अतृप्ति की व्याकुलता भी बनी रहती है। मानसिक सौन्दर्यानुभूति भौतिकता से मुक्त होकर मधुर हो जाती है और मन में कोमल भावनाओं का संचार होने लगता है। आध्यात्मिक सौन्दर्यानुभूति द्वन्द्वों से परे की स्थिति है, जब रूप-सौन्दर्य आध्यात्मिक सौन्दर्यानुभूति द्वन्द्वों से परे की स्थिति है। जब रूप-सौन्दर्य आध्यात्मिक लगता है, उस स्थिति में मन समरस हो जाता है और सौन्दर्य एवं कुरूपता का द्वन्द्व मिट जाता है। व्यक्ति सृष्टि के कण-कण से केवल चेतन सौन्दर्य का आभास पाता है और उसके साथ एकात्म हो जाता है। देवसेना के शब्दों में, 'प्रत्येक परमाणु के मिलने में एक सम है, प्रत्येक हरी-भरी पत्ती के हिलने में एक लय है। मनुष्य ने अपना स्वर विकृत कर रखा है, इसी से उसका स्वर विश्ववीणा में शीघ्र नहीं मिलता।'[221]

श्रेष्ठ साहित्यकार अपनी रचना के द्वारा ऐन्द्रिय सौन्दर्यानुभूति को मानसिक और आध्यात्मिक धरातलों पर ले जाते हैं। रचना की रूप-कल्पना का लक्ष्य ऐन्द्रिय उत्तेजना नहीं, मानसिक आनन्दानुभूति है। वस्तुगत और शिल्पगत सौन्दर्य का यही प्रयोजन है। अपनी दार्शनिक दृष्टि के कारण छायावादी कवि विशेषतः प्रसाद और निराला सौन्दर्यानुभूति को आध्यात्मिक स्तर पर ही नहीं ले गये, बल्कि उसकी सूक्ष्म व्यंजना में भी सफल हुए।

## 13. सौन्दर्य-बोध

मनुष्य का सौन्दर्य-बोध ऐन्द्रिय संवेदनों और मानसिक भावना-व्यापार पर निर्भर रहता है। वस्तु का रूप दर्शक की इन्द्रियों को प्रभावित करता है। इस प्रभाव से दर्शक के मन में वस्तु के रूप का चिन्तन या भावन (Contemplation) होने लगता है। इस ऐन्द्रिय संवेदना और मानसिक भावन की समष्टि, वस्तु के रूप-सौन्दर्य का बोध कराती है। इस प्रक्रिया में कल्पना भी क्रियाशील होकर भावना-व्यापार का अंग बन जाती है। उसके द्वारा रूपगत सौन्दर्य का सूक्ष्म बोध होता है। कल्पना का यह ग्राहक रूप है। उसके सर्जनाशील होने पर बिम्ब की सृष्टि होती है। राजशेखर ने कल्पना के इन दो रूपों को भावयित्री और कारयित्री प्रतिभा कहा है। पाश्चात्य सौन्दर्यशास्त्र में भावयित्री को 'अभिरुचि' कहा गया है। क्रोचे अभिरुचि और प्रतिभा को तत्त्वतः एक मानते हैं—

'The activity of judgment which criticises and recognises the beautiful is identical with what produces it...the activity which Judges is called taste, the productive activity is called genius. Genius and taste are therefore substantially identical.'[222]

सृष्टिगत और कलागत सौन्दर्य के बोध के लिए मनुष्य में अभिरुचि होनी

चाहिए। यह सौन्दर्याभिरुचि ऐन्द्रिय संवेदन, मानसिक भावना और कल्पना के माध्यम से प्राप्त होती है।

मनुष्य के मन में सौन्दर्य बोध का विकास जीवन-जगत् के अनेक अनुभवों के आधार पर होता है। कवि के सौन्दर्य-बोध का विकास भी उन्हीं स्रोतों पर आधारित है। पहला सृष्टि-सौन्दर्य है। प्रकृति और मानवीय रूप के नैसर्गिक, स्वच्छन्द और सजीव सौन्दर्य के सूक्ष्म अनुशीलन से भावक के मन में सौन्दर्य की चेतना का विकास होता है। मनुष्य जिस प्रकृति और मानव समाज से घिरा हुआ है, उसके रूप का प्रभाव मानव मन पर किसी-न-किसी रूप में अवश्य पड़ता है।

इन प्राकृतिक संस्कारों के अतिरिक्त सामाजिक संस्कारों से भी मनुष्य का सौन्दर्य-बोध निर्धारित होता है। सौन्दर्य नैसर्गिक ही नहीं सामाजिक भी है। समाज की सभ्यता और संस्कृति उसका स्वरूप निर्धारण करती है। सामाजिक प्राणी के रूप में मनुष्य का सौन्दर्य-बोध समाज की सांस्कृतिक भावनाओं से अवश्य प्रभावित होता है। यह सौन्दर्य-बोध के विकास का दूसरा स्रोत है। समाज से इस सम्बन्ध के कारण देशकाल के अनुसार सौन्दर्य-बोध में परिवर्तन हो जाता है। एक देश का सौन्दर्य दूसरे देश की दृष्टि में, एक युग का सौन्दर्य दूसरे युग में सौन्दर्य नहीं रह जाता या उसका आकर्षण कम हो जाता है।

इस सौन्दर्य-बोध के मूल में आर्थिक परिस्थितियों का भी हाथ रहता है। व्यक्ति या वर्ग की आर्थिक स्थिति व्यक्ति के संस्कारों को एक विशिष्ट रूप प्रदान करती है जिससे उसका सौन्दर्य-बोध प्रभावित हो जाता है। उच्चवर्गीय संस्कारों को सुकुमारता में सौन्दर्य का बोध होता है तो निम्नवर्गीय संस्कार रूप की स्वस्थ मांसलता और शक्तिमत्ता में उसका अनुभव करते हैं। इस तरह सौन्दर्य-बोध का विकास भिन्न हो जाता है। सौन्दर्य-बोध के विकास का तीसरा स्रोत मनुष्य का व्यक्तित्व और जीवन है। मनोविज्ञान के अनुसार व्यक्तित्व के दो प्रकार हैं—बहिर्मुखी और अन्तर्मुखी। बहिर्मुखी व्यक्तित्व का ध्यान वस्तु की यथार्थता पर अधिक केन्द्रित रहता है, जबकि अन्तर्मुखी व्यक्तित्व अधिक भावनाशील और कल्पनाशील होकर वस्तु की अपेक्षा उससे सम्बन्धित अपनी अनुभूति में ही अधिक डूबा रहता है। इस प्रकार के अन्तर्मुखी व्यक्तित्व का मनुष्य वस्तुगत सौन्दर्य की अनुभूति प्राप्त करता है और कलाकार हो जाता है :

"When the type is extroverted the object arousing the sensation is the important thing, when introverted, the sensation experienced is more important and the objects are secondary or even do not count at all. Many artists and musicians are examples of the latter type."[223]

व्यक्तित्व जन्मजात और अर्जित, दोनों संस्कारों से रूप धारण करता है। जीवन के अनुभवों से प्राप्त संस्कार जब व्यक्तित्व को परम्परोन्मुख बना देते हैं,

सच्चे सौन्दर्य-बोध का विकास नहीं हो पाता। सृष्टि में अनन्त सौन्दर्य होने पर भी सौन्दर्य-बोध के विकास के लिए अनुभव में उसका प्रत्यक्ष होना आवश्यक है। उसके लिए संवेदनशील और कल्पनाशील हृदय चाहिए। संस्कारिता और अभिरुचि की आवश्यकता है। इन्हीं के आधार पर व्यक्ति के सौन्दर्य-बोध का विकास होता है। कलाकार के सन्दर्भ में सौन्दर्य-बोध का विकास प्राकृतिक और सामाजिक परिस्थितियों की अपेक्षा व्यक्तित्व और जीवन के अनुभवों के अनुसार अधिक होता है। सौन्दर्य-बोध की प्रौढ़ता भावना, कल्पना आदि व्यक्तित्व के आधारभूत तत्त्वों पर निर्भर है। उसकी प्रकृति व्यक्तित्व की प्रकृति से विशिष्ट रूप ग्रहण करती है। प्राकृतिक और सामाजिक सौन्दर्य-चेतना कलाकार के सौन्दर्य-बोध की आधारभूमि है तो व्यक्तित्व उसकी विशिष्टता को निर्धारित करता है। कला-सृष्टि की परम्परा और सौन्दर्यशास्त्र या अलंकारशास्त्र का ज्ञान उसे पुष्ट करता है।

सौन्दर्य-बोध के विकास के लिए अनुकूल परिस्थितियों की भी आवश्यकता है। जब रूढ़ सामाजिक और साहित्यिक परिस्थितियाँ कलाकार की भावना और कल्पना को दबा देती हैं, सच्चे सौन्दर्य-बोध के अभाव में श्रेष्ठ रचना नहीं हो पाती। कला यान्त्रिक और निर्जीव हो जाती है, जैसे मध्ययुग में नायिका-भेद, नख-शिख वर्णन आदि में दिखाई देता है। यह युगों की ही नहीं वैयक्तिक कलाकारों की रचना की कहानी भी हो सकती है। नवीन सौन्दर्य-बोध के विकास के लिए गतिशील जीवन की अनुकूल परिस्थितियाँ चाहिए।

प्राकृतिक, सामाजिक और वैयक्तिक स्रोतों से विकसित सौन्दर्य-बोध के आधार पर कलाकार कला की सृष्टि करता है। जहाँ वह जीवन, जगत् या मानव-निर्मित वस्तु को वर्ण्य के रूप में ग्रहण करके उसके सौन्दर्य का उद्घाटन करता है, वहाँ अपने सौन्दर्य-बोध के अनुसार समग्र जीवन की अपनी रचना में उचित और मूर्त रूप-कल्पना का प्रयत्न भी करता है। इस तरह साहित्य के वर्ण्य और रूप, दोनों में सौन्दर्य का प्रश्न उठता है, लेकिन वर्ण्य का सौन्दर्य साहित्य का एक पहलू मात्र है। वह साहित्य में वर्ण्य के प्रसार की अनेक दिशाओं में से एक है जो वस्तु-रूप सम्बन्धी है। क्रोचे आदि कुछ सौन्दर्यशास्त्री कला या साहित्य में वस्तु के लौकिक सौन्दर्य का महत्त्व स्वीकार नहीं करते। जीवन के सुन्दर-असुन्दर, सत्य-असत्य, शिव-अशिव सभी पहलू कलाकार की अभिव्यंजना में मूल्य-परिवर्तन के साथ सुन्दर हो जाते हैं। कला या साहित्य में अभिव्यंजना का रूप ही सब कुछ है और सौन्दर्य उसका मूल्य है।

जो हो, कला या साहित्य में रूप-सृष्टि का बड़ा महत्त्व है और उसकी प्रौढ़ता कलाकार के विकसित सौन्दर्य-बोध पर आधारित है। रूप-संरचनागत सौन्दर्य-बोध कलाकार के व्यक्तित्व के अनुसार कभी वस्तुनिष्ठ और यथार्थोन्मुख होता है तो कभी व्यक्तिनिष्ठ और कल्पनाशील। तुलसी की रचनाओं को छोड़कर वस्तुनिष्ठ क्लासिकल सौन्दर्य-बोध के उदाहरण हिन्दी में बहुत कम मिलते हैं। यथार्थोन्मुख सौन्दर्य-बोध

का आभास प्रगतिवाद-प्रयोगवाद से आरम्भ होने वाले नवीनतम साहित्य में मिल जाता है। दूसरे का सुन्दर उदाहरण रोमांटिक छायावाद है। वास्तव में कलाकार के सौन्दर्य-बोध में वस्तुनिष्ठता और व्यक्ति-निष्ठता का, मर्यादावादिता और स्वच्छन्दता का, वास्तविकता और कल्पना का जैसा और जितना आन्तरिक सामंजस्य हो जाता है, उसमें वैसी और उतनी प्रौढ़ता होती है और उसके आधार पर रचना-सौन्दर्य का उत्कर्ष हो जाता है।

कलाकार का सौन्दर्य-बोध माध्यम में अभिव्यक्त होता है। माध्यम में ही कलाकार की भावना रूप धारण करती है। साहित्य के सन्दर्भ में शाब्दिक रूप-कल्पना में लेखक का सौन्दर्य-बोध साकार होता है। माध्यम पर अधिकार और उसे रूप-सौन्दर्य-सृष्टि की आवश्यकताओं के अनुसार ढालने की शक्ति के बिना कलाकार अपनी रचना में सफल नहीं होता। "काव्य में जो मौलिक अनुभूति की प्रेरणा है, वही सौन्दर्यमयी और संकल्पनात्मक होने के कारण अपनी श्रेय स्थिति में रमणीय आकार में प्रकट होती है। वह आकार वर्णनात्मक रचना-विन्यास में कौशलपूर्ण होने के कारण प्रेय भी होता है।"[224] प्रसाद का विचार है कि सौन्दर्य के रहस्यमय होने के कारण उसकी शाब्दिक अभिव्यक्ति में अस्पष्टता का आगमन अनिवार्य है। "सौन्दर्य सदैव एक रहस्य है। अतएव जहाँ जितनी ही सुन्दरता होगी, वहाँ उतनी ही अस्पष्टता रहेगी।"[225]

साहित्यकार का सौन्दर्य-बोध कलात्मक भावना के अनुरूप उचित शाब्दिक रूप-विधान करता है। भावना या अनुभूति की नवीनता और सूक्ष्मता के अनुसार माध्यम का स्वरूप भी बदल जाता है अन्यथा सफल अभिव्यंजना नहीं हो पाती। आभ्यन्तर सूक्ष्म भावों की प्रेरणा बाह्य स्थूल आकार में भी कुछ विचित्रता उत्पन्न करती है। सूक्ष्म आभ्यन्तर भावों के व्यवहार में प्रचलित पद-योजना असफल रह जाती है। उसके लिए नवीन शैली, नया वाक्य-विन्यास आवश्यक है।[226] उसी में साहित्यकार का सच्चा सौन्दर्य-बोध प्रकट होता है। "अपने भीतर से मोती के पानी की तरह आन्तर स्पर्श करके भाव समर्पण करने वाली अभिव्यक्ति कान्तिमयी होती है।"[227]

रूप-सौन्दर्य की यह आभा शब्द-प्रयोग, लाक्षणिकता, ध्वन्यात्मकता, अप्रस्तुत योजना, प्रतीक विधान, बिम्बांकन आदि पर निर्भर करती है। भाव की मूर्तता प्रधानतः संज्ञा, विशेषण और क्रिया के सफल प्रयोग में है। संज्ञा वस्तु-रूप का, विशेषण उसके धर्म का और क्रिया उसकी गतिशीलता का सार्थक चित्र प्रस्तुत करते हैं। कलाकार का सौन्दर्य-बोध प्रायः इन्हीं के प्रयोग में स्पष्ट हो जाता है। लाक्षणिकता, ध्वन्यात्मकता और वचनवक्रता सौन्दर्य-बोध की प्रौढ़ता के द्योतक हैं जिससे अभिव्यक्ति का प्रभावोत्कर्ष हो जाता है। उनमें वस्तु या भाव की सूक्ष्म छायाएँ प्रकट होती हैं। अलंकारयोजना और प्रतीक विधान अप्रस्तुत के माध्यम से प्रस्तुत को मूर्त रूप प्रदान करने के साधन हैं जिनसे प्रस्तुत का सौन्दर्य गोचर रूप ही प्राप्त नहीं करता, बल्कि दीप्त भी हो उठता है। आधुनिक कविता में मानवीकरण की प्रवृत्ति का

इस सन्दर्भ में विशेष उल्लेख होना चाहिए, जिसका छायावाद में बहुत प्रयोग हुआ है। उसके द्वारा जड़ प्रकृति को चेतन रूप और अमूर्त भावनाओं को मूर्तता प्राप्त हुई है और रूप-सौन्दर्य की छायाओं का सूक्ष्म उद्‌घाटन हुआ है। अभिव्यक्ति की भाषा-शैली-सम्बन्धी सभी विशेषताएँ अपने समष्टि रूप में वर्ण्य को बिम्बरूप में प्रस्तुत करती हैं। वही अभिव्यक्ति का चरम लक्ष्य है। उसी पर साहित्य का सौन्दर्य निर्भर करता है। कल्पना इस बिम्बांकन का साधन है।

बिम्ब, रूप-कल्पना का सौन्दर्यशास्त्रीय आन्तरिक पहलू है। आकृति उसका शिल्प-सम्बन्धी बहिर्मुखी पहलू है। यद्यपि कला-सृष्टि में सौन्दर्यशास्त्रीय और शिल्प या तकनीकी पहलुओं को पूर्णतया अलग नहीं किया जा सकता, फिर भी दोनों में काफी अन्तर है। साहित्य के क्षेत्र में रूप शब्द प्रायः तकनीकी अर्थ में ही प्रयुक्त हो रहा है। उसका तात्पर्य रचना की समष्टि की आकृति या ढाँचे से है जिसका शिल्प के समान सुगठित आयोजन किया जाता है। विविध अंगों के सामंजस्य में रूप संश्लिष्ट होता है। यह आयोजन सचेत और बौद्धिक भी है। जब आकृति राग-रंग या रक्त-मांस से पूर्ण और सजीव हो उठती है, तब बिम्ब का रूपायन होता है जो मानसिक है। बिम्ब-रचना में आकृति का आन्तरिक संगठन अत्यन्त आवश्यक है। जहाँ आयोजन वस्तून्मुख न होकर भावनात्मक या चेतनात्मक होता है, रूप का सामंजस्य आन्तरिक होकर प्रौढ़ कहलाता है। छायावादी-प्रयोगवादी रूप-विधान की यह विशेषता है। रूप का सामंजस्य संगति और औचित्य को लेकर है। उसमें कलाकार की कल्पना और बौद्धिक चेतना, दोनों का योगदान रहता है।

युग-युग में साहित्य की रूप-कल्पना बदलती रहती है और साहित्यकार के व्यक्तित्व के अनुसार विशिष्टता प्राप्त करती है। उसकी प्रौढ़ता कलाकार के सौन्दर्य-बोध की प्रौढ़ता का प्रमाण है। यह सौन्दर्य-बोध समस्त सृष्टि को, उसके असौन्दर्य को भी संवेद्य रूप प्रदान करता है। समस्त सृष्टि रसमय हो जाती है :

*"नीलिमा शयन पर बैठी*
*अपने नभ के आँगन में*
*विस्मृति का नील नलिन रस*
*बरसो अपांग के घन से।"*[228]

## 14. सौन्दर्यानुभूति का महत्त्व

सौन्दर्य के प्रति आकर्षण मनुष्य का सहज संस्कार है। पशुओं में भी इस संस्कार के कुछ संकेत मिल सकते हैं, लेकिन मनुष्य का सौन्दर्य-बोध अत्यन्त प्रौढ़ एवं विकसित है। मानवीय सभ्यता और संस्कृति के विकास के साथ-साथ उसका सौन्दर्य-बोध भी विकसित होता आया है। मनुष्य की सौन्दर्यप्रियता उसकी अलंकरण-प्रवृत्ति और कलात्मक सौन्दर्य-सृष्टि में स्पष्ट झलकती है। करुणा की तरह यह मनुष्य की विकसित

मानवता का द्योतक है और प्राणियों में पशु-जगत् से उसका अन्तर करता है। सौन्दर्य के संस्कार मनुष्य की संस्कारिता या नागरिकता के प्रमाण हैं। प्राचीनकाल में नागरिक उसी को कहते थे जो कला-मर्मज्ञ भी था। इस योग्यता के बिना राजसभाओं में उसका प्रवेश नहीं होता था। कला मानवीय-साधना की उच्चतम उपलब्धियों में से है तो उसके सौन्दर्य-ग्रहण की क्षमता उसकी सहृदयता का परिचायक है।

सांस्कृतिक दृष्टि से सौन्दर्य की सात्त्विक आनन्दानुभूति के सामने लौकिक सुखानुभूति सारहीन प्रतीत होती है। ईश्वर को अनन्त रमणीय कहकर सम्बन्ध को आध्यात्मिक अनुभूति के समतुल्य माना गया है। भारतीय आलंकारिकों ने रस को अलौकिक मानते हुए उसे 'रसौ वै सः' के ऊँचे धरातल पर प्रतिष्ठित किया है। कलागत सौन्दर्य या रस का यह महत्त्व राजशेखर के इस कथन से भी पुष्ट होता है कि 'पंचमी विद्या साहित्य विद्या इति यायावरीयः।'[229]

लौकिक दृष्टि से भी जीवन में सच्चे आनन्द की प्राप्ति के केवल तीन साधन हैं—सौन्दर्य, प्रेम और करुणा। पहला रूपगत और बाकी दोनों मानसगत हैं। रूप और मन की अभिन्नता में उनका आन्तरिक सम्बन्ध भी स्थापित हो जाता है। चेतना की अभिव्यक्ति के ये बहिर्मुखी और अन्तर्मुखी दो पहलू हैं। जहाँ सौन्दर्य और प्रेम व्यक्तिनिष्ठ और वैयक्तिक अनुभूति के विषय हैं, करुणा का लक्ष्य सामाजिक हित है। अनुभूति की उदात्तता की दृष्टि से सौन्दर्य और करुणा की भावनाएँ प्रेम की अपेक्षा अधिक सात्त्विक हैं। व्यापक अर्थ में, इनमें से सौन्दर्य ही आनन्द की मूल स्रोतस्विनी है। उसकी रूपात्मक अभिव्यक्ति में ही भावनाओं के संचार की सम्भावना है। प्रसाद के शब्दों में, सौन्दर्य और आनन्द का घनिष्ठ सम्बन्ध इस तरह कहा जा सकता है—"विश्व चेतना के आकार धारण करने की चेष्टा का नाम जीवन है। जीवन का लक्ष्य सौन्दर्य है, क्योंकि आनन्दमयी प्रेरणा जो उस चेष्टा या प्रयत्न का मूल रहस्य है, स्वस्थ और अपने आत्मभाव में निर्विशेष रूप से रहने पर सफल हो सकती है।[230]

सौन्दर्य ही जीवन में आकर्षण का केन्द्र है :

*"कर रही लीलामय आनन्द,*
*महाचिति सजग हुई-सी व्यक्त*
*विश्व का उन्मीलन अभिराम*
*इसी में सब होते अनुरक्त।"*[231]

जीवन में आसक्ति और प्रवृत्ति का वही मूलाधार है। उससे मनुष्य के मन में उत्साह और स्फूर्ति का संचार होता है। निराला के शब्दों में सौन्दर्य-दर्शन से मन-मयूर नाच उठता है :

*"आतुर रे, विवश मरूत-प्रेरित,*
*पर्वत समीप आकर ज्यों स्थित*
*घन-नीलालका दामिनी जित ललना वह;*

*उन्मुक्त-गुच्छ चक्रांक-पुच्छ*
*लख, नर्तित, कवि-शिखि-मन समुच्च।''*[232]

तुलसी क्या, प्रत्येक मनुष्य के मन की प्रेरणा का मूल उत्स नारी-सौन्दर्य ही है। उसके आकर्षण में पुरुष की शक्ति असीम हो जाती है। विश्व के अनेक युद्धों का कारण नारी-सौन्दर्य के प्रति आकर्षण ही है। सीता, द्रौपदी, हेलन, क्लियोपेट्रा की यही कहानी है। सौन्दर्य की प्राप्ति के लिए जो संघर्ष हुए हैं, उनके कारण मानव-जीवन में अभूतपूर्व राजनीतिक और सांस्कृतिक परिवर्तन भी हो गये हैं। नारी-सौन्दर्य के मोह में मनुष्य सब कुछ स्वीकार कर लेता है। यह सौन्दर्य के व्यापक प्रभावों का द्योतक है। इस सन्दर्भ में यह कहा जा सकता है कि ये संघर्ष निर्लिप्त सौन्दर्यानुभूति के स्थान पर कामना और प्राप्ति की भावना के परिणाम हैं। फिर भी समस्या का समाधान नहीं हो जाता क्योंकि सौन्दर्य की कामना से मनुष्य अपने को बचा भी नहीं पाता।

सौन्दर्य को माया घोषित करने वाली धार्मिक दृष्टि भी जीवन की समस्या को सुलझा नहीं सकती क्योंकि वही जीवन में आकर्षण उत्पन्न करता है और मनुष्य की भावात्मक स्पन्दनशीलता और क्रियाशीलता को प्रेरणा देता है। इससे बचने का अर्थ जीवन से ही विमुख होना है। यदि मनुष्य सौन्दर्य के लिए नहीं प्रेम के लिए जीता है, तब भी उस प्रेम का स्फुरण सौन्दर्यानुभूति पर ही आश्रित है। प्रेम हो जाने के और भी अनेक कारण हो सकते हैं, लेकिन मूल कारण आकर्षण ही है। सौन्दर्य और उसका आकर्षण केवल बाह्य रूप-रंग से ही सम्बद्ध नहीं है, इसका पहले ही स्पष्टीकरण किया गया है। प्रेम का विकास कहीं सौन्दर्य के बाह्य आकर्षण पर आधारित है तो कहीं भावनाओं द्वारा स्पन्दनशील रूप के सूक्ष्म सौन्दर्य पर।

सौन्दर्य की अनुभूति मानव-मन को कोमल और स्पन्दनशील बना देती है। कठोर हृदय भी पिघल जाता है। चम्पा के सौन्दर्य को देखकर जलदस्यु बुद्धगुप्त के मन में कोमलता का संचार हुआ—''दुर्दान्त दस्यु ने देखा, अपनी महिमा में अलौकिक एक तरुण बालिका! वह विस्मय से अपने हृदय को टटोलने लगी। उसे एक नयी वस्तु का पता चला। वह थी—कोमलता।''[233] उस सौन्दर्य के सामने मानव-मन का पशु झुक जाता है। ''शेख ने देखा वह दृप्त सौन्दर्य। एक क्षण के लिए उसकी समस्त उत्तेजना पालतू पशु के समान सौम्य हो गयी।''[234] सौन्दर्य मानव-मन को कोमल और उदार बनाकर मन की भावनाओं का परिष्कार करता है जिससे मन मानवता के उदात्त धरातल पर पहुँच जाता है। सौन्दर्य और संस्कृति में अन्योन्याश्रित सम्बन्ध है। मनुष्य का सांस्कृतिक विकास उसकी सौन्दर्यानुभूति को प्रौढ़ बनाता है तो सौन्दर्य-चेतना मन की सांस्कारिकता को पुष्ट करती है। मनुष्य की भावात्मक और सांस्कृतिक सांस्कारिकता के मूल में सौन्दर्यानुभूति का भी प्रबल हाथ रहता है। वह समस्त सृष्टि के साथ मनुष्य के रागात्मक सम्बन्ध को निश्चित करती है और उसके साथ एकात्मकता को चरम आध्यात्मिक भावभूमि पर ले जाती है। प्राकृतिक रहस्यवाद का यही प्रयोजन

है। इस तरह सौन्दर्यानुभूति का महत्त्व वैयक्तिक, मानसिक एवं सांस्कृतिक चेतना के विकास की दृष्टि से ही नहीं, आध्यात्मिक चेतना के विकास की दृष्टि से भी है। सौन्दर्य अपने प्रभाव से जड़ को भी चेतन बना देता है :

*"स्पर्श के आकर्षण से पूर्ण*
*प्रकट करती ज्यों जड़ में स्फूर्ति।"*[235]

उदात्त सौन्दर्य की अनुभूति में आध्यात्मिक अनुभूति का पहलू और भी महत्त्वपूर्ण होता है। उदात्त रूप-सौन्दर्य की अनन्तता, स्फूर्तिमत्ता और ओजस्विता, मानव-मन या आत्मा को लौकिक सीमाओं से मुक्त करके उन्मुक्त चेतना के व्यापक प्रसार की अनुभूति देती है। मनुष्य की अनुभूति भौतिक धरातल से ऊपर उठकर आध्यात्मिक चेतना का स्पर्श करने लगती है।

सौन्दर्य-दर्शन में केवल आँखों की ही चरितार्थता नहीं है। सौन्दर्य की अनुभूति में ही जीवन का रहस्य छिपा हुआ है। जैसा कि अंग्रेजी कवि ब्राउनिंग ने कहा–"यदि जीवन में सौन्दर्य प्राप्त हुआ और कुछ नहीं, तो ईश्वर की सृष्टि में सर्वश्रेष्ठ मिल गया।" क्योंकि जीवन की पूर्णता सृष्टिगत सौन्दर्य की अनुभूति में ही है। हमारी शिक्षा-दीक्षा का वही लक्ष्य है। वाल्टर पीटर के शब्दों में हमारी शिक्षा की समग्रता, सौन्दर्यानुभूति की गहराई और व्यापकता के अनुपात में होती है, "Our education becomes complete in proportion as our sensibility to these impressions increases in depth and veriety."[236]

कला या साहित्य के क्षेत्र में सौन्दर्य रचना का प्रेरणा-स्रोत ही नहीं, उसकी प्रतिभा या कल्पना का उन्मीलन करने वाला भी है :

*"मैं अपलक इन नयनों से*
*निरखा करता उस छवि को*
*प्रतिभा डाली भर लाता*
*कर देता दान सुकवि को।"*[237]

## 15. सौन्दर्य-सम्बन्धी समस्याएँ

सौन्दर्य की अनुभूति जहाँ अलौकिक आनन्द देकर मनुष्य का मानसिक उन्नयन करती है, उससे जीवन में कुछ समस्याओं की सृष्टि भी हो जाती है। इस सम्बन्ध में विचारणीय पहला प्रश्न यह है कि क्या सौन्दर्य जीवन की यथार्थता है? आध्यात्मिक दृष्टि से लोग भौतिक सौन्दर्य को क्षणभंगुर और ईश्वरीय सौन्दर्य को शाश्वत सत्य मानते हैं। लेकिन जीवन की प्रवृत्ति और उसका आनन्द तथा-कथित क्षणभंगुर भौतिक सौन्दर्य के आकर्षण पर ही आधारित है। उसे यथार्थ न मानकर एक क्षण के लिए भी जीवन में आगे नहीं बढ़ सकते। अलौकिक सौन्दर्य भी लौकिक सौन्दर्य के माध्यम से ही व्यक्त हो सकता है क्योंकि वह अरूप है। अगोचर होने के कारण

लौकिक अर्थ में उसे अनन्तरूपा भी नहीं कह सकते। प्रवृत्ति मार्गी आध्यात्मिक जीवन-दर्शन, लौकिक सौन्दर्य के माध्यम से ही आध्यात्मिक सौन्दर्य की प्राप्ति की साधना पर बल देता है—

*"मेरी अक्षय निधि! तुम क्या हो*
*पहचान सकूँगा क्या न तुम्हें?"*[238]

भारतीय जीवन-दर्शन प्रधानतः प्रवृत्ति मार्गी है। वेदों ने जीवन के सौन्दर्य और आनन्द की कभी उपेक्षा नहीं की। भारतीयों ने भौतिक सौन्दर्य को व्यापक आध्यात्मिक परिधि में ग्रहण करने का प्रयत्न अवश्य किया, लेकिन भौतिकता के आधार को छोड़कर नहीं। वेदों की ईश्वरीय परिकल्पना ही सहस्रशीर्ष पुरुष के रूप में है। परवर्ती अवतारवाद में भी लौकिक और अलौकिक सौन्दर्य का अद्‌भुत समन्वय हो गया है जिसमें दोनों को अलग भी नहीं किया जा सकता। सूर साहित्य इसका प्रमाण है। भारतीय दृष्टि हर एक क्षेत्र में लौकिक और अलौकिक में समन्वय की रही। इसके विपरीत पाश्चात्य जीवन-दर्शन ने इन्द्रियगोचर भौतिक सौन्दर्य पर ज्यादा बल दिया है। प्रकृति के साथ संघर्षमय जीवन की परिस्थितियों ने वास्तविकता को ही महत्त्व दिया और उसी में सौन्दर्य देखा। आध्यात्मिक लौकिक से बिल्कुल भिन्न वस्तु बन गया। भारत को शुद्ध आध्यात्मिक दृष्टि का और पाश्चात्य देशों को भौतिक दृष्टि का मानना सही नहीं है। संसार को माया मानकर निवृत्ति पर जोर देने वाली भारतीय जीवन-दृष्टि का विकास परवर्ती है जो बौद्ध दर्शन से पुष्ट होता हुआ मध्ययुगीन पौराणिक दृष्टि में व्यापक प्रसार पा सका। वैदिक युग में उसके कुछ संकेत मात्र मिलते हैं।

सृष्टि परिवर्तनशील है। इसी परिवर्तनशीलता में जीवन और उसके सौन्दर्य का रहस्य छिपा हुआ है :

*"पुरातनता का यह निर्मोक*
*सहन करती न प्रकृति पल एक;*
*नित्य नूतनता का आनन्द*
*किये हैं परिवर्तन में टेक।"*[239]

परिवर्तन में नाश और नवीन सृष्टि, दोनों का संयोग रहता है। सृष्टि आनन्दमयी और सौन्दर्यमयी होती है। इसीलिए मनुष्य ईश्वरीय सृष्टि की स्पर्धा में कला की सृष्टि करता है। सृष्टि में अनुरक्ति मानव-मन का स्वाभाविक धर्म है। ईश्वरीय सृष्टि की परिवर्तनशीलता उसके रूप को क्षण-क्षण बदलकर नित्य नूतनता का आनन्द ही नहीं देती बल्कि उसके सौन्दर्य को गतिशील भी बनाती है। वास्तव में कला इस सौन्दर्य को पकड़ नहीं सकती। क्योंकि वह गतिशील रूप का चित्रण कर सकती है, लेकिन उस रूप को गतिशील नहीं बना सकती। सृष्टि का परिवर्तन उसका शाश्वत सत्य भी है। इस कारण परिवर्तन में ही शाश्वत सौन्दर्य या परिवर्तन का सौन्दर्य ही शाश्वत है।

रूप परिवर्तनशील है। सौन्दर्य उसका शाश्वत धर्म है। विलयन में ही उसका सौन्दर्य समाप्त होता है। रूप की नित्यता से सौन्दर्य के शाश्वतपन का कोई सम्बन्ध नहीं है। ईश्वर का रूप नित्य हो सकता है लेकिन मनुष्य की भावना उसे नित्य नवीन रूप प्रदान करती है। वही उसके लिए सत्य है। इस व्यक्ति-मन की सापेक्ष भावना से निरपेक्ष अरूप ईश्वर की परिकल्पना नहीं हो सकती। कला में भी एक प्रकार से रूप शाश्वत ही होता है। लेकिन सहृदयों की भावना में एक ही रूप अनन्तरूपा हो जाता है। इसी कारण कला या साहित्य सार्वभौमिक और उसका रूप-सौन्दर्य शाश्वत प्रतीत होता है।

सौन्दर्य को रूप की भौतिक यथार्थता से ही सम्बद्ध मानना उचित नहीं है। व्यक्त से परे अव्यक्त से भी उसका सम्बन्ध है। रूप की परिवर्तनशीलता आन्तरिक प्राणतत्त्व की क्रियाशीलता का परिणाम है। रूप को जीवनशक्ति या प्राणतत्त्व से अलग नहीं किया जा सकता। दूसरी ओर, मानव-मन आदर्श कल्पना के द्वारा रूप को पूर्णता प्रदान करने का प्रयत्न करता है जिससे सौन्दर्य भी निर्दोष परिपूर्ण प्रतीत होता है। इस तरह कल्पना में भी सौन्दर्य का एक पहलू विद्यमान है। समन्वित रूप में कहा जा सकता है कि सौन्दर्य भौतिक यथार्थता के आधार पर कल्पना के आदर्शीकरण में है।

सौन्दर्य की दूसरी समस्या रूप-गर्व की है। अपने रूप-सौन्दर्य का बोध मनुष्य में आत्म-विश्वास ही उत्पन्न नहीं करता बल्कि उसके सौन्दर्य को द्विगुणित भी कर देता है। रूप-गर्व चेहरे में प्रतिफलित होकर उसे दीप्त बना देता है। मुग्धा नायिका के सात्त्विक सौन्दर्य से भिन्न उसे प्रौढ़ा नायिका का दृप्त सौन्दर्य कह सकते हैं। पुराण-साहित्य में सत्यभामा का सौन्दर्य इसका उदाहरण है। वह अपने अतिशय सौन्दर्य को एक क्षण के लिए भी भूल नहीं पाती और उसके बल से श्रीकृष्ण को सदा अपने वश में देखना चाहती है। साहित्यशास्त्र में उसे रूप-गर्विता नायिका की संज्ञा दी गयी है। वास्तव में रूप-गर्व नारी-स्वभाव का अभिन्न अंग है जो यौवन के आरम्भ से मातृत्व-प्राप्ति के समय तक प्रकट होता रहता है। माता होने के बाद उसका सौन्दर्य अधिक सात्त्विक हो जाता है।। उसका सौन्दर्याभिमान सन्तान के रूप और गुण पर अभिमान के रूप में परिवर्तित हो जाता है। इस गर्व के कारण माता का रूप भी तेजोमय होता है, पर सात्त्विक। वह सन्तान में अपना ही प्रतिबिम्ब देखती है। नारी का रूप-गर्व केवल अपनी सन्तान के सौन्दर्य को ही प्रतिस्पर्धी के रूप में स्वीकार करता है। श्रीमती सरोजिनी नायडू की प्रसिद्ध अंग्रेजी कविता 'रानी की प्रतिद्वन्द्विनी' (The Queen's Rival) में इस भाव की मार्मिक व्यंजना हुई है। भारतीय संस्कृति में नारी के इस मातृरूप का ही महत्त्व है, भले ही पाश्चात्य संस्कृति में नारी सात्त्विक सन्तान प्रेम की अपेक्षा अपने व्यक्तित्व को ही अधिक मूल्यवान समझे।

रूप-गर्व जब सीमा का अतिक्रमण कर जाता है तो उससे व्यक्ति का पतन होता

है। उससे उसका अहं पुष्ट होता है कि वह रूप के बल पर सारे संसार को अपने वश में कर सकती है। पुरुष की अपेक्षा नारी में यह दुर्बलता कुछ अधिक होती है। यह सच है कि नारी ने अपने रूप के बल पर साम्राज्यों को, उसके निर्माता वीर पुरुषों को इशारों पर नचाया है। क्लियोपेट्रा, नूरजहाँ आदि ऐतिहासिक उदाहरणों की कमी नहीं है। रूप-सौन्दर्य का अहंकार नारी के मन को दुर्बल भी बना देता है। वह अपने रूप की प्रशंसा और उसका सम्मान चाहती है, विश्व सुन्दरी होना चाहती है। इसी दुर्बलता के कारण उसका पतन भी हो जाता है। प्रसाद ने अपनी कहानी 'सालवती' में इस दुर्बलता की चरम स्थिति को दिखाया है जिसमें सालवती कुलवधू से वेश्या हो जाती है। रूप-गर्व में नारी पागल-सी होकर जीवन में सन्तुलन और मर्यादा खो देती है, क्योंकि वह आत्म-केन्द्रित हो जाती है—'प्रलय की छाया' में कमला की यही मनःस्थिति है :

*पागल हुई मैं अपनी ही मृदुगन्ध से—*
*कस्तूरी मृग जैसी।*[240]

अपने सौन्दर्य में आत्म-तल्लीनता की भावना जब बढ़ जाती है तो अपने से ही प्रेम या आत्मरति (Narcissism) की स्थिति उत्पन्न होती है। वास्तव में यह मन की असामान्य विलक्षण दशा है, जब व्यक्ति अपने सौन्दर्य पर आत्ममुग्ध हो जाता है। ग्रीक के प्रसिद्ध रूपवान नार्किसस की विश्वविख्यात कहानी इसका उदाहरण है। वास्तव में उसी से इस भावना का आरम्भ माना जाता है। 'गुलाम' कहानी में प्रसाद ने गुलाम क़ादिर की आत्मरति की एक झलक प्रस्तुत की है—"दर्पण के सामने खड़ा होकर उसने देखा, अपरूप सौन्दर्य! किसका? अपना ही। सचमुच कादिर की दृष्टि अपनी आँखों पर से नहीं हटती। मुग्ध होकर वह अपना रूप देख रहा है।"[241]

सौन्दर्य की अनुभूति निर्लिप्त और निष्काम होती है और होनी चाहिए। सौन्दर्य के प्रति भोगवादी दृष्टि में यह सम्भव नहीं है। भोगवादी दृष्टि मन की वासना को उत्तेजित करती है। उस स्थिति में सौन्दर्य केवल उद्दीपन रह जाता है। नारी-सौन्दर्य की अनुभूति में यह अत्यन्त स्वाभाविक है। शुद्ध सौन्दर्यानुभूति मन की निरन्तर सात्त्विक साधना का परिणाम है। जैसा कि पहले संकेत किया गया है नारी-सौन्दर्य को भोग और प्राप्ति की वस्तु मानने के अनेक दुष्परिणाम हुए हैं। उससे व्यक्ति का पतन तो होता ही है, अनेक जातियों और संस्कृतियों के नाश का भी यही कारण रहा है। विलासिता की भावना जब बढ़ जाती है, जाति निर्वीर्य हो जाती है। सौन्दर्य के साथ वासना का योग नारी को गिराता ही है, उसके द्वारा पुरुष को भी अधःपतन की ओर ले जाता है। इसीलिए प्रसाद कहते हैं :

*नारी यह रूप तेरा जीवित अभिशाप है*
*जिसमें पवित्रता की छाया भी पड़ी नहीं।*[242]

वासना को उत्तेजित करके मन को दुर्बल बना देने वाला सौन्दर्य सच्चा सौन्दर्य

नहीं है जिसका 'प्रलय की छाया' में तिरस्कार किया गया है। कमला का सौन्दर्य मोह उत्पन्न करके अपने प्रभाव से राज्यों में उथल-पुथल मचा सकता है, लेकिन अन्तिम विजय उसकी नहीं है। ऐसे सौन्दर्य की प्रलयकारिणी छाया में सृष्टि असफल हो जाती है :

*पुण्य ज्योतिहीन कलुषित सौन्दर्य का–*
*गिरता नक्षत्र नीचे कालिमा की धारा-सा*
*असफल सृष्टि होती–*
*प्रलय की छाया में।*[243]

पवित्र सौन्दर्य मंगलमय काम की प्रेरणा देकर सृष्टि के विकास में सहायक होता है। उसकी शक्ति रचनात्मक है। कवि ने कमला के तामसी सौन्दर्य के दुष्परिणामों की इस कहानी के विरोध में सती पद्मिनी के सात्त्विक सौन्दर्य की ओर संकेत किया है जिसने अलाउद्दीन के मोह का शिकार होने के बदले आत्माहुति दे दी।

रूप-सौन्दर्य सम्बन्धी कुछ समस्याएँ सौन्दर्यशास्त्रीय भी हैं, जिनमें विशेष उल्लेखनीय बाह्य सौन्दर्य और आन्तरिक अनुभूति के पारस्परिक महत्त्व को लेकर है। कुछ पाश्चात्य आचार्य कला में बाह्य रूप और उसकी ऐन्द्रिय अनुभूति को ही महत्त्व देते हैं जबकि दूसरे मानसिक अनुभूति में भी सच्चा सौन्दर्य मानते हैं। भारतीय दृष्टि भी सौन्दर्य और उसकी अनुभूति को आत्मगत मानती है। आखिर कला में रूप का प्रत्यक्षीकरण भी मानसिक ही होता है। कला वास्तविकता का मानसिक प्रत्यक्षीकरण है।[244] उसमें बाह्य रूप और मानसिक अनुभूति परस्पर विरोधी नहीं हैं। कलाकार की भावना में दोनों समन्वित हो जाते हैं और कला की पूर्णता दोनों की समष्टि पर आधारित है।

सौन्दर्य को बाह्य रूप-सम्बन्धी और रस को मानसिक अनुभूति-सम्बन्धी मानकर कलाओं का वर्गीकरण और मूल्यांकन भी उचित नहीं है।[245] सौन्दर्य और रस की धारणाएँ भिन्न अवश्य हैं लेकिन एक बहिर्मुखी और दूसरी अन्तर्मुखी अनुभूति की द्योतक नहीं है। दोनों की अनुभूति बहिर्मुखता से अन्तर्मुखता की ओर ले जाने वाली है।

## 16. सौन्दर्य के साधक तत्त्व

सृष्टि स्वयं अभिव्यक्त है। उसका रूप-विधान और सौन्दर्य नैसर्गिक हैं। यदि वह ईश्वर की परिकल्पना है तो किन तत्त्वों से उसका रूप-निर्माण हुआ, उसकी रचनात्मक प्रक्रिया क्या है और किन पद्धतियों को अपनाकर रूप के द्वारा सौन्दर्य की अभिव्यंजना हुई–ये दार्शनिक-आध्यात्मिक चिन्तन के विषय हैं। जिस तरह वैज्ञानिक सृष्टि के मूल तत्त्वों का, उसके विकास का और उसकी अभिव्यंजना का अपने ढंग से बौद्धिक विश्लेषण करते हैं, उसी तरह दार्शनिक सृष्टि के मूलभूत तत्त्वों, कारणों और स्वरूप को ईश्वरी विभूतियों से सम्बन्ध जोड़कर व्याख्या करते हैं। सृष्टि-कला की तरह

सचेष्ट और यत्नज रचना नहीं है, इसलिए उसकी व्याख्याएँ चाहे दार्शनिक हों, चाहे वैज्ञानिक, रचना के रहस्य का पूरा उद्‌घाटन नहीं कर सकतीं। कला भी मनुष्य की सृष्टि या प्रतिसृष्टि है। इस कारण उसकी संरचना को भी रहस्यमय कहा जाता है। लेकिन वह मानव-निर्मित है। मानव-निर्मित प्रत्येक वस्तु उसके मस्तिष्क और हस्त-कौशल का परिणाम है। निर्माण में योग देने वाली बुद्धि, भावना, कल्पना और कौशल का विश्लेषण किया जा सकता है। सृष्टि के सम्बन्ध में यह सम्भव नहीं है। निर्माता और उसकी शक्ति अज्ञात है जिनका केवल अनुमान किया जा सकता है या वैज्ञानिक दृष्टि से व्यक्त रूप के कुछ पहलुओं की व्याख्या की जा सकती है। कला की रहस्यात्मकता केवल इस बात में है कि उसकी मानसिक अन्तःप्रेरणाओं का पूर्ण बौद्धिक विश्लेषण सम्भव नहीं है।

सृष्टि के आधार पर मानव-निर्मित कला का स्वरूप उसके माध्यम पर निर्भर है। कला का रूप-विधान और सौन्दर्य-बोध माध्यम के उचित प्रयोग पर आश्रित है। इसलिए कलाकार का माध्यम पर पूर्ण अधिकार होना चाहिए, अपनी भावना के अनुरूप नये-नये ढंग से उसके प्रयोग का कौशल चाहिए। कला का रूप और सौन्दर्य कलाकार की भावना पर ही नहीं, माध्यम से प्रयोजन की चरम सिद्धि कर लेने में भी है। कलाकार की भावना और माध्यम की संश्लिष्ट प्रतिक्रिया में ही कला का आविर्भाव होता है। कला का रूप ही नहीं, सौन्दर्य भी माध्यम का ऋणी है। वास्तु, मूर्ति और चित्रकलाओं में पत्थर, रंग आदि माध्यमों के मौलिक आकर्षण और सौन्दर्य से कलानुभूति का प्रत्यक्ष सम्बन्ध भले ही न हो, वे कलात्मक सौन्दर्य के अतिरिक्त प्रसाधन ही क्यों न हो; शुद्ध कलात्मक भावना को मूर्त रूप देने वाले माध्यम का, उसके सौन्दर्य का निर्धारक न होना असम्भव है। इसीलिए साहित्य में शब्द का इतना महत्त्व माना गया है। क्रोचे के अनुसार कला का बिम्ब और उसका सौन्दर्य मानसिक है, माध्यम केवल वह साधन है जिसके द्वारा ग्राहक कलाकार के उस मानसिक बिम्ब और सौन्दर्य तक पहुँचकर उसकी भावना को ग्रहण कर पाता है। यहाँ भी माध्यम के प्रयोग का कौशल अपेक्षित है, अन्यथा कलाकार और ग्राहक का भावयोग सम्भव नहीं है। क्रोचे के द्वारा माध्यम से पृथक् कलात्मक अभिव्यंजना की मानसिक कल्पना, व्यावहारिक अनुभव का सत्य नहीं, दार्शनिक सिद्धान्त है जिसकी उलझन में फँसना व्यर्थ है। उपयोगी वस्तु-निर्माण की प्रक्रिया से भिन्न होने पर भी ललित कला की रचना मनुष्य का सचेष्ट व्यापार है, जिसमें माध्यम का महत्त्वपूर्ण योगदान रहता है। माध्यम में ही कला का रूप निश्चित होता है।

कलाओं के माध्यम भिन्न-भिन्न प्रकार के हैं जिनमें साहित्य का, भाषा का माध्यम सबसे अधिक सूक्ष्म और सशक्त है। सामाजिक विचार-विनिमय का साधन होने के कारण उसकी व्यंजनाशक्ति अपार है। उसके प्रयोग की ऐसी अनेक विशेषताएँ हैं जिनसे रूप-सौन्दर्य मूर्त ही नहीं हो उठता, बल्कि उसका प्रसाधन और प्रवर्धन भी

होता है। अन्य कलाओं में अभिव्यंजना की यह सूक्ष्मता, शक्तिमत्ता और अलंकरण सम्भव नहीं है। वास्तु, मूर्ति और चित्र का सौन्दर्य भौतिक रूप का आश्रय लेकर अधिक मूर्त प्रतीत हो सकता है, लेकिन यहाँ केवल ऐन्द्रिय रूप का ही प्रत्यक्षीकरण हो रहा है, उसमें रूपगत भाव की व्यंजना उतनी सरल नहीं है। भाषा मानसिक रूप या विम्ब को प्रस्तुत करती है, जिसके द्वारा रूप की आन्तरिक सजीवता अधिक सफलता के साथ निरूपित होती है। सादृश्य, विरोध आदि पद्धतियों के द्वारा वह गोचर आकृति को भी अंकित करने का प्रयत्न करती है। वाणी के अलंकार-विधान में प्रसाधन के अतिरिक्त यह विशेषता भी दिखाई देती है।

कलाओं में रूप और सौन्दर्य के साधक सामान्य तत्त्व कल्पना, बिम्ब और प्रतीक हैं। उनको सिद्ध या निष्पन्न करने वाली पद्धतियाँ साहचर्य, सादृश्य, विरोध आदि हैं। माध्यम के अनुसार कलाओं के अपने-अपने विशिष्ट साधन भी हैं। साहित्य के सन्दर्भ में वे अलंकार, चित्रांकन, नाद-योजना, भावात्मकता, प्रेषणीयता आदि हैं जो या तो भाषा की प्रकृति से सम्बद्ध हैं या अन्य कलाओं की प्रकृति के आधार पर भाषा-प्रयोग में विकसित हुए हैं।

### कल्पना

कल्पना कलाकार की सर्जनात्मक शक्ति है। वह रचना का एक पहलू न होकर समस्त सृष्टि की हेतु है। संकीर्ण अर्थ में ग्रहण करने पर वह रचना का एक पहलू है जो कलाकार के द्वारा वर्ण्य की वास्तविकता में अपनी ओर से जोड़ी गयी है, जैसे आलंकारिक अप्रस्तुत या वास्तविकता से भिन्न पूर्णतया कलाकार के मन से प्रसूत हुई है, जैसे—ईश्वर, स्वर्ग, नरक आदि की भावना। व्युत्पत्ति की दृष्टि से कल्पना का अर्थ व्यापक है। लेकिन व्यवहार में वह केवल काल्पनिकता का द्योतक पहलू हो गया है। अंग्रेजी 'इमेजिनेशन' शब्द का अर्थ कल्पना की अपेक्षा 'भावना' से अधिक व्यक्त होता है। कल्पना के सीमित अर्थ को ग्रहण करने के कारण ही हिन्दी आलोचना में प्रायः उसका विवेचन कलाकारों के कलापक्ष के अन्तर्गत किया जा रहा है।

कल्पना भौतिक यथार्थ का केवल प्रभाव ग्रहण करने वाली भावयित्री शक्ति नहीं है। 'इमेजिनेशन' में इमेज का तात्पर्य अनुकृतिमूलक रूपग्रहण नहीं है। वह मूल वस्तु और उसके प्रभावों के आधार पर नवीन मानसिक बिम्ब या प्रतिभा के निर्माण का द्योतक है। कल्पना का सम्मूर्तन नवीन और मौलिक होता है। उसमें एक नवीन मूल्य या सार्थकता जोड़ी जाती है। मूल वस्तु यथार्थ हो या कल्पित, उसका मानसिक सम्मूर्तन नवीन सृष्टि का बोध देता है। और तभी वह सच्ची कला कहलाती है। कल्पना कला को अनुकृति के धरातल से सर्जना के धरातल पर पहुँचा देती है।

भारतीय आचार्यों ने इस रचनात्मक कल्पना को प्रतिभा की संज्ञा देकर उसे जन्मजात माना है। लेकिन वैज्ञानिक मस्तिष्क के सूक्ष्म कणों से उसका सम्बन्ध जोड़कर

उसकी क्रियाशीलता की जीवतात्त्विक व्याख्या कर रहे हैं। दूसरी ओर मनोवैज्ञानिक चेतन-अचेतन मन के स्मृति समुदाय के आधार पर उसकी क्रियाशीलता और रचनात्मक प्रक्रिया की व्याख्या कर रहे हैं। वास्तव में कल्पना एक ओर प्रत्यक्ष सजीव ऐन्द्रिय संवेदनों का आधार ग्रहण करती है तो दूसरी ओर मन में संचित स्मृति बिम्बों का। उसकी क्रियाशीलता मन की चेतना पर निर्भर करती है। चैतन्य के बिना कल्पना का आविर्भाव नहीं हो सकता। कल्पना और चैतन्य सहवर्तिनी है।[246]

रचना में कल्पना का कार्य बहुमुखी होता है। कल्पनाशील कलाकार अन्तर्दृष्टि सम्पन्न होकर जीवन-जगत् का सूक्ष्म अनुशीलन कर पाता है। व्यक्त रूप से परे अव्यक्त का अन्तर्दर्शन कर लेता है जिसके कारण उसकी रचना में ज्ञात वास्तविकता भी नवीन-सी लगती है। इसी अन्तर्दर्शन से नवीन सौन्दर्य की अनुभूति होती है। इसे बिम्ब या प्रस्तुत-विधायिनी कल्पना कहते हैं।

कल्पना का एक निम्न स्तरीय रूप ललित कल्पना या ऊहा है। यह कल्पना की तरह रचनात्मक न होकर पुनरुत्पादक है अर्थात् वह प्रत्यक्ष अनुभव और स्मृति के बिम्बों को यथामूल रचना में अवतरित कर देती है। बहुत करके उन बिम्बों का मिश्रण हो जाता है। जहाँ कल्पना का नव-निर्मित काव्य-बिम्ब सत्य पर आधारित और रासायनिक एकता से संश्लिष्ट होता है, ललित कल्पना का काव्य-बिम्ब वास्तविकता की सार्थकता से दूर मन की ऊँची उड़ान है और मानसिक बिम्बों का स्थूल मिश्रण-मात्र है, जिनमें आन्तरिक एकता का अनुभव नहीं होता। ललित कल्पना के द्वारा प्रस्तुत बिम्बों की एकता, स्थूल तार्किक संगति पर आधारित होती है। इसीलिए कोलरिज का कहना है कि :

'Fancy on the other hand has no other counters to play with, but fixities and definiteness. The fancy is indeed no other than a mode of memory emancipated from the order of time and place; while it is blended with, and modified by that empirical phenomena of the will, which we express by the word 'choice'. But equally with ordinary memory the fancy must receive all its materials ready made from the law of association."[247]

ललित कल्पना का बिम्ब-विधान कलाकार के चाकचिक्य या कौशल पर निर्भर रहता है और सौन्दर्यानुभूति के स्थान पर विस्मय और कौतुक को जगाता है। शुक्ल जी के शब्दों में वह दूरारूढ़ कल्पना है।[248] पन्त जी की छाया, बादल, नक्षत्र आदि रचनाओं में ललित कल्पना के अनेक उदाहरण मिल जाते हैं, जैसे—

*"कौन-कौन तुम परहित-वसना*
*म्लान मना भू-पतिता-सी*
*वात-हता विच्छिन्न लता-सी*
*रतिश्रान्ता व्रज वनिता-सी।"*[249]

यहाँ पर प्रस्तुत बिम्ब न मूल वस्तु छाया के साथ सूक्ष्म संगति में सत्याश्रित है और न ही उनकी आन्तरिक अन्विति हो पायी है।

कल्पना का कार्य काव्य-बिम्बों को प्रस्तुत करते हुए उनके आधार पर समन्वित मूर्त रूप-योजना है जिस पर प्रभाव या अनुभूति की एकता निर्भर करती है। रूपाश्रित सौन्दर्य मूलतः कल्पना का ही ऋणी है। कल्पना की काल्पनिकता में नवीनता और मौलिकता का अपना आकर्षण रहता ही है, उसका प्रधान कार्य इस नवीनता और मौलिकता के साथ सौन्दर्यमय मूर्त रूप-सृष्टि है।

कल्पना की क्रियाशीलता और उसकी रूप-सृष्टि कला के माध्यम से भी बहुत कुछ अनुशासित रहती है। साहित्य की शाब्दिक अभिव्यक्ति में कल्पना की सर्वाधिक क्रियाशीलता की सम्भावना है, क्योंकि भाषा सूक्ष्म एवं प्रतीकात्मक ही नहीं, सामाजिक परिपार्श्व में भावोत्तेजक भी है। जहाँ अन्य कलाओं में कल्पना माध्यम के अनुरूप गोचर रूप की सृष्टि का प्रयत्न करती है, काव्य-कल्पना भावोद्‌बोधक आन्तरिक रूप को प्रस्तुत करती है। इस अन्तर को स्पष्ट करते हुए हेगेल कहते हैं कि–

'The poetic imagination does not as the plastic arts do, present the objects of its creation before our vision in an objective shape, but only envisages them to the inward vision and emotions."[250]

आचार्य रामचन्द्र शुक्ल भारतीय रस-सिद्धान्त का अनुसरण करते हुए रचना में कल्पना की अपेक्षा भाव-बोध को अधिक महत्त्व देते हैं। कल्पना का रूप-विधान भाव को उद्‌बुद्ध करने के लिए है। इस तरह कल्पना केवल भावानुभूति का साधन हो जाती है। उन्हीं के शब्दों में, "जब भाव की उमंग ही कल्पना को प्रेरित करती है, तब कवि का मूल गुण भावुकता अर्थात् अनुभूति की तीव्रता है। कल्पना उसकी सहयोगिनी है। पर ऐसी सहयोगिनी है, जिसके बिना कवि अपनी अनुभूति को दूसरे तक पहुँचा ही नहीं सकता।"[251] "कल्पना काव्य का बोध-पक्ष है। कल्पना में आयी हुई रूप-व्यापार-योजना का कवि या श्रोता को अन्तःसाक्षात्कार या बोध होता है। पर इस बोधपक्ष के अतिरिक्त काव्य का भाव-पक्ष भी है। कल्पना को रूप-योजना के लिए प्रेरित करने वाले और कल्पना में आयी हुई वस्तुओं में श्रोता या पाठक को रमाने वाले रति, करुणा, क्रोध, उत्साह, आश्चर्य इत्यादि भाव या मनोविकार होते हैं।"[252]

कल्पना की रूप-सृष्टि का लक्ष्य सौन्दर्यानुभूति है या भावानुभूति, इसके सम्बन्ध में पाश्चात्य और भारतीय दृष्टिकोण एक-दूसरे से बिल्कुल भिन्न हैं। पाश्चात्यों का कहना है और रूप-सौन्दर्य की अनुभूति उसका लक्ष्य। इसलिए वे कल्पना को साधन नहीं मानते। इस सम्बन्ध में इतना अवश्य मानना पड़ता है कि "कल्पना एक ऐसी मानसिक सृष्टि है, जिसमें सौन्दर्य-बोध के साथ सम्मूर्तन की क्षमता और भावोद्‌बोधन का गुण रहता है।"[253] साहित्य का माध्यम भाषा अपने सामाजिक संस्पर्श के कारण इस भावोद्‌बोध को अधिक तीव्र भी बनाती है।

**बिम्ब**

कल्पना की क्रियाशीलता में बिम्ब का आविर्भाव होता है। कल्पना का सम्मूर्तन बिम्बात्मक है। रचना का रूप कल्पना-प्रसूत बिम्बों के समन्वय से निर्धारित होता है। प्रत्येक बिम्ब का अपना इन्द्रिय-गोचर रूप होता है जिसके माध्यम से कलाकार की भावना साकार होकर ग्राहक तक पहुँचती है। यह बिम्ब आलंकारिक अप्रस्तुत से निष्पन्न या उस पर आधारित नहीं है। अलंकार साहित्यिक अभिव्यक्ति या कथन की एक विशेष शैली है। उस शैली में कभी-कभी बिम्ब का अन्तर्भाव हो सकता है, पर यह सर्वथा अनिवार्य नहीं है। छायावादी अलंकार विधान में बिम्बात्मकता बहुल रूप में अवश्य दिखाई देती है, पर रीति-कालीन अलंकार-योजना में प्रायः उसका अभाव ही है। इसके अतिरिक्त बिम्ब साहित्येतर कलाओं की अभिव्यंजना का भी साधन है। इसलिए वह केवल साहित्य की आलंकारिक शैली की विशेषता नहीं हो सकता। बिम्ब का तात्पर्य रूप का मानसिक साक्षात्कार है जो इन्द्रियों के माध्यम से प्रभावित करता है। उसकी अभिव्यक्ति विभिन्न कलाओं में माध्यम के अनुसार भिन्न रूपों में होती है।

मानसिक बिम्ब-निर्माण के स्रोत प्रत्यक्ष अनुभव और कल्पना, दोनों हो सकते हैं। प्रत्यक्ष अनुभव के बिम्ब भी कल्पना से प्रभावित और पुनर्निर्मित होते हैं। प्रत्यक्ष अनुभव स्मृति के रूप में संचित होकर भी बिम्ब-योजना में सहकारी बनते हैं। "बिम्ब-विधान के लिए स्मृति सर्वाधिक आवश्यक तत्त्व है, क्योंकि बिम्ब एक प्रकार का स्मरण-निर्भर मानसिक पुनर्निर्माण है, जिसमें अतीत की संवेदनात्मक अनुभूति सुरक्षित रहती है।"[254] युग ने बिम्ब-निर्माण के एक और महत्त्वपूर्ण स्रोत की ओर संकेत किया है। अन्तश्चेतन की संचित वासनाओं से प्रेरित बिम्ब-विधान को उन्होंने आदि बिम्ब (Premordial) कहा है। ये आदि बिम्ब बहुत सशक्त होते हैं, हमारी सुप्त आदिम वासनाओं को उत्तेजित करने में सफल होते हैं।[255]

कलाकार अपनी रचना में वस्तु, भाव और कर्म, तीनों को यथासम्भव बिम्ब रूप में ही प्रस्तुत करने का प्रयत्न करता है। बिम्ब के द्वारा ही उन्हें इन्द्रिय-ग्राह्य रूप मिल पाता है। उसका रूप जितना वस्तुनिष्ठ होता है, उतना ही अधिक वह इन्द्रिय-ग्राह्य होता है। वस्तुनिष्ठ मूर्तताबिम्ब की प्राथमिक आवश्यकता है। कलाकार अमूर्त भावना को भी बिम्बों के द्वारा मूर्तता प्रदान करता है। "बिम्ब एक प्रकार का रूप-विधान है जो प्रायः किसी ऐन्द्रिय प्रभाव या संवेदन की मानसिक प्रतिलिपि अथवा प्रतिकृति हुआ करता है।"[256] शुद्ध बौद्धिक या भावात्मक बिम्बों में भी ऐन्द्रिय पहलू अवश्य विद्यमान रहता है अन्यथा वे मूर्त और गोचर नहीं हो पाते। वास्तव में बिम्ब-विधान की प्रेरणा ऐन्द्रिय आकर्षण से ही उत्पन्न होती है, भले ही अन्तिम रूप में बिम्ब शुद्ध मानसिक क्यों न हो जाये। उत्कृष्ट बिम्ब-विधान एक ओर ऐन्द्रिय और संवेगात्मक अनुभूति की तीव्रता से अनुप्राणित रहता है तो दूसरी ओर ये बिम्ब एक-दूसरे से

सम्बद्ध होकर रचना के समय रूप को निर्धारित करते हैं। संवेगात्मकता के बिना बिम्ब निर्जीव लगता है तो पारस्परिक संगति के अभाव में रूप शिथिल हो जाता है। "समर्थ बिम्बों में प्रायः ये तीन गुण ... मान रहते हैं—ताजगी, तीव्र घनता, और उद्‌बोधनशीलता।"[257] समर्थ बिम्ब ही कला में सम्प्रेषण का आधार है। उसकी इन्द्रियगोचर मूर्तता के माध्यम से ही ग्राहक कलाकार की भावना तक पहुँच पाता है।

साहित्य में बिम्ब-सृष्टि प्रधानतः शब्द-प्रयोग पर आश्रित रहती है। कविता में भाषा का प्रयोग ही बिम्ब-विधान की दृष्टि से होता है। "काव्य में अर्थ-ग्रहण से काम नहीं चलता, बिम्ब-ग्रहण अपेक्षित होता है।"[258] बिम्बात्मकता काव्य-भाषा की प्रधान विशेषता है। सार्थक संज्ञा, विशेषण और क्रिया काव्य में बिम्ब-विधान के साधन हैं। उनके द्वारा रूप, धर्म और क्रियाशीलता का समन्वित बिम्ब प्रस्तुत हो जाता है। शब्दों में उचित व्यवस्था के द्वारा बिम्ब का स्वरूप निश्चित होता है। उस व्यवस्था में शब्दार्थ एक-दूसरे से सम्बद्ध होकर समष्टि रूप में सफल गोचर बिम्ब को सामने ले आते हैं।

मूर्तता, गतिशीलता, व्यापकता और उदात्तता बिम्बों की सौन्दर्यशास्त्रीय विशेषताएँ हैं। रचनागत रूप-सौन्दर्य का उत्कर्ष इन्हीं पर आधारित है। बिम्ब की मूर्तता उसकी पुष्टि का द्योतक है तो गतिशीलता उसकी सजीवता का। पहले का सम्बन्ध बाह्य सौन्दर्य से और दूसरे का अन्तःसौन्दर्य से है। गतिशील बिम्बों की सृष्टि कविता की श्रेष्ठता का प्रमाण है। इन दोनों स्थितियों में बिम्ब के द्वारा निश्चित रूप का आभास मिलता है जबकि बिम्ब की व्यापकता विराट रूप और असीम सौन्दर्य को व्यक्त करती है। निराला की कविता में इस तरह के विराट बिम्ब मिल जाते हैं, जैसे संध्या के व्यापक प्रसार का यह बिम्ब :

*"दूर, दूरतर, दूरतम, शेष,*
*कर रहा पार मन नभोदेश*
सजता सुवेश, फिर-फिर सुवेश, जीवन पर
*छोड़ता रंग, फिर-फिर सँवार*
*उड़ती तरंग ऊपर अपार*
*संध्या ज्योति : ज्यों सुविस्तार अम्बर तर।"*[259]

जहाँ बिम्ब के द्वारा अनन्तता के साथ-साथ शक्तिमत्ता, चेतना की स्फूर्ति और मानसिक उन्नयन की अनुभूति होती है; जहाँ बिम्ब अपने रूप की सीमाओं का अतिक्रमण करके व्यापक शक्तिशाली भावनाओं की व्यंजना करने लगता है, तब उदात्त कहलाता है। 'राम की शक्ति-पूजा' में बिम्ब-विधान के द्वारा भयानक की सशक्त व्यंजना देखिए :

*"है अमा निशा, उगलता गगन घन अन्धकार;*
*खो रहा दिशा का ज्ञान, स्तब्ध है पवन-चार;*

*अप्रतिहत गरज रहा पीछे अम्बुद्धि विशाल;*
*भूधर ज्यों ध्यानमग्न, केवल जलती मशाल।''*[260]

काव्य-बिम्बों का अनेक रूपों में वर्गीकरण किया गया है। प्रत्यक्ष बिम्ब वहाँ होता है, जहाँ शब्दों के द्वारा वस्तु, भाव आदि की मूर्त-व्यंजना होती है। अप्रत्यक्ष में प्रस्तुत या कथ्य को मूर्त बनाने के लिए एक अप्रस्तुत का बिम्ब प्रस्तुत किया जाता है, जैसे प्रकृति का नायिका रूप में वर्णन। यहाँ अप्रस्तुत बिम्ब से प्रस्तुत के मूर्तिकरण का प्रयत्न है। प्रत्यक्ष और अप्रत्यक्ष, दोनों स्थितियों में बिम्ब के सालंकार और निरलंकार होने की सम्भावना है। वस्तु या व्यंजना के आधार पर बिम्बों को श्रृंगारी, करुण, ओजस्वी, वास्तविक आदि वर्गों में भी बाँटा जा सकता है। एच. कुम्बे ने बिम्ब के गठन के आधार पर उन्हें वर्गों में भी बाँटा जा सकता है। एच. कुम्बे ने बिम्ब के गठन के आधार पर उन्हें दो वर्गों में विभाजित किया है—चुस्त (Concise) या व्यंजक (Suggestive) और शिथिल (Loose) या प्रसृत (Diffusive)।[261] प्रथम प्रकार के संक्षिप्त बिम्ब आकृति की कसावट के साथ विशेष व्यंजना-गर्भित होकर सर्वश्रेष्ठ होते हैं। दूसरा व्यंजक होने पर भी रूप का विस्तार करता है। कार्य या लक्ष्य के आधार पर बिम्बों को स्थूल रूप-विधायिनी, भावोद्‌बोधक तथा सूक्ष्म सत्य-व्यंजक वर्गों में विभाजित किया जा सकता है। पहले के अन्तर्गत पाँचों प्रकार के ऐन्द्रिय बिम्ब आ जाते हैं। उनमें भी चाक्षुष बिम्ब सबसे अधिक सशक्त और प्रभावोत्पादक होता है। दूसरे के अन्तर्गत मानसिक बिम्ब है जो मानसिक संवेदनों और भावनाओं के आधार पर वेगोद्‌भेदक होते हैं। मानसिक बिम्बों का दूसरा रूप गतिशील है, जो क्रियाशीलता पर आधारित है। बिम्बों की सजीवता, भावात्मक स्पन्दनशीलता और क्रियाशीलता को लेकर है और उसकी चरम स्थिति पर बिम्ब विराट और उदात्त बनता है। प्रकृति के मानवीकरण में बिम्ब-विधान ऐन्द्रिय रूप से परे मानसिक सजीवता का व्यंजक बन जाता है। तीसरे वर्ग के बिम्ब, रूप और भावना से, सूक्ष्म अमूर्त सत्य के साकार प्रतिपादन की ओर अग्रसर हो जाते हैं और सूक्ष्म व्यंजना के प्रयत्न में प्रत्यक्ष बिम्ब से दूसरे सूक्ष्म मानसिक बिम्ब व्युत्पन्न हो जाते हैं। कविता में बिम्ब-विधान सरल न होकर संयुक्त और संकुल रूप में अभीष्ट प्रभाव की सृष्टि करता है। बिम्ब रूप की इकाई है और सौन्दर्य बिम्बों के संश्लेषण से निश्चित होता है।

### प्रतीक

''प्रतीक शब्द का प्रयोग उस दृश्य (अथवा गोचर) वस्तु के लिए किया जाता है जो किसी अदृश्य (अगोचर या अप्रस्तुत) विषय का प्रति-विधान, उसके साथ अपने साहचर्य के कारण करती है।''[262] सादृश्य और साहचर्य के आधार पर ही प्रतीकों का सफल प्रयोग किया जा सकता है। प्रस्तुत के स्थान पर अप्रस्तुत का ही कथन होने के कारण प्रतीक अलंकारों से बिल्कुल भिन्न ठहरते हैं जिनमें प्रस्तुत और अप्रस्तुत,

दोनों का स्पष्ट उल्लेख रहता है। रूपकातिशयोक्ति, अन्योक्ति आदि कुछ अलंकारों में केवल अप्रस्तुत का ही संकेत होने पर भी, उनमें प्रतीक की विशेष व्यंजकता नहीं होती। बिम्ब में सम्मूर्तन की उद्यानता है तो प्रतीक में व्यंजना-गर्भितता है। उसकी मूर्तता भी अभिव्यक्ति-लाघव के साथ सांकेतिक होती है।

कला और साहित्य में ही नहीं धर्म, दर्शन, समाजशास्त्र, विज्ञान आदि सभी क्षेत्रों में प्रतीकों का प्रयोग होता है। लेकिन कलात्मक प्रतीकों की प्रकृति और सार्थकता बिल्कुल भिन्न प्रकार की होती है। जहाँ अन्य क्षेत्रों में प्रतीक बौद्धिक होकर किसी तथ्य या सत्य का प्रतिपादन करते हैं, कला के प्रतीक कल्पना-जन्य और अनुभूति-मूलक होकर संवेगों को उद्‌बुद्ध करते हैं। जहाँ धर्म, दर्शन आदि के प्रतीकों का अर्थ निश्चित और रूढ़ होता है, कला में कलाकार से कल्पित प्रतीक, कर्ता और ग्राहक की कल्पना के अनुसार नवीन अर्थबोध की अनेक सम्भावनाएँ रखते हैं। अन्य प्रकार के प्रतीकों की तरह कला के प्रतीकों का लक्ष्य, किसी वस्तु या भाव का यथातथ्य साक्षात्कार नहीं है। परम्परा से प्राप्त न होकर कल्पित होने के कारण कला के प्रतीकों में एक नवीन सार्थकता का समावेश अवश्य हो जाता है।

मनोविज्ञान ने प्रतीक-सृष्टि के मूल प्रेरणा-सूत्रों को स्पष्ट करने का प्रयत्न किया है। फ्रायड के अनुसार प्रतीक अवचेतन मन की दमित वासनाओं और कुण्ठाओं की छद्‌म अभिव्यक्ति है जो मूलतः शृंगारपरक है, पर कला में उदात्त रूपान्तर प्राप्त करता है। कला के प्रतीक स्वप्न के प्रतीकों के समान ही हैं लेकिन अधिक स्पष्ट, बौद्धव्य और प्रेषणीय रूप में प्रस्तुत किये जाते हैं। युग प्रतीकों का सम्बन्ध व्यक्तिगत अवचेतन मन की अपेक्षा सामूहिक अवचेतन मन से जोड़ते हैं। वे प्रतीकों को अवचेतन की सहज प्रेरणा से प्रस्तुत सांस्कृतिक प्रयास मानते हैं। प्रतीकों की मूल प्रेरणा, अवचेतन में काम से हो या साहमूहिक अवचेतन से, कला में उनका स्वरूप बिल्कुल बदल जाता है और वे सांस्कृतिक सार्थकता के परिवेश में ही प्रस्तुत होते हैं।

कला में प्रतीकों की कल्पना सार्वभौमिक अनुभूति के आधार पर होती है और होनी भी चाहिए अन्यथा उनका प्रभाव सार्वजनीन नहीं हो सकता। नयी कविता के वैयक्तिक प्रतीकों की यही सीमा है। कला के प्रतीक सार्वभौमिक होने के साथ-साथ विशिष्ट भी होते हैं। जहाँ मिथ के प्रतीक विशिष्ट से सामान्य की ओर उन्मुख रहते हैं, कला के प्रतीक सामान्य से विशेष की ओर। कलाकार की कल्पना में वे स्थूल रूप के स्थान पर सूक्ष्म धारणा के व्यंजक बन जाते हैं। प्रतीकों की व्यंजना, मूल वस्तु और स्थानापन्न प्रतीकात्मक वस्तु से परे नवीन विशेषताओं को द्योतित करती है। इसी में प्रतीकों की वास्तविक प्रतीकात्मकता है।

''प्रतीक-सृष्टि मनुष्य की चिन्तन प्रणाली और क्रिया का एक आवश्यक अंग है।''[263] मानव-मन की सूक्ष्म और अकथनीय अनुभूतियों की अभिव्यक्ति का वह सफल साधन है। अनुभूति के समय मन की चेतना क्षण-क्षण परिवर्तनशील रहती

है। फिर कलाकार की वैयक्तिक विशिष्टता भी उसके साथ जुड़ी रहती है। यह वैयक्तिक विशिष्टता और चेतना की स्पन्दनशील सजीवता, प्रतीकों के माध्यम से ही व्यक्त हो पाती है। कलाकार अपनी इस विशेष अनुभूति को प्रतीकों में ढालता जाता है। ढालने की इस प्रक्रिया को चिन्तन की प्रक्रिया निर्धारित करती है। इस तरह प्रतीक कलाकार की अनुभूति के सम्प्रेषण में भी सहयोग देते हैं। "कलाकार की एक अनुभूति होती है और उसके प्रकाशन के लिए वह ऐसे प्रतीकों की खोज करता है जो कुल मिलाकर दुबारा वही या उस जैसी अनुभूति उत्थित कर सके।"[264] ऑग्डन और रिचर्ड्स के अनुसार प्रतीकों के द्वारा निर्देशन, व्यवस्थापन, आलेखन और सम्प्रेषण के कार्य सम्पन्न होते हैं।"[265]

सौन्दर्यशास्त्रीय दृष्टि से प्रतीकों के द्वारा मूर्त रूप-विधान होता है। यह मूर्तता बिम्बों की मूर्तता से भिन्न, सूक्ष्म और व्यंजक है। उसका स्वरूप ऐन्द्रिय न होकर मानसिक है। उसमें रहस्य को भी व्यंजित करने की अपार शक्ति है। प्रतीकों की सूक्ष्म व्यंजना में सौन्दर्य की सूक्ष्म छायाओं का उद्घाटन हो जाता है, जैसा कि बिम्ब से असम्भव है। प्रतीक की योजना लाक्षणिक होने के कारण वह सूक्ष्म उद्घाटन सम्भव हो पाता है। जहाँ वह सौन्दर्यानुभूति की अनन्त सम्भावनाओं की सृष्टि करता है, वहाँ अपने स्थूल सादृश्यमूलक रूप से अलंकरण में भी प्रवृत्त होता है। प्रतीकों के द्वारा सूक्ष्म सौन्दर्य-बोध कराने के लिए कवि परम्परागत प्रतीकों को छोड़कर नये-नये प्रतीकों के अन्वेषण में संलग्न रहता है। रूढ़ हो जाने पर प्रतीक का सौन्दर्य नष्ट हो जाता है; सौन्दर्यानुभूति की तरलता और स्फूर्ति समाप्त हो जाती है। कवि-कल्पित प्रतीक आदर्श सौन्दर्य की सृष्टि के सशक्त साधन हैं। प्रतीकों का दूसरा कार्य भावोत्तेजन है। प्रतीक में रूप और भाव संश्लिष्ट होकर अनुभूति को सजीव बनाते है क्योंकि प्रतीकों की कल्पना रूप, व्यंजना और भावना तीनों के आधार पर होती है। जो कलाकार अपनी प्रतीक-योजना में रूप की अपेक्षा अमूर्त व्यंजना और भावना को जितना अधिक महत्त्व देता है, वह उतना ही श्रेष्ठ कलाकार कहलाता है।

साहित्य के माध्यम भाषा में प्रतीक व्यंजना की सर्वाधिक सम्भावनाएँ हैं। शब्दों का निजी प्रतीकत्व रूढ़ हो सकता है, लेकिन कवि अपनी कल्पना के बल पर उन्हें नवीन सार्थक प्रतीकों के रूप में ढाल देता है। कभी-कभी धर्म, दर्शन, पुराण, मिथक आदि के प्रसंगों को लेकर वह शब्दों में नवीन प्रतीकार्य भर देता है। जैसा कि कॉलिंगवुड ने कहा—"भाषा के बौद्धिक स्वरूप में प्रतीकात्मक व्यंजकता और अर्थवत्ता, दोनों दिखाई देते हैं :

"Language in its intellectualized form has both expressiveness and meaning. As language it expresses a certain emotions. As symbolism, it referers beyond that emotion to the thoughts whose emotional charge it is."[266]

प्रकृति और प्रेरणा के आधार पर प्रतीकों को दो वर्गों में विभाजित किया जा

सकता है : संवेगात्मक और बौद्धिक। एक भावना पर आधारित है तो दूसरा धारणा पर। वस्तु की दृष्टि से साहित्य के क्षेत्र में उन्हें प्राकृतिक, धार्मिक सांस्कृतिक, वैयक्तिक, सामाजिक आदि वर्गों में भी बाँटा जाता है।

## अलंकार

अलंकार साहित्यिक सौन्दर्य के साधक तत्त्वों में से एक है जिसका व्यवहार प्राचीनकाल से होता आ रहा है। अन्य कलाओं में आलंकारिक शोभा प्रस्तुत का ही एक पहलू है जब कि साहित्य में वह प्रस्तुत के सौन्दर्य को बढ़ाने वाला अप्रस्तुत है। साहित्य के माध्यम भाषा में ही अलंकरण की यह सम्भावना है। साहित्य में भी अलंकारों का सौन्दर्यशास्त्रीय पहलू का पूरा उन्मेष केवल कविता में होता है क्योंकि वह भावनाशील, कल्पनाशील और रूपप्रधान है। इसके विपरीत गद्य की विधाओं में जहाँ कहीं प्रयोग होता है, उसका कार्य रचना को बोद्धव्य बनाना और सम्प्रेषण की समस्या को सुलझाना है। यद्यपि कविता के रूप-विधान में अलंकारों का प्रयोग अनिवार्य नहीं है, फिर भी उसके बिना शायद ही कोई रचना होती है। रूप-संघटन और सौन्दर्य की व्यंजना में उनके सहयोग और महत्त्व का यही प्रमाण है। भारतीय काव्य-परम्परा में बिम्बों और प्रतीकों की ओर उतना ध्यान नहीं दिया गया, जितना अलंकारों की ओर। काव्यशास्त्र में भी उनका बड़ा तात्त्विक और सूक्ष्म विवेचन किया गया है।

अलंकारों पर तात्त्विक दृष्टि से विचार करते हुए भामह, दण्डी आदि ने उन्हें काव्य-सौन्दर्य या शोभा के हेतु माना है तो वामन ने इन्हें सौन्दर्य का पर्यायवाची बना दिया है। प्रकारान्तर से कुन्तक ने भी स्वभावोक्ति और वक्रोक्ति का विवेचन करते हुए अलंकारों के सौन्दर्य की ओर संकेत किया है। सौन्दर्य-सम्बन्धी भारतीय चिन्तन के विश्लेषण में इन आलंकारिकों के विचारों का निरूपण हो चुका है। इसलिए यहाँ पर साधन के रूप अलंकारों के सौन्दर्यशास्त्रीय आधार पर ही विचार किया जायेगा। अलंकार कवि कल्पित हैं। उनका अलंकारत्व कल्पना के बल पर है। आलंकारिक अप्रस्तुतों का ग्रहण प्रकृति या जीवन से हो सकता है, पर उनका सौन्दर्य वास्तविकता से कहीं अधिक कल्पना के मूल्य पर निर्भर करता है। उनका सौन्दर्य कल्पना की रमणीयता के अनुपात में होता है। जहाँ अलंकार अप्रस्तुत-विधान पर आधारित न होकर प्रस्तुत के कथन की शैली या उसकी वक्रता पर निर्भर रहते हैं, वहाँ भी शाब्दिक कथन की चारुता कवि-कल्पना की ही ऋणी है। भारतीय आचार्यों ने सौन्दर्यमय होने में ही अलंकारों का अलंकारत्व स्वीकार किया है। उपमेय से उपमान का श्रेष्ठ होना अनिवार्य माना गया है। यह श्रेष्ठता या तो प्राकृतिक होने के कारण है या सामाजिक, सांस्कृतिक परम्परा से सम्बद्ध होने के कारण।

तात्त्विक दृष्टि से अलंकारों का मूल तत्त्व अतिशयोक्ति या वक्रोक्ति है। अलंकार सम्प्रदाय के प्रवर्तक भामह का कहना है कि

*"सैषा सर्वैव वक्रोक्तिरनयार्थो विभाव्यते।*
*यत्नोऽस्यां कविना कार्यः कोऽलंकारोऽनया विना।।"*[267]

दण्डी ने वक्रोक्ति के स्थान पर अतिशयोक्ति को महत्त्व दिया है :

*"अलंकारान्तराणामप्येकमाहुः परायणम्।*
*वागीशमहिता मुक्तिमिमामतिशयाह्वयाम्।।"*[268]

अभिनव गुप्त ने "एवं चातिशयोक्तिरिति वक्रोक्तिरिति पर्याय इति बोध्यम्।"[269] कहकर और दोनों को एक मानकर उसे लोकोत्तर विलक्षणता का सम्पादक माना है। वामन ने औपम्य को और किसी-किसी आचार्य ने श्लेष को अलंकारों का प्राणतत्त्व स्वीकार किया है।

वक्रता और श्लेष शब्दाश्रित हैं और कथन-पद्धति के चमत्कार को ही व्यक्त कर पाते हैं। औपम्य तुलना के आधार पर उपमेय के उत्कर्ष को प्रकट करता है। यह उत्कर्ष अतिशयमूलक है। अतिशयता वस्तु के रूप या धर्म से सम्बद्ध है। उपमान के अभाव में भी अतिशयता प्रकाशित होकर सौन्दर्य की आह्लादकारी अनुभूति देती है। वह केवल चमत्कार का उत्पादक न होकर वस्तु, रूप या धर्म की विशिष्टता की द्योतक भी है। इस तरह अलंकार का प्राणतत्त्व अतिशयता है जो बढ़ा-चढ़ाकर कहने में वस्तुगत सौन्दर्य का प्रकाशन करती है।

अलंकारों का भारतीय और पाश्चात्य वर्गीकरण साधर्म्य, सम्बन्ध, अतिशय, वैषम्य, अन्तर, औचित्य, वक्रता, बौद्धिक चमत्कार आदि तत्त्वों के आधार पर हुआ है। ये या तो सौन्दर्य-निरूपण की पद्धतियाँ हैं या उसमें स्वयं सौन्दर्य समाया हुआ है। कलाकार साम्य, वैषम्य आदि से सौन्दर्य को व्यंजित करता है। अतिशयता, औचित्य आदि में सौन्दर्य का आवास देखता है। मनोवैज्ञानिक दृष्टि से इन तत्त्वों के साथ सौन्दर्यानुभूति की कुछ विशेषताओं का घनिष्ठ सम्बन्ध है। डॉ. नगेन्द्र के अनुसार स्पष्टता, विस्तार, आश्चर्य, अन्विति, जिज्ञासा और कौतूहल—ये अलंकारों के मनोवैज्ञानिक आधार हैं।[270] ये सभी विशेषताएँ प्रत्यक्ष या अप्रत्यक्ष सौन्दर्यानुभूति को निर्धारित और प्रभावित करती हैं।

सौन्दर्यशास्त्रीय दृष्टि से अलंकार-प्रयोग के कल्पनाशील, रूपात्मक, संवेगात्मक और बौद्धिक, चार पहलू हैं। अलंकारों के द्वारा व्यंजित सूक्ष्म सौन्दर्य-चेतना कल्पना पर आधारित है। जब अलंकारों के अप्रस्तुतों में प्रतीकत्व की अनुभूति होती है, तब सौन्दर्य की यह सूक्ष्म व्यंजना अधिक मर्मस्पर्शी हो उठती है, जैसे घनानन्द के इस कवित्त में :

*"धन आनन्द जीवनमूल सुजान की कौंधन हूँ न कहूँ दरसैं।*
*सुन जानिये धौं कित छाय रहे दृग-चागि-प्रान तपे तरसैं।*

*बिन पावस तो, इन प्यावस हो न सु क्यों करिये अब सो परसैं।*
*बदरा बरसै रितु मैं धिरिकै नित ही अँखियाँ उधरी बरसैं।"*[271]

अलंकारों से रूप-संघटन का कार्य सम्पन्न होता है जिससे वस्तु, भाव या कर्म बिम्ब रूप धारण करता है। काव्य की बिम्ब-योजना अनेक अवसरों पर आलंकारिक होती है, जैसे निम्नलिखित छन्द में उपमा अलंकार के द्वारा बिम्ब-विधान :

*"उषा की पहली लेखा कान्त*
*माधुरी से भीगी भर मोद;*
*मद भरी जैसे उठे सलज्ज*
*भोर की तारक द्युति की गोद।"*[272]

प्रतीकों की तरह अलंकार भी भावोद्‌बोधक होते हैं। जहाँ कलाकार अपनी विशिष्ट अनुभूति की अभिव्यक्ति में अनिवार्यतः अलंकारों का प्रयोग करता है या संवेगात्मक तीव्रता में अप्रस्तुतों की ओर आकृष्ट होता है, उसका अलंकार-विधान भाव-तरल होकर ग्राहक के मन में अनुरूप भावनाओं का स्फुरण करता है। अलंकारों का लक्ष्य केवल रूप-योजना न होकर अनुभूति को उद्‌दीप्त करना भी है। अलंकार-विधान का यह मनोवैज्ञानिक पहलू रचनात्मक प्रक्रिया से सम्बन्धित है। अनुभूति की अभिव्यक्ति में उपमेय और उपमान अपने संश्लिष्ट रूप से ही भावानुभूति की प्रकृति एवं स्वरूप को निर्धारित करते हैं और ग्राहक के द्वारा संश्लिष्ट रूप में ग्रहण किया जाना, कलाकार की अनुभूति या भावना तक पहुँचने का एकमात्र साधन है। रचनात्मक प्रक्रिया में अलंकार्य और अलंकार की इस भावात्मक एकता को दृष्टि में रखकर ही क्रोचे ने कहा है कि:

'It may be asked how an ornament can be joined to expression. Externally? In that case it is always separated from the expression. Internally? In that case either it does not assist the expression and mars it; or it does form part of it and is not an ornament but a constituent element of the expression, indivisible and indistinguishable in its unity.'[273]

अलंकार-विधान का बौद्धिक पहलू एक ओर सौन्दर्य को स्पष्टता प्रदान करता है तो दूसरी ओर उसे बोधगम्य बनाकर सम्प्रेषण में सहायक होता है। आलंकारिक अप्रस्तुत कथ्य को प्रसाद गुणसम्पन्न बनाते हैं। गद्य में अलंकारों का कार्य प्रायः यहीं समाप्त हो जाता है, पर कविता में उनसे रूप या बिम्ब को सौन्दर्यशास्त्रीय तरलता भी प्राप्त होती है जिससे बिम्ब-ग्रहण सुलभ होकर सौन्दर्य का भावन शीघ्रता से सम्पन्न हो जाता है। प्राचीन क्लासिकल काव्य-रचना में अलंकार-विधान की यह विशेषता है। आधुनिक रोमांटिक एवं मनोवैज्ञानिक काव्य-रचना में अलंकार-विधान के अपेक्षाकृत अधिक मौलिक और व्यंजना-गर्भित होने के कारण उससे सम्प्रेषण का कार्य इतना सरल नहीं हो पाता, यद्यपि सिद्धान्ततः आधुनिक कलाकार अपनी जटिल अनुभूतियों

को सम्प्रेष्य बनाने के लिए अलंकार, प्रतीक आदि को साधन मानता है और साधन बनाने का प्रयत्न करता है। इस सन्दर्भ में क्लासिकल और यथार्थोन्मुख प्रवृत्तियों को अलंकार-योजना की अपेक्षा रोमांटिक या छायावादी अलंकार-पद्धति को अधिक सौन्दर्यमयता पर ध्यान देना भी आवश्यक है। प्रभाव-साम्य के आधार पर अनुभूति की तरलता का निरूपण, सूक्ष्म अप्रस्तुतों से सौन्दर्य के छाया-भेदों का उद्घाटन, अलंकारों की बिम्बात्मक या चित्रमयी योजना, अप्रस्तुत के द्वारा प्रस्तुत की गूढ़ व्यंजना, लाक्षणिक वक्रता के आधार पर विस्मयकारी सौन्दर्य की ओर संकेत, अन्तर्दृष्टिदायिनी कल्पना के बल पर मौलिक अप्रस्तुत विधान के साथ सूक्ष्म सौन्दर्य-बोध का उन्मूलन आदि विशेषताएँ छायावादी अलंकार-योजना के अद्भुत सौन्दर्य को व्यक्त करती है। हिन्दी में छायावाद के आकर्षण का यह एक प्रमुख पक्ष है जिसने आचार्य शुक्ल जैसे विरोधी क्लासिकल समीक्षकों को भी प्रभावित किया है।

**सौन्दर्य-साधक पद्धतियाँ**

रूप-सौन्दर्य की व्यंजना में माध्यम के कारण प्रत्येक कला की अपनी-अपनी सीमाएँ हैं। साहित्य का, भाषा का माध्यम सबसे अधिक समर्थ है। सांकेतिक या सूक्ष्म रूप में सामाजिक भाव-विनिमय का साधन होने के कारण उसकी व्यंजना स्पष्ट, बोधगम्य और प्रेषणीय होती है। मानवीय भावनाओं की अभिव्यक्ति का भी वही साधन है, इसलिए उसके द्वारा संवेगात्मक अनुभूति को सजीव रूप में व्यक्त और संक्रमित करने की सुविधा है। सूक्ष्म प्रतीकात्मकता, सामाजिकता और संवेगात्मकता भाषा की सहज विभूतियाँ हैं जिनके कारण अभिव्यंजना और सम्प्रेषण में विशेष कठिनाई नहीं होती। सफल साहित्यकार सार्थक और उचित शब्द-व्यवस्था के द्वारा भाषा को व्यवहार से अधिक व्यंजक रूप दे देता है। भाषात्मक अभिव्यंजना की सीमा रूप-विधान-सम्बन्धी है। भाषा आँख का नहीं, कान का विषय है। उसका रूप-विधान दर्शनीय न होकर, श्रव्य है। श्रवण के माध्यम से रूप का पूर्ण साक्षात्कार सम्भव नहीं है। इसलिए साहित्य मानसिक रूप-विधान पर निर्भर रहता है। बिम्ब, प्रतीक, अप्रस्तुत आदि के द्वारा रूप-विधान, रूप की मानसिक प्रतिकृति को खड़ा करता है, मन को प्रभावित करने वाले सूक्ष्म पहलुओं पर अधिक बल देता है। बिम्ब आदि के ऐन्द्रिय पहलू भी इस मानसिक प्रस्तुतीकरण में ऐन्द्रिय आकर्षण की तीव्रता को खो देते हैं। फिर भी रूप की चेतना-सम्बन्धी अन्य पहलुओं की सूक्ष्म व्यंजना के द्वारा मन पर तीव्रतर प्रभाव डाल सकते हैं। वास्तव में साहित्य की ऐन्द्रियता ध्वनि-सम्बन्धी है। कवि कर्णेन्द्रिय को प्रभावित करने वाली उचित ध्वनि-व्यवस्था के द्वारा इस साधन का पूरा-पूरा उपयोग कर लेता है। ध्वनि के मार्मिक प्रभाव के कारण ही कविता में शब्द-रूप का इतना महत्त्व माना गया है।

रूप-विधान में साहित्यकार अन्य कलाओं के साधनों को स्वेच्छा से ग्रहण कर लेता है। भाषा की लचीली प्रकृति ऐसी होती है कि उसमें व्यंजना की अनन्त सम्भावनाएँ हैं। उसे अभीष्ट रूप में ढाला जा सकता है। साहित्यकार वास्तुकला से निर्माण-कौशल, मूर्तिकला से सामंजस्यपूर्ण अवयव-गठन, चित्रकला से गोचर चित्रांकन, संगीत से लयात्मक व्यंजना और नृत्य से गतिशील भंगिमा को लेकर शब्दों से ही उन्हें रूपायित कर देता है। शब्द-व्यवस्था, शब्दों के आन्तरिक सामंजस्य, अर्थ-चित्र, ध्वनि-व्यवस्था और शब्द-संक्रमण की प्रवाहशीलता में अन्य कलाओं की विशेषताएँ सिद्ध हो जाती हैं। भाषा की अपनी व्यंजकता के साथ इनके योग से साहित्य का रूप-विधान अन्य कलाओं से अधिक मर्मस्पर्शी हो उठता है। जैसा कि पहले ही कहा गया है, सौन्दर्य रूपाश्रित है और रूप-गोचर विशेषता है। कवि इस रूप को शब्द-चित्र बना देता है। इसलिए कविता चित्र-भाषा है। गोचर रूप खड़ा करने में साहित्य चित्रकला का विशेष ऋणी है। विविध वस्तुओं की समन्वित योजना दृश्य कहलाता है। साहित्यकार सांकेतिक शब्दों से दृश्य के विविध पहलुओं का अंकन करते हुए शब्दों के सम्बन्ध-सूत्रों से उन्हें समन्वित कर देता है। इसी तरह स्फुट अवयवों की छटा के साथ वस्तु-चित्र या मानवीय रूप-चित्र की योजना करता है। चित्रकला के समान कभी-कभी पृष्ठभूमि के साथ भी वे वस्तु और व्यक्ति के शब्द-चित्र आयोजित हो जाते हैं। साहित्य का रूप-विधान एक ओर बिम्बाश्रित है तो दूसरी ओर चित्रांकन पर निर्भर। बिम्ब अन्तर्मुखी और मानसिक है तो चित्र बहिर्मुखी और गोचर। पहला समन्वित इकाई है, दूसरा विविध अवयवों के सामंजस्य के साथ साकार। चित्र-रचना संश्लिष्ट मानसिक बिम्बों का अधार लेकर व्यक्त रूप धारण करती है। एक में आकृति और स्वरूप की प्रधानता है तो दूसरे में आकृतिगत तात्त्विक पूर्णता और रूपगत स्वभाव या धर्म की।

किसी भी क्षेत्र में अभिव्यंजना सादृश्य, विरोध, साहचर्य आदि मनोवैज्ञानिक प्रक्रियाओं के द्वारा सफल और पूर्ण बनती है। बिम्ब, प्रतीक, अप्रस्तुत आदि की योजना इन्हीं के आधार पर सार्थक और सौन्दर्यमयी होती है। रूप का आयोजन ही नहीं, सौन्दर्य की व्यंजना भी इनके आधार पर मनोवैज्ञानिक रूप प्राप्त करती है। सच्चा सौन्दर्य वही है जो दूसरों को भी सुन्दर बना दे। सौन्दर्य के साथ सौन्दर्य की समीपता, सादृश्य के द्वारा प्रभाव का उत्कर्ष करती है। शकुन्तला और उसकी सखियाँ एक-दूसरे से सुन्दर हैं, इसीलिए तीनों को देखकर दुश्यन्त के मन में शंका होती है कि इन में कौन शकुन्तला है। दूसरी ओर कुरूपता के साथ विरोध सौन्दर्य की अनुभूति को तीव्र बना देता है। वाल्मीकि के द्वारा पंचवटी में राम और शूर्पणखा का या लंका में सीता और राक्षसियों का रूप-वर्णन विरोध का चमत्कार प्रकट करता है। साहचर्य से सौन्दर्य की दीप्ति, मनुष्य और प्रकृति के योग में व्यंजित होती है। शृंगार रस में आलम्बन और उद्दीपन का सम्बन्ध इसी आधार है।

सौन्दर्य-वर्णन और व्यंजना की अनन्त पद्धतियाँ हो सकती हैं। कवि की प्रतिभा नित्य नवीन मार्गों का अन्वेषण करती रहती है। परम्परागत पद्धतियाँ कालक्रम में रूढ़ होकर अभीष्ट सौन्दर्यानुभूति नहीं दे पातीं। सौन्दर्य-व्यंजना की ये पद्धतियाँ कवि की कल्पना के चमत्कार को प्रकट करती हैं। वे कभी रूप के विस्तार से सौन्दर्य की अतिशयता का निरूपण करती हैं तो कभी लघिमा में सौन्दर्य का सारतत्त्व प्रदर्शित करती हैं। भूषण के चित्रांकन का फलक जितना व्यापक है, बिहारी का उतना ही सीमित। कथ्य की दृष्टि से ईश्वर के विराट रूप और वामन के लघु रूप, दोनों में कल्पना रंग भर देती है। आलंकारिक कथन में भी ये विशेषताएँ पायी जाती हैं। इसी तरह कल्पना कभी नवीन धर्मों का आरोप करते हुए, कभी विविध धर्मों के संश्लेषण से और कभी-कभी उनके विश्लेषण के द्वारा कुछ पहलुओं को प्रमुख बनाते हुए, नवीन रूप और सौन्दर्य-भावना का आयोजन करती है। सौन्दर्य-सृष्टि की इन पद्धतियों का अपना मनोवैज्ञानिक आधार भी है। सौन्दर्य के साधक, कल्पना-प्रसूत पद्धतियों की कोई परिसीमा नहीं है।

## 17. हिन्दी साहित्य में सौन्दर्य-भावना का विकास

साहित्य के इतिहास का युग-विभाजन प्रायः ऐतिहासिक कालक्रम, वर्ण्य वस्तु, साहित्यिक प्रवृत्ति, उस प्रवृत्ति के प्रवर्तक के नाम या रूप-विधान के आधार पर किया जाता है। वास्तव में कला या साहित्य की विशिष्टता, वर्ण्य और रूपगत सौन्दर्य-भावना को लेकर है। सौन्दर्य-भावना युग-प्रवृत्ति और कलाकार के अनुसार विशिष्ट होती है। जीवन की परिस्थितियों के अनुरूप युग और प्रवृत्ति की सौन्दर्य-भावना बदलती रहती है तथा पूर्ववर्ती और परवर्ती भावनाओं से भिन्न हो जाती है। युग और प्रवृत्ति की यह सौन्दर्य-भावना व्यक्तित्व की सापेक्षता में प्रत्येक कलाकार के सन्दर्भ में भिन्न प्रकार की होती है। कला या साहित्य मूर्त अभिव्यंजना या रूप-विधान है तो मूर्तता और उसका सौन्दर्य, कलाकार के विशिष्ट सौन्दर्य-बोध पर आधारित है। प्रत्येक काल में युगधर्म और प्रवृत्ति, सौन्दर्य-भावना के सामान्य स्वरूप को निर्धारित करती है। तो कलाकार के व्यक्तित्व का सौन्दर्य-बोध उसकी विशिष्टता को। यह दूसरी बात है कि युग और प्रवृत्ति की यह सामान्य सौन्दर्य-भावना दूसरे युग की परिवर्तित सामान्य भावना की तुलना में विशिष्ट कहलाती है। साहित्य का युग-विभाजन वास्तव में उसकी सौन्दर्य-भावना की प्रकृति एवं स्वरूप के आधार पर ही होना चाहिए क्योंकि वही साहित्य के 'साहित्यत्व' का आधार है। लेकिन सौन्दर्य-भावना की सूक्ष्मता और अमूर्तता के कारण, उसके व्यंजक वर्ण्य और रूप के तत्त्वों के या फिर वर्ण्य और रूप के सामाजिक-राजनीतिक स्रोतों के आधार पर युग-विभाजन हो रहा है।

कलागत या साहित्यिक सौन्दर्य-भावना के निर्धारक तत्त्व, सृष्टि-सौन्दर्य, युग-जीवन की परिस्थितियाँ और कलाकर की कल्पना हैं। प्रथम स्रोत नैसर्गिक, दूसरा सामाजिक

और तीसरा वैयक्तिक-काल्पनिक है। सौन्दर्य की सामाजिक भावना जहाँ एक ओर राष्ट्रीय जीवन-दर्शन से अनुप्राणित रहती है, दूसरी ओर कालक्रम में परिवर्तित भी होती चलती है। नैसर्गिकता और कल्पना के योग से विकसित सौन्दर्य-भावना सार्वभौमिक होती है तो सामाजिक भावना एकदेशीय और परिवर्तनशील। परिवर्तन के आधार पर नित्य नूतन रूप धारण करती हुई सामाजिक सौन्दर्य-भावना पहले से अधिक प्रमुख रूप में हमारे ध्यान को आकृष्ट करती रहती है। सौन्दर्य-भावना के विकास का आधार भी यही है। विकास में परम्परागत कुछ पहलू अक्षुण्ण रहते हैं और कुछ नये का योग हो जाता है। हिन्दी साहित्य में सौन्दर्य-भावना के विकास-क्रम को समझने के लिए उसके पूर्व संस्कृत साहित्य में विकसित सौन्दर्य-भावना के स्वरूप का और उससे प्राप्त परम्परागत पहलुओं का अनुशीलन आवश्यक है। हिन्दी साहित्य अपने में इकाई होते हुए भी अनेक दृष्टियों से संस्कृत की परम्परा से जुड़ा हुआ है।

वास्तव में समग्र भारतीय साहित्य को प्राचीन, मध्यकालीन और आधुनिक, तीन व्यापक कालखण्डों में विभाजित कर सकते हैं। इन कालों की साहित्यिक साधना और सौन्दर्य-भावना की अपनी-अपनी विशेषताएँ हैं। प्राचीन सौन्दर्य-भावना नैसर्गिक और तात्त्विक है। तात्त्विक दार्शनिक अर्थ में भी और अन्तर्मुखी भावना से सम्बन्ध होने के अर्थ में भी। यह दार्शनिक दृष्टि और अन्तर्मुखी चिन्तन का परिणाम है। आदर्शवादी दृष्टि ने सौन्दर्य को पूर्णता प्रदान करने का भी प्रयत्न किया है। मध्ययुगीन सौन्दर्य-भावना नागरिक है। मनुष्य प्रकृति और उसकी नैसर्गिकता से कट गया। सभ्यता ने संस्कृति का स्थान ग्रहण किया। मनुष्य की दृष्टि बहिर्मुखी हो गयी। बाह्य रूप और अलंकरण को महत्त्व मिलने लगा। तात्त्विक नव-चिन्तन समाप्त हुआ और जीवन की गतिविधि ह्रासोन्मुख हो गयी। साहित्य में सौन्दर्य-भावना नैसर्गिकता को छोड़कर कल्पना से अनुप्राणित होने लगी। आधुनिक काल की सौन्दर्य-भावना सामाजिक और यथार्थोन्मुख है। वैज्ञानिक विकास आधुनिक जीवन को इतनी द्रुति गति से प्रभावित और परिवर्तित कर रहा है कि सौन्दर्य-भावना के नये-नये मोड़ दिखाई दे रहे हैं। जीवन में एक नयी जागृति का विकास हो चला है। पर वह प्राचीनकाल की तरह दार्शनिक या तात्त्विक न होकर लौकिक या भौतिक है। जागृति की आरम्भिक दशा में प्राचीन आध्यात्मिक आदर्शवादी दृष्टि से प्रेरणा लेकर सौन्दर्य-सृष्टि के प्रयत्न अवश्य हुए लेकिन समय के प्रतिकूल होने के कारण शीघ्र ही उन प्रयत्नों को छोड़ देना पड़ा। प्राचीन, मध्ययुगीन और आधुनिक सौन्दर्य-भावना को अपने-अपने सांस्कृतिक परिपार्श्व में देखने से उनका अन्तर स्पष्ट हो जाता है। भारतीय चिन्तन मध्ययुग में मुसलमानी संघर्षों के कारण और आधुनिक युग में पाश्चात्य प्रभाव के कारण बहुत कुछ बदल गया और उससे सौन्दर्य-भावना को नया रूप मिला। मध्ययुगीन संघर्ष की स्थिति में सौन्दर्य-भावना पर मुसलमानी प्रभाव आमूल परिवर्तनकारी सिद्ध नहीं हुआ; भारतीय परम्परा का ढाँचा बना रहा। आधुनिक युग की सौन्दर्य-भावना क्रमशः

परम्परा से बिल्कुल कटती जा रही है क्योंकि नया विदेशी सांस्कृतिक प्रभाव परम्परा के बिल्कुल विरुद्ध और आघातकारी है।

### वैदिक वाङ्मय

वैदिककाल में प्रकृति मनुष्य की सहचरी थी। उसकी सौन्दर्य-भावना प्रकृति की अनन्त रमणीयता से अनुप्राणित थी। मनुष्य प्रकृति के सौन्दर्य को विस्मय-विमुग्ध होकर देखता था। उसके दर्शन से मन में आनन्द की लहरें उठती थीं और वह नयी स्फूर्ति के साथ सृष्टि-सौन्दर्य का भावन और वाणी में प्रकाशन करता था। सृष्टि की चेतना ने सौन्दर्य को सजीवता प्रदान की तो उसकी अनन्तता ने उदात्तता। इस तरह वैदिक सौन्दर्य-भावना नैसर्गिक, चेतन, व्यापक और उदात्त भी है। सौन्दर्य से अभिभूत और आनन्दोल्लसित ऋषियों ने अनेक रूपों में सृष्टि का स्तवन किया। एक ओर उसके कोमल रूप-सौन्दर्य का वर्णन किया गया तो दूसरी ओर उसके ओजस्वी रूप का भी। उदाहरण के लिए, उषा और सविता के वर्णन प्रस्तुत किये जा सकते हैं :

*"उषो रुरुचे युवतिर्नयोषा–*
*विश्वं जीवं प्रसुवंती चरायै।*
*अभूदग्निः समिधे मानुषाणा–*
*मकर्ज्योतिर्बाधमाना तमांसि।।"*[274]

*"सूर्यरश्मिर्हरि केशः पुरस्तात्सविता ज्योतिरुदयां अजस्रम्।*
*तस्य पुषा प्रसवे भातिविद्वान्तसंपश्यत् विश्वा भुवनानि गोचाः।।"*[275]

सृष्टि की अनन्तता के प्रति आरम्भिक विस्मय ने जिज्ञासा को जन्म दिया और रूप के अन्तर्दर्शन का प्रयत्न और चिन्तन आरम्भ हो गया। उपनिषद-काल में सृष्टिगत अनन्त रमणीय का उद्घाटन होने लगा :

*"नतत्र सूर्योभाति न चन्द्र तारकं ते मा विद्युतोभन्ति कुतो यमाग्नि*
*तभैव भान्त मनुभाति सर्व तस्य भासा सर्वमिदं विभाति।।"*[276]

इस तात्त्विक अन्वेषण में सौन्दर्य-भावना आध्यात्मिक हो गयी। उस समय भारतीय जीवन और संस्कृति आश्रमवासिनी थी। एक साथ ही वह प्राकृतिक और निर्लिप्त तत्त्व-निरूपक थी। सौन्दर्यानुभूति अपनी आरम्भिक स्थिति में बाह्य रूप के आकर्षण पर आधारित और ऐन्द्रिय होती हुई भी अन्ततः आध्यात्मिक परिणति प्राप्त करती थी। आश्रमों की संस्कृति में लौकिक और आध्यात्मिक तत्त्वों का अपूर्व सामंजस्य रहता था जो सौन्दर्य-भावना में भी प्रतिफलित हुआ। आगे चलकर वाल्मीकि और कालिदास की रचनाओं में भी आश्रमवासी जीवन और उसकी संस्कृति से प्रभावित सौन्दर्य-भावना की सजीव झलक प्राप्त होती है, विशेषतः कण्वाश्रम की शकुन्तला के वर्णन में।

वैदिक सौन्दर्याभिव्यक्ति प्रधानतः वस्तुनिष्ठ थी। उसमें व्यक्ति की भावना की अपेक्षा रूपानुसन्धान का महत्त्व था। लौकिक संस्कृत साहित्य की 'क्लासिकल' परम्परा में भी बाह्य या आन्तरिक रूप के तत्त्वों का वस्तून्मुख उद्‌घाटन ही होता रहा। इसके विपरीत आधुनिक छायावादी युग में सौन्दर्य-भावना वैदिक काल के समान अन्तर्मुखी-आध्यात्मिक थी तो उसकी अभिव्यक्ति व्यक्ति-निष्ठ हो गयी। छायावादी कवियों ने अपनी भावना और कल्पना को महत्त्व देकर उनके रंग में रंगकर रूप-सौन्दर्य का निरूपण किया है। रोमांटिक या स्वच्छन्दतावादी सौन्दर्याभिव्यक्ति की यह विशेषता है।

**लौकिक संस्कृत साहित्य**

लौकिक संस्कृत साहित्य में सौन्दर्य-भावना आध्यात्मिकता से लौकिकता की ओर उन्मुख होती गयी। संस्कृति का आश्रमवास से नागरिक सामाजिक जीवन की ओर प्रस्थान इसका मूल कारण है। फिर भी प्रकृति से मनुष्य का सम्बन्ध विच्छिन्न नहीं हुआ। वेशभूषा और अलंकरण अभी प्राकृतिक ही थे। जीवन उदात्त आशाओं और आकांक्षाओं से संचालित था। इस तरह सौन्दर्य-भावना उदात्त और प्राकृतिक बनी रही। वाल्मीकि ने सीता के सौन्दर्य का जो वर्णन किया है, उसमें बाह्य रूप के आकर्षण के साथ अन्तःसौन्दर्य की ओर संकेत भी मिल जाता है। उसमें बाह्य और आन्तरिक रूप के सामंजस्य के साथ सौन्दर्य की पूर्णता दिखाई देती है। यह पूर्णता आदर्शीकरण का परिणाम है और लौकिक सौन्दर्य को अलौकिक बना देती है। इसीलिए सीता देव-गन्धर्वों से भी अधिक सौन्दर्यमयी प्रतीत होती है :

*"रामस्यतु विशालाक्षी पूर्णेन्दुसदृशानना।*
*धर्मपत्नी प्रियानित्यं भर्तृः प्रियहिते रता।।*
*सासुकेशी सुनासोरूः सुरूपा च यशश्विनी।*
*देवतैव वनस्यास्य राते श्रीरिवापरा।।*
*तप्तकांचन वर्णाभा रक्ततुङ्गनखी शुभा।*
*सीतानाम वरारोह वैदेही तनुमध्यमा।।*
*नैवदेवी न गंधर्वी न यक्षी न च किन्नरी।*
*तथा रूपा मया नारी दृष्टपूर्व महीतले।।"*[277]

यहाँ रूप-सौन्दर्य व्यक्तित्व और चरित्र से, सत्य और शिव से संयुक्त होकर महिमामय हो उठा है। राम के रूप-वर्णन में पुरुषोचित गाम्भीर्य के साथ कवि की सौन्दर्य-भावना उदात्त भी हुई है। इसीलिए सीता वनदेवता लगती है। वाल्मीकि ने प्रकृति की नैसर्गिक शोभा का वस्तुनिष्ठ वर्णन तो किया ही है, साथ ही मानवीय रूप-वर्णन के सन्दर्भ में आदर्शीकरण के द्वारा उसे पूर्णता भी प्रदान की है। नैसर्गिकता और उदात्त संस्कारिता का यह समन्वय है।

कालिदास और भवभूति ने इसी समन्वित उदात्त मार्ग का अनुसरण किया है। इन महाकवियों ने मानवीय रूप-सौन्दर्य को सामाजिक मर्यादा और सांस्कृतिक गरिमा में परिवेष्टित करके गौरव प्रदान किया, साथ ही सौन्दर्य की नैसर्गिकता की भी पूरी-पूरी रक्षा की। वे प्रकति-सौन्दर्य से भी समान रूप से प्रभावित थे। प्रकृति और मनुष्य की स्वाभाविक समरसता चाहते थे। भारत के प्रौढ़ सांस्कृतिक विकास के उस युग में नैसर्गिकता और संस्कारिता के सामंजस्य में सौन्दर्य का उन्मीलन हुआ।

आदिकवि होने के कारण वाल्मीकि की सौन्दर्य-भावना नैसर्गिकता की ओर अधिक झुकी हुई है। वह अधिक वस्तुनिष्ठ और क्लासिकल है। कालिदास ने नैसर्गिकता और उदात्तता की रक्षा करते हुए संस्कारिता की नयी दिशा में पदार्पण किया। उनकी काव्यकला में सौन्दर्य की यह संस्कारिता और प्रौढ़ता दिखाई देती है। सौन्दर्य-भावना की यह नयी दिशा जनपदों से नगरों में और समाज से राज समाजों में काव्यकला के प्रवेश का परिणाम है। उन्होंने सौन्दर्य-भावना को कल्पना के रंग में रंगकर कुछ अधिक व्यक्तिनिष्ठ और भावप्रवण भी बना दिया :

*"किमिव हि मधुराणां मण्डनं नाकृतिनाम्।"*[278]

और

*"निनिंद रूपं हृदयेन पार्वती"*[279]

कहने वाले नैसर्गिक और उदात्त सौन्दर्य के कवि ने नागरिकाओं का यह चित्र भी प्रस्तुत किया है :

*"हस्तलीलाकमलमलकैबालकुन्दानुविद्धम्।*
*नीता लोध्र प्रसव रजसा पाण्डुतापानने श्रीः।*
*चूडापाशे नवकुरवकं चारुकर्णे शिरीशं।*
*सीमन्ते च त्वदुपगमजं यत्र नीपं वधूनाम्।।"*[280]

कालिदास ने जहाँ ऐन्द्रिय-सौन्दर्य के माधुर्य को व्यंजित किया, वहाँ लावण्य की ज्योति को भी प्रस्फुटित किया। उनके प्रौढ़ व्यक्तित्व ने सौन्दर्य के बहुमुखी प्रसार का सूक्ष्म उद्घाटन किया जिस पर कहीं-कहीं विलासिता की छाया भी पड़ गयी। इसके विपरीत भवभूति की सौन्दर्य-भावना अकृत्रिम और शुद्ध सात्त्विक लगती है, जैसे सीता के इस वर्णन में द्रष्टव्य है :

*"प्रतनु विरलैः प्रान्तोन्मीलन मनोहर कुन्तलै-*
*दर्शन मुकुलैर्मुग्धालोकै शिशुर्दधती मुखम्।*
*ललित ललितैर्ज्योत्स्ना प्रायैरकृत्रिम विभ्रमै-*
*रकृत मधुरैरम्बानां मे कुतूहलमंगकैः।।"*[281]

लौकिक संस्कृत साहित्य में सौन्दर्य-भावना-सम्बन्धी दूसरा प्रस्थान बाणभट्ट से आरम्भ होता है। उस समय मनुष्य प्रकृति से पूरा विमुख तो नहीं हुआ, पर नागरिक भावना का महत्त्व बढ़ गया। राजसभाओं में सौन्दर्य-भावना ने सभ्यता के

नये संस्कारों को प्राप्त किया। सौन्दर्य वैभव-विलास से सम्बद्ध हो गया। नागरिक संस्कारिता और वैभव ने कविता में कल्पना को उत्तेजित किया। सौन्दर्य-भावना में कल्पना का नया आयाम जुड़ गया। वस्तु-विधान और अभिव्यक्ति, दोनों कल्पना से अनुरंजित हो गये। एक ओर वस्तु में नैसर्गिक शोभा का पहलू छूटता गया तो दूसरी ओर कल्पना ने अभिव्यक्ति के क्षेत्र में रमणीय चित्र-रचना आरम्भ की जिसे कलावादी दृष्टि का विकास कह सकते हैं। जीवन पर अभी धर्म के अनुशासन के बने रहने के कारण वैभव-विलास के आकर्षण ने सौन्दर्य को अस्वस्थ और अनुदात्त नहीं बनाया। केवल बहिर्मुखी छटा का ऐन्द्रिय आकर्षण बढ़ता गया। महाश्वेता का यह वर्णन सौन्दर्य-भावना की इन सभी प्रवृत्तियों का निरूपक है :

"अति धवलप्रभा परिगत देहतया स्फटिक गृह गतामिव, दुग्धसलिल मग्नामिव, विमल चीनांशुकान्तरितामिव, आदर्शतल संक्रान्तामिव, शरदभ्र पटल तिरस्कृता मिव, अपरिस्फुट विभाव्यमानावयवाम् पंचमहाभूतमय मपहाय द्रव्यात्मकमंगनिष्पादनोपकरण कलापम् धवलगुणेनैव केवलेनोस्पादितम्।"[282]

यहाँ बाह्य सौन्दर्य के साथ लावण्य की ओर भी संकेत मिल जाता है। जैसा कि कवि ने कहा है, यह सौन्दर्य नेत्रों के द्वारा मन में प्रविष्ट होकर उसे उज्ज्वल और स्वच्छ बना देता है :

*"अन्तर्द्रष्टुरपि लोचनपथप्रविष्टेन श्वेतिमानमिव मनो नयन्तीम्।"*[283]

परवर्ती कवियों की दृष्टि में सौन्दर्य केवल नेत्रेन्द्रिय का विषय हो गया। रूढ़ और कृत्रिम नागरिक संस्कृति ने मनुष्य को प्रकृति से दूर ही नहीं किया, मानवीय सौन्दर्य को अलंकरण से लाद भी दिया। कविता में प्रकृति का सौन्दर्य-वर्णन समाप्त हो गया। वह केवल उद्दीपक रह गयी। प्राकृतिक अलंकारों के स्थान पर वैभव से प्राप्त कृत्रिम अलंकारों को सम्मान मिलने लगा। उन्हीं में रूप की शोभा का दर्शन होने लगा। नागरिक दृष्टि से कृत्रिम हाव-भावों और चेष्टाओं में ही सौन्दर्य दिखाई देता था। वैभव के साथ विलास की प्रवृत्ति बढ़ गयी। नारी-सौन्दर्य उसका साधन बना। कवियों ने भोगवादी दृष्टि से नख-शिख का वर्णन आरम्भ किया। इस वर्णन के लिए कवियों की कल्पना ने प्रचुर प्राकृतिक सामग्री जुटायी। पर जब वह रूढ़ हो गयी तो अप्रस्तुतों के द्वारा नारी के रूप-वर्णन में सौन्दर्यानुभूति की तरलता ही समाप्त हो गयी। नख-शिख-वर्णन सौन्दर्य-व्यंजना के स्थान पर चमत्कार-प्रदर्शन का साधन बना। दरबारी रुचि ने कथ्य में विलास और अभिव्यक्ति में चमत्कार को ही प्रश्रय दिया। रूढ़ और ह्रासोन्मुख जीवन ने इस दरबारी प्रवृत्ति को पुष्ट किया। सौन्दर्य-भावना में न प्राकृतिक नैसर्गिकता थी, न सामाजिक जीवन की स्वस्थता एवं उदात्तता। बहुत करके इन कवियों की सौन्दर्य-दृष्टि को ऐन्द्रिय परिधि से बँधा हुआ तथा बहिर्मुखी रंगीन आकर्षण से युक्त स्वीकार किया जा सकता है। हिन्दी साहित्य को विरासत के रूप में यही परम्परा प्राप्त हुई। जहाँ सौन्दर्य का नवीन उन्मेष हुआ

है, वह या तो नव जागृति के प्रयत्नों का परिणाम था या कवियों की वैयक्तिक भावना और कल्पना का।

## आदिकाल

आदिकाल की धार्मिक-सामाजिक परिस्थिति रूढ़ और परम्परावादी थी। मुसलमानों के साथ राजनीतिक संघर्ष भी उसमें नयी जागृति और चेतना नहीं फूँक सका, क्योंकि राजाओं का दृष्टिकोण वैयक्तिक था और उनमें राष्ट्रीय भावना का प्रायः अभाव था। परिणामस्वरूप धार्मिक और राजनीतिक, दोनों प्रकार की रचनाओं में रूढ़ काव्य-परम्परा का निर्वाह मात्र हो सका। संघर्ष का समय, नयी चेतना और नये सौन्दर्य-बोध का अपूर्व अवसर प्रदान करता है। लेकिन उचित दृष्टि और प्रेरणा के अभाव में हिन्दी के कवि उस अवसर से लाभ नहीं उठा सके, जैसा कि बाद को भूषण आदि ने किया। जैन कवि धर्म-निरूपण में, नाथ और सिद्ध पहेली बुझाने में और वीर रस के गायक स्तोत्र-पाठ में संलग्न रहे। उनकी रचनाओं में सौन्दर्य का नैसर्गिक, उदात्त या सामाजिक कोई भी पहलू उद्‌घाटित नहीं हो सका। कलात्मक रूप-विधान में भी नये सौन्दर्य-बोध का आभास नहीं मिलता। परम्परागत नागरिक सौन्दर्य-भावना भी नख-शिख के स्थूल निरूपण में शुष्क हो गयी। वीरता के साथ कन्यापहरण की कहानियाँ सौन्दर्य के आकर्षण और रोमांस की अपूर्व सृष्टि कर सकती थी, लेकिन वे वैयक्तिक वीरता का प्रदर्शनमात्र बनकर रह गयीं। आदिकालीन सौन्दर्य-भावना और कलात्मक सौन्दर्य-बोध का प्रतिनिधि उदाहरण पद्‌मावती का यह रूप-वर्णन है, जिसमें भव्य 'क्लासिकल' परम्परा का स्थूल शास्त्रीय या 'नियोक्लासिक' अनुसरण भी सफलतापूर्वक नहीं हो सका :

*मनहुँ कला ससि भान कला सोलह सो बन्निय;*
*बाल बेस ससि ता समीप अम्रित रस पिन्निय।*
*बिगसि कमल मृग भ्रमर नैन खंजन मृग लुट्टिय।*
*हीर कीर अरु बिम्ब मोति नष-सिष अहि घुट्टिय।।*
*छत्रपति गयंद हरि हंस गति बिह बनाय संचै सचिय।*
*पदमिनिय रूप पद्‌मावतिय मनहु काम कामिनि रचिय।।"*[284]

आदिकाल के एकमात्र सौन्दर्यवादी कवि विद्यापति हैं। दरबारी काव्य-परम्परा में नागरिक सौन्दर्य-भावना के सजीव निरूपण का वे पूर्ण प्रतिनिधित्व करते हैं। उन्होंने नागरिक हाव-भावों, चेष्टाओं और विलास-लीलाओं का बड़ा रंगीन रूप प्रस्तुत किया है। उनकी रचना में दरबारी सौन्दर्य-भावना का चरम विकसित रूप प्राप्त होता है। लेकिन उस दरबारी सौन्दर्य के वैभव-विलास को प्रथम यौवन के आकर्षण से सम्बद्ध करके उसे नैसर्गिक बनाने का भी प्रयत्न किया गया है। दूसरी ओर सौन्दर्य के आकर्षण को लोकमानस का स्वाभाविक रूप प्रदान किया गया है। विद्यापति

की सौन्दर्य-भावना बहिर्मुखी, रूपाश्रित और ऐन्द्रिय है; उसमें उदात्तता की झलक कम मिलती है; उसे सामाजिकता का व्यापक आधार कम मिला है; लेकिन उसकी स्वाभाविकता को स्वीकार करना ही पड़ता है। युग की प्रवृत्ति से भिन्न विद्यापति की इस सौन्दर्य-दृष्टि का कारण उनका भावनाप्रवण और कल्पनाशील व्यक्तित्व है। उनकी सौन्दर्य-भावना में नैसर्गिकता के साथ कल्पना का अपूर्व संयोग हुआ है जिससे सौन्दर्य को रंगीन छटा और पूर्णता प्राप्त हुई तथा वह लौकिक एवं ऐन्द्रिय होती हुई अद्भुत और अलौकिक प्रतीत होती है :

*"कि अरे! नव जौवन अभिरामा।"*[285]
*जहं-जहं पग जुग धरई। तहिं-तहिं सरोरुह झरई।।*
*जहँ-जहँ झलकत अंग। तहिं-तहिं बिजुरि-तरंग।"*[286]

विद्यापति का सौन्दर्य-बोध नैसर्गिकता, दरबारी नागरिक संस्कारिता और कल्पनाशीलता के संयोग से विकसित हुआ है। उसकी कलात्मक अभिव्यक्ति में भी मौलिक और नवीन सौन्दर्योन्मेष की झलक मिल जाती है। यह मौलिकता परम्परागत अप्रस्तुतों को भी नवीन रूप देने और असम्बन्ध में सम्बन्ध स्थापना की प्रतिभा में दिखाई देती है, जैसे–

*सहजहि आनन सुन्दर रे भौंह सुरेखनि आँखि।*
*पंकज मधु बिबि मधुकर रे उडए पसारल पाँखि।।*[287]

*चरन चपल गति लोचन पाव।*
*लोचनक धैरज पदतल जाब।।*[288]

जैसा कि स्वयं कवि ने कहा है, उनकी काव्य-रचना में अपूर्व ऐन्द्रिय-सौन्दर्य का निरूपण हुआ है जिसके दर्शन के लिए नेत्र व्याकुल रहते हैं। यही व्याकुलता सच्चे सौन्दर्य की पहचान है :

*जनम अबधि हम-रूप निहारल नयनन तिरपति भेल।।*[289]

### भक्तिकाल

भक्तिकाल भारतीय जन-जीवन में नयी जागृति का समय था। यद्यपि यह जागृति आध्यात्मिक-धार्मिक दृष्टि से परिचालित थी, फिर भी उसका गहरा प्रभाव व्यापक सामाजिक जीवन पर भी पड़ा था, क्योंकि भारतीय धर्म केवल आध्यात्मिक चिन्तन न होकर जीवन और उसके कर्तव्य को अनुशासित करने वाला था। इसलिए भक्तिकाव्य को केवल निवृत्तिमार्गी मानना उचित नहीं है। वह जीवन की प्रवृत्ति से भी ओत-प्रोत है। उसकी लोकप्रियता और सामाजिक जीवन पर उसका प्रभाव इसके प्रमाण है। भक्ति की नयी जागृति से जनमानस और काव्य-रचना को नयी दिशा दी

थी, भले ही यह जागृति पूर्ण लौकिक न होने के कारण आधुनिक चेतना के समान सर्वव्यापी और आमूल परिवर्तनकारी न हुई हो। उसने राजनीतिक पराधीनता में भी नव जीवन का स्पन्दन उत्पन्न किया। इससे मध्ययुगीन रूढ़ भारतीय जीवन और काव्य-परम्परा को नयी प्रेरणा मिली, जिससे नये सौन्दर्य-बोध का विकास सम्भव हो सका। दरबारी काव्य परम्परा की संकुचित जीवन-चेतना और सौन्दर्य-भावना को जीवन का नया व्यापक संस्पर्श प्राप्त हुआ। रूढ़िमुक्त जीवन और साहित्य के इस स्वच्छन्दतावादी आन्दोलन में अनुभूति-तरल नवीन सौन्दर्य-भावना का विकास हो जाना अत्यन्त स्वाभाविक है। यह सच है कि प्रकृति और प्राकृतिक नैसर्गिकता से कटे हुए मध्ययुग में सौन्दर्य का समग्र साक्षात्कार सम्भव नहीं था। सौन्दर्य के नैसर्गिक और यथार्थोन्मुख सामाजिक पहलू इस युग की सौन्दर्य-भावना से छूटे ही रहे। बहुत करके भक्त कवियों ने जीवन के साथ सम्बन्ध स्थापित करके अपनी सौन्दर्य-भावना को यथासम्भव स्वाभाविक और सामाजिक रखने का प्रयत्न किया या कृत्रिमता को यथासम्भव स्वाभाविक और सामाजिक रखने का प्रयत्न किया या कृत्रिमता और असामाजिकता से मुक्त रखा। अपनी आध्यात्मिक-धार्मिक दृष्टि के कारण भक्त कवियों की सौन्दर्य-भावना मूलतः उदात्त रही। उन्होंने अपनी सौन्दर्य-भावना को आध्यात्मिक रूप प्रदान किया। सगुण भक्त कवियों ने भी लौकिक ऐन्द्रिय सौन्दर्य का आदर्शीकरण करते हुए लौकिक सौन्दर्य के माध्यम से अलौकिक सौन्दर्य की ओर संकेत किया। मानवीय और अलौकिक सौन्दर्यों का यह सामंजस्य सूर की रचना में चरम सीमा पर पहुँच गया है। भक्त कवियों की सौन्दर्य-भावना की स्वस्थता का मूल कारण भी उनकी आध्यात्मिक दृष्टि ही है। इसी कारण श्रीकृष्ण की श्रृंगार-लीलाओं का वर्णन करते हुए भी कृष्णभक्त कवि रीतिबद्ध कवियों की तरह वासना के आवेश में बहक नहीं गये। संक्षेप में भक्त कवियों की सौन्दर्य-भावना ने जीवन की स्वस्थता और आध्यात्मिक पूर्णता के संयोग में एक नवीन रूप प्राप्त किया।

भक्तिकाव्य की स्वच्छन्दता ने नवीन रूप-विधान का भी विकास किया। कलात्मक अभिव्यंजना के मूल में कवियों के सौन्दर्य-बोध की अनुभूतिमूलक तरलता स्पष्ट झलक उठी। आन्तरिक अनुभूति और कल्पना के द्वारा नये रूप में ढलकर और कभी-कभी मौलिक उद्‌भावना के साथ, अप्रस्तुत विधान ने अभिव्यक्ति के स्वरूप को बदल दिया। भाव-तरल गीतिकाव्य का अद्‌भुत विकास हुआ। भावोन्मेष और अभिव्यंजना की जो नयी प्रक्रिया विकसित हुई, वह परम्परागत रस-व्यवस्था की परिधि में समाने वाली नहीं थी। भक्तिकाव्य और रीतिकाव्य की रस-व्यंजना का अन्तर इस बात को स्पष्ट कर देता है। भारतीय साहित्य में भक्तिकाव्य ने पहली बार रसवादी परम्परा से भिन्न नवीन स्वच्छन्द सौन्दर्य का उन्मेष किया।

भक्तिकाव्य की सौन्दर्य-दृष्टि ने परम्परागत सौन्दर्य-भावना को दरबारी नागरिक सीमाओं से मुक्त करके स्वच्छन्द प्रसार के पथ को प्रशस्त किया। भक्ति के स्वरूप

के आधार पर भक्तिकालीन सौन्दर्य-भावना की प्रकृति में न्यूनाधिक अन्तर हो गया। ज्ञानाश्रयी निर्गुण सन्तों ने जीवन से विच्छिन्न नाथों और सिद्धों के भाव-विचारों को ऋजुमार्गी धार्मिक जीवन से अनुप्राणित करके सरल सात्त्विक जीवन की छटा को प्रदर्शित किया। उनके निर्गुण तात्त्विक दृष्टिकोण ने सूक्ष्म आध्यात्मिक सौन्दर्य की व्यंजना की। सौन्दर्य ईश्वरीय है और निराकार ईश्वर का वह सौन्दर्य अत्यन्त सूक्ष्म है। उसकी अभिव्यक्ति ईश्वरीय चेतना और उसके अलौकिक आलोक के रूप में हुई हैं :

*कबीर देख्या एक अंग महिमा कही न जाइ।*
*तेज पुंज पारस घणी, नैनूँ रहा समाइ।।*[290]

निर्गुण कवियों की रहस्य-साधना लौकिक और ऐन्द्रिय श्रृंगार के माध्यम से अभिव्यक्त होने पर भी प्रतीकात्मकता के उचित निर्वाह के द्वारा उन्होंने सौन्दर्यानुभूति की अतीन्द्रियता का पूरा-पूरा ध्यान रखा। उनकी कलात्मक अभिव्यक्ति में संस्कारिता का सौन्दर्य भले ही न हो, सामान्य जीवन के अप्रस्तुतों, प्रतीकों और शब्द-विधान के द्वारा नैसर्गिकता का आकर्षण अवश्य अनुभूत होता है। उसमें कल्पना की छटा नहीं, अनुभूति की सच्चाई और तीव्रता से उत्पन्न ओजस्विता है।

सिद्धान्ततः निर्गुण होने पर भी व्यवहार में सूफी कवियों की सौन्दर्य-भावना रूपाश्रित है। वे सौन्दर्य को आध्यात्मिक मानते हैं, पर उसका प्रकाशन प्राकृतिक और मानवीय रूप में ही दिखाते हैं। यह सूफी प्रतिबिम्बवाद है, जो ईश्वरीय सौन्दर्य को सृष्टिव्यापी मानता है। सृष्टि में ईश्वरीय सौन्दर्य की झलक पाने की साधना में सूफी सौन्दर्य-भावना रहस्यमय, नैसर्गिक, व्यापक और उदात्त हो गयी। लेकिन उसमें जीवन की वह सजीव स्फूर्ति नहीं है, जिसकी झाँकी निर्गुण सन्त काव्य में भी प्राप्त हो जाती है। इसका कारण यह है कि सन्तकाव्य का एक प्रधान प्रेरणा-स्रोत सामाजिक जीवन में, आध्यात्मिक ही सही, एक नयी चेतना का विकास करना है। सूफी काव्य के सामने ऐसा कोई लक्ष्य नहीं है; वह शुद्ध साधनापरक काव्य है। इसलिए व्यापक जीवन को अपनाकर भी उसमें सौन्दर्य ओजस्वी रूप धारण नहीं कर सका। सन्तों और सूफियों की अभिव्यक्ति में भी यह सौन्दर्य-भेद लक्षित होता है। साहित्यिक संस्कारिता के साथ सूफी अभिव्यंजना कोमल, ललित और मधुर है जबकि सन्तों की वाणी का अनगढ़ रूप विशेष ओजस्वी है। अनुभूति और प्रभाव के माध्यम से अभिव्यक्त सूफी सौन्दर्य-भावना की विशेषताएँ व्यापकता और माधुर्य हैं जो उनके अप्रस्तुत विधान में भी झलक उठी हैं। जायसी के द्वारा पद्मावती का सौन्दर्य-वर्णन इसका प्रतिनिधि उदाहरण है :

*नैन बाँक सरि पूज न कोऊ। मानस रोदक उलथहिं दोऊ।।*
*राते कमल करिहं अलिभवाँ। धूमहि भाति चहहिं अपसवाँ।।*
*उठहिं तुरंग लेहि नहि बागा। चाहहिं उलथि गगनकइँ लागा।।*
*पवन झकोरहिं देइ हिलोरा। सरग लाइ भुँइँ लाइ बहोरा।।*

*जग डोलै डोलत नैनाहाँ। उलटि अडार जाहि पलमाहाँ।।*
*जबहिं फिराहिं गगन गहि बोरा। अस वे भौंर चक्र के जोरा।।*
*समुद-हिलोर फिरहिं जनु झूले। खंजन लरहि, मिरिग जनु भूले।।*
*सुभर सरोवर नयन वे, मानिक भरे तरंग।*
*आवत तीर फिरावहीं काल भौंर तेहि संग।।*[291]

सगुण भक्त कवियों ने सौन्दर्य के मूर्त लौकिक रूप का उद्घाटन किया। सूफियों की तरह लौकिक में ही अलौकिक का प्रतिबिम्ब देखने का प्रयत्न न करके ईश्वरीय अवतार होने के कारण रामकृष्ण के रूप-सौन्दर्य को पूर्ण और अद्भुत माना गया। लौकिक सौन्दर्य का अद्भुतपन ही उसकी अलौकिकता को सिद्ध करता है। इस तरह सगुण भक्तों की सौन्दर्य-भावना मूलतः आध्यात्मिक होने पर भी व्यक्त रूप में लौकिक और मानवीय ही है। अवतारवादी दृष्टि के कारण मानवीय रूप में ही सौन्दर्य की पूर्णता स्वीकार की गयी। प्रकृति-सौन्दर्य की नैसर्गिकता उसकी केवल एक विभूति है। श्रीकृष्ण से पृथक् वृन्दावन के सौन्दर्य की कोई अपनी सत्ता नहीं है। राधाकृष्ण के सौन्दर्य की सापेक्षता में ही उसका शोभामय रूप व्यंजित होता है। रामकाव्य के जीवन का व्यापक परिपार्श्व प्रस्तुत होने पर भी उसकी सामाजिक दृष्टि में प्रकृति की सत्ता को कोई विशेष महत्त्व नहीं मिला। वह जीवन के प्रौढ़ सामाजिक-सांस्कृतिक विकास का काव्य रह गया जिसकी सौन्दर्य-भावना मानवीय रूप की सामाजिक-सांस्कृतिक संस्कारिता पर आधारित है।

कृष्णभक्त कवियों ने श्रीकृष्ण के जीवन के मधुर पक्ष को ही ग्रहण किया। इसलिए उसमें सौन्दर्य-वर्णन की अनेक सम्भावनाएँ हो गयीं। उनकी आनन्दवादी दृष्टि, सौन्दर्य और प्रेम की ही आश्रित है। कवियों ने आनन्द के इन दोनों स्रोतों के कोने-कोने को झाँककर उनका रहस्योद्घाटन किया है। श्रीकृष्ण का व्यक्तित्व और रूप-सौन्दर्य ऐसा है कि स्मरण मात्र से मन सरस हो जाता है।[292] उसमें एक ऐसा विरोधाभास है कि उसके आकर्षण से कोई बच नहीं सकता। उसकी लीलाओं और चेष्टाओं में ही नहीं, उसकी बाहरी वेशभूषा और रंग-ढंग में भी यह विरोधी चमत्कार दिखाई देता है।

विद्यापति के शब्दों में जो गोपिका श्रीकृष्ण की निन्दा करती है, वही उसके सामने आने पर विवश हो जाती है :

*करितहुँ पर-उपहासे*
*परिलिंहु तन्हि विधि फाँसे।*[293]

श्रीकृष्ण के अपूर्व सौन्दर्य पर मुग्ध होकर रसखान कहते हैं :

*मोर पखा सिर ऊपर राखिहौं गुंज की माल गरें परिरौंगी।*
*ओढ़ि पितम्बर लै लकुटी वन गोधन ग्वारिन संग फिरौंगी।।*
*भावत वोहि मेरो रसखानि सों तेरे कहें सब स्वांग करौंगी।*
*या मुरली मुरलीधर की अधरान धरी अधरा न धरौंगी।।*[294]

कृष्णभक्त कवियों की सौन्दर्य-भावना अलौकिक, अपूर्व, विलक्षण और परिपूर्ण है। श्रीकृष्ण पूर्ण पुरुष हैं जो लौकिक मर्यादाओं से परे हैं। लौकिक दृष्टि से उनकी लीलाओं में नग्न वासना की झलक मिल सकती है लेकिन मर्यादा का यह उल्लंघन आध्यात्मिक दृष्टि से माया के बन्धनों से मुक्ति का द्योतक है तो सौन्दर्यशास्त्रीय दृष्टि से लौकिक सामाजिक मर्यादा के धरातल से परे सौन्दर्यानुभूति के ऊँचे धरातल पर पहुँचने का व्यंजक है। कृष्णभक्त कवियों की भक्ति-भावना और सौन्दर्य-भावना आत्म-केन्द्रित तन्मयता की पराकाष्ठा को व्यक्त करती हैं और इस दृष्टि से समस्त हिन्दी साहित्य में अपनी समता नहीं रखतीं। छायावाद में सौन्दर्य का उससे अधिक रमणीय उन्मेष मिल सकता है, पर अनुभूति की उतनी तन्मयता नहीं।

कृष्णभक्त कवियों की सौन्दर्य-भावना अत्यन्त नैसर्गिक और स्वच्छन्द है और उन्होंने बन्धन-मुक्त स्वाभाविक मानवीय छटा को दर्शाया है। पूर्ण मानवीय रूप की इस अपूर्व शोभा में ही अलौकिकता का आभास है। व्यक्त रूप की सौन्दर्यानुभूति ऐन्द्रिय और रंगीन लग सकती है पर वह वासना की उत्तेजना पर ले जाने वाली नहीं है। रीतिकाव्य की सौन्दर्यानुभूति से तुलना इस बात को स्पष्ट कर देती है। आध्यात्मिक दृष्टि के कारण सौन्दर्यानुभूति ऐन्द्रिय होती हुई भी निर्लिप्त है। सूर की राधा और गोपिकाओं में सौन्दर्य-दर्शन की जो व्याकुलता है, वह संयोग की नहीं, साहचर्य की है। बार-बार दर्शन की यही व्याकुलता सच्ची सौन्दर्यानुभूति की पहचान है। कृष्णभक्त कवियों की दृष्टि में सौन्दर्य वस्तुनिष्ठ नहीं व्यक्तिनिष्ठ प्रतीत होता है। कम-से-कम उन्होंने उसे अनुभूति और प्रभाव के माध्यम से व्यक्त किया है। अनुभूति की तीव्रता, सौन्दर्य की अनन्तता का बोध कराती है। उस अनुभूति में मन की मधुर कल्पना के योग से सौन्दर्याभिव्यक्ति अत्यन्त सजीव हो उठी है। उनकी कल्पना रमणीय अप्रस्तुत विधान से कहीं अधिक वस्तु को रंग देने में है। इसके लिए कृष्णभक्त कवि जयदेव और विद्यापति के ऋणी हैं। उनकी भावनाशील-कल्पनाशील प्रवृत्ति ने साहित्यिक अभिव्यक्ति को वह रूप दिया है, जिसमें रीतिबद्ध काव्य की सूक्ष्म बारीकियाँ भले ही न हों, पर भाव-तरल लावण्य की आभा अवश्य मिल जाती है।

सौन्दर्यवादी दृष्टि से कृष्णभक्त कवियों में ही नहीं पूरे हिन्दी साहित्य में सूर का अपना विशिष्ट स्थान है। नेत्रों पर उनकी उक्तियाँ सौन्दर्य की सजीवता को व्यक्त करती हैं तो मुरली-माधुरी अनुभूति की अपूर्वता को। भ्रमरगीतों में भाव-तरल रूप-माधुर्य की अनन्त लहरें उठकर नेत्र के माध्यम से मन को आर्द्र और रस-विभोर कर देती हैं। बाल कृष्ण के रूप और उनकी चेष्टाओं के स्वाभाविक वर्णन, सौन्दर्य-भावना की मानवीय सार्वभौमिकता और निष्काम दृष्टि के प्रमाण हैं। बाल-सौन्दर्य की अनुभूति में कामना की क्रियाशीलता बहुत कम रहती है। माता यशोदा श्रीकृष्ण की बाल-चेष्टाओं पर साधारणीकृत रूप में इस तरह मुग्ध हो जाती है कि उसका क्रुद्ध रूप भी सौन्दर्यानुभूति का विषय बन जाता है। मन में बाल-चेष्टाओं के दर्शन की

अनन्त अभिलाषाएँ जाग उठती हैं। यहाँ पर सूर की सौन्दर्य-भावना ने मानवीय ही नहीं जीवन-सापेक्ष सामाजिक रूप भी धारण किया है। वात्सल्य के आलम्बन का सारा सौन्दर्य पारिवारिक और सामाजिक सम्बन्ध-सूत्रों और भावनाओं पर आधारित है। शिशु-सुलभ चेष्टाओं ने श्रीकृष्ण के रूप-सौन्दर्य को जो गतिशीलता प्रदान की, उसके कारण रूप का आकर्षण अत्यन्त बढ़ गया है। चेष्टा स्वभाव (भोलापन) और भाव (क्रोध) से सौन्दर्योन्मीलन की ये झाँकियाँ कितनी स्वाभाविक हैं :

*सोभित कर नवनीत लिए*
*घुटरुन चलत रेनु तन मण्डित मुख दधि लेप किये।*[295]

*मैया कबहि बढ़ैगी चोटी।*[296]

*यह ले अपनी लकुटि कमरिया बहुतहि नाच नचायो।*[297]

इस क्रियाशील और स्पन्दनशील रूप में बाह्य सौन्दर्य की अपेक्षा अन्तःसौन्दर्य की व्यंजना है। सूर की सौन्दर्य-भावना अन्तर्मुखी, भावनाशील और स्वाभाविक या मानवीय है। श्रृंगार के सन्दर्भ में वह कल्पना से रंगीन भी हुई है। साहित्यिक अभिव्यक्ति के क्षेत्र में उनकी समता करने वाला कवि शायद ही कोई दूसरा मिल सकता है। उनकी कल्पना ने प्रसंगों की अनन्त मौलिक उद्भावना ही नहीं की, उन्हें नाटकीय दृश्य के रूप में मूर्त बना दिया। प्रत्येक प्रसंग गोचर रूप धारण करके आँखों में समा जाता है। इस नाटकीय कला के द्वारा उन्होंने भावनाओं और क्रियाकलापों को भी बिम्ब रूप प्रदान किया है। इस नाटकीयता के समतुल्य उनकी वचनविदग्धता है जो भाव-विचारों को मूर्त बनाने के साथ उनके प्रभाव की भी सूक्ष्म व्यंजना करती हुई मन में भाव-तरल प्रतिमा उद्बुद्ध करती है।

रामभक्त कवियों की सौन्दर्य-दृष्टि लौकिकता की ओर अधिक झुकी हुई है। उनका आराध्य लीला मानुष ही न होकर दुष्ट-संहारक और सज्जन-समाज का उद्धारक भी है। तुलसी ने राम में सौन्दर्य, शक्ति और शील का समन्वित रूप दिखाया है। उनकी सौन्दर्य-भावना शक्ति में अनुप्राणित और शील से अनुशासित है। कवितावली के लंकाकाण्ड में लंकादहन के समय भयानक, बीभत्स और रौद्र रसों का निरूपण निमित्तमात्र है, हनुमान की शक्ति के सौन्दर्य का उन्मीलन ही कवि का अभिप्रेत है। रामचन्द्र जी का सौन्दर्य रूपगत नहीं है। पौरुष और शक्ति ने रूप को वह ओजस्विता प्रदान की है कि उनका धनुषधारी रूप मन में अंकित हो जाता है।[298] दूसरी ओर उनके रूप-सौन्दर्य की भावना शील और सामाजिक मर्यादा के प्रभाव से अत्यन्त सात्त्विक हो उठी है। शक्ति की अनन्तता और शील की चरम सात्त्विकता ने तुलसी की सौन्दर्य-भावना को उदात्त धरातल पर पहुँचा दिया है। प्राचीन हिन्दी साहित्य में पारिवारिक भावना, नैतिक चेतना और सामाजिक मर्यादा के परिपार्श्व में सौन्दर्य की

ऐसी सात्त्विक छटा अन्यत्र दुर्लभ है। तुलसी की सौन्दर्य-भावना स्वच्छन्दतावादी उतनी नहीं है, जितनी क्लासिकल। क्लासिकल सौन्दर्य-दृष्टि का सन्तुलन वस्तु-विधान और कलात्मक अभिव्यक्ति, दोनों में दिखाई देता है। औचित्य और गाम्भीर्य के साथ रूप की सुनिश्चित योजना उसकी विशेषता है। सीता-राम के सात्त्विक सौन्दर्य पर मुग्ध होकर कवि कभी-कभी भावुक भी हो उठा है, जैसे वनगमन के समय ग्रामवधू-वार्ता के प्रसंग में। लेकिन शुद्ध स्वच्छन्दतावादी भावुक दृष्टि के साथ तुलसी का सौन्दर्य-वर्णन उतना मार्मिक नहीं हो सका, जैसा गीतावली में।

प्रेम के प्रसंग में भी रूप-वर्णन की मर्यादाबद्धता तुलसी की सौन्दर्य-भावना की सामाजिकता की द्योतक है। उन्होंने भारतीय मर्यादा के अनुरूप कुलवधू के पारिवारिक रूप को ही प्रस्तुत किया है।

*पूछति ग्रामवधू सिय सों, कहौ साँवरे से सखि रावरे को हैं?*
*सुनि सुन्दर बैन सुधारस साने, सयानी है जानकी जानी भली।*
*तिरछे करि नैन दै सैन तिन्हें समुझाइ कछू मुसुकाइ चली।।*[299]

मर्यादा पुरुषोत्तम रामचन्द्र जी सीता के रूप-सौन्दर्य के सम्बन्ध में इतना ही कहते हैं :

सुन्दरता कहूँ सुन्दर करई। छविगृह दीसिखा जनु बरई।।[300]

कवि की दृष्टि ऐन्द्रिय बाह्य सौन्दर्य पर नहीं, भावतरल अन्तःसौन्दर्य या लावण्य पर है जो दीपशिखा के समान शरीर को प्रोज्ज्वल बना रहा है। तुलसी की सौन्दर्य-भावना मानसिक अवश्य है पर वह मन की भावना और कल्पना से नहीं, नैतिक चेतना से परिचालित है। आध्यात्मिक दृष्टि की समान प्रेरणा में सूर की सौन्दर्य-भावना अन्तर्मुखी है जबकि तुलसी की बहिर्मुखी। एक की स्वच्छन्दतावादी और व्यक्तिनिष्ठ है तो दूसरे की अपेक्षाकृत अधिक क्लासिकल और वस्तुनिष्ठ।

## रीतिकाल

मध्यकाल की रूढ़ ह्रासोन्मुखता में भक्ति की नवचेतना और जागृति अल्पकालीन लहर थी जिसने जन-जीवन और कलात्मक सौन्दर्य-बोध को झकझोर तो दिया, पर नयी गति नहीं दे सकी। भक्ति-आन्दोलन की नवचेतना भी कालक्रम में निष्क्रिय जन-जीवन का केवल एक आभूषण बनकर रह गयी। जीवन और साहित्य की स्वच्छन्दता रीतिबद्धता में जकड़ गयी। उसका परवर्ती युग पर इतना प्रभाव अवश्य पड़ा कि रीतिबद्धता में भी सौन्दर्य-बोध फिर उत्तेजित हो सका। दरबारी काव्य-परम्परा में इस तरह आदिकाल की शुष्कता के स्थान पर सौन्दर्य की सरसता का संचार हुआ। रीतिकाल की सौन्दर्य-भावना संकीर्ण हो सकती है, लेकिन सौन्दर्य से उनकी मूलभूत प्रेरणा को अस्वीकार नहीं किया जा सकता। साहित्यिक अभिव्यंजना के क्षेत्र में रीतिकालीन कवियों की शुद्ध कलावादी दृष्टि से भी इस बात की पुष्टि होती है।

दरबारी वातावरण में विकसित रीतिबद्ध की सौन्दर्य-भावना संस्कृत नागरिक सौन्दर्य-भावना है जिसमें नैसर्गिकता का आभास भी नहीं है। अधिक संस्कारिता ने उसे अनेक अवसरों पर कृत्रिम भी बना दिया है। दरबारी वैभव-विलास ने आश्रयदाता और कवि, दोनों की सौन्दर्यानुभूति को पूरा-पूरा प्रभावित किया है। मानवीय रूप और कविता, दोनों का अलंकरण कृत्रिम हो गया है। मनुष्य प्रकृति से पूरा कट गया। प्रकृति केवल उद्दीपक रह गयी। कृत्रिम प्रसाधनों में ही सौन्दर्य की आभा झलक उठी। फ़ारसी प्रभाव ने सौन्दर्य-भावना को अत्युक्तिपूर्ण और कला को चमत्कारी रूप दिया।

रीतिबद्ध कवि बाह्य सौन्दर्य की रंगीन छटा से ही अधिक आकृष्ट थे। सौन्दर्य की प्रकृति बिल्कुल ऐन्द्रिय थी। अन्तःसौन्दर्य या लावण्य की ओर संकेत अवश्य मिल जाते हैं, लेकिन व्यक्तिगत और चरित्र से मण्डित मानवीय रूप-सौन्दर्य की गरिमा की ओर ध्यान नहीं गया। ''रीतियुग की नारी का कोई स्वतन्त्र प्रेरक अस्तित्व''[301] नहीं है। नागरिक दृष्टि से सुकुमारता या कोमलता को इतना अधिक महत्त्व दिया गया कि नारी का रूप उसके भार से दब-सा गया। सौन्दर्य की एकमात्र प्रतिनिधि नारी थी और सारा सौन्दर्य उसके यौवन के विकास में भरा हुआ था। यौवन के सौन्दर्य की अनुभूति ऐन्द्रिय ही नहीं, वासना को उत्तेजित करने वाली थी। नारी और उसका सौन्दर्य उपभोग की वस्तु थे। आश्रयदाता विलासी राजाओं की रुचि और रसिकता का यही रूप था। रीतिकाव्य में ''एक चेतन व्यक्ति का दूसरे चेतन व्यक्ति के प्रति सक्रिय आकर्षण कम है।''[302]

वास्तव में रीतिकालीन कवियों ने कृष्णभक्ति काव्य से राधाकृष्ण की लीलाओं का इतिवृत्त ही ग्रहण नहीं किया, उससे सौन्दर्य-दृष्टि की प्रेरणा भी ग्रहण की। लेकिन उसकी नैसर्गिकता, स्वच्छन्दता और सात्त्विकता के बदले उसे दरबारी परिस्थितियों के अनुरूप नागरिक रूप दिया। राधाकृष्ण का स्मरण केवल बहाना हो गया। रीतिकाव्य में ''पार्थिव एवं ऐन्द्रिय सौन्दर्य के आकर्षण की स्पष्ट स्वीकृति है—किसी प्रकार के अपार्थिव अथवा अतीन्द्रिय सौन्दर्य के रहस्य संकेत नहीं।''[303]

इतना अवश्य स्वीकार करना पड़ता है कि रीतिबद्ध कवियों ने नागरिक सौन्दर्य-भावना को हाव-भावों और चेष्टाओं के द्वारा अत्यन्त सजीव और गतिशील रूप दिया है। उनकी सौन्दर्य-दृष्टि बहिर्मुखी हो सकती है, पर उसमें अपूर्व माधुर्य भरा हुआ है, जो नेत्रों के लिए आकर्षक ही नहीं, मन को बरबस खींच लेने वाला है :

*बतरस लालच लाल की मुरली धरी लुकाइ।*
*सौंह करैं, भौंहनि हँसै, दैन कहैं, नटि जाई।।*[304]

यह सौन्दर्य इतना अपूर्व है कि सुजान उसके वश में हो जाते हैं :

*अनियारे दीरघ दृगनु किती न तरुनि समान।*
*वह चितवनि औरे कछु, जिहि बस होत सुजान।।*[305]

रीतिकालीन सौन्दर्य-बोध अत्यन्त सूक्ष्म और कवियों की कल्पना से रंगीन है। उनकी सौन्दर्य-निरूपण-पद्धति चित्रात्मक से कहीं अधिक व्यंजना-गर्भित है। रूढ़ शास्त्रीय परिधि से बँधकर भी उन्होंने सूक्ष्म बारीकियों के अन्तर के साथ नवीन रूप-विधान का प्रयत्न किया है। रीतिकाल के सर्वश्रेष्ठ सौन्दर्यवादी कवि बिहारी ने गाथासप्तशती और आर्यासप्तशती का अनेक अवसरों पर भावानुसरण करते हुए भी अपनी रचना को नवीन बारीक सौन्दर्य से भर दिया। सौन्दर्य की मूलभूत प्रेरणा के कारण ही उनकी रचना में शास्त्रीय अनुकरण के बावजूद 'नियोक्लासिकल' निर्जीवता बहुत कम मिलती है। उसमें अत्युक्ति और चमत्कार की मात्रा कुछ अधिक भले ही हो, सौन्दर्य की तरलता भी पग-पग पर मिल जाती है।

रीतिबद्ध कवियों की तुलना में रीतिमुक्त कवियों की सौन्दर्य-भावना अधिक नैसर्गिक है। अलौकिक न होने पर भी वह कृष्णभक्त कवियों की सौन्दर्य-भावना के समान नैसर्गिक, स्वच्छन्द और सात्त्विक है क्योंकि वे शृंगार के नहीं, प्रेम के कवि हैं। कहीं-कहीं उनकी अन्तर्मुखी प्रेम-भावना सौन्दर्य की अत्यन्त सूक्ष्म छायाओं का उद्‌घाटन भी कर देती है। रीतिमुक्त कवियों की सौन्दर्यानुभूति अतीन्द्रिय और मानसिक तथा सौन्दर्य-बोध, नैसर्गिकता और कल्पना के संयोग से विकसित है। उनकी सौन्दर्यानुभूति भावतरल और व्यक्तिनिष्ठ है। सूर के समान घनानन्द ने रूप-सौन्दर्य के अन्तर्दर्शन का प्रयत्न किया तो ठाकुर, बोधा, आलम आदि ने रसखान के समान बहिर्मुखी चेष्टा-व्यापार के सौन्दर्य को व्यक्त किया। रीतिमुक्त कवियों की कलात्मक अभिव्यंजना में भी रूप-सौन्दर्य की स्वच्छन्दता है। काव्याभिव्यंजना की चलती परम्परा को उन्होंने अपनाया है, लेकिन अपने-अपने ढंग से उसे नये रूप में ढाला है। घनानन्द के लाक्षणिक वाग्वैदग्ध्य ने उसे बिल्कुल नवीन व्यंजक रूप प्रदान किया है।

## आधुनिक काल

आधुनिक काल भारतीय जन-जीवन में सच्चे अर्थ में नयी जागृति का समय है जिसने जीवन की दिशा और कलात्मक सौन्दर्यानुभूति को आमूल परिवर्तित कर दिया। मध्ययुग में इस्लामिक संस्कृति के साथ नया सम्पर्क तो स्थापित हुआ, लेकिन विरोधी दृष्टि के कारण उसका कोई गहरा प्रभाव नहीं पड़ा। उस भोगवादी संस्कृति में नयी जागृति का कोई सन्देश भी नहीं था। उसके साथ संघर्ष ने कुछ नयी चेतना को अवश्य उत्पन्न किया अन्यथा उसका प्रत्यक्ष प्रभाव, रूढ़ जन-जीवन और रीतिबद्ध कला में केवल भोगवादी सौन्दर्य-दृष्टि को पुष्ट करने में दिखाई देता है, जिसकी निराला जी ने 'तुलसीदास' के आरम्भ में मार्मिक व्याख्या की। इसके विपरीत आधुनिक काल में पाश्चात्य प्रभाव ने परम्परागत सभी रूढ़ियों को तोड़कर नवीन चिन्तन की प्रेरणा दी। इसका सारा श्रेय केवल पाश्चात्य संस्कृति और साहित्य को नहीं जाता। आधुनिक अनेक विचारधाराओं और उनसे प्रभावित जीवन के विकास ने

भी भारतीय नयी चेतना को पुष्ट किया। प्रजातन्त्र की भावना, विज्ञान की बौद्धिक दृष्टि और औद्योगिकीकरण से उत्पन्न भौतिक परिस्थितियों ने रूढ़ भारतीय जीवन में परिवर्तन को अनिवार्य कर दिया। विज्ञान के साथ मनोविज्ञान के मानस-विश्लेषण और मार्क्सवाद की यथार्थोन्मुख सामाजिक दृष्टि ने भी परम्परागत मूल्यों को बदलकर जीवन और साहित्य को नयी दिशा और गति दी। साहित्य के क्षेत्र में अनेक नवीन प्रवृत्तियों और वादों का विकास हुआ जिन्होंने सौन्दर्य के नये आयामों को सामने रखा। कुछ प्रवृत्तियों ने प्राचीनतम भारतीय परम्पराओं से प्रेरणा लेकर परम्परा को स्वच्छन्दता देकर प्राकृतिक नैसर्गिकता की ओर पुनः प्रस्थान का प्रयत्न किया तो दूसरे इस प्राकृतिक एवं आध्यात्मिक सार्वभौमिकता की आधुनिकता के अनुकूल न मानकर वैज्ञानिक, मनोवैज्ञानिक और सामाजिक नयी दिशाओं की ओर मुड़ गये। इन प्रवृत्तियों के द्वारा साहित्य की सौन्दर्यानुभूति ने एक ओर नये सिरे से नैसर्गिक, स्वच्छन्द और उदात्त रूप प्राप्त किया जो प्राचीन सौन्दर्यानुभूति से अधिक व्यापक और सार्वभौमिक है तो दूसरी ओर उसने यथार्थवादी व्यापकता, मनोवैज्ञानिक गहराई और सामाजिक चेतना प्राप्त की जो आधुनिक सौन्दर्यानुभूति की प्रधान दिशाएँ हैं।

हरिश्चन्द्र युग में चलती परम्पराएँ अभी प्रबल थीं। जीवन और साहित्य में नयी चेतना का विकास और ग्रहण सुधारवादी दृष्टि से परम्परा की परिधि में ही स्वीकृत हुआ। साहित्य की पुरानी धारा में भक्तिकालीन और रीतिकालीन सौन्दय-भावना के रूढ़ स्वरूप की झलक मिलती है तो नयी धरा में जागृति के उत्साह और स्फूर्ति को सौन्दर्यशास्त्रीय रूप ही प्राप्त नहीं हो सका। इसके कारण कवियों की भक्तिपरक और श्रृंगारी साहित्यिक अभिरुचि की सीमाएँ हैं। वैचारिक क्षेत्र में नवीनता को स्वीकार करते हुए भी कवि उसके कलात्मक स्वरूप से परिचित नहीं थे। उनमें सौन्दर्य-बोध का नवीन विकास नहीं हुआ था। इसलिए प्राकृतिक और मानवीय रूपवर्णन नवीन सौन्दर्यानुभूति की तरलता से रहित, रूढ़ परम्परागत रूप में ही हुआ। हरिशचन्द्र जी का आलंकारिक 'यमुनावर्णन' इसका प्रतिनिधि उदाहरण है। सौन्दर्य-दृष्टि-सम्पन्न इस युग के एक मात्र कवि 'रत्नाकर' हैं। उनकी सौन्दर्यानुभूति में अनुभूति की नयी स्फूर्ति, नैसर्गिकता और स्वच्छन्दता भले ही न हो, रूप के सुगठितपन और संस्कारिता का बोध अवश्य मिल जाता है। उद्धव शतक में राधाकृष्ण के सौन्दर्य-वर्णन की यही विशेषता है। कलात्मक अभिव्यंजना में भी गठन का यही सौष्ठव है जो शब्द-प्रयोग की सार्थकता के बल पर शिल्प की सूक्ष्म-बारीकियों को व्यंजित करता है। इस शिल्प-विधान में सौन्दर्य की चेतना नहीं, रूप का आयोजन है। रत्नाकर जी ने रीतिकालीन सौष्ठवतावादी सौन्दर्यानुभूति और कलात्मक अभिव्यंजना को चरम विकसित रूप प्रदान किया। वस्तु-सम्बन्धी वैचारिक भूमि भक्तिकालीन अवश्य थी, पर अनुभूति की भावभूमि रीतिकालीन थी। इसलिए भक्तिकालीन सौन्दर्यानुभूति की नैसर्गिकता और तन्मयता एकाध स्थान पर ही व्यंजित हो सकी।

द्विवेदी-युग ने नवीन चेतना को भारतेन्दु हरिश्चन्द्र की सुधारवादी दृष्टि के स्थान पर प्राचीन पुनरुत्थानवादी दृष्टि से पुष्ट करने का प्रयत्न किया है। परम्परा के प्रति मोह ने नवीनता के साथ उसके समन्वय की साधना की। गाँधी-युग की समन्वयवादी दृष्टि का यह प्रभाव है। इस कारण साहित्य के क्षेत्र में नवीन सौन्दर्य-बोध की प्रतिष्ठा नहीं हो सकी; कहीं-कहीं उसकी एक झलक ही मिल जाती है। वास्तव में हरिश्चन्द्र-युग और द्विवेदी-युग साहित्यिक साधना के प्रथम चरण हैं जिनका लक्ष्य नवीन सौन्दर्यानुभूति के विकास की अपेक्षा उसके लिए आवश्यक पृष्ठभूमि प्रस्तुत करने का है। वे जीवन की नयी दिशाओं की ओर गतिशील हुए, नये सौन्दर्य को पहचान नहीं सके। उन्होंने साहित्य को नवीन वस्तु, भाव-विचार और भाषा-शैली दी, उनके समन्वय और सामंजस्य से नवीन रूप-सौन्दर्य की सृष्टि नहीं की।

द्विवेदी-युग ने रीतिकाल की भोगवादी दृष्टि और अभिव्यंजना को रूढ़ परम्परा से मुक्त करने के लिए नैतिक दृष्टि और नयी भाषा-शैली अपनायी। नैतिक दृष्टि की प्रबलता ने काव्य-रचना को सौन्दर्य-दृष्टि से रहित इतिवृत्तात्मक रूप दिया। नयी भाषा-शैली कहीं संस्कृत की प्राचीन काव्याभिव्यंजना के समान रूप-विधान के प्रयत्न में संलग्न रही तो कहीं नवीनता के लिए उर्दू का अनुसरण करती हुई छटपटाती रह गयी। छायावादी युग में आकर ही नवीन सौन्दर्यानुभूति और शिल्प-विधान का विकास हो सका। सौन्दर्यवादी दृष्टि से गद्य के क्षेत्र में हरिश्चन्द्र-युग और द्विवेदी-युग की साधना में उल्लेखनीय कोई विशेषता नहीं है। नाटकों में प्राचीन परम्परा चल रही थी। पाश्चात्य नाटकों के अनुवादों ने मौलिक रचना को विशेष प्रभावित नहीं किया। कथा-साहित्य की आरम्भिक दशा थी। निबन्ध के क्षेत्र में हरिश्चन्द्र-युग ने स्वच्छन्दता की ओर जो प्रस्थान किया, उसका परवर्ती युग में विकास नहीं हो सका।

द्विवेदी-युग में प्रकृति का विस्तार के साथ वर्णन आरम्भ हो गया। पर वह सौन्दर्य-दृष्टि से सम्पन्न और भाव-तरल नहीं था। परम्परागत उद्दीपक रूप के साथ-साथ पृष्ठभूमि के रूप में प्रकृति का वर्णन या तो आलंकारिक शैली में है या भाव-शून्य निरपेक्ष रूप में। कवियों के मन में प्रकृति के प्रति आकर्षण और अनुराग नहीं था। हरिऔध जी के इस संध्या-वर्णन में सौन्दर्य-बोध का आभास भी नहीं मिलता।

*"दिवस का अवसान समीप था,*
*गगन था कुछ लोहित हो चला*
*तरु-शिखा पर थी अब राजती*
*कमलिनी-कुल-वल्लभ की प्रभा।"*[306]

मानवीय रूप की सौन्दर्य-व्यंजना नैतिक दृष्टि के कारण पारिवारिक परिधि से आगे नहीं बढ़ सकी। भारतीय पारिवारिक संस्कृति के प्रतिनिधि कवि गुप्त जी ने नारी को सामाजिक क्षेत्र में ले आकर रूप-सौन्दर्य को स्वच्छन्दता और सामाजिकता से अन्वित करने का कुछ प्रयास अवश्य किया, लेकिन परम्परागत निषेधों से उत्पन्न

मानसिक प्रतिबन्धों के कारण वे उस प्रयास में सफल नहीं हो सके। द्विवेदी-युग का रूप-वर्णन प्रायः नैतिक दृष्टि से अनुमोदन-योग्य और परम्परागत रूप में चमत्कारी ही रहा। गुप्त जी की प्रतिभा ने कहीं-कहीं युग और साहित्य के बन्धनों को तोड़कर अपनी सहज भावना और कल्पना के अनुरूप भाव-तरल सौन्दर्य-प्रतिमा को खड़ा किया। साहित्यिक अभिव्यक्ति के क्षेत्र में भी द्विवेदी-युग के सौन्दर्य-बोध की परम्परागत अपनी सीमाएँ रहीं। केवल गुप्त जी ने समय के साथ बदलते हुए गीति-काव्य की परम्परा में नवीन सौन्दर्य-बोध के उन्मेष का कुछ प्रयत्न किया।

द्विवेदी-युग में नवीन-सौन्दर्य-बोध का आभास श्रीधर पाठक की रचनाओं में मिलता है जिन्होंने अंग्रेजी के 'पूर्वस्वच्छन्दतावाद' का अनुकरण किया। उनकी रचना द्विवेदी-युग की परम्परागत और नैतिक मान्यताओं से मुक्त थी। शुक्ल जी ने इस काव्य-प्रवृत्ति को 'सच्चा स्वच्छन्दतावाद' कहकर उसके नवीन भावोन्मेष की प्रशंसा की।[307] वास्तव में यह स्वच्छन्दतावाद छायावाद की पूर्व-पीठिका है जो नवीन जागृति के अनुरूप नवीन सौन्दर्य-भावना के विकास की साधना में संलग्न था।

## आधुनिक काल का द्वितीय चरण

जीवन और साहित्य, दोनों में नयी जागृति की पूर्ण प्रतिष्ठा द्विवेदी-युग के बाद ही सम्भव हो सकी। नयी चेतना में सौन्दर्य-भावना का अनेक दिशाओं में विकास और प्रसार किया। छायावाद ने अपनी दृष्टि और सौन्दर्य-चेतना को उपनिषदों की आध्यात्मिक परम्परा से जोड़कर मान्यता प्राप्त करने का प्रयत्न किया। पर वास्तव में छायावादी मानवीय-संवेदना, सार्वभौमिक-सांस्कृतिक चेतना और सूक्ष्म सौन्दर्य-भावना आधुनिक दृष्टि की ही देन है। आध्यात्मिकता उसका आवरण या साधन मात्र है।

सौन्दर्यवादी दृष्टि से छायावादी काव्य का हिन्दी साहित्य में सर्वोपरि स्थान है। कवियों की प्रेरणा का मूल स्रोत सौन्दर्य ही है। उसी की अनुभूति में उनकी कल्पना और भावना उत्तेजित हुई हैं। सौन्दर्य को ही उन्होंने जीवन का सत्य और शिव माना है और उसे शाश्वत आध्यात्मिक सत्य भी घोषित किया है–

*"तुम सत्य रहे चिर सुन्दर*
*मेरे इस मिथ्या जग के*
*थे केवल जीवन संगी*
*कल्याण कलित इस मग के।"*[308]

छायावादी काव्य में सौन्दर्य का प्रतिमान प्रकृति थी। उनकी सौन्दर्य-भावना की नैसर्गिकता का यही रहस्य है। कवियों के मन में प्रकृति-सौन्दर्य के प्रति अपार आकर्षण और अनुराग भरा था। पन्त जी कहते हैं कि–

*"छोड़ द्रुमों की मृदु छाया*
*तोड प्रकृति से भी माया*
*बाले तेरे बालजाल में*
*कैसे उलझा दूँ लोचन?"*[309]

प्रकृति के साथ ऐसा रागात्मक सम्बन्ध पहली बार हिन्दी साहित्य में देखने को मिला। छायावादी काव्य एक प्रकार से प्रकृति की ओर पुनः प्रस्थान का काव्य है। प्रकृति के क्षेत्र में अनुभूति की तरलता और तन्मयता के कारण ही छायावादी कवि उसके सौन्दर्य के रहस्योद्घाटन में पूरे सफल हुए। प्रकृति को चेतन मानकर उसका मानवीकरण करते हुए, उसके बाह्य रूप का ही नहीं स्पन्दनशील आन्तरिक सजीवता का भी मार्मिक निरूपण किया गया। प्रकृति का रूप क्षण-क्षण परिवर्तित होकर नित्य नवीन सौन्दर्य की अनुभूति देता है :

*"पावस ऋतु थी, पर्वत प्रदेश*
*पल-पल परिवर्तित प्रकृति वेश।"*[310]

जीवन और साहित्य की रूढ़ियों को तोड़कर स्वतन्त्रता और स्वच्छन्दता का आग्रह करते हुए छायावाद ने मानवीय सौन्दर्य का उन्मुक्त रूप प्रस्तुत किया। नारी कुलवधू नहीं, प्रेयसी बन गयी। लज्जा की नैसर्गिक शोभा कवियों ने अवश्य दिखाई पर सामाजिक मर्यादा के संकोच में रूप-सौन्दर्य का स्वच्छन्द प्रसार दब नहीं गया। 'कामायनी' का पूरा लज्जा सर्ग इसका प्रमाण है। नारी की आन्तरिक शक्ति और व्यक्तित्व से युक्त ओजस्वी रूप ने सौन्दर्य को नयी चेतना प्रदान की, जैसे 'तुलसीदास' की रत्नावली के रूप-सौन्दर्य-वर्णन से प्रकट होता है। छायावादी कवियों ने रूप की ऐन्द्रिय, रंगीन छटा के साथ लावण्य और तेजस्विता का भी निरूपण किया है। शारीरिक गठन की दृष्टि से नारी का रूप कोमल और पुरुष का ओजस्वी हो सकता है, पर शक्ति और व्यक्तित्व के आधार पर दोनों का सौन्दर्य समान रूप से उज्ज्वल और ओजस्वी है।

छायावादी सौन्दर्य-भावना अत्यन्त सूक्ष्म है। द्विवेदी-युग की स्थूल दृष्टि की यह प्रतिक्रिया है। राजनीतिक पराधीनता और स्वतन्त्रता-संग्रामों की असफलताओं ने कवियों को अन्तर्मुखी और कल्पनाशील बना दिया। कल्पना ने एक ओर सौन्दर्य को वायवी रूप देकर अप्सराओं की सृष्टि की तो दूसरी ओर रूप के अन्तर्दर्शन के साथ सौन्दर्य की सूक्ष्म छायाओं का उद्घाटन भी किया। द्विवेदी-युग की नैतिक दृष्टि की प्रतिक्रिया में छायावादी कवियों ने ऐन्द्रिय सौन्दर्य को भी बहुत प्रश्रय दिया। लेकिन अन्ततोगत्वा उनकी दृष्टि चेतना के सूक्ष्म सौन्दर्य पर पहुँच जाती थी। उनके आध्यात्मिक दृष्टिकोण ने भी इस प्रवृत्ति को पुष्ट किया। मानसिक कल्पनालोक की इस सौन्दर्य-सृष्टि में यथार्थोन्मुख सामाजिक पहलू अवश्य छूट गया है, पर उसमें अपूर्व कोमलता और माधुर्य भर उठा है। छायावाद ने यथार्थ की पूरी उपेक्षा नहीं

की। उसे भावना के माध्यम से मानसिक रूप में ग्रहण किया। इसलिए यथार्थ का भौतिक पहलू उसमें समा नहीं सका।

अन्तर्मुखी सूक्ष्मता में छायावादी सौन्दर्य-भावना अनेक अवसरों पर रहस्यमय और आध्यात्मिक हो गयी। सौन्दर्य लौकिक धरातल पर भी रहस्यमय ही होता है :

*"सौन्दर्यमयी चंचल कृतियाँ*
*बनकर रहस्य हैं नाच रही।"*[311]

आध्यात्मिक चेतना का अंग बनने पर सौन्दर्य को रहस्यात्मकता और भी उलझा देती है और अनन्त रमणीय की प्रत्यभिज्ञा की साधना आरम्भ होती है। छायावादी कवियों ने भारतीय आध्यात्मिकता से प्रेरणा लेकर सौन्दर्य के ऐन्द्रिय और मानसिक स्वरूप के साथ आध्यात्मिक स्वरूप की भी प्रतिष्ठा की और सौन्दर्यानुभूति को क्रमशः ऐन्द्रिय से मानसिक और आध्यात्मिक धरातलों पर ले गये। 'कामायनी', 'तुलसीदास' आदि में इसकी स्पष्ट झलक मिल जाती है।

छायावादी काव्य का विधायक पक्ष आध्यात्मिक दृष्टि से प्रभावित नवीन सांस्कृतिक चेतना का है जिसका सौन्दर्य-भावना पर भी गहरा प्रभाव पड़ा है। छायावाद ने कृत्रिम नागरिक संस्कारिता और नैतिक मर्यादावादिता के स्थान पर मन की सांस्कृतिक चेतना से अनुप्राणित रूप-सौन्दर्य की गरिमा को व्यक्त किया है। छायावादी सौन्दर्य-भावना महिमामय और शालीन है। ऐन्द्रिय आकर्षण के बावजूद रूप-सौन्दर्य वासना को उत्तेजित करने वाला न होकर निष्काम और सात्त्विक है। सांस्कृतिक संस्कारिता के अभाव में सौन्दर्य, मनुष्य को रूप, गर्व, भोगविलास की ओर ले जाता है और अन्त में इसका पतन भी हो जाता है। प्रलय की छाया में कमला की यही दुर्दशा हो जाती है। इसीलिए प्रसाद कहते हैं कि :

*"नारी यह रूप तेरा जीवित अभिशाप है*
*जिसमें पवित्रता की छाया भी पड़ी नहीं।"*[312]

छायावादी सौन्दर्य-भावना प्रकृति के विराट चित्रों को प्रस्तुत करने, प्रकृतिगत आध्यात्मिक सत्ता को पहचानने और मानवीय रूप के अन्तर्दर्शन में उदात्त भी हो गयी। निराला की कविता में सौन्दर्य की कोमलता के साथ उदात्त की व्यापकता के भी अनेक चित्र प्रस्तुत किये गये हैं, जैसे संध्या-सुन्दरी के इस वर्णन में :

*"सिर्फ एक अव्यक्त शब्द-सा 'चुप-चुप-चुप'*
*है गूँज रहा सब कहीं—*
*व्योम-मण्डल में, जगती तल में—*
*सोती शान्त सरोवर पर उस अमल-कमलिनी-दल में—*
*सौन्दर्य-गर्विता सरिता के अति विस्तृत वक्षःस्थल में—*
*धीर-वीर-गम्भीर शिखर पर हिमगिरि-अटल अचल में—*
*उत्ताल-तरंगाघात-प्रलय-घन-गर्जन-जलधि प्रबल में—*

*क्षिति में, जल में, नभ में, अनिल-अनल में–*
*सिर्फ एक अव्यक्त शब्द-सा 'चुप-चुप-चुप'*
*है गूँज रहा सब कहीं।"*[313]

इन समस्त विशेषताओं के साथ छायावादी सौन्दर्य-भावना की अपूर्वता पन्त जी के इन शब्दों में व्यक्त हुई है :

*"एक वीणा की मृदु झंकार*
*कहाँ है सुन्दरता का पार?*
*तुम्हें किस दर्पण में सुकुमारि*
*दिखाऊँ मैं साकार।"*[314]

साहित्यिक अभिव्यक्ति की दृष्टि से छायावादी सौन्दर्य-वर्णन, सौन्दर्य के व्यक्तिनिष्ठ दृष्टिकोण के अनुरूप अनुभूतिमूलक और भावतरल है। जीवन और साहित्य, दोनों में सौन्दर्य व्यक्ति की अनुभूति भावना और कल्पना पर निर्भर है। छायावादी कल्पना ने जिस अभिव्यंजना सौन्दर्य की सृष्टि की, वह हिन्दी साहित्य के इतिहास में अद्भुत वस्तु है। अपने सौन्दर्य-बोध के बल पर छायावादी कवियों ने नव-विकसित खड़ी बोली को प्रौढ़ काव्य-भाषा के ऊँचे आसन पर बिठा दिया। मूर्त बिम्ब-विधान, सजीव चित्रांकन, भावोद्बोधक प्रतीक योजना, आभ्यन्तर प्रभाव-साम्य के आधार पर नवीन अप्रस्तुत विधान, लाक्षणिक व्यंजना, मानवीकरण आदि के द्वारा छायावादी कविता ने चित्र-भाषा का रूप धारण किया।

छायावादी सौन्दर्य-भावना में कवियों की वैयक्तिक प्रतिभा की विशिष्टता के अनुसार सूक्ष्म अन्तर भी दिखाई देता है। पन्त जी की सौन्दर्य-भावना कोमल और सात्त्विक है। वे शुद्ध सौन्दर्यवादी कवि हैं जो दृश्य जगत् के व्यक्त रूप की ओर आकृष्ट हुए और अपनी सूक्ष्म कल्पना के द्वारा उसे साकार बनाया। प्रसाद की सौन्दर्य-भावना माधुर्य से ओत-प्रोत है। वे पूर्ण विकसित रूप-माधुर्य के कवि हैं और उन्होंने सौन्दर्य को भाव-सापेक्ष, अनुभूति-मूलक रूप दिया। निराला की सौन्दर्य-भावना ओजस्वी और चेतना-सापेक्ष है। उन्होंने सौन्दर्य को रूप से कहीं अधिक रूपगत चेतना और उसकी सजीव शक्तिमत्ता से सम्बद्ध किया है। महादेवी रूप के अपूर्व वैभव-विलास में सौन्दर्य-दर्शन करने वाली कवयित्री हैं। इस वैभव-विलास के अद्भुतपन के बल पर वे सौन्दर्य को अपनी रहस्यवादी वस्तु के अनुरूप अलौकिक छटा प्रदान करती हैं। प्रतीकात्मक भाषा में कहा जा सकता है कि पन्त अर्द्ध-विकसित कली के, प्रसाद पूर्ण विकसित फूल के, निराला उसकी सूक्ष्म सुगन्ध के और महादेवी उसकी रंगीन छटा के सौन्दर्योद्घाटक कवि हैं।

प्रसाद ने कामायनी के लज्जा सर्ग में सौन्दर्य की जो व्याख्या की, वह छायावादी सूक्ष्म सौन्दर्य-भावना की प्रकृति और स्वरूप का सामान्य प्रतिनिधित्व करती है। उन्हीं के शब्दों में :

साथ नैतिक-सामाजिक पहलू से भी सम्बद्ध मानने वाले प्रेमचन्द आदि लेखकों ने अपनी सौन्दर्य-भावना को स्वस्थ नैतिक रूप दिया है तो प्राकृतवादी (Naturalist) विचारधारा से प्रभावित 'उग्र' आदि ने रूप-सौन्दर्य को मन की सहज वृत्तियों और वासनाओं से जोड़कर प्राकृत रूप में ढाला है। ये दोनों प्रवृत्तियाँ दृष्टि-विशेष से परिचालित होने के कारण सौन्दर्य के यथार्थ स्वरूप का समग्र उद्‌घाटन नहीं कर सकीं। सौन्दर्य की सच्ची प्रकृति की पहचान, यथार्थ जीवन के दृष्टिरहित तटस्थ अन्तर्दर्शन से ही प्राप्त होती है। उसके लिए सामाजिक जीवन के आन्तरिक प्रेरणासूत्रों का अनुसन्धान करना पड़ता है। जीवन का व्यक्त यथार्थ रूप उसकी सामाजिक परिकल्पना में है। उसके बिना जीवन और उसके रूप-सौन्दर्य की व्याख्या, शुद्ध वैज्ञानिक जीवतत्त्व या प्राणतत्त्व का अन्वेषण है। जहाँ छायावादियों ने आदर्शवादी दार्शनिक दृष्टि से जीवन और सौन्दर्य को व्यक्ति-मन की चेतना में ढूँढ़ा है, वहाँ यथार्थवादियों ने भौतिक स्वरूप में। यथार्थवादी सौन्दर्य-भावना बहिर्मुखी भौतिक, स्थूल और वस्तुनिष्ठ है। आदर्श और यथार्थ की दार्शनिक व्याख्याएँ आदर्शोन्मुख और यथार्थोन्मुख सौन्दर्य-भावनाओं का प्राकृतिक अन्तर स्पष्ट कर देती हैं।

सौन्दर्यशास्त्रीय दृष्टि से यथार्थवाद की सबसे जटिल समस्या सुरुचि और कुरुचि की है। आदर्शीकरण को कला या साहित्य का अनिवार्य तत्त्व मानने वालों की दृष्टि में, जीवन और साहित्य में धार्मिक, सामाजिक और सांस्कृतिक मूल्यों को महत्त्व देने वालों की दृष्टि में, यथार्थवाद की वस्तुनिष्ठ भौतिक सौन्दर्य-भावना, नग्नता का पर्यायवाची होकर कुरुचिपूर्ण लगना स्वाभाविक है। लेकिन सौन्दर्य यदि जीवन की स्वस्थता में है तो वह यथार्थ से अछूता भी नहीं रह सकता। कला में भौतिक सौन्दर्य तटस्थ और निर्लिप्त रूप प्राप्त करता है। इसलिए उसकी ऐन्द्रियता वासना को उत्तेजित नहीं करती। यथार्थवाद में सौन्दर्य के साथ कुरूपता को भी स्थान मिल जाता है तो वह कुरूपता सौन्दर्यशास्त्रीय नवीन मूल्य प्राप्त करती है। 'कंकाल' इसका उदाहरण है जिसमें व्यभिचार पर आश्रित जीवन का बीभत्स रूप स्वच्छन्दतावादी मूल्यों की ओर संकेत करता है। जीवन में सुन्दर और कुरूप को अलग भी नहीं किया जा सकता। दोनों की समष्टि से ही सौन्दर्यानुभूति सजीव होती है। यथार्थवाद ने सौन्दर्य को मूर्त भौतिक आकार दिया और सच्चे सौन्दर्य की पहचान दी। साहित्यिक अभिव्यक्ति में भी यथार्थवादी रचना, जीवन की जीवन्त भाषा-शैली में सजीव रूप-संरचना के द्वारा अकाल्पनिक, यथातथ्यपरक सौन्दर्य-बोध का परिचय देती है।

हिन्दी गद्य साहित्य की मनोवैज्ञानिक धारा ने सौन्दर्य-भावना को यथार्थवादी चेतना की बिल्कुल विपरीत दशा में ले जाने का प्रयत्न किया। मनोवैज्ञानिक साहित्यकार मनोविज्ञान के सिद्धान्तों के अनुरूप जीवन के यथार्थ सत्य और सौन्दर्य को व्यक्ति-मन में ढूँढ़ने का प्रयास कर रहे हैं। प्राचीन आदर्शवादी दृष्टि ने सौन्दर्य को व्यक्ति-मन

की आध्यात्मिक-सांस्कृतिक संस्कारिता से जोड़ा है तो मनोविज्ञान उसे अन्तश्चेतन से सम्बद्ध कर रहा है। फ्रायड के अनुसार अन्तश्चेतन के अहं और काम—ये दो ही जीवन की मूलभूत प्रेरक शक्तियाँ हैं। अहं से परिचालित काम सर्जनाशील रूप धारण करता है। स्वप्न और कला, दोनों इसी की सृष्टि हैं। एक का रूप वायवी है और दूसरे का मूर्त। दोनों कामजन्य सौन्दर्य को साकार बनाते हैं। सौन्दर्य का आकर्षण काम पर ही आधारित है। वासना के बिना सौन्दर्य की अनुभूति नहीं हो सकती। सामाजिक मर्यादा के प्रतिबन्धों को पार करने के लिए काम प्रतीकात्मक या उदात्त बनकर रूप-सौन्दर्य की सृष्टि करता है। उसका संस्कृत सांस्कृतिक रूप आवरणमात्र है। अन्ततोगत्वा सौन्दर्यानुभूति ग्राहक-मन की वासना से सम्बद्ध हो जाती है। फ्रायड से प्रभावित जैनेन्द्र, अज्ञेय आदि ने सौन्दर्य के काम-केन्द्रित रूप को ही प्रस्तुत किया जिसके मूल में अहं या रूपगर्व भी विद्यमान है। यदि यह रूप-सौन्दर्य का एक पहलू है तो कोई आपत्ति नहीं हो सकती। यदि इसी को मात्र रूप-सौन्दर्य माना जाये तो व्यक्त जीवन का सौन्दर्य और उसके जीवन-सापेक्ष विविध आयाम निरर्थक या आत्मवंचना के साधन हो जाते हैं जिस स्थिति को सभ्य मानव-समाज स्वीकार करने के लिए अभी तैयार नहीं है। एडलर के अन्तश्चेतनावाद से प्रभावित इलाचन्द्र जोशी मानवीय जीवन और सौन्दर्य-चेतना को सामूहिक अन्तश्चेतना से परिचालित मानते हैं। कला-सृष्टि और उसके सौन्दर्य की भी यही स्थिति है। सामूहिक अन्तश्चेतना की दमित वासनाओं की चरितार्थता का एक साधन कला हो सकती है, पर प्रत्यक्ष और व्यक्त रूप में नहीं। एडलर ने स्वयं स्पष्ट किया है कि किस तरह कला व्यक्त मन की सर्जना होने के अतिरिक्त कभी-कभी अन्तश्चेतन से निःसृत और प्रभावित हो जाती है। मानव-जीवन और उसका रूप-सौन्दर्य अन्तश्चेतना की क्रियाशीलता का प्रतिबिम्बमात्र नहीं है। उसकी अपनी सत्ता, प्रकृति और स्वरूप है। रूप-सौन्दर्य के संघटन में व्यक्त और अव्यक्त, भौतिक और चेतन, अनेक तत्त्वों का योगदान रहता है। किसी एक तत्त्व के आधार पर सौन्दर्य की पूर्ण व्याख्या सम्भव नहीं है। फिर उन तत्त्वों के संघटन की प्रक्रिया इतनी विशिष्ट है कि सौन्दर्यानुभूति रहस्यमय प्रतीत होती है। जोशी जी ने व्यक्त रूप की आन्तरिक झीनी छाया या अन्तश्चेतना को दिखाकर उसके रहस्यमय सौन्दर्य का उद्घाटन किया है। रोमांटिक कल्पना में रूप एक आवरण से परिवेष्टित होकर रहस्यमय सौन्दर्य की सृष्टि करता है। यह आवरण बहिर्मुखी आलोकमयता का है। अन्तश्चेतनावादी दृष्टि के अनुसार आन्तरिक चेतना की छाया रूप को धूमिल बनाकर सौन्दर्य का आकर्षण उत्पन्न करती है। रूप का यह आवरण आन्तरिक और धुँधला है।

मनोवैज्ञानिक दृष्टि ने काम या वासना को सौन्दर्य का मूल तत्त्व मानकर नैतिक और सौन्दर्यशास्त्रीय नयी समस्याएँ उत्पन्न कीं। मनुष्य की नैतिक दृष्टि सौन्दर्य की इस वासनामय परिभाषा को स्वीकार नहीं कर पा रही है, भले ही वह

वैज्ञानिक अव्यक्त सत्य क्यों न हो। दूसरी ओर सौन्दर्यशास्त्र वासना की लिप्तता के साथ सौन्दर्यानुभूति का सम्बन्ध स्वीकार नहीं कर सकता। उस स्थिति में निष्काम सौन्दर्य-भावना की मूल भित्ति ही ढह जाती है। परम्परागत समीक्षा मनोवैज्ञानिक साहित्य पर यह आक्षेप भी लगा रही है कि मनोविज्ञान की आड़ में विकृत मन की वासना को सौन्दर्य की संज्ञा दी जा रही है या सच्चे मनोवैज्ञानिक सौन्दर्य-निरूपण के नाम पर विकृत कुरूपता प्रस्तुत की जा रही है।

मनोवैज्ञानिक सौन्दर्य-भावना व्यक्तिनिष्ठ, अन्तर्मुखी, व्यक्त रूप और चेतना से परे सूक्ष्म अव्यक्त से सम्बन्धित है, यद्यपि उस अव्यक्त की अभिव्यक्ति व्यक्त के द्वारा ही होती है और हो सकती है। आध्यात्मिक सौन्दर्य-भावना सौन्दर्य को अतीन्द्रिय और अलौकिक मानती है, उसे अन्तर्मुखी मानसिक चेतना से सम्बद्ध करती है। मनोवैज्ञानिक सौन्दर्य-भावना सौन्दर्य को अव्यक्त से जोड़ते हुए भी आध्यात्मिक नहीं है और मन की अन्तश्चेतना से जोड़ते हुए भी मानसिक नहीं है। कला के क्षेत्र में अव्यक्त से संचालित रूप-विधान स्पष्ट नहीं हो सकता। रोमांटिक कल्पना का रूप-विधान भी अस्पष्ट होता है, पर बन्धनों से मुक्त प्रसार के कारण। मनोवैज्ञानिक रूप-विधान लौकिक और तार्किक दृष्टि से असंगत, असमन्वित और शिथिल लगता है। उसी रूप में अव्यक्त व्यंजित हो पाता है। कला की दृष्टि से मनोविज्ञान ने बाह्य रूप की असंगति में आन्तरिक गठन का एक नवीन शिल्प-विधान विकसित किया। यह व्यक्त रूप-सौन्दर्य के निरूपक अप्रस्तुत-विधान और रूप की आन्तरिक चेतना के व्यंजक बिम्ब-निर्माण तथा प्रतीक योजना से आगे बढ़कर रूप-सौन्दर्य के बाहरी सूक्ष्म तन्तुओं को पकड़ने का प्रयत्न है। साहित्य के क्षेत्र में यह नवीन मनोवैज्ञानिक पद्धति भाव-विचारों के क्रम और शब्द-विधान पर आश्रित है। मनोवैज्ञानिक शिल्प-विधान के मुख्य साधन पूर्वदीप्ति (Flash back), चेतना-प्रवाह (Stream of Consciousness) और कालक्रम की उलट-पलट (Time shift) हैं जिनके आधार पर औपन्यासिक रूप परम्परा से बिल्कुल भिन्न नवीन सौन्दर्य की सृष्टि का प्रयत्न कर रहा है। मनोवैज्ञानिक सौन्दर्य-भावना की तरह मनोवैज्ञानिक साहित्य का कलात्मक सौन्दर्य-बोध भी बिल्कुल सूक्ष्म है।

छायावादी युग के बाद की प्रवृत्तियाँ प्रगतिवादी और प्रयोगवादी हैं जो छायावाद के व्यक्तिवादी और भावात्मक दृष्टिकोणों की प्रतिक्रियाएँ हैं। प्रयोगवाद के बाद का विकास 'नयी' शब्द के साथ अपनी सत्ता को सिद्ध कर लेने के प्रयत्न में है। छायावाद के पतन के साथ वैयक्तिकता का आत्म-केन्द्रित स्वर भी सुनायी पड़ा जिसका प्रतिनिधित्व बच्चन, अंचल आदि करते हैं। इनकी सौन्दर्य-भावना एक ओर छायावाद की तरह व्यक्तिनिष्ठ और भावतरल है तो दूसरी ओर छायावादी सूक्ष्मता, कल्पनाशीलता और आध्यात्मिकता के स्थान पर ऐन्द्रिय, सरल और लौकिक है। एक तरह से यह स्वच्छन्दतावादी सौन्दर्य-भावना ही है, पर कल्पना के संयमित रूप के

साथ अधिक प्राकृत। इन कवियों की ऋजु-अभिव्यक्ति में सौन्दर्य-बोध की सरलता, स्वच्छता और निजता की स्पष्ट झलक है।

प्रगतिवादी सौन्दर्य-भावना छायावादी काल्पनिक सौन्दर्य-भावना की प्रतिक्रिया है। छायावादी प्रवृत्ति में सौन्दर्य मानसिक-आध्यात्मिक है तो प्रगतिवाद में भौतिक; पहले में व्यक्तिनिष्ठ और भावाश्रित है तो दूसरे में वस्तुनिष्ठ और ऐन्द्रिय रूपाश्रित। पहले के अनुसार सौन्दर्य वस्तु की नैसर्गिकता-स्वच्छन्दता में है तो दूसरे के अनुसार उसकी सामाजिकता में। ये दोनों दृष्टिकोण सौन्दर्य-सम्बन्धी दो विभिन्न विचारधाराओं का प्रतिनिधित्व करते हैं और मूलतः दो भिन्न दार्शनिक सिद्धान्तों से विकसित हैं। एक का आधार आध्यात्मिक-सांस्कृतिक आदर्शवाद है तो दूसरे का भौतिक मार्क्सवाद। मार्क्सवादी भौतिक दृष्टि के अनुसार सौन्दर्य भौतिक वास्तविकता में है, न मन की कल्पना में और न आत्मगत चेतना में। पदार्थ या द्रव्य की उपेक्षा करके, यथार्थ को छोड़कर सौन्दर्य की सृष्टि नहीं हो सकती। इसका स्वस्थ रूप ऐन्द्रिय, स्थूल और मांसल पुष्टि में है। प्रगतिवादी पन्त ने उसका जो चित्र खींचा है, उसमें अन्तःसौन्दर्य की अपेक्षा बाह्य सौन्दर्य की ही झलक है :

*"उन्मद यौवन से उभर*
*घटा-सी नव आषाढ़ की सुन्दर*
*अति श्यामवरण*
*श्लथ मन्द चरण*
*इठलाती आती ग्रामयुवति*
*वह गजगति*
*सर्प डगर पर।*
*सरकाती पट*
*खिसकाती लट—*
*शरमाती झट*
*वह नमित दृष्टि से देख उरोजों के युग घट।"*[317]

यह रूप-सौन्दर्य श्रमिक वर्ग में ही दिखाई देता है। उच्चवर्गीय सुकुमारता में यह स्वस्थता नहीं हो सकती। शोषित वर्ग के समर्थक मार्क्सवाद की इस प्रकार की सौन्दर्य-भावना स्वाभाविक ही है। मार्क्सवाद भौतिक यथार्थता से परे आध्यात्मिक-सांस्कृतिक चेतना को अधिक महत्त्व नहीं देता। सौन्दर्य से उनका सम्बन्ध या सौन्दर्य पर उनका प्रभाव स्वीकार नहीं करता।

मार्क्सवाद द्वन्द्वात्मक भौतिक विकास के आधार पर जीवन की व्याख्या करता है। विकास प्रगतिशीलता का द्योतक है। भौतिक यथार्थ प्रगतिशील रूप में ही आकर्षण या सौन्दर्य उत्पन्न करता है। यथार्थवाद और साम्यवादी यथार्थ में इस प्रगतिशीलता को लेकर ही दृष्टिभेद है। सच्चा यथार्थ वास्तविकता के यथातथ्य चित्रण का आग्रह

करता है। उसमें 'दृष्टि' के लिए कोई स्थान नहीं है। साम्यवादी यथार्थ प्रगतिशील दृष्टि से यथार्थ का निरूपण चाहता है। इस तरह मार्क्सवाद भी आदर्शवादी चिन्तन ही है। जहाँ प्राचीन आदर्शवाद आध्यात्मिक-सांस्कृतिक है, मार्क्सवादी आदर्शवाद भौतिक है। उसकी दृष्टि में भौतिक यथार्थ का सौन्दर्य विकासशील या प्रगतिशील होने में है। प्रतिक्रियावादी दृष्टि केवल काल्पनिक सौन्दर्य की सृष्टि कर सकता है जिसका प्रभाव कभी स्वस्थ नहीं हो सकता। प्रगतिशीलता में मार्क्सवादी सौन्दर्य-दृष्टि का दूसरा पहलू सामने आ जाता है।

मानव-जीवन के दो पहलू हैं, वैयक्तिक और सामाजिक। मार्क्सवाद दूसरे को ज्यादा महत्त्व देता है। व्यक्ति समाज का अंग है। जीवन का सारा सौन्दर्य उसके सामाजिक पहलू में है। तथाकथित वैयक्तिकता व्यक्ति के सामाजिक जीवन में असफलता से उत्पन्न विलक्षणता है। वास्तव में मनुष्य एक ओर प्राकृतिक सृष्टि का अंग है तो दूसरी ओर सामूहिक जीवन के आधार पर अपने हितों की रक्षा के लिए उसने एक सामाजिक व्यवस्था भी बना ली है। सृष्टि में एकमात्र विवेकसम्पन्न प्राणी होने के नाते वह सामाजिक जीवन के महत्त्व को पहचान सका। मानव-जीवन का सौन्दर्य एक ओर अपने नैसर्गिक स्वच्छन्द रूप में है तो दूसरी ओर जीवन की सामाजिक परिकल्पना में, जो उसकी मानवीय संस्कारिता का प्रमाण है। मनुष्य के सामाजिक रूप में सौन्दर्य की अनन्त सम्भावनाएँ छिपी हुई हैं। लेकिन व्यक्ति की नैसर्गिक स्वच्छन्दता के आधार को छोड़कर सामाजिक भावना कृत्रिम और यान्त्रिक हो जाती है। साहित्य के इतिहास में प्रगतिवाद ने पहली बार सौन्दर्य का सामाजिकता के साथ घनिष्ठ सम्बन्ध सिद्ध किया। सामाजिकता में सौन्दर्य-दर्शन प्रगतिवादी सौन्दर्य-दृष्टि की तीसरी विशेषता है। प्रगतिवाद के द्वारा व्यक्तिवादी दृष्टि का विरोध, सौन्दर्य की स्वच्छन्दता को समाप्त करने वाला हो सकता है पर उसने अति वैयक्तिकता की असामाजिकता और असामान्यता को दूर करके सौन्दर्य को स्वस्थता भी प्रदान की। प्रगतिवाद जहाँ आध्यात्मिक-सांस्कृतिक व्यक्तिवादिता का विरोध करता है, वहाँ व्यक्तिवादी मनोविज्ञान के असामान्य सिद्धान्तों का भी, जो मनुष्य की सामाजिक चेतना के विरुद्ध पड़ते हैं। मार्क्सवाद जब इस सामाजिक यथार्थता की केवल आर्थिक व्याख्या करने लगता है, सौन्दर्यशास्त्रीय दृष्टि से वह उतना मान्य नहीं हो पाता। सांस्कृतिक-सामाजिक चेतना के साथ सौन्दर्य का प्रत्यक्ष सम्बन्ध है, आर्थिक व्यवस्था के साथ अप्रत्यक्ष।

सामाजिक दृष्टि के कारण प्रगतिवादियों ने प्रकृति-सौन्दर्य की अपेक्षा मानव-जीवन को अधिक महत्त्वपूर्ण माना है। प्रकृति को छोड़कर जीवन के क्षेत्र में आने के लिए संकोच करने वाले प्रकृति-प्रेमी पन्त प्रगतिवादी दृष्टि से मनुष्य को सबसे सुन्दर घोषित करते हैं :

*"सुन्दर हैं विहग, सुमन सुन्दर*
*मानव तुम सबसे सुन्दरतम*

*निर्मित सबकी तिल सुषमा से*
*तुम निखिल सृष्टि में चिर निरुपम।"*[318]

प्रगतिवादी सौन्दर्य-भावना नैसर्गिक न होकर मानव-जीवन-सापेक्ष है। मनुष्य को सौन्दर्य का केन्द्रबिन्दु बनाकर ही प्रगतिवादियों ने सृष्टि-सौन्दर्य को प्रगतिशील यथार्थोन्मुख दृष्टि से देखने का प्रयत्न किया है। प्रगतिवादी प्रकृति-सौन्दर्य-दर्शन नैसर्गिक और सार्वभौमिक न होकर प्रगतिशील और विशिष्ट, स्थानीय या यथार्थोन्मुख है।

प्रगतिवादी सौन्दर्य-भावना वस्तुनिष्ठ और बहिर्मुखी है। वह बुद्धि के लिए मान्य भौतिक सत्य को ही सुन्दर मानता है। भावना और कल्पना इस सत्य को पुष्ट करने के लिए हैं। वे सदा भौतिक सत्य का ही प्रतिपादन नहीं कर सकते। इसलिए उनके द्वारा सौन्दर्य का पूर्ण उद्‌घाटन भी सम्भव नहीं है। प्रगतिवादी कला में भावुकता और कल्पना को अधिक महत्त्व नहीं देते। उनके लिए वे साधन मात्र हैं। इसलिए प्रगतिवादी साहित्यिक अभिव्यंजना कभी-कभी सौन्दयरहित और असाहित्यिक, बौद्धिक सिद्धान्त प्रतिपादन-सी लगती है। लेकिन प्रगतिवाद ने अभिव्यंजना के क्षेत्र में एक नवीन यथार्थोन्मुख सौन्दर्य-बोध का विकास भी किया है, इसे अस्वीकार नहीं किया जा सकता। साहित्य का सौन्दर्य रूमानी कल्पना में ही नहीं है। प्राकृत भाषा-शैली में जब वस्तु या भाव का यथातथ्य चित्रांकन किया जाता है, उसमें वास्तविकता या वास्तविक सौन्दर्य अनुभूत होता है। उसके लिए अलंकरण की कोई आवश्यकता नहीं है। पन्त जी के शब्दों में :

*"तुम वहन कर सको जन मन में मेरे विचार,*
*वाणी मेरी, चाहिए तुम्हें क्या अलंकार।"*[319]

इस प्रकार की निरलंकृत काव्याभिव्यंजना का यथार्थोन्मुख सौन्दर्य प्रगतिवाद की विशेषता है। प्रगतिवादियों ने जहाँ कहीं अप्रस्तुतों को ग्रहण किया है, वे सब यथार्थ जीवन से हैं और भाव-बिम्ब को स्पष्ट रूप देने के लिए। अभिव्यक्ति की सरलता, ऋजुता और स्पष्टता में ही प्रगतिवादी अभिव्यंजना के सौन्दर्य का रहस्य है।

प्रगतिवाद के बाद विकसित प्रयोगवाद और नयी कविता कला के क्षेत्र में आधुनिकता की पूर्ण और समग्र प्रतिष्ठा के प्रयत्न हैं। नयी चेतना और उसके अनुरूप नवीन रूपात्मक प्रयोग उनकी विशेषताएँ हैं। उनका नया भावबोध और सौन्दर्य-बोध, व्यापक भारतीय जीवन से उद्‌बुद्ध न होकर पाश्चात्य जीवन और साहित्य से परिचालित होने के कारण सम्प्रेषण की कठिनाई हो रही है। और कवि समीक्षक होकर अपनी रचना के आस्वादन के लिए आवश्यक अभिरुचि-निर्माण में संलग्न हैं। इस तरह छायावादी रुचि-परिष्कार और रुचि-निर्माण का इतिहास पुनरावृत्त हो रहा है। जहाँ सौन्दर्य-भावना परम्परा से बिल्कुल कटकर सर्वथा नवीन रूप धारण करती है, इस समस्या का सामना करना ही पड़ता है। इलियट के अनुसार ग्राहक अभिरुचि की रूढ़ अगतिशीलता इसका कारण है :

'I dare to say many people never advance, so that such taste for poetry as they retain in latter life is only a sentimental memory of the pleasures of youth, and is probably entwined with all our sentimental retrospective feelings."[320]

प्रयोगवाद और नयी कविता में दृष्टिकोण का अन्तर अवश्य मिलता है। प्रयोगवादी कवि आधुनिक युग के नये सत्य के अन्वेषण में ही लगे रहे, जबकि नयी कविता आर्थिक विषमता, युद्ध की विभीषिका, विज्ञान-मनोविज्ञान के द्वारा सांस्कृतिक मूल्यों के विघटन और औद्योगिकीकरण के परिपार्श्व में एक नव-मानववाद की प्रतिष्ठा करना चाहती है,[321] जो व्यक्तिवादी विशृंखलंता और समाजवादी नियन्त्रण के बीच मनुष्य के अस्तित्व, व्यक्तित्व, चेतना, स्वतन्त्रता और मानवता का समर्थक है। लेकिन दोनों प्रवृत्तियों में अनास्था और निराशा का स्वर भी उभर रहा है,[322] एक विधायक दर्शन की अनुभूति कम ही हो रही है। उनमें कम-से-कम नव-दर्शन की पूर्व-पीठिका, युवा पीढ़ी की क्रुद्ध भावना और क्रान्तिकारी विद्रोह की चेतना भी नहीं है। इसी कारण हिन्दी की नयी कविता तेलुगु की दिगम्बर कविता के समान विद्रोही युवा पीढ़ी में उतनी लोकप्रिय नहीं है। इस मानसिक स्थिति में इन प्रवृत्तियों की सौन्दर्य-भावना यथार्थोन्मुख तो है, पर अनेक अवसरों पर संवेद्य सौन्दर्यशास्त्रीय रूप-विधान से दूर कुरूप और बीभत्स का व्यंजक हो गयी है।

आधुनिक जीवन की परिवर्तित परिस्थितियों की सापेक्षता में और छायावादी प्रवृत्ति की प्रतिक्रिया के रूप में इन नवीन काव्यधाराओं की सौन्दर्य-भावना की विशेषताओं को समझने में अधिक सुविधा होगी। छायावादी सूक्ष्म आध्यात्मिक सौन्दर्य-भावना के विपरीत इन कवियों ने स्थूल भौतिकता में ही सौन्दर्य माना है। आधुनिक युग के भौतिक दृष्टिकोण का यह परिणाम है। कभी-कभी रूप-सौन्दर्य की स्थूल ऐन्द्रियता वासना को उत्तेजित करके अनुरूप कल्पना के द्वारा सौन्दर्यानुभूति को प्रत्यक्ष अनुभूति के लौकिक धरातल पर ले आती है। छायावादोत्तर सभी काव्य-प्रवृत्तियों में, गद्य साहित्य में भी, रूप-वर्णन वासनामय ऐन्द्रिय रूप में ही हो रहा है जो नवीन युग में प्रेम के स्थान पर सेक्स की प्रधानता के कारण हो सकता है। अज्ञेय जी के 'सावन मेघ'

*"भूमि के कम्पित उरोजों पर झुका-सा*
*विशद श्वासाहत चिरातुर।"*[323]

दिखलाई पड़ते हैं।

बौद्धिकता ने नयी सौन्दर्य-भावना को भावना और कल्पना से निरपेक्ष वस्तुनिष्ठ रूप दिया है, उसमें छायावादी भावुकता बहुत कम दिखाई देती है। स्थूल भौतिकता या ऐन्द्रियता और भाव-निरपेक्ष वस्तुनिष्ठता, प्रगतिवादी सौन्दर्य-भावना की भी विशेषताएँ हैं क्योंकि दोनों यथार्थोन्मुख हैं। छायावादी आदर्शोन्मुख स्वप्नों से मोहभंग होने पर उनका विकास हुआ है। वास्तविकता के सच्चे सौन्दर्य से दोनों परिचित हैं। लेकिन

प्रगतिवाद सौन्दर्य का सामाजिक प्रगतिशीलता से भी सम्बन्ध जोड़ता है। इस तरह वह सौन्दर्य की एक नवीन आदर्शवादी परिकल्पना प्रस्तुत करता है। प्रयोगवाद और नयी कविता में यथार्थ की स्वीकृति सभी निषेधों से परे बौद्धिक धरातल पर है। इसलिए उसकी सौन्दर्य-भावना में ऐन्द्रियता, कुरूपता और वासना का वर्जन नहीं है। यथार्थ सौन्दर्य और कुरूपता का, सत्य और असत्य का, अच्छे और बुरे का समन्वित रूप है। नये कवियों के अनुसार जीवन का स्पन्दन इसी संश्लिष्ट रूप को लेकर जटिल होता है। इसलिए उनकी दृष्टि में शुद्ध सौन्दर्यानुभूति आदर्श कल्पनामात्र है।

नये कवि प्रगतिवादी सामाजिक नियन्त्रण को व्यक्ति के समग्र विकास में बाधक मानते हैं। नवीन प्रजातन्त्रात्मक भावना के अनुरूप वे सामाजिकता के अनुशासित वैयक्तिक बौद्धिक चेतना का विकास चाहते हैं। व्यक्तिवादी और समाजवादी मान्यताओं के संघर्ष से इस नयी विचारधारा का विकास हुआ है। साहित्य के क्षेत्र में, उन मान्यताओं से प्रभावित छायावाद और प्रगतिवाद के विरोध में नयी कविता के भाव-बोध और सौन्दर्य-बोध का विकास हुआ है। उसकी यथार्थोन्मुख बौद्धिक चेतना में वैयक्तिकता और सामाजिकता का अन्तर्विरोध समाप्त होकर सौन्दर्य को एक तटस्थ वस्तुनिष्ठ रूप मिल रहा है।

लेकिन यह नवीन दृष्टि अभी रचना में विकसित और पुष्ट होकर सौन्दर्य-भावना को विशिष्ट रूप नहीं दे सकी है। आधुनिक जीवन के विघटन की परिस्थितियों से क्षुब्ध होकर कवि क्षण की अनुभूति को लेकर चल रहा है। सौन्दर्य स्थायी वस्तु न रहकर क्षणिक अनुभूति का विषय हो गया है। प्रयोगवादी क्षण की सौन्दर्यानुभूति को अनन्त सघन अनुभूति का रूप देने का प्रयोग कर रहे हैं। शाश्वततावाद को स्वीकार न करने पर अनुभूति क्षण की ही होती है और वही जीवन का सत्य प्रतीत होता है। क्षण को निरपेक्ष और पूर्ण इकाई मानने पर सौन्दर्य अपने व्यापक महिमामय रूप में प्रकट नहीं हो सकता। प्रयोगवादी कविता सौन्दर्य और उदात्त को छोड़कर लघुता के साधारण रंजक रूप का ही उद्घाटन कर रही है। स्वच्छन्दतावादी भावना ने लघुता को रमणीय और उदात्त बनाया है तो प्रयोगवाद ने उसे यथातथ्य रखा है या शमशेर की 'लुढ़की सुराही' की तरह प्रतीकात्मक रूप दिया है। लघु रूप और क्षण की अनुभूति में कभी-कभी ऐसा लगता है कि कविता सौन्दर्यरहित स्थिति पर पहुँचकर वास्तव में अकविता तो नहीं हो रही है। क्योंकि परम्परागत सौन्दर्य-भावना के सभी पहलुओं का तिरस्कार-सा हो रहा है। यह स्थिति आधुनिक युग के अनुरूप नये सौन्दर्य-बोध की भूमिका हो सकती है जिसमें सौन्दर्य के प्रतिमान आमूल बदल गये हों।

सूक्ष्म दृष्टि से देखने पर नवीनतम काव्य-प्रवृत्तियों में एक सूक्ष्म सौन्दर्य-बोध का आभास अवश्य मिल जाता है, भले ही वह परम्परा से अनुमोदित न हो। वास्तव में सच्चा कलाकार अपनी अनुभूति के अनुसार रूप-विधान के नये-नये प्रयोग करता है। अभिव्यंजना को निर्जीव बनाने वाली पूर्व परम्परा को छोड़ देता है। नये प्रयोग

युग के नवीन सौन्दर्य-बोध के व्यंजक ही नहीं, कलाकार की सच्ची कलात्मक भावना के प्रमाण भी होते हैं। नये कवियों ने क्षण के बौद्धिक संवेदनों को जो रूप दिया है, वह उनके सूक्ष्म सौन्दर्य-बोध को प्रकट करता है। उसमें व्यापकता नहीं है तो गहराई अवश्य है। "मनःस्थिति के चित्रण में प्रयोगवादी कवियों ने पहले से बारीकी दिखाई है। यह छायावाद युग के बहुत प्रचलित शब्द 'अनुभूति' और प्रयोगवाद के 'संवेदना' के अन्तर से ही समझा जा सकता है।"[324] अतियथार्थवादी शैली में मनोवैज्ञानिक साहचर्य के आधार पर मानसिक चेतना की सूक्ष्म और सजीव व्यंजना भी प्रयोगवादी रूपात्मक उपलब्धियों में से है। यथार्थोन्मुख और बौद्धिक सौन्दर्य-बोध के अनुरूप कवियों ने बिम्बों, प्रतीकों और अप्रस्तुतों को जीवन की वास्तविकता से ही ग्रहण किया है। भाषा-शैली के प्रयोग में भी उनके यथार्थोन्मुख सौन्दर्य-बोध का आभास मिल जाता है।

प्रयोगवाद और नयी कविता में कुछ दृष्टिभेद होने पर भी उनकी सौन्दर्य-भावना में कोई तात्त्विक अन्तर नहीं है। प्रयोगवादी सौन्दर्य-बोध नयी कविता में अधिक परिष्कृत रूप में व्यक्त हो रहा है। छायावादोत्तर काव्य-प्रवृत्तियाँ प्रायः रूप-सौन्दर्य को भौतिक यथार्थ पर आधारित मानकर चल रही हैं। पन्त जी के समान कुछ कलाकार जीवन के आध्यात्मिक और भौतिक पहलुओं में सामंजस्य स्थापित करके सौन्दर्य-भावना को समन्वित रूप देने के प्रयत्न में संलग्न हैं। लेकिन आधुनिक भारतीय जीवन की गतिविधि को देखते हुए उसकी सफलता पर आशंका होती है। क्योंकि सौन्दर्य-भावना की जड़ जीवन की प्रकृति और स्वरूप में है। जीवन की अनुरूपता से कटकर केवल वैयक्तिक प्रतिभा या कल्पना के बल पर नवीन सौन्दर्य की प्रतिष्ठा नहीं हो सकती। प्राचीन परम्परा का सहयोग भी सौन्दर्य-भावना को सजीव नहीं बना सकता। जीवन की गतिविधि से भिन्न सौन्दर्य-भावना, वैयक्तिक रुचि और साधना का फल हो सकती है; युग-साहित्य का समवेत धर्म नहीं।

गद्य के क्षेत्र में छायावादोत्तर प्रवृत्तियाँ प्रगतिवादी, आंचलिक और नवीन रूप-प्रयोगवादी हैं। काव्य-प्रवृत्तियों की सौन्दर्य-भावना से उनका कोई विशेष अन्तर नहीं है। आंचलिक सौन्दर्य-दृष्टि यथार्थवाद के समान बहिर्मुखी और वस्तुनिष्ठ है। उसमें सौन्दर्य के सूक्ष्म संवेदनों की कुछ अधिक बारीकियाँ हैं। लेकिन बहिर्मुखी संस्कारों के निरूपक, जीवन के यथार्थवादी पहलू की अभिव्यक्ति में, सौन्दर्यानुभूति की अधिक गहराई और सजीवता का समावेश नहीं हो सकता। नयी कहानी और नये उपन्यास में सौन्दर्यानुभूति की तरलता की अपेक्षा शिल्प की सूक्ष्म बारीकियाँ अधिक दिखाई दे रही हैं। नये रूप की साधना की आरम्भिक अवस्था में सदा आन्तरिक सौन्दर्य की झलक कुछ दुर्बल ही रहती है। लेकिन कविता और कथा-साहित्य के क्षेत्रों में जो नये प्रयोग हो रहे हैं, उनमें युगानुरूप प्रौढ़ सौन्दर्य-भावना के विकास की अनेक सम्भावनाएँ छिपी हुई हैं।

साहित्य में कलात्मक अभिव्यंजना या रूप-विधान के अनन्त प्रकार हो सकते हैं। सर्जक सौन्दर्य-बोध नित्य नवीन रूप धारण करता रहता है। वस्तुगत सौन्दर्य के पहलू भी अनन्त हैं। जीवन-जगत् के सौन्दर्य के विविध पहलुओं का पूरा-पूरा निर्धारण सम्भव नहीं है। उनके आधार पर विकसित सौन्दर्य-भावना कलाकार के सौन्दर्य-बोध की निर्धारिका होती है। एकांगी दृष्टि से सौन्दर्य की पूर्ण व्याख्या सम्भव नहीं है। औचित्य और सन्तुलन के द्वारा ही सौन्दर्य के समय स्वरूप की पहचान हो सकती है।

## सन्दर्भ


1. जयशंकर प्रसाद : कामायनी, काम सर्ग, पृ. 57
2. विद्यापति की पदावली : सं. श्री रामवृक्ष बेनीपुरी, पद सं. 228
3. Dictionary of world literature, Joseph J. Shipley, P. 36
4. शब्द कल्पद्रुम : पंचम खण्ड, पृ. 373
5. डॉ. हजारीप्रसाद द्विवेदी–लालित्य तत्त्व, पृ. 15
6. शब्द कल्पद्रुम, द्वितीय खण्ड, पृ. 847
7. Sanskrit English Dictionary : P.K. Gode & C.K. Karve, P. 1365
8. भगवद्गीता (रामनुज भाष्य और वेदान्त देशिक टीका सहित), पृ. 5
9. A.C. Bradley : Oxford Lectures on Poetry, P. 40
10. The Concise Oxford Dictionary : Beauty, P. 162 Reprinted 1954
11. पृथ्वीराज : बेलिकिसन रुक्मणी री, छ. 17
12. घनानन्द कवित्त, सं. विश्वनाथ प्रसाद मिश्र, छ. 15
13. वही, छ. 227
14. W. Knight : The Philosophy of the Beautiful, P. 82
15. Keats : Endynion : Book I, lines 1-3
16. R.A. Scott James : The making of literature, P. 334-335
    "Not, let me repeat, the beauty is a embellishment, an added quality, it penitrates the vision of reality to the very core, and it belongs to whatever joy or satisfaction we derive from it."
17. सूरसागर, दूसरा खण्ड, सं. नन्ददुलारे वाजपेयी, पद सं. 247
18. बिहारी रत्नाकर, दो. 347
19. Ravindranath Tagore : Sadhana, P. 139-140
20. कालिदास, कुमारसम्भव, 5-6
21. वही, 1-28
22. वही, 5-1
23. आचार्य रामचन्द्र शुक्ल, चिन्तामणि-2, पृ. 212
24. "Contemporary philosophy is wrong in obstracising metaphysics and adorning metaphysics with its spoils. On the question whether the Beautiful possesses an objective reality we agree with the Greeks : Beauty is an attribute of things. But we complete the Greeks point of view by adding the modern : Beauty is not an absolute but a relative conception. It exists neither as a physical fact nor

as a psychic fact; it is the result of close connection between an object ; for the attributes of the one form the appropriate origin, the perceptive enjoyment of other."
Encyclopaedia of Religion and Ethics : Ed. James Hastings, Article by Mourice De wulf, p. 449, first impression 1915.

25. बिहारी रत्नाकर, दो. 682
26. आचार्य रामचन्द्र शुक्ल, चिन्तामणि 1, पृ. 164-165
27. आचार्य हजारीप्रसाद द्विवेदी, लालित्य तत्त्व, हिन्दी विभाग पंजाब की वार्षिक गोष्ठी में प्रस्तुत प्रबन्ध, पृ. 14
28. आचार्य हजारीप्रसाद द्विवेदी, लालित्य तत्त्व, हिन्दी विभाग पंजाब की वार्षिक गोष्ठी में प्रस्तुत प्रबन्ध, पृ. 14
29. वही, पृ. 14-15
30. वही, पृ. 15
31. वही, पृ. 18
32. वही, पृ. 19
33. Wildon Carr : Philosophy of Croce, p. 164
34. E.F. Carrit : An Introduction to Aesthetics, p. 66
35. Tagore : Personality, p. 28
36. L. Abercrombie : Principles of Literary Criticism, p. 34
37. K.S. Ramaswami : Indian Aesthetic, p. 20-21
38. श्रीमद्भागवत, द्वादश स्कन्ध, द्वादश अध्याय, श्लोक 49
39. Mahendranath Sincar : Eastern Lights, p. 128
40. कालिदास, रघुवंश, सं. 6-67
41. कालिदास, कुमारसम्भव, सं. 1-32
42. वही, 1-49
43. कालिदास, अभिज्ञान शाकुन्तलम्, 2-9
44. वही, 6-14
45. वही, 1-18
46. कुसुमदेव : दृष्टान्तकलिका शतक, श्लोक 49
47. कालिदास, अभिज्ञान शाकुन्तलम्, 1-18
48. कालिदास, कुमारसम्भव, 5-1
49. कालिदास, अभिज्ञान शाकुन्तलम्, 4-2
50. भारवि : किरातार्जुनीय, 4-23
51. माघ, शिशुपाल वध, 8-17
52. द्रष्टव्य : विश्वनाथ, साहित्य दर्पण, पृ. 71-81
53. द्रष्टव्य : विश्वनाथ, साहित्य दर्पण, पृ. 82-91
54. वामन : काव्यालंकार सूत्र, 1-1-2
55. दण्डी : काव्यादर्श, 2-1
56. आनन्दवर्धन : ध्वन्यालोक, प्रथम उद्योत, कारिका 4
57. कुन्तक : वक्रोक्ति जीवित : सं. डॉ. नगेन्द्र, पृ. 117 और 160-161
58. क्षेमेन्द्र-औचित्य विचार चर्चा, कारिका-6

59. पण्डितराज, रसगंगाधर : पृ. 20-22
60. रूपगोस्वामी : उज्ज्वलनीलमणि, उद्दीपन प्रकरण, श्लोक 29
61. वही, श्लोक 23
62. हेमचन्द्र : काव्यानुशासन, पृ. 4
63. आनन्दवर्धन, ध्वन्यालोक : लोचन, पृ. 60
64. राजशेखर : काव्यमीसांसा, पृ. 27
65. महिमभट्ट, व्यक्ति विवेक, पृ. 108
66. सौन्दर्यतत्त्व : सुरेन्द्रनाथदास गुप्त : अनु. डॉ. आनन्द प्रकाश दीक्षित, पृ. 70
67. साहित्य शब्दकोश, सं. डॉ. धीरेन्द्र वर्मा, साहित्य रूप, पृ. 848
68. Bernard Bosanquet, A History of Aesthetic, p. 115
69. B. Bosanquet, A History of Aesthetic, p. 3-4
70. S. Korner Kant, p. 184-188
71. Joseph T. Shipley, Dictionary of World Literature, p. 36
72. B. Bosanquet, A History of Aesthetic, p. 135-136
73. Ibid, p. 177
74. Tolstoy, What is art, p. 100
75. B. Bosanquet, A History of Aesthetic, p. 105
76. Croce, Aesthetic : Historical Summary, p. 255
77. B. Bosanquet, A History of Aesthetic, p. 63
78. Tolstoy : What is art, p. 265
79. Ruskin, modern Painters, Vol. I, 25
80. Ruskin, Modern Painters, Vol. I, 25
81. B. Bosanquet, A History of Aesthetic, p. 116
82. Ibid, p. 116
83. Ibid, p. 264
84. B. Bosanquet, A History of Aesthetic, p. 177
85. Ibid, p. 178
86. Ibid, p. 184
87. B. Bosanquet, A History of Aesthetic, p. 106
88. Benedetto Croce, Aesthetic, p. 97
89. Ibid, p. 8
90. Ibid, p. 111
91. Benedetto Croce : Aesthetic, p. 79
92. Ibid
93. द्रष्टव्य : जयशंकर प्रसाद, कामायनी, कामसर्ग, पृ. 62
94. R.G. Collingwood : The principles of art, p. 20-25
95. Benedetto Croce : Aesthetic, p. 16
96. G.L. Plekhanov : Art and Social Life, p. 11
97. Freud : Collective Papers, Vol. IV, Trans, by Alex Strechery, The Moses of Michaelangelo, p. 257-258

98. कुमार विमल : सौन्दर्यशास्त्र के तत्त्व, पृ. 89-90
99. Bernard Bosanquet : A History of Aesthetic, p. 3
100. Croce, Aesthetic, p. 97
101. Bernard Bosanquet : A History of Aesthetic, p. 337
102. जयशंकर प्रसाद, कामायनी, श्रद्धा, पृ. 49
103. Bernard Bosanquet : A History of Aesthetic, p. 3
104. आचार्य विश्वनाथप्रसाद मिश्र : वाङ्मय-विमर्श, पृ. 168-169
105. आचार्य रामचन्द्र शुक्ल : चिन्तामणि 1 पृ. 251। ''करुण रस-प्रधान नाटक के दर्शकों के आँसुओं के सम्बन्ध में यह कहना कि 'आनन्द में भी तो आँसू आते हैं' केवल बात यह टालना है। दर्शक वास्तव में दुःख ही का अनुभव करते हैं। हृदय की मुक्त दशा में होने के कारण यह दुःख भी रसात्मक होता है।''
106. जगन्नाथ : रस गंगाधर,
'रसणीयार्थ प्रतिपादक शब्द काव्यम्।' पृ. 20
107. आचार्य विश्वनाथप्रसाद मिश्र : वाङ्मय-विमर्श, पृ. 172
108. Keets : Ode on a Grecian Urn, Stanza V, Lines 9 and 10
109. सुमित्रानन्दन पन्त, पल्लव, परिवर्तन, पृ. 106
110. जयशंकर प्रसाद, आँसू, पृ. 16
111. Croce : Aesthetic, p. 102
112. रवीन्द्रनाथ ठाकुर, 'साहित्य', अनु. पं. बंशीधर विद्यालंकार, पृ. 44
113. S. Korner : Kant, p. 188
114. जयशंकार प्रसाद, कामायनी, चिन्ता, पृ. 11
115. वही श्रद्धा, पृ. 44
116. कालिदास : अभिज्ञान शाकुन्तलम्, 1-20
117. जयशंकर प्रसाद, कामायनी, ईर्ष्या, पृ. 124
118. Benedetto Croce : Aesthetic, p. 69
119. कुसुमदेव : दृष्टान्त कलिका शतक, श्लोक 49
120. आचार्य रामचन्द्र शुक्ल, चिन्तामणि-1, पृ. 240-241
121. भट्टतीत का कथन : हेमचन्द्र द्वारा उद्धृत, काव्यानुशासन, पृ. 4
122. मम्मट, काव्य प्रकाश, प्रथम उल्लसा, श्लोक 1
123. जयशंकर प्रसाद, कामायनी, श्रद्धा सर्ग, पृ. 44
124. जयशंकर प्रसाद, आँसू, पृ. 19
125. जयशंकर प्रसाद, कामायनी, काम, पृ. 62
126. Benedetto Croce : Aesthetic p. 78
127. कामायनी, श्रद्धा, पृ. 42
128. वही, लज्जा, पृ. 82
129. तुलसीदास : रामचरितमानस, बालकाण्ड, दो. 218
130. वही, दो. 220, पृ. 3
131. निराला, अपरा, सरोज-स्मृति, पृ. 152
132. जयशंकर प्रसाद, आँधी, पृ. 3
133. Benedetto Croce : Aesthetic, p. 79

134. जयशंकर प्रसाद, कामायनी, चिन्ता, पृ. 26
135. Scot James : The Making of Literature, pae 185-187
136. सुमित्रानन्दन पन्त, पल्लव, छाया, पृ. 56
137. विद्यापति की पदावली, सं. रामवृक्ष बेनीपुरी, पद 12
138. वही, पद 2
139. विद्यापति पदावली, सं. रामवृक्ष बेनीपुरी, पद 11
140. जयशंकर प्रसाद, कामायनी, लज्जा, पृ. 83
141. जयशंकर प्रसाद, कामायनी, आशा, पृ. 39
142. जयशंकर प्रसाद, आँसू, पृ. 20
143. जयशंकर प्रसाद, कामायनी, लज्जा पृ. 78
144. हिन्दी साहित्य कोश, सं. डॉ. धीरेन्द्र वर्मा, चेतना, पृ. 289
145. जयशंकर प्रसाद, कामायनी, श्रद्धा, पृ. 43
146. कालिदास : रघुवंश, सर्ग 6 श्लोक 67
147. प्रसाद, कामायनी, लज्जा, पृ. 78
148. तुलसीदास, रामचरितमानस, बालकाण्ड, दो. 30 पृ. 7
149. रूपगोस्वामी : उज्ज्वलनीलमणि, उद्दीपन प्रकरण, श्लो. 26
150. जयशंकर प्रसाद, आकाशदीप, स्वर्ग के खण्डहर में, पृ. 40
151. जयशंकर प्रसाद, इरावती, पृ. 57
152. आचार्य शुक्ल के समीक्षा-सिद्धान्त : डॉ. रामलालसिंह : पृ. 191-192
153. रूपगोस्वामी : उज्ज्वलनीलमणि, उद्दीपन प्रकरण, श्लोक, पृ. 29
154. वही, श्लोक, पृ. 23
155. जयशंकर प्रसाद, कामायनी, श्रद्धा, पृ. 42
156. (अ) गोस्वामी तुलसीदास, रामचरितमानस, बालकाण्ड, दो. 18
(आ) कालिदास : रघुवंश, सर्ग 1, श्लोक 1
'वागर्थाविब संपृक्तौ'
(इ) राजशेखर : काव्य-मीमांसा, पृ. 12
'शब्दार्थयोर्यथावत्सह भावेन विद्या साहित्य विद्या।'
157. जयशंकर प्रसाद, काव्य और कला तथा अन्य निबन्ध, पृ. 122-126
158. आचार्य रामचन्द्र शुक्ल : चिन्तामणि, भाग 1, कविता क्या है? पृ. 166
159. Tagore : Stray Birds, p. 10
160. जयशंकर प्रसाद, कामायनी, वासना, पृ. 77-78
161. Benedetto Croce : Aesthetic, p. 254 and 78
162. S. Korner : Kant, p. 188
163. विद्यापति की पदावली, सं. रामवृक्ष बेनीपुरी, पद. 9
164. सूर-पंचरत्न, सं. लाला भगवानदीन, बाकलकृष्ण, पद 69
165. सुमित्रानन्दन पन्त, पल्लव, पृ. 6
166. (अ) जयशंकर प्रसाद, कामायनी, चिन्ता, पृ. 10
वहाँ अकेली प्रकृति सुन रही, हँसती-सी पहचानी-सी।
(आ) Tennyson : The Brooke, p. 141

'for men may come and men may go,
But I go on for ever.'
Poetical works of A.L. Tennyson : Macmillan & Co. Landon : 1904

167. निराला, अपरा, सन्ध्या सुन्दरी, पृ. 22
168. प्रसाद, कामायनी, श्रद्धा, पृ. 43
169. कालिदास, अभिज्ञान शाकुन्तलम्, 1-20
170. W. Basil Worsefold : Judgement in Literature, p. 5
171. Milton : Paradise Lost, Book IV, p. 38
172. डॉ. रामेश्वरलाल खण्डेलवाल, आधुनिक हिन्दी कविता में प्रेम और सौन्दर्य, पृ. 176
173. जयशंकर प्रसाद, लहर, प्रलय की छाया, पृ. 59
174. Hagdon-Quoted in "The Dictionary of world Literature by Joseph T. Shipley, p. 37
175. विश्वनाथ : साहित्य दर्पण, पृ. 83
'पूर्वे या वादयो धैर्यान्ता दशनायकानामपि सम्भवन्ति।'
176. Milton : Paradise Lost, Book IV, p. 44
177. प्रसाद, लहर, प्रलय की छाया, पृ. 60
178. विश्वनाथ, साहित्य दर्पण, पृ. 84
179. कालिदास, रघुवंश, 1-13
180. जयशंकर प्रसाद, इरावती, पृ. 95
181. जयशंकर प्रसाद, कामायनी, काम, पृ. 58
182. प्रसाद, कामायनी, ईर्ष्या, पृ. 124
183. B. Croce : Aesthetic, p. 102
184. जयशंकर प्रसाद, आँसू, पृ. 20
185. वही, कामायनी, लज्जा, पृ. 83
186. S. Korner : Kant, d. 150
187. प्रसाद, आँसू, पृ. 20
188. A.C. Bradley : Oxford Lectures on Poetry, p. 50, footnote
189. Kant : critique of Judgement, Translated by Meridith, p. 157
190. भवभूति : उत्तररामचरित, 6-31
191. सूर सागर, सं. नन्ददुलारे वाजपेयी, पद 2395
192. जयशंकर प्रसाद, आँसू, पृ. 32
193. Swami Ram Tirtha : Heart of Rama, p. 135
194. George Santayana : The sense of beauty, p. 59
195. आचार्य रामचन्द्र शुक्ल, जायसी ग्रन्थावली की भूमिका, पृ. 87
196. Will Durant : Mansions of Philosophy, p. 286
197. Will Durant : The Mansions of Philosophy, p. 289
198. Dr. B.L. Atreya : B.H.U. Journal, Silver Jubilee Number, p. 51, 1942
199. जयशंकर प्रसाद, कामायनी, वासना, पृ. 73
200. वही, पृ. 70
201. प्रसाद, कामायनी, ईर्ष्या, पृ. 120

202. बिहारी रत्नाकर, दो. 347
203. प्रसाद कामायनी, काम, पृ. 58
204. रत्नाकर ग्रन्थावली, उद्धवशतक, छ. 81
205. The Encyclopaedia Britannica, Vol. 2, p. 27
206. Bernard Bosanquet : A History of Aesthetie, p. 263-65
207. Bernard Bosanquet : A History of Aesthetic. p. 270
208. जयशंकर प्रसाद, काम, पृ. 59
209. जयशंकर प्रसाद, कामायनी, काम, पृ. 57
210. भगवद्गीता 18-77
211. जयशंकर प्रसाद, आँसू, पृ. 10
212. सूरसागर, सं. नन्ददुलारे वाजपेयी, पद 2470
213. जयशंकर प्रसाद, कामायनी, लज्जा, पृ. 83
214. जयशंकर प्रसाद, कामायनी, काम, पृ. 57
215. वही, पृ. 60
216. प्रसाद, कामायनी, काम, पृ. 55
217. Frued : Collected Papers, Vol. IV
The Moses of Michaelangelo : Translated by Alex Strechey, p. 257-58
218. Psychology of Beauty : Dr. B.L. Atreya : B.H.U. Journal, Silver Jubliee Number, 1942
219. जयशंकर प्रसाद, काव्य और कला तथा अन्य निबन्ध, पृ. 34-35
220. वही, पृ. 36
221. जयशंकर प्रसाद, स्कन्दगुप्त, पृ. 49
222. B. Croce : Aesthetic, p. 120
223. Frieda Foraham : An Introduction to Jung's Psychology, p. 43
224. जयशंकर प्रसाद, काव्य और कला तथा अन्य निबन्ध, पृ. 43-44
225. इन्दु, जनवरी, 1927
226. जयशंकर प्रसाद, काव्य और कला तथा अन्य निबन्ध, पृ. 122
227. वही, पृ. 126
228. जयशंकर प्रसाद, आँसू, पृ. 55
229. राजशेखर, काव्य मीमांसा, पृ. 10
230. प्रसाद, एक घूँट, पृ. 25
231. प्रसाद, कामायनी, श्रद्धा, पृ. 48
232. निराला, तुलसीदास, छन्द 82
233. जयशंकर प्रसाद, आकाशदीप, आकाशदीप, पृ. 6
234. वही, स्वर्ग के खण्डहर में, पृ. 46
235. जयशंकर प्रसाद, कामायनी, श्रद्धा, पृ. 43
236. Walter Peter : The Renaissance Preface, P. XXXI
237. जयशंकर प्रसाद, आँसू, पृ. 18
238. जयशंकर प्रसाद, कामायनी, काम, पृ. 57
239. जयशंकर प्रसाद, कामायनी, श्रद्धा, पृ. 50

240. जयशंकर प्रसाद, कामायनी, लहर, प्रलय की छाया, पृ. 59
241. जयशंकर प्रसाद, कामायनी, छाया, गुलाम, पृ. 90
242. जयशंकर प्रसाद, लहर, प्रलय की छाया, पृ. 79
243. वही, पृ. 80
244. Basil Worsfold, Judgement in Literature, p. 5
245. द्रष्टव्य : (क) आचार्य रामचन्द्र शुक्ल, रस मीमांसा, पृ. 98-99
(ख) आचार्य विश्वनाथप्रसाद मिश्र, वाङ्मय विमर्श, पृ. 166-174
246. Sartre : The Psychology of Imagination, p. 211
247. S.T. Coleridge : Biographia Litereria, p. 146
248. आचार्य रामचन्द्र शुक्ल, हिन्दी साहित्य का इतिहास, पृ. 782-783
249. सुमित्रानन्दन पन्त, पल्लव, छाया, पृ. 55
250. Hegel : The Philosophy of Fine Art, Vol. IV, p. 183
251. चिन्तामणि, भाग 2, पृ. 114
252. रस मीमांसा, पृ. 308
253. कुमार विमल, सौन्दर्यशास्त्र के तत्त्व, पृ. 198
254. वही, पृ. 205
255. C.G. Jung : Contributions to Analytical Psychology, p. 248
256. कुमार विमल, सौन्दर्यशास्त्र के तत्त्व, पृ. 252
257. वही, पृ. 230
258. आचार्य रामचन्द्र शुक्ल, चिन्तामणि भाग 1, पृ. 145
259. निराला, तुलसीदास, छनद 23
260. निराला, अपरा, राम की शक्तिपूजा, पृ. 44
261. H. Coombe : Literature and Criticism, p. 45
262. साहित्य शब्दकोश, प्रतीक, पृ. 471
263. कुमार विमल, सौर्न्यशास्त्र के तत्त्व, पृ. 269
264. डॉ. देवराज, संस्कृति का दार्शनिक विवेचन, पृ. 222
265. "Symbols direct and organise, record and communicate". G.K. Ogden and S.A. Richards : The Meaning of Meaning, p. 8
266. R.G. Collingwood : The Principles of Art, p. 269
267. भामह, काव्यालंकार, 2/85
268. दण्डी, काव्यादर्श, 2/220
269. अभिनव गुप्त, ध्वन्यालोक–लोचन, पृ. 467
270. डॉ. नगेन्द्र, रीतिकाव्य की भूमिका, पृ. 87
271. घनानन्द कवित्त, सं. विश्वनाथप्रसाद मिश्र, छ. 17
272. जयशंकार प्रसाद, कामायनी, श्रद्धा, पृ. 44
273. Croce : Aesthetic, p. 69
274. ऋग्वेद, 7-77
275. वही, 10-139
276. कठोपनिषद्, 2-15
277. वाल्मीकि रामायण, अरण्यकाण्ड, चतुर्स्त्रिश सर्ग, श्लोक 15-18

278. कालिदास, अभिज्ञान शाकुन्तलम्, अंक 2, श्लोक 20
279. कालिदास, कुमारसम्भव, 5-1
280. कालिदास, मेघदूत : उत्तरमेघ, श्लोक 2
281. भवभूति, उत्तररामचरित, अंक 1, श्लोक 20
282. बाणभट्ट, कादम्बरी, पृ. 390-391
283. वही, पृ. 390
284. पृथ्वीराज रासो के दो समय, सं. भगीरथ मिश्र, छं. 5
285. विद्यापति की पदावली, सं. रामवृक्ष बेनीपुरी, पद. 11
286. वही, पद. 35
287. विद्यापति की पदावली, सं. रामवृक्ष बेनीपुरी, पद 33
288. वही, पद 6
289. वही, पद 228
290. कबीर ग्रन्थावली, श्यामसुन्दरदास (सं.), पृ. 15
291. जायसी ग्रन्थावली, सं. आचार्य रामचन्द्र शुक्ल, पृ. 42-43
292. हरिस्मरणे सरसं मनः—जयदेव; गीति गोविन्द, श्लोक 4
293. विद्यापति की पदावली, सं. रामवृक्ष बेनीपुरी, पद 61
294. रसखान और घनानन्द, सं. बाबू अमीर सिंह, छन्द 2
295. सूरसागर, सं. नन्ददुलारे वाजपेयी, पद 710
296. वही, पद 793
297. कविता-कौमुदी : सं. रामनरेश त्रिपाठी, सूरदास; पद 12
298. तुलसीदास, रामचरितमानस, अयोध्याकाण्ड, श्लोक 3
299. तुलसी ग्रन्थावली, कवितावली, छं. 21-22
300. तुलसीदास, रामचरितमानस, बालकाण्ड, दो 23। चौ. पं. 7
301. डॉ. नगेन्द्र, रीतिकाव्य की भूमिका, पृ. 162
302. वही, पृ. 162
303. वही, पृ. 163
304. बिहारी रत्नाकर, दो. 472
305. वही, दो. 588
306. हरिऔध, प्रियप्रवास, 1-1
307. आचार्य रामचन्द्र शुक्ल : हिन्दी साहित्य का इतिहास : पृ. 673 और 734
308. जयशंकर प्रसाद, आँसू, पृ. 16
309. सुमित्रानन्दन पन्त, पल्लव, पृ. 37
310. सुमित्रानन्दन पन्त, पल्लव, पृ. 6
311. जयशंकर प्रसाद, कामायनी, काम पृ. 57
312. प्रसाद, लहर, प्रलय की छाया, पृ. 79
313. निराला, अपरा, सन्ध्यासुन्दरी, पृ. 22-23
314. सुमित्रानन्दन पन्त, पल्लव, पृ. 19-20
315. प्रसाद, कामायनी, लज्जा, पृ. 83
316. आचार्य रामचन्द्र शुक्ल, हिन्दी साहित्य का इतिहास, पृ. 734 और 808
317. सुमित्रानन्दन पन्त, आधुनिक कवि-2, पृ. 78

318. सुमित्रानन्दन पन्त, आधुनिक कवि-2, पृ. 69

319. सुमित्रानन्दन पन्त, आधुनिक कवि-2, पृ. 101

320. T.S. Eliot : Selected Prose, p. 49

321. डॉ. जगदीश गुप्त, नयी कविता, स्वरूप और समस्याएँ, पृ. 391-92

322. डॉ. नामवर सिंह, आधुनिक साहित्य की प्रवृत्तियाँ, प्रयोगवाद, पृ. 109

323. तार सप्तक, सं. अज्ञेय, पृ. 282

"बिना आशा, बिना प्रेम और बिना विश्वास के चिर प्रतीक्षा करते रहना क्योंकि आशा-प्रेम, विश्वास सभी प्रतीक्षा में है—नैराश्य और अनास्था की चरम अवस्था है।"

और

गिरिजा कुमार माथुर; नयी कविता : सीमाएँ और सम्भावनाएँ, पृ. 207 "सुदृढ़ आस्थाओं के स्थान पर आकण्ठ अवसाद, भय, आशंका, संशय, अतिश्रम, क्षोभ, आक्रोश, विडम्बना के मानव-मन आक्रान्त हो उठा।"

324. डॉ. नामवर सिंह, आधुनिक साहित्य की प्रवृत्तियाँ, पृ. 123

# उदात्तता

## 1. सामान्य विवेचन

साहित्य की विधाओं में कविता ही एक ऐसी विधा है जिसमें जीवन का तात्त्विक सत्य प्रतिपादित होता है। कविता का अन्तर्मुखी सूक्ष्म जीवन-दर्शन इसका कारण है। इसी तात्त्विक अन्तर्दर्शन के कारण कविता को मानव-मन की उदात्ततम अभिव्यक्ति कहा जाता है। कोलरिज का कहना है कि गम्भीर दार्शनिक हुए बिना कोई भी महान कवि नहीं हो सकता–"No man was ever great, yet a great poet without being at the same time a profound philosopher for poetry is the blossom and the fragrancy of all human knowledge, human thoughts, passions, emotions, language etc."[1] यही दार्शनिक दृष्टि कविता को उदात्तता और महत्त्व प्रदान करती है। उसके अभाव में कवि केवल सरस साहित्य की सृष्टि कर पाता है। वाल्मीकि, व्यास, कालिदास, कबीर, तुलसी, रवीन्द्र आदि ऐसे महान कलाकार हैं जिनकी रचना दार्शनिक उदात्तता के धरातल पर पहुँच गयी है। इस आधार पर साहित्यकारों और साहित्य को दो वर्गों में बाँटा जा सकता है–सौन्दर्य और रस से आपूर्ण साहित्य के सर्जक तथा उदात्तता और महत्ता के प्रतिपादक। जैसा कि हेगेल ने कहा है, कविता धर्म और दर्शन के साथ स्थान ग्रहण करके ही अपने महान लक्ष्य को चरितार्थ कर लेती है।

उदात्तता कविता की सामान्य प्रकृति है। लेकिन वह सदा ऐसी ही होती है, यह नहीं कहा जा सकता। उदात्तता महान प्रतिभा की ही विभूति है। साधारण के हाथों में वह मानवीय धरातल पर उतर आती है और कभी उससे भी नीचे। इसीलिए उदात्तता का इतना मान है। उसी को दृष्टि में रखकर भारतीय आलंकारिकों ने महाकाव्य की गरिमा का गुणगान किया है। अरस्तू ने भी भव्यता के कारण ही एपिक और दुखान्त नाटक को अन्य साहित्यिक विधाओं से श्रेष्ठ माना है। आचार्यों ने वस्तु-ग्रहण, नायक-परिकल्पना, भावोन्मेष और शैली में इसी गरिमा के तत्त्वों पर विशेष ध्यान दिया है। रचना की प्रेरणा और उद्देश्य की महानता में उसका रहस्य छिपा हुआ है। जहाँ पाश्चात्यों ने इस गरिमा के लिए लोकोत्तर कार्य-कुशलता का आग्रह किया है, वहीं भारतीयों ने धार्मिक औन्नत्य का।

काव्य की गरिमा ही उदात्तता नहीं है। सौन्दर्यशास्त्र में उसका एक निश्चित अर्थ है। उसकी प्रकृति और स्वरूप की स्पष्ट व्याख्या की गयी है। गरिमा साधारण से महान काव्य का अन्तर करने वाला शब्द है। काव्य की गरिमा के अनेक कारण या स्रोत हो सकते हैं जिनमें एक उदात्तता है। लेकिन उदात्तता के कारण रचना को जितना महत्त्व मिलता है, उतना अन्य कारणों से नहीं। किसी काव्य के गरिमामय होने पर भी उसमें सौन्दर्यशास्त्रीय उदात्तता का विद्यमान होना अनिवार्य नहीं है।

उदात्त का शब्दार्थ उन्नत किया हुआ है। यह औन्नत्य जीवन के किसी भी पहलू से सम्बद्ध हो सकता है। रूप, गुण, व्यक्तित्व, चरित्र, भाव, विचार, कार्य, शक्ति आदि सभी में उदात्तता हो सकती है। संस्कृत के कोशकारों ने इसीलिए उसका अर्थ दया, त्याग आदि से सम्पन्न होना दिया है। किसी भी क्षेत्र में सम्पन्नता और महत्ता उसके प्रधान लक्षण हैं।

उदात्त का पर्यायवाची अंग्रेजी शब्द 'सब्लाइम' है। व्यवहार में उसके अनेक अर्थ हैं—(1) उन्नत किया हुआ तोरण, (2) विशेष ऊँचाई के साथ बना हुआ भवन, (3) व्यवहार की भव्यता, (4) विचारधारा, यथार्थता और मानवीय क्रियाकलापों के सर्वोच्च क्षेत्रों से सम्बद्ध भाव, सत्य या विषय, (5) आभिजात्य भव्यता, नैसर्गिकता और चरित्र के कारण या गम्भीर सम्प्रेष्य स्थिति में पहुँचाने वाले ऊँचे बौद्धिक, नैतिक और आध्यात्मिक धरातल के-कारण, दूसरों से उन्नत व्यक्ति, उनके विशेष भावनाएँ और कार्य, (6) गरिमामय या उन्नत पद्धति में भव्य भावों को व्यक्त करने वाली भाषा, शैली या उसका लेखक, (7) अपने सौन्दर्य के कारण मन को अभिभूत करने वाली विभा या अनिवार्य शक्तिशालिता के साथ भय, विस्मय और श्रद्धा की उन्नत भावना का संचार करने वाली प्रकृति और कला की वस्तुएँ, (8) अत्यन्त उच्च श्रेणी, पद या स्थान, (9) (क) चर्चा या रचना में, (ख) प्रकृति और कला में तथा (ग) मानवीय व्यवहार, जीवन, भावना आदि में सर्वोत्कृष्टता और (10) उच्च, महान या विशेष उत्कृष्ट रूप में परिवर्तन।[2] सब्लैम लाक्षणिक अर्थ-भेद के साथ इन सभी दिशाओं में विशेष गुण हो जाता है और भाववाचक संज्ञा के रूप में उनके धर्मों का व्यंजक बनता है। उपर्युक्त अर्थों पर विचार करने से सब्लिमिटी की निम्नलिखित विशेषताएँ हो जाती हैं—(1) वह जीवन-जगत् और कला, दोनों में गोचर या अनुभूत धर्म है। (2) वह रूप, भाव-विचार और कर्म, तीनों की विशेषता हो सकती है। (3) वह व्यापकता, भव्यता, महत्ता, शक्तिशालिता आदि धर्मों पर आधारित विशेष प्रभावशाली औन्नत्य से संयुक्त होती है और होनी चाहिए। (4) उसके द्वारा भय, विस्मय, श्रद्धा आदि की मिश्रित अनुभूति होती है पर वह सौन्दर्य की विभूति के रूप में आकर्षणात्मक ही है और (5) उसके कारण वस्तु या विषय साधारण से भिन्न और ऊँचे धरातल पर दिखाई देता है या उसकी अनुभूति साधारण अनुभूति से भिन्न होकर मन का उन्नयन करती है।

(1) यहाँ पर सहज ही यह प्रश्न उठता है कि जब जीवन और कला, दोनों में सौन्दर्य और कुरूपता का सम्बन्ध केवल रूप से माना गया है तो क्या उदात्तता को रूपगत ही नहीं भाव और कर्मगत भी मानने में असंगति नहीं है? जब सौन्दर्य वस्तु की मूल विभूति है, उसका रूपान्तर उदात्तता, उससे भिन्न भावगत और कर्मगत कैसे हो सकती है? सौन्दर्यशास्त्रीय दृष्टि से भाव और कर्म की उदात्तता की क्या सार्थकता है? इसमें कोई सन्देह नहीं है कि व्यवहार में भाव और कर्म भी उदात्त माने जाते हैं। यहाँ पर धार्मिक, नैतिक, सांस्कृतिक या सामाजिक दृष्टि की प्रबलता रहती है। सौन्दर्य के अतिरिक्त धर्म, दर्शन, नैतिकता, संस्कृति और सामाजिकता से सम्बन्धित अनेक जीवन-मूल्य हैं जिनके कारण वस्तु या विषय ग्राह्य होता है। जिस तरह सौन्दर्य की लोकातीत अतिशयता में उदात्तता की अनुभूति होती है, उसी तरह अन्य मूल्यों का चरम उत्कर्ष दिखाई देने पर भी वस्तु या विषय को उदात्त की संज्ञा मिलती है। जीवन की दृष्टि से इन मूल्यों के उदात्त रूप का अपना महत्त्व है; जैसे जीवन में रूप के अतिरिक्त भाव और कर्म का महत्त्व होता है। कला या साहित्य में इन उदात्त मूल्यों का सौन्दर्य या सौन्दर्यानुभूति से प्रत्यक्ष सम्बन्ध नहीं है। सत्य और शिव का प्रतिपादन करने वाले ये भव्य मूल्य सौन्दर्य से सम्बद्ध और उसे प्रभावित करने वाले रूप में ही कला में ग्राह्य बनते हैं। ये सौन्दर्य के निर्धारक मूलभूत आधार भी होते हैं। साहित्य में उनकी व्यंजना जीवन की प्रगति की दृष्टि से अतिरिक्त उपादेयता का विषय भी हो सकती है। शुद्ध सौन्दर्यशास्त्रीय दृष्टि से सौन्दर्य और जीवन के अन्य उदात्त मूल्यों का पार्थक्य स्पष्ट समझना चाहिए। ये परवर्ती मूल्य साहित्य के 'महत्त्व' के निर्धारक हैं। यह दूसरी बात है कि समाज के द्वारा साहित्य का ग्रहण सौन्दर्य के अतिरिक्त महत्त्व के कारण भी होता है। जीवन और साहित्य को बिल्कुल पृथक माने बिना कला में इनके सहभाव और समष्टि प्रभाव को अस्वीकार नहीं किया जा सकता। उस तरह पृथक् मानने पर सौन्दर्य को सजीवता प्रदान करने वाला जीवनाधार ही समाप्त होकर वह कल्पना की विलक्षण विश्वामित्र-रूप-सृष्टि बनकर रह जाता है।

सौन्दर्यशास्त्रीय दृष्टि से जिस तरह अमूर्त भाव और कर्म को रूप की सजीवता से सम्बद्ध करके सौन्दर्य का वर्धक या विघटनकारी माना गया है, उसी तरह जीवन-मूल्यों की उदात्तता, रूप की उदात्तता को सजीव और प्रभावोत्पादक बना देती है। महत्ता, शक्तिमत्ता आदि उदात्तता के स्रोत विराट रूप-सौन्दर्य को गरिमा प्रदान करके उदात्तता के स्वरूप और उनकी अनुभूति को चरम सीमा पर ले जाते हैं। वास्तव में रूप की विराटता, अनन्त शक्तिमत्ता और महत्ता के बिना सच्चे उदात्त की सृष्टि नहीं कर सकती, जिस तरह भावात्मक स्पन्दनशीलता और क्रियाशीलता के बिना रूप की आकृति का सौष्ठव निर्जीव रह जाता है। कहने का तात्पर्य यह है कि प्रस्तुत प्रसंग में उदात्तता रूप-सौन्दर्य का द्योतक है और उदात्त की अन्य विशेषताओं को उसी के

माध्यम से ग्रहण किया गया है। साहित्यिक अभिव्यंजना की दृष्टि से उदात्त की यह स्थिति और भी स्पष्ट हो जाती है। कलाकार के द्वारा उदात्तता की सृष्टि आकृति से कहीं अधिक उसकी ऊर्जस्विता पर निर्भर करती है। इस ऊर्जस्वी रूप-विधान के कारण जीवन के साधारण विषय भी कला में उदात्त प्रतीत होते हैं। इसे केवल शैली की विशेषता नहीं माना जा सकता क्योंकि ऊर्जा के स्पर्श से वस्तु का रूपान्तरण हो जाता है। कल्पना की शक्तिमत्ता के कारण प्रकृति और जीवन में मूर्त और अमूर्त, उदात्त के दोनों रूप, ओजस्वी बिम्ब-विधान के द्वारा उदात्तता की अनुभूति दे सकते हैं। कला में जीवन के अमूर्त उदात्त का वही स्थान होता है जो भाव और कर्म का। बिम्ब रूप ग्रहण करने पर ही ये सौन्दर्यशास्त्रीय दृष्टि से ग्राह्य बनते हैं।

सौन्दर्य की तरह उदात्तता के सम्बन्ध में भी वस्तुनिष्ठ और व्यक्तिनिष्ठ, दोनों दृष्टियों से विचार किया गया है। बर्क, काण्ट, सान्तायन, रस्किन आदि व्यक्तिनिष्ठ दृष्टि से उदात्तता की अनुभूतिमूलक व्याख्या करने वाले आचार्य हैं। भय, श्रद्धा, विस्मय आदि की समन्वित अनुभूति उदात्तता की पहचान है। आचार्यों ने सौन्दर्य की रमणीय अनुभूति से इसका स्पष्ट अन्तर किया है। दूसरी ओर लोंजाइनस, हेगेल, ब्रैडले आदि ने वस्तुनिष्ठ दृष्टि से विचार करते हुए वस्तु की विराटता, शक्तिमत्ता या महत्ता को उदात्तता का स्रोत माना है। सौन्दर्य को अखण्ड मानने वाले क्रोचे सौन्दर्य और उदात्तता का वर्गीकरण ही स्वीकार नहीं करते। वास्तव में उदात्तता भी सौन्दर्य की तरह वस्तुधर्म और व्यक्ति-मन की सापेक्षता, दोनों पर निर्भर रहती है। जहाँ सौन्दर्य की अनुभूति में वस्तु के रूपधर्म के साथ व्यक्ति-मन की तदाकार परिणति हो जाती है, उदात्तता में वस्तु और व्यक्ति का अन्तर बना रहता है। वस्तु-धर्म की अनन्तता के कारण उसकी अनुभूति इतनी रोमांचकारी हो जाती है कि उदात्तता सौन्दर्य की अपेक्षा अधिक व्यक्तिनिष्ठ प्रतीत होती है। काण्ट के शब्दों में :

"The sublime is one degree more subjective than the beautiful, and in every way is more difficult, making higher demands upon the mind. Its essence is to throw us back on ourselves, to depend upon our acquired culture and ideas, of which it demands much more than the sense of beauty..."[3]

अनुभूति की दृष्टि से उदात्त की व्याख्या में कोई विशेष अन्तर दिखाई नहीं देता लेकिन उसके वस्तु-धर्म का स्पष्टीकरण विभिन्न रूपों में हुआ है। सौन्दर्य की तरह अनेक स्रोतों से उसका विकास माना गया है। (1) आध्यात्मिक दृष्टि से उदात्त भी ईश्वरीय विभूति है। लोंजाइनस के अनुसार उदात्तता आत्मा की महानता का प्रतिबिम्ब है :

"Sublimity is, so to say, the image of greatness of soul."[4]

हेगेल भी उदात्तता को आध्यात्मिक मानते हैं लेकिन उसकी अनन्तता की

अभिव्यक्ति कलाओं में सम्भव नहीं है। इसलिए उदात्तता की कलात्मक अभिव्यक्ति प्रतीकात्मक होती है और यह अपूर्ण अभिव्यक्ति अनन्त ईश्वर से ससीम मनुष्य की दूरी को प्रकट करती है।[5] भारतीय आध्यात्मिक दृष्टिकोण भी पूर्ण उदात्तता को आध्यात्मिक ही मानता है। सहस्रशीर्ष पुरुष की कल्पना उदात्त ईश्वरीय विभूति का मूर्त रूप है। आनन्द शंकर बापू भाई ध्रुव के अनुसार, "सुन्दर और भव (Sublime) को गीता में श्रीमत् और ऊर्जित शब्दों में व्यक्त किया गया है। श्रीमत् और ऊर्जित—यद्यपि ये दोनों एक-दूसरे से भिन्न ही रूप हैं, तथापि इनका समन्वय इनके अधिष्ठानभूत परमात्मा में होता है। परमात्मा की विभूति-रूप कवि की प्रतिभा में भी ये सामान्याधिकरण्य प्राप्त करते हैं।"[6]

(2) उदात्तता के आध्यात्मिक स्वरूप को अस्वीकार न करते हुए भी उसके व्यक्त प्राकृतिक और नैतिक रूप पर बल देने वाले आचार्य रस्किन हैं। अपनी व्यक्तिनिष्ठ दृष्टि के अनुरूप उन्होंने जीवन-जगत् की महत्ता में उदात्तता का दर्शन किया है:

"Anything which elevates the mind is sublime, and elevation of mind is produced by the contemplation of greatness of any kind; but chiefly of course by the greatness of the noblest things. Sublimity is therefore, only another word for the effect of greatness upon the feelings;—greatness whether of matter, space, power, version or beauty."[7]

(3) काण्ट अन्तर्मुखी दृष्टि से उदात्तता को असीम रूप का अमूर्त भावन मानते हैं जो ऐन्द्रिय रूप से परे है, यद्यपि उसकी अभिव्यक्ति ऐन्द्रिय माध्यम से ही होती है और हो सकती है :

"The strictly sublime can be contained in no sensuous form, but attaches to ideas of reason, which although no adequate representation is possible for them, are yet stirred up and evoked in the mind by this very inadequecy, which can be represented in sensuous form."[8]

(4) कुछ पाश्चात्य आचार्यों ने अनुभूति की दृष्टि से उदात्तता को सौन्दर्य का विरोधी तत्त्व मानते हुए उसका सम्बन्ध असीम रूप के साथ-साथ विरूप या कुरूप से भी माना है। विरूपता सृष्टि की अनन्तता का ही अंग है। अनुभूति की दृष्टि से उदात्तता मन को आतंकित करती है, जैसे कुरूपता से उत्पन्न जुगुप्सा का परिणाम होता है। लेकिन ये आचार्य भी स्वीकार करते है कि कलात्मक अभिव्यक्ति में उदात्तता का आतंक अन्ततः संवेद्य रूप धारण करता हैं और उदात्तता सौन्दर्य की समानधर्मा हो जाती है। बर्क, शिलर आदि उदात्तता में विरूपता या कुरूपता का भी पहलू स्वीकार करने वाले आचार्य हैं। बोसांको के शब्दों में :

"Burke is prepared to accept ugliness, although the exact opposite of beauty, as partly coinciding with a sublime."[9]

(5) रूपवादी सौन्दर्य की तरह उदात्तता को भी वस्तुगत नहीं रूप का धर्म मानते हैं। जहाँ सौन्दर्य सीमित रूप की विशेषता है, उदात्तता अनन्त रूप और उसकी शक्तिमत्ता की व्यंजना में है। ब्रैडले के अनुसार :

"The conclusion will follow that exceeding greatness required for sublimity is always greatness of some kind of power, though in one class of cases, this greatness can only be conveyed through immensity of extent."[10]

शुद्ध रूपवादी कलात्मक अभिव्यंजना की शक्तिमत्ता में ही इस उदात्तता का दर्शन करते हैं।

(6) क्रोचे के अनुसार सौन्दर्य का उपवर्गीकरण नहीं हो सकता क्योंकि वह अखण्ड, पूर्ण और आदर्श रूप है। सौन्दर्य को अभिव्यंजनागत न मानकर वर्ण्यगत मानने के कारण ये भ्रांतियाँ उत्पन्न होती हैं और सौन्दर्य एवं कुरूपता के बीच हास्यास्पद, करुण और उदात्त की परिकल्पनाएँ की गयी हैं। ये मनोवैज्ञानिक भावनाएँ हैं जिनसे शुद्ध सौन्दर्यानुभूति का कोई सम्बन्ध नहीं है। इसलिए उनकी निश्चित परिभाषाएँ सम्भव नहीं हैं। एक परिभाषा के अनुसार उदात्तता अभिभूत कर देने वाली नैतिक शक्ति है तो दूसरी के अनुसार वह अनैतिक और विरूप से अभिभूत कर देने वाली है। प्रत्यक्ष उदाहरण लेकर अभिभूत हो जाने की मात्रा का निर्धारण नहीं हो सकता।[11]

(7) मार्क्सवादी दृष्टि सौन्दर्य और उदात्तता, दोनों का स्रोत जीवन की सामाजिकता में देखती है। भौतिक और यथार्थोन्मुख जीवन के चरम सामाजिक रूप को उदात्त कहा जा सकता है। वही मार्क्सवादी के भूतल-स्वर्ग का स्वप्न है।

(8) मनोवैज्ञानिकों ने उदात्त का सम्बन्ध अव्यक्त या अन्तश्चेतन से माना है। व्यक्त मन के द्वारा देशकाल की सीमाओं में इन्द्रियगोचर रूप का ही ग्रहण किया जा सकता है। व्यक्त के अन्तर्दर्शन से अव्यक्त अनन्त का बोध होता है। देशकाल के संस्कारों से अनुशासित स्थूल मन के द्वारा यह सम्भव नहीं है—अन्तश्चेतन की क्रियाशीलता से ही यह सम्पन्न हो सकता है। दार्शनिकों ने आध्यात्मिक व्याख्या के द्वारा उदात्त की अनन्ता को सिद्ध किया है तो मनोवैज्ञानिकों ने मानस-विश्लेषण के द्वारा। इस सन्दर्भ में युंग के विचारों की व्याख्या करते हुए डॉ. हरद्वारीलाल शर्मा कहते हैं कि "ससीम बन्धनग्रस्त मानव व्यक्तित्व में असीम और अनन्त तत्त्व के उदय से अनन्त वेदना और अनन्ता आनन्द का एक-कालिक, सामयिक अनुभव होता है। यही अनुभव उदात्त का अनुभव है।"[11]

उदात्तता की अभिव्यंजना, कलात्मक रूप-विधान की अपेक्षा सृष्टि में अधिक व्यापक और शक्तिशाली है। ईश्वरीय सृष्टि में उदात्तता के अनेक रूप और पहलू विद्यमान हैं। देखने के लिए ग्राहक-मन में कल्पनाशक्ति होनी चाहिए। उदात्तता की दृष्टि से सृष्टि के अनन्त रूप की कला के सीमित रूप से तुलना ही नहीं की जा सकती। इसलिए कला का रूप-विधान उदात्तता के निरूपण में प्रतीकों का या

व्यंजना का आश्रय लेता है। यह दूसरी बात है कि कलाकार को कल्पना में सृष्टिगत उदात्तता और उसका भव्य रूप-विधान अधिक संवेद्य और सम्प्रेष्य रूप धारण करके ग्राहक के लिए अधिक बोधगम्य बनाता है और इस स्पष्ट प्रतीति में अनुभूति अधिक तीव्र भी हो जाती है।

सृष्टिगत उदात्तता प्रायः प्रकृति के रूप से सम्बद्ध है क्योंकि रूप की अनन्तता शक्तिमत्ता और महत्ता की अनुभूति प्रकृति के द्वारा जितनी सम्भव है, उतनी मानवीय रूप के द्वारा नहीं। सीमित और निश्चित मानवीय रूप में अन्तर्मुखी और आध्यात्मिक आत्म-दर्शन के द्वारा ही उदात्त की अभिव्यक्ति हो सकती है। आत्मा के प्रसार और शक्ति की कोई सीमा नहीं है। आध्यात्मिक और रहस्यवादी कवियों ने आत्मा के इसी विराट रूप को दर्शाया है। लौकिक धरातल पर मानवीय रूप की अपेक्षा, रूपगत शक्तिमत्ता की व्यंजना में उदात्तता की अनुभूति की अधिक सम्भावनाएँ हैं। भारतीय पुराणेतिहासों और पाश्चात्य एपिकों के नायकों की परिकल्पना इसी रूप में हुई। इस ओजस्वी शक्तिमत्ता का निरूपण प्रायः पुरुष में ही हुआ है। नारी को प्रकृति से कोमल और सुन्दर माना गया है। पुरुष का पौरुष भी चरम सीमा पर ही उदात्तता का बोध कराता है। धार्मिक, नैतिक, सामाजिक और सांस्कृतिक उत्कृष्टतम चेतना, भाव और कर्म के माध्यम से व्यक्त होकर मानवीय रूप को उदात्त बना सकती है। परिस्थिति-जन्य इस उदात्तता की अनुभूति अधिक तीव्र होने के कारण प्रकृति से मानव-जीवन में उदात्तता की अधिक अनुभूति होने का भ्रम उत्पन्न हो सकता है। लेकिन प्रकृतिगत उदात्तता रूपगत और नैसर्गिक है जबकि मानव-जीवन की उदात्तता भाव-सापेक्ष और ग्राहक-मन की भावना पर निर्भर है।

कलागत उदात्तता, कलाकार की कल्पना की प्रकृति और उसके स्वरूप पर आधारित है। सौन्दर्यशास्त्री कलागत उदात्तता को कल्पना का ही ऋणी मानते हैं। मानव-मन की कल्पना ही किसी वस्तु को उदात्त रूप में प्रस्तुत करती है। सृष्टिगत उदात्तता ही नहीं, साधारण या लघु भी कला में कल्पना के द्वारा उदात्त बनाये जा सकते हैं। वस्तु के अन्तर्दर्शन से यह सम्भव होता है। काण्ट, हेगेल आदि सौन्दर्यशास्त्री कला के सीमित रूप-विधान में उदात्त की अनन्तता की पूर्ण अभिव्यक्ति असम्भव मानते हैं। काण्ट के अनुसार ऐन्द्रिय रूप में उदात्त नहीं समाता। वह मानसिक चिन्तन या भावन का विषय है। इसीलिए कलाकार कल्पना की सहायता लेकर कला के ऐन्द्रिय रूप में उसकी प्रतीकात्मक व्यंजना करता है। इस विचारधारा का पल्लवन करते हुए हेगेल कहते हैं कि उदात्त उस असीम की अभिव्यक्ति है जिसका प्रतिनिधित्व इस दृश्य जगत् में कोई भी वस्तु नहीं कर सकती।

कलाकार की कल्पना; बिम्ब, अप्रस्तुत या प्रतीक की व्यापक व्यंजना के द्वारा अनन्त घनीभूत संवेग की अनुभूति देकर ऐन्द्रिय रूपायन में न सामने वाले उदात्त का बोध कराती है। उदात्त की अभिव्यक्ति की कठिनाई कल्पना से ही दूर हो सकती है

और वह भी व्यक्तिनिष्ठ अनुभूति की सघनता के माध्यम से। जिस कलाकृति का रूप-विधान ग्राहक के भावन-व्यापार को स्तम्भीभूत करके अपने व्यापक आयामों के द्वारा उसकी कल्पना को जगाकर अनुभूति के उच्चतम धरातल पर ले जा सकता है, वही उदात्त का व्यंजक होता है। प्रतीकात्मक रूप-विधान और उसके द्वारा घनीभूत अनुभूति की व्यंजना पर निर्भर होने के कारण उदात्त की अभिव्यक्ति, स्थान से सम्बद्ध कलाओं की अपेक्षा काल से सम्बद्ध कलाओं में अधिक सरल होती है। जैसा कि लेस्सिंग ने कहा है, गतिशीलता उनके माध्यम का सहज लक्षण है। वे रूप को गतिशील अनुभूति के द्वारा व्यक्त करती हैं। कालिक कलाओं में भी प्रतीकात्मक भाषा, उदात्त के सांकेतिक रूप-विधान और प्रभाव की व्यंजना में सबसे शक्तिशाली है।

उपयोगी कलाओं में ललित कलाओं के समान कुछ सौन्दर्यानुभूति की गुंजाइश रहती है। लेकिन रूप से अरूप की व्यंजना में ललित कलाएँ जिस उदात्त की सृष्टि करती हैं, उसकी झलक उपयोगी कलाओं से असम्भव है। ललित कला में रूप की ऐसी व्यंजना होती है जिस पर सौन्दर्य की सजीवता या उदात्त की सघनता निर्भर रहती है। उपयोगी कला की रूप-संरचना व्यंजक नहीं होती। उसमें जो सौन्दर्य है, वह केवल बाह्य आकृति का है।

व्यावहारिक जीवन में धार्मिक और नैतिक परिष्कार को उदात्त की संज्ञा मिलने के कारण यह भ्रम हो सकता है कि उदात्तता शिव का व्यक्त रूप है या शिवता में ही उसका अस्तित्व विद्यमान है। वास्तव में सत्य और शिव उदात्त की विभूतियाँ हैं। उदात्त रूप में उनके अनन्त सार्वभौमिक स्वरूप का आभास मिलता है। आध्यात्मिक और लौकिक, दोनों दृष्टियों से यह सत्य है। आध्यात्मिक दृष्टि से उदात्तता ईश्वरीय रूप है जिसमें सत्य और शिव की पूर्णता का साक्षात्कार होता है। लौकिक दृष्टि से उदात्तता प्रकृति या मानवीय चेतना की अनन्तता का बोध है जिसमें जीवन के व्यापक सत्य और शिव का अन्तर्भाव रहता है। सत्य और शिव सौन्दर्य को पुष्ट करते हैं जबकि उदात्तता उनको पुष्ट करती है।

सौन्दर्यशास्त्र में उदात्त का अपना विशिष्ट स्थान और महत्त्व है। सृष्टि की विभूतियों के आधार पर कलात्मक अभिव्यंजना के आकर्षण का विवेचन करते हुए सौन्दर्यशास्त्रियों ने उसकी चार प्रधान दिशाओं की ओर ध्यान आकृष्ट किया है। वे हैं सौन्दर्य, कुरूप, उदात्त और हास्य। आरम्भ में दार्शनिक सौन्दर्य और कुरूप के विरोधी द्वन्द्व के स्पष्टीकरण में ही संलग्न रहे। सौन्दर्य को पहचानने के प्रयत्न में उन्हें कुरूप से उसे अलग करना पड़ा, यद्यपि कुरूप की सौन्दर्यशास्त्रीय सार्थकता का आकलन बहुत बाद को हुआ। सौन्दर्य की गहराई में जाने पर उससे भिन्न उदात्त का आभास मिला। इस ओर ध्यान आकृष्ट होने का एक मुख्य कारण ट्रैजिडी भी है, जिसकी गम्भीर प्रकृति की अनुभूति, सौन्दर्य से भिन्न प्रकार की होती है। ट्रैजिडी के मूलभूत भय और वेदना की भावनाओं में उदात्त का मूल स्रोत मानने

के आरम्भिक प्रयास इसके प्रमाण हैं। कालक्रम में उदात्त का चिन्तन व्यापक होता गया और उसका सम्बन्ध भावना की अनन्त शक्तिमत्ता या विराटता से हो गया। सौन्दर्य-चिन्तन के उत्तरोतर विकास में उदात्त की गम्भीरता का विरोधी तत्त्व सौन्दर्य नहीं हास्य माना गया है जिसकी अनुभूति मन को हलका बना देती है। हास्य जीवन के हलके पक्ष को लेकर चलता है जिसका लक्ष्य केवल अनुरंजन है। वह हास्यास्पद नहीं है जो जीवन की प्राकृतिक अपूर्णता के रूप में वेदना का विषय हो जाता है। हास्य कभी-कभी विकृति या उसके बहाने का आधार लेकर भी मनोरंजन करता है। इस तरह कुरूपता से उसका सम्बन्ध स्थापित हो जाता है। लेकिन प्रकृति की वास्तविक कुरूपता, विकर्षक होने के कारण हास्य का आलम्बन नहीं हो सकती। हास्य कुरूप का सौन्दर्यशास्त्रीय संवेद्य रूप है। आगे चलकर हास्य के अतिरिक्त अन्य रूपों में भी कुरूपता के सौन्दर्यशास्त्रीय मूल्य का प्रतिपादन होने लगा। कुरूपता जो सौन्दर्य के विरोध में केवल निषेधात्मक मूल्य था, वह कला में विधायक मूल्य हो गया। कला में सौन्दर्य का जितना मूल्य है, उतना ही मूल्य कुरूपता का माना जाने लगा। आधुनिक सौन्दर्यशास्त्र और साहित्य इसके प्रमाण हैं।

सौन्दर्य कला में कितने रूप धारण कर सकता है, इसका पूर्ण निरूपण सम्भव नहीं है। कलाकार की प्रतिभा सौन्दर्य-सम्बन्धी विभिन्न तत्त्वों के सम्मिश्रण से नित्य नवीन रूप धारण करती हैं। इसलिए सौन्दर्य के आयामों के सम्बन्ध में कोई भी अन्तिम शब्द नहीं कह सकता। जहाँ हेगेल आदि सौन्दर्यशास्त्रियों ने सौन्दर्यशास्त्र को सौन्दर्य, कुरूप, उदात्त और हास्य के चार रूपों में विभाजित किया, वहाँ अधिकांश आलोचकों ने उसे केवल तीन वर्गों में ही विभाजित किया है। वे करुण, हास्य आदि को कलात्मक अभिव्यक्ति के रूप मानते हैं, कलागत सौन्दर्य के रूप में नहीं। उनके अनुसार करुण का आकर्षण उदात्त का और हास्य का आकर्षण कुरूप की सौन्दर्यशास्त्रीय सार्थकता का है। वैसे कला या साहित्य की जो विभिन्न विधाएँ या रूप हैं, उनकी कलात्मक अभिव्यंजना की पद्धति भिन्न-भिन्न प्रकार की है और उनमें सौन्दर्य का विशिष्ट विधान होता है। प्रत्येक विधान को सौन्दर्य का अलग रूप नहीं माना जा सकता। दूसरी ओर शुद्ध सौन्दर्यशास्त्रीय दृष्टि से प्रकृति, स्वरूप और अनुभूति के आधार पर सौन्दर्यशास्त्र को सौन्दर्य, कुरूप और उदात्त के अतिरिक्त अन्य छोटे-मोटे वर्गों में भी विभाजित किया जा सकता है। ब्रैडले ने कुरूप से भिन्न पाँच सौन्दर्यशास्त्रीय रूपों को माना है—उदात्त, भव्य, सुन्दर, मनोरम और ललित। सौन्दर्य के अनेकानेक रूपों में वे इनको अधिक महत्त्वपूर्ण मानते हैं। प्रथम दो को एक वर्ग में और अन्तिम तीनों को एक वर्ग में रखते हुए वे कहते हैं कि पहले में महत्ता के प्रतिपादन की आवश्यकता है जबकि दूसरे में उसका कोई महत्त्व नहीं है। सौन्दर्य को छोड़कर अन्य दो रूपों के साथ महत्ता का प्रकृतिगत विरोध भी है। इस तरह महत्ता और आकर्षण के आधार पर सौन्दर्यशास्त्र के केवल दो रूप हो जाते

हैं—उदात्त और सौन्दर्य। महत्ता की मात्रा के कम होने पर वह भव्य है और आकर्षक की मात्रा से क्रमशः कम होकर सुन्दर, मनोरम और ललित बनता है। प्रकृतिगत अन्तर को छोड़कर केवल मात्रा के आधार पर सौन्दर्यशास्त्र का वर्गीकरण उचित नहीं है। मात्रा केवल उपवर्गीकरण का आधार मानी जा सकती है।

कहने का तात्पर्य यह है कि प्राकृतिक अन्तर को दृष्टि में रखकर सौन्दर्यशास्त्र के केवल तीन भेदों की चर्चा की जा सकती है। कला में सौन्दर्य, कुरूप और उदात्त तीनों का अपना-अपना महत्त्व है। प्रथम दो सृष्टि और कला, दोनों में सर्वव्यापी हैं। एक का मूल्य विधायक है तो दूसरे का निषेधात्मक। सौन्दर्य मानव-मन को स्पन्दनशील, चेतन और व्यापक बनाता है। कुरूपता निषेधात्मक रूप में उसकी पुष्टि ही नहीं करती, बल्कि विधायक रूप में उसका विस्तार भी करती है। सृष्टि में उदात्त की झलक उतनी व्यापक नहीं है। सृष्टिगत अनन्त उदात्तता के दर्शन के लिए अन्तर्मुखी साधना की भी आवश्यकता होती है। कला की सीमाओं में उसकी अभिव्यंजना भी कष्ट-साध्य है। इस तरह सृष्टि और कला में उदात्त विरल होता है। पर उसके द्वारा मानसिक उन्नयन की जो सम्भावनाएँ है। वे उसकी महत्ता की द्योतक हैं। उदात्त मनुष्य को आध्यात्मिक आत्मोन्नति के चरम धरातल पर पहुँचा सकता है। इसी कारण विरल और कष्ट-साध्य होने पर भी सौन्दर्यशास्त्र में उदात्त का अपना विशिष्ट महत्त्व है।

उदात्तता का यह सामान्य विवेचन स्पष्ट कर देता है कि वह सौन्दर्य का उत्कृष्टतम रूप है जिसकी पूर्ण अभिव्यक्ति कला में सदा सम्भव नहीं है। कुछ सौन्दर्यशास्त्रियों ने उसकी अरूपता को संवेद्य न मानकर उसे सौन्दर्य से भिन्न कोटि में रखने का प्रयत्न किया तो कुछ ने अनुभूति के तीव्र आघात के कारण उसे विरूप या कुरूप के समतुल्य भी माना है। उदात्त की अरूपता अनन्तरूपा होने का द्योतक है, विरूपा होने का नहीं।

## 2. भारतीय चिन्तन

आध्यात्मिक दृष्टि से प्रभावित भारतीय धर्म, दर्शन और संस्कृति आदर्शोन्मुख थे। उनसे प्रभावित प्राचीन भारतीय साहित्य का उदात्त होना अत्यन्त स्वाभाविक है। वेदों और उपनिषदों में उदात्त की अनेकानेक परिकल्पनाएँ मिल जाती हैं। ऋषियों ने प्रकृति और जीवन के व्यापक तथा विराट स्वरूप को प्रस्तुत करते हुए उसमें अनन्त ईश्वरीय सौन्दर्य के दर्शन का प्रयत्न किया। इस तरह वेदों की उदात्तता सौन्दर्य का चरम आध्यात्मिक रूप है। आगे चलकर गीता में उसी विराट का निरूपण हुआ है। वाल्मीकि, व्यास और कालिदास ने लौकिक धरातल पर सांस्कृतिक-सामाजिक परिपार्श्व में उदात्त का उद्‍घाटन किया है।

भारतीय आध्यात्मिक दृष्टि के अनुसार, "सुन्दर का ही उत्कृष्ट रूप उदात्त है

जिसमें प्रवृत्तियों से ऊपर उठकर मन आध्यात्मिक जगत् की अनुभूतियों का मूर्त रूप में आस्वादन करता है।''[13] प्रो. जगदीश पाण्डेय ने भारतीय आध्यात्मिक दृष्टि से उदात्त की व्याख्या करते हुए कहा है कि ''जो आलम्बन हमारे चित्त को मात्र आकर्षित न कर उसका उन्नयन या उत्कर्षण करता है—वह उदात्त कहलाता है।''[14] यह उन्नयन लोकातिशय उत्कर्ष पर निर्भर करता है। जैसे-जैसे वस्तु की भौतिक सीमाओं का बन्धन टूटता जाता है, वैसे-वैसे अनुभूति में सूक्ष्मता, व्याप्ति और उन्मुक्तता आती जाती है। इस उदात्तानुभूति का चरम विकसित रूप भक्ति भावना में दिखाई देता है। ''इसलिए भक्ति से बढ़कर उदात्त भाव नहीं है और सो भी इसलिए नहीं कि एक ही सब कुछ हो जाता है, बल्कि अन्य ही सब कुछ हो जाता है।''[15] आध्यात्मिक उत्कर्ष की बहुमुखी भूमिकाओं के आधार पर उदात्त के कई प्रकार माने गये हैं, जैसे— सूक्ष्मोदात्त, श्रेयोदात्त, परदोदात्त और विस्तारोदात्त।[16]

वस्तु या आलम्बन की दृष्टि से भारतीय आध्यात्मिक उदात्त भावना को दो वर्गों में बाँटा जा सकता है—निर्गुण और सगुण। निर्गुण उदात्त की व्यंजना सूक्ष्म और सांकेतिक है, जैसे कबीर की रचना में। उदात्त के मूर्त रूप की प्रतिष्ठा सगुण अवतारवाद में हुई है। अवतारवाद में रमणीयता और उदात्तता का सुन्दर समन्वय है। इसमें मानवीय रूप रमणीय है तो अनन्त शक्तिमान की व्यंजना उदात्त है। इसे डॉ. कपिलदेव पाण्डेय ने 'रमणीय उदात्त' की संज्ञा दी है।[17]

उदात्तता-सम्बन्धी यह भारतीय दृष्टिकोण उसके आध्यात्मिक जीवन-दर्शन से निष्पन्न होता है अन्यथा सौन्दर्य की तरह उदात्त का भी भारतीय काव्यशास्त्र में या दर्शन में कोई व्यवस्थित निरूपण नहीं हुआ है। या तो भारतीय साहित्य-सर्जना के आधार पर या काव्यशास्त्र के बिखरे हुए सूत्रों के आधार पर इसके सम्बन्ध में कुछ अनुमान किया जा सकता है।

भारतीय काव्यशास्त्र मूलतः आत्मवादी और आध्यात्मिक दृष्टि से प्रभावित है। इसलिए उसमें साहित्य के रूप या स्वरूप की अपेक्षा उसकी आत्मा को ज्यादा महत्त्व दिया गया है। यह आत्मा शब्दार्थरूपी शरीर और विधारूपी आकृति से परे है। काव्य की आत्मा रस है जो अलौकिक है। भाव लौकिक है, उसके आधार पर अनुभूत होने पर भी रस अलौकिक है। स्थायी भावों और रसों का अलग उल्लेख ही इसका पर्याप्त प्रमाण है। रस की इस अलौकिकता को ब्रह्मानन्दसहोदर कहकर आध्यात्मिक व्याख्याएँ की गयी हैं। पण्डितराज ने 'भग्नावरणा चित्' कहकर रस को अद्वैत की अनुभूति माना है। रस का यह उदात्त आध्यात्मिक रूप 'रसो वै सः' के रूप में ईश्वरीय अनुभूति का पर्यायवाची हो गया है। अन्य सम्प्रदायों ने काव्यानुभूति को इस तरह अलौकिक न मानने पर भी काव्योक्ति के चमत्कार में अद्भुतपन को अवश्य पहचाना है। व्यावहारिक भाषा से काव्य-वाणी का अन्तर इसी चमत्कार और अद्भुतपन को लेकर है। भले ही उसे अलंकार, रीति, ध्वनि, वक्रोक्ति, औचित्य आदि से अभिहित

किया गया हो। रसानुभूति की अलौकिकता या काव्य का अद्भुतपन उदात्तता नहीं है, परन्तु उसकी अनुभूति की दिशा का द्योतक अवश्य है। साहित्यदर्पणकार ने रस को 'लोकोत्तर चमत्कार प्राण' कहते हुए धर्मदत्त और नारायण के मतों को उद्धृत किया है :

*रसे सारश्चमत्कारः सर्वत्राप्यनुभूयते।*
*तच्चमत्कार सारत्वे सर्वत्राप्यद्भुतोरसः।*
*तस्माददद्भुत मेवाह कृती नारायणो रसम्।।*[18]

भारतीय आचार्यों के अनुसार उदात्त का तात्पर्य उस वृत्ति से है जो सबसे बढ़कर उत्कृष्टता प्रकट करती है अर्थात् जीवन की किसी भी दिशा में सर्वोत्कृष्ट होना ही उदात्त कहलाता है। कभी-कभी उसका अर्थ 'विजिगीषुता' या दूसरों पर विजय प्राप्त करने की इच्छा भी माना गया है। दूसरे शब्दों में, उदात्तता उच्च मानसिक धरातल का द्योतक होने के साथ-साथ शारीरिक शक्तिमत्ता की भी व्यंजक है। लेकिन भारतीय धार्मिक दृष्टि के अनुसार उदात्त की अनुभूति के लिए शारीरिक शक्ति का धर्मबद्ध होना आवश्यक है। उदात्त के स्वरूप की इन दिशाओं की ओर संकेत करते हुए धनंजय ने कहा है–

"औदात्यंहि नाम सर्वोत्कर्षणवृत्तिः, तच्चविजिगीषुत्व एवोपपद्यते जीमूत वाहनस्तु निर्जिगीषुतयैव कविना प्रतिपादितः।"[19]

अरस्तू की तरह भारतीय आचार्यों ने भी महाकाव्य और नाटक की वस्तु के उदात्त होने पर बल दिया है। वस्तु की यह उदात्तता ऐतिहासिक-पौराणिक इतिवृत्तों को लेकर उच्चवर्गीय जीवन और संस्कृति के निरूपण में है। प्रसिद्ध वस्तु के समान कल्पित वस्तु के द्वारा उदात्तता की अनुभूति देना उतना सरल काम नहीं है। दूसरी ओर प्रहसन आदि में निम्नवर्गीय साधारण जीवन का निरूपण भी उदात्त नहीं हो सकता। आलंकारिकों की इस विचारधारा में प्राचीन उच्चवर्गीय सांस्कृतिक आभिजात्य की झलक मिल सकती है, पर उदात्तता के संस्कृति या संस्कारिता के साथ घनिष्ठ सम्बन्ध को अस्वीकार भी नहीं किया जा सकता।

भारतीय नायक की परिकल्पना में उदात्तता के विभाव पक्ष की ओर स्पष्ट संकेत मिलता है। पाश्चात्य 'हीरो' कार्य करने की अपनी अद्भुत शक्तिसत्ता के कारण पाठकों के मन में उदात्तता का संचार करता है तो भारतीय नायक अपनी धार्मिक और चारित्रिक महत्ता के कारण। नायकों के वर्गीकरण में 'धीर' शब्द इस बात का द्योतक है कि वह अपने वर्ग की प्राकृतिक विशेषताओं से ऊपर उठा हुआ है और उसके स्वभाव में स्थिरता या दृढ़ता है। चाहे वह उदात्त हो, ललित हो, प्रशान्त हो या उद्धत हो, उसका मानसिक धरातल सामान्य से परे उन्नत होता है जिससे उदात्तानुभूति की प्राथमिक आवश्यकता की पूर्ति हो जाती है। लोंजाइनस ने बालेयता को अर्थात् चापल्य, गरिमा का अभाव, संयमहीनता, कायरता आदि को उदात्त का

विरोधी तत्त्व मानकर इसी मानसिक धरातल की प्रौढ़ता की ओर संकेत किया है।[20] नायकों में भी धीरोदात्त के लक्षण काव्य में उदात्तता के समावेश के अधिक अवसर प्रदान करते हैं। दशरूपक के अनुसार धीरोदात्त महासत्त्व, अतिगम्भीर, क्षमावान, अविकत्थन, स्थिर, निगूढ़ अहंकारी तथा दृढ़व्रत होता है।

*महा सत्त्वोऽतिगम्भीरः क्षमावानविकत्थनः।*
*स्थिरो निगूढाहंकारो धीरोदात्तो दृढ़व्रतः।।*[21]

धीरोदात्त की इस परिकल्पना में लौकिक शक्तिमत्ता के साथ चारित्रिक और धार्मिक महानता का भी समावेश हो गया है। ऐसे ही उदात्त नायक के जीवन में, क्रियाकलापों में उदात्तता हो सकती है। इसके आदर्श उदाहरण रामचन्द्र जी माने जाते हैं। इस सन्दर्भ में वाल्मीकि रामायण के आरम्भ में नारद के द्वारा रामचन्द्र के गुणगणों की परिगणना द्रष्टव्य है।[22] ऐसे नायक के जीवन से सम्बद्ध वस्तु ही उदात्त हो सकती है। उदात्त महाकाव्य की रचना के लिए महान नायक के जीवन से प्रेरणा प्राप्त होना आवश्यक है। महाकाव्य की रचना उस नायक के प्रति कवि की श्रद्धांजलि है। भारतीय आलंकारिकों के अनुसार प्रसिद्ध ऐतिहासिक-पौराणिक वस्तु और लोकोत्तर नायक, दोनों का अटूट सम्बन्ध है।

भारतीय रस-व्यवस्था में उदात्त का आभास वीर और अद्‌भुत रसों के निरूपण में मिल जाता है। वीर रस में उत्साह और क्रियाशील आवेग एवं संभ्रम प्रधान होते हैं :

*उत्तम प्रकृतिर्वीर उत्साह स्थायि भावक :*[23]
× × ×
*कार्यारम्भेषु संरंभः स्थेयानुत्साह उच्यते।*[24]

उत्तम पुरुष में उत्साह और कार्य-संरंभ स्वयं उदात्त की सृष्टि नहीं कर सकते, जब तक उद्‌देश्य और कार्य भी महान न हो। इसलिए वीर रस की अनुभूति सदा उदात्त नहीं होती। उसमें उदात्त के प्रेरणा-स्रोत उत्साह या ऊर्जा का प्रतिपादनमात्र दिखाई देता है। दूसरी ओर अद्‌भुत रस में उदात्त के वस्तुगत और अनुभूतिगत लोकातीत विस्मयकारिता का पहलू ही व्यंजित हुआ है। साहित्य-दर्पणकार के अनुसार,

*अद्‌भुतो विस्मय स्थायी भावो...–*
*...वस्तु लोकातिगमालंबनं मतम्।*[25]

*विविधेषु पदार्थेषु लोक सीमातिवर्तिसु*
*विस्फारश्चेतसोयस्तु स विस्मय उदाहृतः।*[26]

औचित्य रस का प्राणतत्त्व है। उसके अभाव में रसभंग या रसाभास हो जाता है :

*अनौचित्यादृते नान्यद्रस भंगस्य कारणम्।*[27]

अनौचित्य और रसाभास उदात्त के निषेधात्मक पहलू हैं। काव्य में औचित्य

का विचार और महत्त्व केवल निषेधात्मक रूप में ही नहीं है। वह उदात्तता का विधायक पहलू ही है। औचित्य की गरिमा उदात्तता का पोषक है। शृंगार या प्रेम, वासना से परे होने पर ही उदात्त रूप में परिणत हो सकता है। प्रेम में उदात्त के लिए आवश्यक आवेग तो रहता है, परन्तु लौकिक वासना से परिवृत होने के कारण उसकी अभिव्यंजना प्रायः उदात्त के धरातल पर पहुँच नहीं पाती। औचित्य का औन्नत्य प्रेम को उदात्त बनाता है।

अलंकार सम्प्रदाय ने उदात्त को अलंकार मानकर उसके सौन्दर्यशास्त्रीय मूल्य को स्वीकार किया है। उदात्त का अर्थ है–''उत्कर्षेण आदीयते गृह्यतेस्मेति उदात्तम्'' अर्थात् उदात्त में वर्णनीय वस्तु का उत्कर्ष दिखाया जाता है। जहाँ उत्कर्ष वस्तु-सिद्ध है, वहाँ वह अलंकार न होकर अलंकार्य हो जाता है। जहाँ वह कल्पना-प्रसूत है, अलंकार बन जाता है। दोनों के बीच में सीमा-रेखा खींचना उतना सरल नहीं है। इसलिए शुक्ल जैसे समीक्षक स्वभावोक्ति, उदात्त आदि को अलंकार न मानकर अलंकार्य कहते हैं।[28] उदात्त अलंकार की चर्चा करने वाले प्रथम आचार्य भामह हैं जिन्होंने उदात्त में शक्तिमत्ता को महत्त्व दिया है। उन्होंने यह भी संकेत किया है कि दूसरे समृद्धि में उदात्त का अस्तित्व मान रहे हैं :

*उदात्त शक्तिमान् रामो गुरुवाक्यानुरोधकः।*
*विहायोपनतं राज्यं यथा वनमुपागमत्।।*
*एतदेवापरेऽन्येन व्याख्यानेनान्यथा विदुः।*
*नाना रत्नादियुक्तं यत्तत् किलोदात्तमुच्यते।।*[29]

आगे चलकर सम्पन्नता और महत्ता ये ही उदात्तालंकार के रूढ़ लक्षण माने गये हैं :

*उदात्त वस्तुनः सम्पन्महतांचोपलक्षणम्।*[30]

रुय्यक ने उदात्त के अन्तर्गत समृद्धि-वर्णन को कवि-कल्पनाजन्य कहकर उसके अलंकारत्व को तो सिद्ध किया ही, उदात्त की लोकोत्तरता की कवि-प्रतिभा के साथ सम्बन्ध को भी स्पष्ट किया है :

''स्वभावोक्तौ भाविके च यथावद्वस्तु वर्णनम्। तद्विपक्षत्वेनारोपित वस्त्वात्मन उदात्तस्यावसरः। तत्र सम्भाव्यमान विभूतियुक्तस्य वस्तुनो वर्णन कवि प्रतिभोत्थापितमैश्वर्य लक्षणमुदात्तम्।''[31]

रीति-विवेचन में ओजगुण और गौडी रीति की व्याख्याएँ लोंजाइनस के द्वारा निरूपित उदात्त शैली के लक्षणों से मिलती-जुलती हैं। चित्त का विस्तारस्वरूप दीप्तत्व ओज कहलाता है। ओजपूर्ण शैली गौडी रीति है।

*ओजश्चित्तस्य विस्तार रूपं दीप्तत्व मुच्यते।*
*वीर बीभत्स रौद्रेषु क्रमेणाधिक्य मस्यतु।।*[32]

ओजः प्रकाशकैर्वर्णबन्ध आडम्बरः पुनः।[33] समास बहुला गौडी; ओज आदि गुणों को आलंकारिकों ने भाव या रस के व्यंजक और शब्द-रचना में व्यक्त धर्म

माना है। इस तरह ओजस्विता का सम्बन्ध रूप-विधान या शैली से ही नहीं, वस्तु से भी है। व्यापक अर्थ में ओजस्विता पुरुष रसों की प्रकृतिगत विशेषता ही न होकर सभी रसों या भावों की स्फूर्ति या शक्तिमत्ता का द्योतक है जिसकी पराकाष्ठा से रचना उदात्त बनती है।

काव्य-दोषों के विवेचन में भी उदात्तता का निषेधात्मक पहलू स्पष्ट हो जाता है। अश्लीलत्व, ग्राम्यत्व आदि शब्दार्थगत दोष भावोत्कर्ष के लिए घातक होते हैं, जिस भावोत्कर्ष पर उदात्तता निर्भर करती है। सामान्य रूप से दोषों को दो वर्गों में बाँटा जा सकता है–वस्तु या भाव-सम्बन्धी और कलात्मक अभिव्यंजना-सम्बन्धी। पहले से उदात्त का उत्कर्ष समाप्त हो जाता है तो दूसरे से उदात्त का शाब्दिक रूप-विधान अनौचित्यपूर्ण होकर उदात्त की अनुभूति या उसके संक्रमण में बाधा पहुँचती है।

भारतीय काव्यशास्त्र में उदात्त की ओर इन संकेतों पर विचार करते हुए डॉ. नगेन्द्र ने भारतीय चिन्तन का मूल्यांकन किया है जो सन्तुलित और औचित्यपूर्ण है–"धीरोदात्त के विवेचन के अन्तर्गत महासत्त्व एवं दृढ़व्रत और अद्‌भुत रस के विवेचन में लोकसीमातिवर्ती जैसे लक्षण उदात्त के विभाव पक्ष का संकेत करते हैं। उधर उत्साह स्थायी तथा ओजगुण के विवेचन के अन्तर्गत संरम्भ, चित्त-विस्तार और दीप्तत्व में भाव-पक्ष का निर्देश है और ओजगुण तथा गौडी रीति के लक्षणों में ओज प्रकाशक वर्ण-योजना, समास-बहुलता, उद्‌भट बन्ध आदि उदात्त के रीति-पक्ष की ओर इंगित करते हैं। उदात्त अलंकार के लक्षण में निर्दिष्ट उत्कर्ष और समृद्धि में भी रीति-पक्ष की अपेक्षा विभाव-पक्ष का ही संकेत अधिक है और इसीलिए कतिपय आलोचकों ने उदात्त की अलंकारिता पर सन्देह किया है। इस प्रकार संस्कृत काव्यशास्त्र में खण्डतः उदात्त के अधिकांश लक्षणों का अनुसन्धान किया जा सकता है, फिर भी उदात्त के समग्र रूप का विवेचन कहीं नहीं है। न केवल वीर उदात्त का पर्याय है और न केवल अद्‌भुत, वीर में विस्तार की स्थिति अनिवार्य नहीं है और अद्‌भुत में संरम्भ की। इसी प्रकार ओजगुण में चित्त का विस्तार और दीप्ति, दोनों का सद्‌भाव होने पर भी गरिमा और भव्यता अनिवार्य नहीं है। गौडीय रीति के विवेचन से यह स्पष्ट हो जाता है–वहाँ इन दोनों गुणों की प्रायः न्यूनता रहती है और इसीलिए अधिकांश आचार्यों ने उसे काव्य की उत्कृष्ट शैली नहीं माना। इस प्रकार उदात्त के समग्र रूप का विवेचन हमारे यहाँ नहीं है, इसमें सन्देह नहीं। उदात्त की कल्पना तो हमारे यहाँ थी, किन्तु विधान नहीं है।"[34]

## 3. पाश्चात्य चिन्तन

सौन्दर्य की तरह उदात्तता की भी दार्शनिक और व्यवस्थित सौन्दर्यशास्त्रीय निरूपण पाश्चात्य चिन्तन की विशेषता है। आरम्भ में सौन्दर्य को एक इकाई मानकर ही विचार हुआ था–उसके विविध रूपों या उसके प्रकृतिगत अन्तर को लेकर वर्गीकरण

की ओर सौन्दर्यशास्त्रियों की दृष्टि नहीं थी। सृष्टिगत और कलागत सौन्दर्य पर तात्त्विक विचार करते समय कुछ आलोचकों ने यह अनुभव किया कि सौन्दर्य शब्द के द्वारा सृष्टि और कला के समस्त आकर्षण की व्याख्या नहीं की जा सकती और आकर्षण की अनुभूति में मात्रा का ही नहीं, प्रकृति का भी अन्तर था। उदात्तता की ओर ध्यान आकृष्ट होने का यही प्राथमिक बिन्दु था जिसे लोंजाइनस ने सैद्धान्तिक रूप दिया था। व्यावहारिक दृष्टि से भी यह सिद्ध होता है कि सृष्टिगत या कलागत सौन्दर्य एक ही प्रकार का नहीं होता और उसकी रमणीयता की अनुभूति में वस्तुगत वैविध्य के साथ प्रकृतिगत अन्तर का भी आभास मिल जाता है।

बोसांको के अनुसार नैतिक और बौद्धिक सौन्दर्य की सामान्य चर्चाओं से परे प्रकृति या जाति के आधार पर सौन्दर्य के वर्गीकरण की पहली झलक सिसिरो की रचना में मिलती है, जब वे कहते हैं कि "Seeing that there are two kinds of beauty, one of which consists in grace, the other in dignity; we must consider grace as feminine, and dignity as masculine beauty."[35] यहाँ पर रूप-सौन्दर्य की शालीनता या गौरवमयता का उल्लेख, उदात्तता की सामान्य प्रकृति का स्पष्ट निर्देश करता है।

उदात्त शब्द को ग्रहण करते हुए उसका विवेचन करने वाले प्रथम आचार्य ऑगस्टस सीजर के समय के प्रसिद्ध भाषण शास्त्रकार कैकिलिउस हैं जिनकी रचना से असन्तुष्ट होकर लोंजाइनस ने उदात्त-विषयक अपने ग्रन्थ को प्रस्तुत किया था। लोंजाइनस के अनुसार कैकिलिउस का उदात्त-विषयक प्रबन्ध, सम्पूर्ण विषय की गरिमा को देखते हुए बहुत निचले स्तर का है और उसमें आधारभूत तत्त्वों की पकड़ बिल्कुल नहीं है।[36] अतः काव्य-तत्त्व-चिन्तन में उदात्तता की व्यवस्थित, तात्त्विक और स्पष्ट व्याख्या करने वाले प्रथम आचार्य लोंजाइनस ही हैं।

लोंजाइनस ने उदात्तता की जो व्याख्या की वह उतनी दार्शनिक नहीं है, जितनी व्यावहारिक है। व्यावहारिक क्षेत्र में भी उनकी दृष्टि सृष्टिगत या कलागत व्यापक भूमि पर न होकर साहित्य की परिधि तक सीमित थी। यह दूसरी बात है कि उन्होंने उदात्तता को दार्शनिक शब्दों में आत्म-तत्त्व कहा है और उदात्त की जो सैद्धान्तिक व्याख्या की, वह काव्य के अतिरिक्त अन्य ललित कलाओं पर भी लागू हो जाती है। पर भाषा-शैली के माध्यम से उदात्त की अभिव्यक्ति की चर्चा उनके क्षेत्र की सीमा की स्पष्ट द्योतक है। लोंजाइनस ने सरस मनोरंजक रचना से श्रेष्ठ साहित्य की पहचान के रूप में उदात्तता के सिद्धान्त का प्रतिपादन किया। "औदात्त्य अभिव्यक्ति की विशिष्टता और उत्कृष्टता का नाम है; और केवल इसी के आधार पर श्रेष्ठ कवियों और लेखकों ने अपनी प्रतिष्ठा एवं अमर यश का अर्जन किया है।...गरिमामयीवाणी अपनी अभिभाव क्षमता के कारण अनुनय तथा परितोषकारी वाणी की अपेक्षा सदैव और सभी प्रकार से अधिक समर्थ होती है।"[37] साहित्य की उदात्तता की ओर यह

संकेत लोंजाइनस की सर्वथा मौलिक उद्भावना नहीं है। ग्रीक साहित्य की समीक्षा में इस पर पर्याप्त विचार किया जा चुका था। एपिक और ट्रेजिडी का विवेचन करते समय अरस्तू ने इस पहलू पर ध्यान दिया था। परम्परागत इस विचारधारा की सैद्धान्तिक व्याख्या लोंजाइनस ने प्रस्तुत की और उदात्तता को श्रेष्ठ साहित्य की आत्मा के रूप में प्रतिष्ठित किया।

लोंजाइनस के अनुसार उदात्तता आत्मा की महानता का प्रतिबिम्ब है।[38] मनुष्य की भावना या विचारधारा देशकाल की परिधि को लाँघकर सृष्टि में अनन्त उदात्तता का दर्शन कर लेती है। मनुष्य जब मानवीय धरातल से ऊपर उठ जाता है, उसकी आत्मा का अनन्त विस्तार होकर उदात्त की अनुभूति होने लगती है। इस तरह उदात्तता मनुष्य को ईश्वरी तत्त्व के पास पहुँचा देती है।[39] लोंजाइनस उदात्त के आलम्बन की प्रकृति, उसकी अनुभूति और अभिव्यक्ति के साधनों पर विस्तार के साथ विचार करते हुए स्पष्ट कर देते हैं कि सच्ची उदात्तता मानव-मन को अभिभूत कर देती है। इसके विपरीत स्फूर्तिहीन आडम्बर उदात्त का मिथ्या रूप है जो मानव-मन को आध्यात्मिक ऊँचाइयों पर ले जाने में असमर्थ है। उदात्त की प्रकृति की स्पष्ट व्याख्या करते हुए भी लोंजाइनस सृष्टि के व्यक्त रूप की अपूर्णता के साथ उसका सम्बन्ध नहीं जोड़ सके और इस कारण उदात्त के दार्शनिक आधार पर सैद्धान्तिक विचार नहीं किया, जैसा कि आगे चलकर काण्ट ने किया है।''[40]

सौन्दर्यशास्त्रीय दृष्टि से लोंजाइनस का दृष्टिकोण स्वच्छन्दतावादी और आध्यात्मिक है। ''जैसा कि ऐटिकिन्स ने लिखा है अरस्तू ने शान्त व स्थिर बुद्धिवाद और उस पर आश्रित वस्तुनिष्ठ दृष्टिकोण से भिन्न लोंजाइनस का दृष्टिकोण आत्मनिष्ठ, उच्छ्वासपूर्ण और कल्पना-प्रधान है।''[41] लेकिन ''अरस्तू द्वारा प्रतिपादित काव्यानन्द जहाँ चित्त के वैशद्य रूप होने के कारण अभावात्मक ही रह जाता है, वहाँ लोंजाइनस द्वारा निरूपित काव्यानन्द आत्मा के उल्लास या उत्कर्ष रूप होने के कारण भावात्मक है और इस दृष्टि से वह भारतीय रस-सिद्धान्त से अधिक निकट है।''[42] लोंजाइनस ने उदात्त के अन्तरंग और बहिरंग तत्त्वों की जो व्याख्या की, वह दार्शनिक भले ही न हो, आत्म-तत्त्व-प्रधान अवश्य है। उसकी सौन्दर्यशास्त्रीय सीमा यही है कि उन्होंने अनन्त रूप की व्याख्या के प्रयत्न में व्यक्त रूप की रमणीयता की उपेक्षा की। अनुभूति की दृष्टि से माधुर्य को छोड़कर केवल ऊर्जा पर बल देते रहे।

सौन्दर्यशास्त्र के क्षेत्र में लोंजाइनस के बाद शताब्दियों तक उदात्तता का विवेचन विस्मृत ही रहा। बर्क ने इस विचारधारा को आगे बढ़ाने का दूसरा प्रयत्न किया। सौन्दर्य के साथ उदात्त का भी विस्तृत विश्लेषण करते हुए उन्होंने कहा कि :

'Sublime is productive of the strongest emotion, which the mind is capable of feeling."[43]

उदात्त की इस अनुभूतिमूलक व्याख्या में उसे सौन्दर्य से बिल्कुल पृथक् ही नहीं

माना गया बल्कि उसे विरोधी तत्त्व के रूप में दिखाया गया। उसका सम्बन्ध दुःख और भय की प्रबल भावनाओं के साथ है, जबकि सौन्दर्य का आनन्द की भावना के साथ है। इस अन्तर के आधार पर उन्होंने उदात्तता को सौन्दर्य की अपेक्षा कुरूपता से अधिक सम्बद्ध माना है, जो सौन्दर्य का बिल्कुल उलटा है। सम्भवतः इसलिए कि उदात्तता और कुरूपता, दोनों में सौन्दर्य के समान रमणीयता की अनुभूति न होकर मन में आतंक छा जाता है। उदात्तता की चर्चा में बर्क ने अरूपता, शक्ति, व्यापकता आदि जिन विशेषताओं की ओर संकेत किया, काण्ट ने आगे चलकर उनका विस्तार किया। वास्तव में उदात्तता कुरूपता की अपेक्षा सौन्दर्य से सम्बद्ध विधायक भावना है, इसका स्पष्टीकरण आगे के सौन्दर्यशास्त्रियों ने किया।[44] जहाँ लोंजाइनस ने उदात्तता पर काव्यशास्त्रीय दृष्टि से विचार किया, बर्क ने दार्शनिक-सौन्दर्यशास्त्री दृष्टि से। उदात्त के दार्शनिक आधार को स्पष्ट करने के अतिरिक्त उन्होंने उसकी प्रकृति और स्वरूप के विविध पहलुओं की ओर संकेत भी किया जो भावी सौन्दर्यशास्त्रियों के लिए मार्ग-प्रदर्शक बना, भले ही उन्होंने कुरूपता के साथ उसके सम्बन्ध को स्वीकार न किया हो।

विंकिलमान ने कलाओं के विकास का ऐतिहासिक विवेचन करते हुए ग्रीक की कलात्मक अभिव्यंजना की चार शैलियों में भव्य या उदात्त शैली की ओर भी संकेत किया है, जिसे उन्होंने 'सच्चे सौन्दर्य' की संज्ञा दी। इस तरह बर्क के विचारों से भिन्न उन्होंने उदात्त को सौन्दर्य से सम्बद्ध माना है।[45] उदात्त की प्रकृति की व्याख्या करते हुए उन्होंने कहा कि जहाँ मानव-मन तुच्छ या साधारण विचारों से ऊपर उठकर पौरुष-प्रधान अभिव्यक्ति का प्रयत्न करता है और उसकी शक्तिमत्ता ग्राहक-मन को वस्तु में तन्मय ही न करके उसका अनन्त विस्तार भी करती है, उदात्त की अनुभूति कहलाती है। दूसरे शब्दों में, उदात्त की अनुभूति सम्बन्ध की तन्मयता से भिन्न आत्मोन्नयन की प्रतिक्रिया है जो मन की अनन्त चेतना को पुष्ट करती है। जहाँ बर्क के अनुसार सौन्दर्य सुखद की आनन्दानुभूति और उदात्तता दुःखद की आनन्दानुभूति है जो मन को आतंकित एवं अभिभूत कर देती है, विंकिलमान का कहना है कि उदात्त में ग्राहक-मन पहले आतंकित हो जाने पर भी अन्ततः प्रकृतिस्थ ही नहीं सशक्त भी हो जाता है।

विंकिलमान के विचारों से प्रेरणा लेकर काण्ट ने कहा है कि उदात्तानुभूति में ऐन्द्रिय संवेदन, मन को झकझोरने वाला होने पर भी आध्यात्मिक आत्मोज्जीवन के ऊँचे धरातल पर ले जाता है। उन्होंने उदात्त का सौन्दर्य के साथ सम्बन्ध स्वीकार किया है। लेकिन दोनों को कलात्मक अनुभूतिं के दो पहलू माना है जिनकी प्रकृति में पर्याप्त अन्तर है। जहाँ सौन्दर्य रूपाश्रित है, उदात्त का सम्बन्ध असीम या अरूप से है। उदात्त का वर्गीकरण करते समय काण्ट ने रूप की अनन्तता और शक्ति की असीमता, उदात्त के दोनों स्रोतों की ओर संकेत किया है। उसका आलम्बन कलात्मक

मूल्यांकन की पकड़ में नहीं आता, वह हमारे विवेक को विभ्रम में डाल देता है और मन में सौन्दर्य की तरह समरसता की अनुभूति के स्थान पर असामंजस्य उत्पन्न करता है। उदात्त अपेक्षाकृत अधिक व्यक्तिनिष्ठ है। उसकी अनुभूति के लिए हमें आत्मनिर्भर होकर अपनी सांस्कृतिक-आध्यात्मिक चेतना का आधार ग्रहण करना पड़ता है। उसका प्रभाव इतना सशक्त है कि सौन्दर्य की तरह परिमित ऐन्द्रिय संवेदनों के माध्यम से उसकी अनुभूति प्राप्त नहीं की जा सकती। उदात्त की स्फूर्तिदायी और गम्भीर महानता, वस्तु और आत्मा में असंगति या संघर्ष उत्पन्न करके भय-विस्मय-मिश्रित अभावात्मक आनन्द प्रदान करती है।[47] रूपाश्रित सौन्दर्य व्यावहारिक उद्‌देश्यरहित होने पर भी उसकी कलात्मक सार्थकता की अनुभूति अवश्य होती है। इसके विपरीत उदात्त सर्वथा मानसिक भावना का विषय है; वस्तु और प्रमाता में संगति का कोई प्रश्न ही नहीं है। इसलिए आलम्बन की सार्थकता केवल निषेधात्मक रूप में ग्राहक के मानसिक भावन को उत्तेजित करने में है।[48] इस शुद्ध व्यक्तिनिष्ठ दृष्टिकोण पर आपत्ति की जा सकती है कि कलात्मक सार्थकता के बोध के बिना किसी प्रकार की आनन्दानुभूति सम्भव नहीं है और उसके अभाव में उदात्त, सौन्दर्य से सम्बद्ध तथा आनन्ददायी रूप नहीं रह जाता। इसीलिए आगे चलकर रस्किन ने उदात्त की अनुभूति में भी एक भव्य और व्यापक कलात्मक सार्थकता के बोध की ओर संकेत किया। जो हो, काण्ट उदात्त का व्यवस्थित और तलस्पर्शी सौन्दर्यशास्त्रीय विवेचन करने वाले प्रथम आचार्य हैं, जिन्होंने परवर्ती चिन्तन को विशेष प्रभावित किया है।

हेगेल का कला और सौन्दर्य-सम्बन्धी दृष्टिकोण शुद्ध आध्यात्मिक है। उदात्तता में आध्यात्मिक अभिव्यक्ति का चरम विकसित रूप प्राप्त होता है। हेगेल के अनुसार उदात्त सौन्दर्य का दौवारिक है, कला में जिसकी अभिव्यंजना प्रतीकात्मक होती है। काण्ट को उद्धृत करते हुए वे कहते हैं कि सच्चा उदात्त ऐन्द्रिय रूप में समा नहीं सकता। उसका सम्बन्ध विवेकपूर्ण विचारों से है, जिनकी उचित रूपात्मक अभिव्यक्ति सम्भव नहीं है। फिर भी वे मानव-मन में जागकर उसे प्रभावित करते हुए अपनी अपर्याप्तता में ही ऐन्द्रिय रूप के द्वारा पुनः प्रत्यक्षित हो जाते हैं। हेगेल का कहना है कि उदात्त अनन्त की अभिव्यक्ति का प्रयत्न है जिसकी सफल अभिव्यंजना के लिए सृष्टि में कोई भी वस्तु उचित माध्यम प्रतीत नहीं होती[49] अर्थात् उदात्त असीम वस्तु में असीम की अपूर्ण व्यंजना है और असफल व्यंजना के रूप में वस्तु समेत उदात्त बन जाता है। प्रतीकात्मक असफल अभिव्यंजना में उदात्त कुरूप से मिलता-जुलता हैं सौन्दर्य की तरह दोनों की रूप-कल्पना में परिपूर्णता सम्भव नहीं है। शिलर का कहना है कि सृष्टि की अरूपता, कुरूप और उदात्त दोनों प्रकार की हो सकती है। लेकिन सृष्टि की कुरूपता में उदात्तता की केवल झलक मिल पाती है, क्योंकि उससे पूर्ण सन्तोष प्राप्त नहीं होता। उसके द्वारा व्यापकता और भव्यता का विकृत भद्‌दापन ही प्रकट होता है। इसके विपरीत सच्चे उदात्त में अभिव्यक्ति की अपर्याप्तता का

सचेत बोध रहता है।[50] कुरूप सृष्टि में अपूर्ण का द्योतक है तो उदात्त अपर्याप्त का। विशेष सार्थकता की अनुभूति के लिए कला में पहले की सफल अभिव्यक्ति हो जाती है, दूसरे का केवल प्रतीकात्मक निरूपण ही सम्भव है। हेगेल के अनुसार आध्यात्मिक आत्मतत्त्व की अतीन्द्रिय उदात्त व्यंजना बाइबिल आदि धर्मग्रन्थों में मिल जाती है, जहाँ लौकिक बिम्ब उस अनन्त को मूर्त रूप देने में अपर्याप्त होकर प्रतीकात्मकता का सहारा लेते हैं। इस सम्बन्ध में हेगेल के साथ रस्किन के विचारों की तुलना विशेष महत्त्वपूर्ण है। रस्किन कलात्मक अभिव्यंजना के साथ उदात्त की अनन्तता का कोई विरोध स्वीकार नहीं करते। कला में अनन्त की अभिव्यक्ति असम्भव नहीं है। मनुष्य या मानव-मन की लौकिक सीमाओं में भी ईश्वरीय भावना का धारण हो सकता है। इसके विपरीत हेगेल आध्यात्मिक उदात्त को व्यक्त रूप से परे मानते हैं। कला में ससीम से असीम का बोध, एक ओर मनुष्य के मन पर अपनी अनन्तता का सशक्त प्रभाव डालता है तो दूसरी ओर ईश्वरीय तत्त्व से दूर अपनी ससीमता का अनुभव कराता है।[51] हेगेल कलागत उदात्त की आध्यात्मिक भावना को क्लासिकल स्थूल आदर्शवादिता और रोमांटिक वैयक्तिक भाव-प्रवणता से भिन्न मानते हैं।[52] लेकिन यह कहा जा सकता है कि रोमांटिक रूप की स्वच्छन्दता में उदात्त की अनन्तता को व्यक्त करने की अधिक सम्भावनाएँ हैं।

शोपेनहॉवर के अनुसार सौन्दर्य मानव-मन के मुक्त अहं के द्वारा वस्तुगत भाव का ग्रहण है। उदात्त में भी सौन्दर्य की इसी प्रक्रिया का अनुसरण होता है। लेकिन व्यक्ति के अहं से वस्तु का सम्बन्ध समरस न हाकेर प्रतिकूल होता है जिसका प्रयत्न के द्वारा अतिक्रमण होने के कारण आध्यात्मिक उन्नयन की अनुभूति हो जाती है। इस तरह उदात्त में प्रतिकूल वस्तुगत भाव का सौन्दर्यशास्त्रीय भावन सम्भव हो पाता है[53]।

हर्बर्ट सौन्दर्य को वस्तुनिष्ठ मानकर वैयक्तिक भावना या अनुभूति के आधार पर सौन्दर्य का करुण, उदात्त, रंजक, गम्भीर आदि रूपों में वर्गीकरण असंगत मानते हैं इनके द्वारा सौन्दर्य की विशिष्टता का कोई विशेष बोध नहीं होता।[54] यह क्रोचे की तरह सौन्दर्य को आदर्शपूर्ण मानने का परिणाम है जो व्यावहारिक सत्य प्रतीत नहीं होता।

कुछ परवर्ती सौन्दर्यशास्त्रियों ने विरोधी तत्त्वों के रूप में सौन्दर्य के विविध रूपों की व्याख्या की। रूजे और फिश्चर के लिए उदात्त कुरूप की विपरीत भावना है तो विश्चर के लिए वह हास्यास्पद का विरोधी रूप है। इससे भिन्न रोजंक्रा उदात्त को आनन्दमयी रंजक का विधर्मी मानते हैं।[55] उनके अनुसार सौन्दर्यशास्त्रीय प्रत्येक रूप के अनेक विरोधी हो सकते हैं, पर उनमें एक प्रधान होता है। वे समान जाति के सबसे अधिक दूरवर्ती रूप को प्रधान विरोधी मानते हैं। इस आधार पर वे कहते हैं कि उदात्त सौन्दर्य साधारण रंजक रूप का उलटा है। कुरूप की तुच्छता से भी उदात्त का विरोध हो सकता है, लेकिन कुरूप और उदात्त में सजातीय सम्बन्ध नहीं

है। इस सन्दर्भ में बोसांका का कहना है कि वास्तविक विरोध सच्चे और नकली रूप का होता है; एक जाति के दो विभिन्न रूपों का नहीं। इस अर्थ में उदात्त का विरोध आडम्बरपूर्ण या अतिशयोक्तिपूर्ण नकली उदात्त से है जिसमें उदात्त की मिथ्या धारणा अनुभूत होती है। रोजंक्रा प्रकृतिगत विरोध की ओर संकेत कर रहे हैं, जबकि बोसांका तात्त्विक विरोध की ओर।[56]

स्केश्लर के अनुसार सच्चा सौन्दर्य वस्तु के विशिष्ट लक्षणों पर आधारित है। शोभा और उदात्तता उसके दो रूप हैं। पहला स्त्री-रूप की और दूसरा पुरुष-रूप की विशेषता है। जब सौन्दर्य के विविध रूपों में भ्रामक संयोग हो जाता है या सौन्दर्य के विशिष्ट लक्षणों में ऐसा परिवर्तन हो जाता है कि वस्तु की आन्तरिक व्यवस्था का सामंजस्य नष्ट हो जाता है, कला में कुरूपता का जन्म होता है। इस तरह कुरूपता सौन्दर्य के साथ निषेधात्मक रूप में सम्बद्ध है। कुरूप की इस निषेधात्मक दृष्टि के अनुसार भयानक विरूपता मिथ्या उदात्तता है, जिसमें वस्तु के उदात्त लक्षणों की व्यापक विकृति हो गयी है।[57]

आधुनिक आलोचकों में रस्किन मानसिक उन्नयन करने वाली वस्तु को उदात्त कहते हैं। वस्तु की उदात्तता उसकी महत्ता की गम्भीर अनुभूति पर निर्भर है। बर्क का विचार है कि भय और आतंक में जन्म लेने वाली आत्मरक्षण की प्रवृत्ति में उदात्त का बोध होता है। इसका विरोध करते हुए रस्किन कहते हैं कि स्वयं भय या आतंक का विषय उदात्त होता है, जैसे मृत्यु की कल्पना। मृत्यु की गम्भीरता, अपरिहार्यता और अपरिमेयता मनुष्य की भावनाओं को गम्भीर रूप में प्रभावित करती हुई उदात्त की अनुभूति देती है। दारुण भय की परिस्थिति में भी जब मनुष्य स्थिर और अविचलित चित्त रहता है, अनुभूति उदात्त कहलाती है। सौन्दर्य का महत्त्व-युक्त होना उदात्तानुभूति के लिए आवश्यक है। इस महत्त्व के बोध से मनुष्य का चित्त ऊर्ध्वाभिमुख हो जाता है। इस तरह सौन्दर्य और उदात्त में अन्तर महत्त्व या 'उत्कर्ष' को लेकर है; जातिगत नहीं।

जॉर्ज सान्तायन ने उदात्त की व्याख्या करते हुए स्पष्ट किया है कि प्रायः लोगों के मन में उदात्त और उदात्त के आलम्बन को लेकर भ्रान्ति हो जाती है। यह ठीक है कि उदात्त की अनुभूति भय या आतंक से होती है किन्तु स्वयं भय या आतंक उदात्त नहीं है। कलागत त्रास के फलस्वरूप हमारे मन में असम्पृक्त आत्मचैतन्य की अनुभूति होती है जो सच्ची उदात्तानुभूति है :

"The usual cause of the sublime is here confused...Terror makes us withdraw into ourselves. Then with the supervening consciousness of safety or indifference comes a rebound and we have that emotion of detachment and liberation in which the sublime really consists."[58]

आधुनिकों में क्रोचे सौन्दर्य के वर्गीकरण को स्वीकार नहीं करते।[59] क्योंकि

कलागत सौन्दर्य आदर्शपूर्णता का रूप है जिसमें जातिगत, प्रकृतिगत या मात्रागत भेद नहीं हो सकता। प्रायः सौन्दर्य का वर्गीकरण या तो आधारभूत वस्तु या आलम्बन के आधार पर किया जाता है या अनुभूति के आधार पर। क्रोचे कलागत सौन्दर्य का सम्बन्ध सृष्टि से नहीं कलाकार की कल्पना से मानते हैं। इसलिए सृष्टिगत सौन्दर्य या उदात्तता से कला प्रभावित नहीं होती। वस्तु या साधन जो भी हो, सफल कलात्मक अभिव्यंजना का सौन्दर्य इकाई है और प्रत्येक कलाकृति के रूप में विशिष्ट। कला की सफलता में उदात्तता आदि के प्रश्न नहीं उठते। सफलता के विविध रूप नहीं हो सकते। दूसरी ओर सफलता की अनुभूति मानव-मन को पूर्ण से सन्तोष या तृप्ति प्रदान करती है। कला की यह अनुभूति अतीन्द्रिय और आध्यात्मिक है। उसके द्वारा आत्मा के प्रसार में प्रकतिगत या मात्रागत अन्तर करना असंगत है। लौकिक-मानसिक अनुभूति में ही भावनाओं के अनुसार प्रकृति-भेद या मात्रा-भेद होता है। लेकिन यह अनुभूति शुद्ध सौन्दर्यानुभूति नहीं है। क्रोचे के दार्शनिक विचार व्यावहारिक सत्य से दूर प्रतीत होने पर भी तार्किक दृष्टि से अकाट्य होकर मानव-मन को उलझन में डाल देते हैं।

उदात्तता पर विचार करने वाले नवीनतम समीक्षक ब्रैडले हैं जो दार्शनिक सौन्दर्यशास्त्री न होकर रस्किन की तरह कला और साहित्य के व्यावहारिक समीक्षक हैं। सैद्धान्तिक दृष्टि से उन्होंने हार्टमन के सौन्दर्यशास्त्रीय विचारों के पल्लवन का प्रयत्न किया है, जिन्होंने सौन्दर्य के विविध पहलुओं और रूपों को श्रेणीबद्ध किया। ब्रैडले ने भी सौन्दर्य के पाँच विभेद किये हैं—उदात्त, भव्य, सुन्दर, मनोरम और ललित। यह विभेद आकर्षण की मात्रा और महत्त्व के आधार पर है।[60] उदात्त व्यापक अर्थ में सौन्दर्य का ही एक रूप है। असीम शक्ति उदात्त का मूल तत्त्व है।[61] विराट आकार, असीम विस्तार, अतुल वेग आदि जो साधारणतः उदात्त के आलम्बन के लक्षण माने जाते हैं, असीम शक्ति के ही व्यंजक रूप हैं। रूप की अनन्तता उदात्त के लिए अनिवार्य भी नहीं है क्योंकि सीमित रूप में भी असीम शक्ति की व्यंजना से उदात्त की अनुभूति हो जाती है। प्रेम, करुण आदि भावनाओं के माध्यम से गुणात्मक उदात्त की अनुभूति में रूप के असीम-ससीम होने का कोई प्रश्न ही नहीं उठता।[62] ब्रैडले के अनुसार उदात्त के ये लक्षण हैं—(1) भय या आतंक की अनुभूति, (2) काल्पनिक सहानूभूति और विस्मय, (3) आत्म-विस्तार, (4) लघुत्व, शक्तिहीनता या असहायता का बोध, (5) उदात्त वस्तु में गौरव की महिमा और विभुत्व का बोध।[63] भारतीय अनन्त शक्तिशाली ईश्वर की परिकल्पना और भक्ति-भावना में उदात्त के इस स्वरूप की झलक मिल जाती है। महत्ता उदात्त वस्तु का अनिवार्य गुण है। वह शक्ति की अनन्तता पर निर्भर है। इसी कारण वह प्रमाता की आत्मा का उत्कर्ष कर अनन्तता पर निर्भर है। इसी के कारण वह प्रमाता की आत्मा का उत्कर्ष कर उसका व्यापक प्रसार कर देता है। ब्रैडले ने सन्दर्भ के अनुसार शक्ति का वर्गीकरण किया

है, जैसे—शारीरिक, नैतिक, आध्यात्मिक आदि। आत्मिक शक्ति से सम्पन्न वस्तु की उदात्तता श्रेष्ठतर होती है। कायिक शक्ति का महत्त्व निम्नतर है। एक लघुकाय गौरैया में प्रबल आत्मिक शक्ति या ऊर्जा के कारण अधिक औदात्त्य हो सकता है।[64]

सौन्दर्यशास्त्र के इतिहास में बहुचर्चित उदात्त-सम्बन्धी कुछ भ्रान्त धारणाओं का निराकरण करते हुए ब्रैडले ने तीन महत्त्वपूर्ण तथ्यों की ओर हमारा ध्यान आकृष्ट किया है। (1) बर्क ने उदात्त को सदा भय या आतंक पर आधारित माना है। वास्तव में यह उदात्त के कुछ आलम्बनों की ही विशेषता है। उदात्त की ऐसी अनेक वस्तुएँ हैं जो हमें विस्मय-विमूढ़ बनाकर हमारी आत्मा का उन्नयन करती हैं। यह उन्नयन आतंक की अपेक्षा कल्पनाशील सहानुभूति का परिणाम है। इसलिए भय नहीं, विस्मयकारी प्रतिबन्ध उदात्त का आधार है जिसके अन्तर्गत भय का आतंक और अभिभूत करने की भावना दोनों आ जाते हैं।[65] (2) कहा जाता है कि सौन्दर्य की आनन्दानुभूति में अनुकूल ऐन्द्रिय संवेदनों और मन की भावना का सामंजस्य हो जाता है जबकि उदात्त में इन्द्रियों की प्रतिक्रिया प्रतिकूल होती है। चूँकि उदात्त सौन्दर्य का ही रूप है, उसका आनन्दात्मक होना अनिवार्य है। हर एक प्रकार की सौन्दर्यशास्त्रीय अनुभूति इन्द्रियों के माध्यम से ही प्राप्त होती है। इसलिए तथाकथित ऐन्द्रिय प्रतिकूलता में भी उदात्त वस्तु का इन्द्रियों की और उसके माध्यम से ऐन्द्रिय कल्पना को प्रभावित करना अनिवार्य है। वास्तव में कुछ ही उदात्त वस्तुओं की अनुभूति इन्द्रियों के लिए प्रतिकूल होती है, सभी की नहीं, जैसे सूर्योदय आदि। जैसा कि बर्क ने कहा है कभी-कभी उदात्त ऐन्द्रियता से परे अन्धकारमयता, दुरूहता और अस्पष्टता पर निर्भर रहती है। ये लक्षण प्रायः भयानक पर आधारित उदात्त के हैं और उसकी अनुभूति में ऐन्द्रिय प्रतिक्रया प्रतिकूल होती है। निष्कर्ष रूप में ब्रैडले का कहना है कि सौन्दर्य ऐन्द्रिय रूप में समा जाता है, जबकि उदात्त उसे तोड़ता हुआ उसका अतिक्रमण कर जाता है जिसकी चरम स्थिति ऐन्द्रिय प्रतिकूलता है।[66] (3) उदात्त को प्रायः अनन्त, असीम, अनिश्चित कहा जाता है। निश्चित रूप उसकी अभिव्यक्ति के लिए अपर्याप्त माना जाता है। इसलिए महत्त्व को उदात्त का आधार मानने पर भी अतिक्रामक, अभिभावक, अमापनीय, अतुलनीय, अनन्त आदि विशेषणों का प्रयोग आवश्यक समझा जाता है। आध्यात्मिक अनन्तता उदात्त का अनिवार्य धर्म नहीं है। सिंह आदि की उदात्तता इसका उदाहरण है। वास्तव में उदात्तता का महत्त्व सदा माप से परे नहीं है बल्कि उसकी माप का कभी प्रयत्न नहीं होता।[67] तुलना या माप का प्रयत्न होने पर वस्तु उदात्त नहीं रह जाती लेकिन किसी वस्तु को माप से परे अनन्त कहना एक बात है और उसका न मापना दूसरी बात है। उदात्त के लिए आवश्यक महत्त्व की अधिक मात्रा की व्यंजना के लिए हम असीम या अमापनीय शब्द का प्रयोग अवश्य करते हैं, लेकिन उपर्युक्त इस व्यापक अर्थ में कि उसके सम्बन्ध में परिमिति या उसकी माप की भावना मन में नहीं होती। इस

व्यापक अर्थ में सौन्दर्य भी माप से परे है। सीमित ऐन्द्रिय रूप में समाकर भी वह अनन्त-सा प्रतीत होता है। इसके विपरीत उदात्त निश्चित रूप का अतिक्रामक है।[68]

पाश्चात्य सौन्दर्यशास्त्र में सौन्दर्य और करूपता का जितना विस्तृत विवेचन हुआ है, उदात्तता का उतना नहीं। सम्भवतः इसलि, कि वह सौन्दर्य का एक रूपमात्र है जिसकी अभिव्यक्ति सृष्टि और कला दोनों क्षेत्रों में उतनी व्यापक रूप में नहीं है।

## 4. सौन्दर्य और उदात्तता

सृष्टिगत या कलागत सौन्दर्यानुभूति का वर्गीकरण एक प्रकार से कृत्रिम है। अनुभूति की प्रकृति में न्यूनाधिक अन्तर होने पर भी विभाजन की स्पष्ट रेखा नहीं खींची जा सकती। फिर भी लोंजाइनस के समय से ही सौन्दर्य से भिन्न उदात्त को पहचानने के प्रयत्न होने लगे। काण्ट और परवर्ती सौन्दर्यशास्त्रियों ने दोनों के प्राकृतिक अन्तर को स्पष्ट करने का प्रयत्न अवश्य किया लेकिन दोनों का संयोग इतना सुदृढ़ है कि एक में दूसरे का कोई-न-कोई पहलू विद्यमान रहता है। फिर दोनों के न्यूनाधिक संयोग से पता नहीं कलागत आकर्षण के कितने रूप हो जाते हैं।

सौन्दर्य और उदात्त मूलतः सृष्टि या कला के आकर्षण के दो पहलू हैं। दोनों के स्वरूप और अनुभूति में अन्तर हो सकता है। लेकिन अन्ततः विशिष्ट आकर्षण या आनन्दानुभूति में वे तात्त्विक समानता रखते हैं। वे वस्तु के विधायक धर्म या मूल्य हैं और इस अर्थ में कुरूपता के विरोधी रूप हैं। बर्क ने सौन्दर्य और उदात्त को क्रमशः आकर्षण और भय से उत्पन्न मानकर दोनों को परस्पर विरोधी सिद्ध करने का जो प्रयत्न किया है, वह सही नहीं है। दोनों की प्रकृति इस तरह बिल्कुल प्रतिकूल नहीं है। उदात्त को अनुभूति में भय, विस्मय आदि का मिश्रण होने पर भी अनुमति की अन्तिम परिणति आकर्षणमूलक या आनन्दात्मक ही है। कुरूप की तरह उसके द्वारा विकर्षण की भावना उत्पन्न नहीं होती। इसलिए ब्रैडले का यह विचार ही सर्वमान्य हुआ है कि उदात्त व्यापक अर्थ में सौन्दर्य का ही एक रूप है।[70] उदात्त में सौन्दर्य व्यापक चरम उत्कर्ष प्राप्त करके अपनी व्यापकता के कारण केवल आकर्षक या कमनीय न रहकर वस्तु और प्रमाता में कुछ अन्तर भी उत्पन्न करता है।

सौन्दर्य और उदात्त के सौन्दर्यशास्त्रीय सम्बन्ध को स्वीकार करते हुए दोनों में अन्तर करने वाले प्रथम आचार्य काण्ट हैं। काण्ट के अनुसार सौन्दर्य का सम्बन्ध ससीम रूप से है जबकि उदात्त का सम्बन्ध असीम या अनन्त रूप से है। वह देखने में रूपहीन-सा लगता है, पर उसमें रूप की परिपूर्णता का बोध अवश्य सम्मिलित रहता है। सौन्दर्य की आभा अपनी अनन्तता में भी निश्चित रूप के बल पर बोधगम्य है। इसके विपरीत उदात्त विचाराश्रित अनिश्चित धारणा पर आधारित है। काण्ट के ही शब्दों में :

"There are however, also important and striking differences between the two. The beautiful in nature is a question of the form of the object and this consists in limitation where at the sublime is to be found in an object even devoid of form, so far as it immediately involves, or else by its presence provokes a representation of limitlessness, yet with a super added thought of its totality. According the beautiful seems to be regrded as a presentation of an indeterminate concept of understanding, the sublime as a presentation of an indeterminate concept of reason."[71]

सौन्दर्य की तरह इन्द्रियों के माध्यम से बोधगम्य न होकर व्यक्ति-मन की विचारणा का विषय होने के कारण उदात्त अधिक व्यक्तिनिष्ठ है। उसकी अनुभूति के लिए सौन्दर्य की अपेक्षा अधिक सांस्कृतिक संस्कारिता, भावनाशीलता और कल्पना की सक्रियता की आवश्यकता है। सौन्दर्य का आनन्द आकर्षणमूलक और विधायक है तो उदात्त का भय-विस्मयमूलक और एक प्रकार से निषेधात्मक है। सौन्दर्य की अनुभूति में कल्पना की क्रीडा शान्त और समरसतापूर्ण होती है तो उदात्त में गम्भीर और उत्तेजक। उदात्त की अनुभूति सौन्दर्य से बिल्कुल भिन्न अतीन्द्रिय विचारणा के धरातल पर ही प्राप्त हो सकती है :

"The sublime is one degree more subjective than the beautiful, and in every way is more difficult making higher demands upon the mind. Its essence is to throw us back on ourselves, to depend upon our acquired culture and ideas, of which it demands much more than the sense of beauty, to give an austere or negative pleasure akin to awe and admiration, to communicate a serious and stirring, not a playful and tranquil movement to the imagination, and as incapable of residing in any sensuous form to stimulate only the ideas of the reason and not those of the understanding."[72]

काण्ट के सौन्दर्य और उदात्त-सम्बन्धी विचारों का अन्तर स्पष्ट करते हुए कॉर्नर कहते हैं कि रूप-सौन्दर्य की अनुभूति में एक सार्थकता का स्पष्ट बोध रहता है जबकि उदात्त हमारी निर्णयात्मिका बुद्धि को विमूढ़ कर देता है। उसके द्वारा कल्पनातीत एक उच्च या भव्य सार्थकता की अनुभूति होती है। फूल को सौन्दर्य का और तूफानी समुद्र को उदात्त का उदाहरण मानकर भी काण्ट वस्तु-रूप या वर्णन के आधार पर दोनों का अन्तर नहीं करते। भयानक होने के कारण ही तूफानी समुद्र उदात्त नहीं है बल्कि उसकी उदात्तता विचारणा में अनन्तता की अनुभूति और एक अतीन्द्रिय सार्थकता की पकड़ पर निर्भर रहती है। सौन्दर्य को बोध या धारणा के साथ और उदात्त को भाव (idea) या विचार के साथ सम्बद्ध करके काण्ट ने दोनों के अन्तर को स्पष्ट करते हुए सौन्दर्यशास्त्रीय चिन्तन को एक कदम आगे बढ़ाने का प्रयास किया।[73]

काण्ट के विचारों का पल्लवन करते हुए हेगेल ने सौन्दर्य और उदात्तता के

अन्तर को और स्पष्ट करने का प्रयत्न किया। सौन्दर्य सृष्टिगत ऐन्द्रिय रूपों का धर्म है जबकि उदात्त ऐन्द्रिय-वासनात्मक रूपों में निहित नहीं हो सकता। वह सौन्दर्य का दौवारिक है अर्थात् रूप-सौन्दर्य का अतिक्रमण हो जाने पर ही उसमें प्रवेश होता है और तभी उसकी अनुभूति सम्भव है। कला में जहाँ सौन्दर्य की निश्चित बिम्बात्मक अभिव्यक्ति सम्भव है, उदात्त में रूप की अनन्तता केवल प्रतीकात्मक रूप में ही प्रकट हो सकती है। ऐन्द्रिय अभिव्यक्ति की यही अपर्याप्तता उदात्त का लक्षण है, यद्यपि यह अपर्याप्तता भी अन्ततः ऐन्द्रिय रूप या बिम्बों के द्वारा ही कला में मूर्त हो सकती है।[74] इस तरह हेगेल ने सौन्दर्य और उदात्त के अन्तर को सृष्टि के रूपों की ससीमता और असीमता के आधार पर ही नहीं, कलात्मक अभिव्यंजना की दृष्टि से भी स्पष्ट करने का प्रयास किया। कला में सृष्टिगत उदात्त की पूर्ण अभिव्यंजना सम्भव नहीं है। लेकिन कलाकृति या वस्तु में इसी अपूर्ण अभिव्यक्ति से उदात्त की अनुभूति हो जाती है। कलात्मक अभिव्यंजना की दृष्टि से पूर्णता और अपूर्णता या प्रतीकात्मकता, सौन्दर्य और उदात्त के अन्तर के द्योतक हैं।

सौन्दर्य और उदात्त की विभाजन-रेखा को स्पष्ट करते हुए इस विचारधारा को स्पष्ट और प्रौढ़ रूप देने वाले आचार्य ब्रैडले हैं। उनके अनुसार अनन्त शक्ति की द्योतक महत्ता उदात्त की विशेषता है।[75] लेकिन इस अनन्त शक्ति और महत्ता का उदात्त होने के लिए सौन्दर्यमय होना अत्यन्त आवश्यक है। उदात्त सौन्दर्य का ही एक रूप है। केवल महत्ता के आधार पर कोई वस्तु उदात्त नहीं हो सकती।

"Sublimity is a mode of beautiy; the sublime is not the overwhelmingly great, it is the beautiful which has overwhelming greatness; and it affects through its whole nature, not by mere greatness.[76]

इस तरह सौन्दर्य और उदात्त का सम्बन्ध स्थापित करके ब्रैडले दोनों के वस्तुनिष्ठ अन्तर की ओर संकेत करते हैं। सौन्दर्य और उदात्त, दोनों में अनन्तता का बोध होता है। लेकिन सौन्दर्य की अनन्तता निश्चित रूप से बँधी है जबकि उदात्त उस बन्धन से मुक्त है। सौन्दर्य और उदात्त का अन्तर यह नहीं है कि एक ससीम है और दूसरा असीम। यह ससीमता और असीमता सौन्दर्य और उदात्त के आलम्बनों के, वस्तु-रूप के धर्म हैं। सीमित रूप में भी सौन्दर्य अपनी अनन्तता का बोध कराता है।[77] सौन्दर्य ससीम रूप में अनन्त की पूर्णता का बिम्ब है जो उदात्त असीम का बिम्ब है जो या तो निश्चित रूपों से परे है या परे होने की भावना उत्पन्न करता है। एक ससीम रूप में भी अनन्त आलोक को विकीर्ण करता है और दूसरा रूप का अतिक्रमण कर जाता है :

"'Beauty' then, we may perhaps say, is the image of the total presence of the infinite within any limits it may choose to assume; sublimity is the image of its boundlessness, and its rejection of any pretention to independence or absoluteness on the part of its finite forms; the one the image of its innocence, the other of its transcendence."[78]

ब्रैडले ने सौन्दर्यानुभूति और उदात्तानुभूति के अन्तर पर भी विचार किया है। "ब्रैडले के मतानुसार सौन्दर्य-बोध और औदात्त्य-बोध में अन्तर होता है। कुछ देख-सुनकर जब हम उसकी आभा, सौन्दर्य अथवा प्रियता पर आश्चर्य करते हैं तो उस समय हममें तत्काल प्रसन्नता का बाह्य प्रवाह, अबाधित विस्तार तथा वस्तु और प्रमाता के बीच माधुर्य की प्रसन्नतादायक चेतना विद्यमान होती है। सौन्दर्यानुभूति में वस्तु प्रमाता की अन्तःसत्ता पर विजय प्राप्त कर लेती है। वह ग्रहीता को बिना अवरोध अपनी ओर खींचती है तथा उसकी समस्त भावनाएँ स्वीकारात्मक हो जाती हैं। सहानुभूति अथवा प्रेम का उर्मिल प्रवाह वस्तु से मिलने के लिए त्वरित करता है। औदात्त्य के विषय में यह स्वीकृति इतनी सामान्य और तत्कालीन नहीं होती। वस्तु और हमारे बीच कुछ अवरोध प्रतीत होता है। लगता है कुछ हमें प्रभावित कर रहा है जिसे हम ग्रहण नहीं कर सकते। कभी-कभी इस दुर्निवार प्रभावकर स्थिति से ग्रहीता बचने का प्रयास करता दिखाई पड़ता है। यह स्थिति प्रमाता पर उसकी निजी कमजोरी अथवा अक्षमता थोपती प्रतीत होती है। केवल विस्मयता तथा आश्चर्य की चेतना विद्यमान रहती है, जो पूर्णतया प्रिय लगती है। किन्तु यह स्थिति स्वयमेव औदात्त्य को पूर्ण नहीं करती। इसके अनन्तर एक दूसरी व्यवस्था आती है। यह एक शक्तिशाली प्रतिक्रिया है जिसमें सीमाओं अथवा अवरोध के अतिक्रमण के भाव, आत्म-विस्तार तथा स्वयं को उन्नयित करने का भाव जाग्रत हो जाता है। औदात्त्य की अभिभूतकर अवस्था आश्रय को क्षण-भर के लिए रोककर उसकी लघुता का भान कराती है। औदात्त्य प्रमाता को उसकी सीमा में उन्नयित होने के लिए बाध्य कर उसे पूर्णतया वर्द्धित करती है। हम अपनी सीमा में स्फोट कर उदात्त वस्तु तक जाते हैं, तदनन्तर निकटता स्थापित कर उदात्त वस्तु की महत्ता के भागीदार होते हैं।"[79] सौन्दर्य और उदात्त, दोनों की अनुभूति के अन्ततः आनन्ददायक होने पर भी पहले में चेतना की प्रतिक्रिया स्वीकारात्मक और दूसरे में अस्वीकारात्मक रहती है। उदात्त की महानता के सामने ग्राहक-मन स्तम्भित हो जाता है।

भारतीयों ने सौन्दर्य और उदात्त, दोनों को ईश्वरीय विभूतियों के रूप में आध्यात्मिक ही माना है लेकिन उन्होंने दोनों के तात्त्विक अन्तर पर भी ध्यान दिया है। "सुन्दर और भव्य को गीता में श्रीमत् और ऊर्जित शब्दों से व्यक्त किया गया है। श्रीमत् और ऊर्जित यद्यपि ये दोनों एक-दूसरे से भिन्न ही रूप हैं, तथापि उनका समन्वय उसके अधिष्ठानभूत परमात्मा में होता है। परमात्मा की विभूति रूप कवि की प्रतिभा में भी ये सामान्याधिकरण्य प्राप्त करते हैं। हमारी द्वैत दृष्टि में ये दोनों भिन्न-भिन्न रूप में भासित होते हैं। एक का तत्त्व समान प्रमाण-बद्ध और मनोहर होता है—दूसरे का विषम, विशाल और अप्रमेयतायुक्त होता है।"[80]

पाश्चात्य सौन्दर्यशास्त्रियों ने सुन्दर और उदात्त का जो अन्तर किया है, संक्षेप में उसकी ये दिशाएँ हैं : (1) सौन्दर्य की अभिव्यक्ति रूपाश्रित है जबकि उदात्त रूप में नहीं समाता। वह अरूप ही नहीं कभी-कभी कुरूप से भी सम्बद्ध हो जाता है। (2) सौन्दर्य का मूल स्रोत काम है तो उदात्त का आत्म-विस्तार। कुछ विशेष सन्दर्भों में उदात्त भय से भी सम्बद्ध हो सकता है, यद्यपि अन्ततः उसकी परिणति आत्मोन्नति में हो जाती है। (3) कामाश्रित सौन्दर्य सदा वस्तु के प्रति प्रमाता के मन में आकर्षण ही उत्पन्न करता है। उदात्त में मन पहले वस्तु की महानता से पराभूत होकर फिर उसकी ओर आकृष्ट होता है। (4) दोनों में अनन्त आध्यात्मिक चेतना की अभिव्यक्ति होती है पर सौन्दर्य की चेतना रूप से सीमित होने के कारण अनन्तता का स्पष्ट बोध नहीं देता। इसके विपरीत उदात्त की भावना रूप का अतिक्रमण कर जाता है। (5) रूप की सीमाओं में सौन्दर्य ऐन्द्रिय रुचि और बोध का विषय है तो उदात्त बौद्धिक संवेगों का। (6) आलम्बन की ससीमता और अनन्तता के बल पर सौन्दर्य और उदात्त की अनुभूति में तीव्रता की मात्रा का भी अन्तर हो जाता है। सौन्दर्य आह्लादकारी है तो उदात्त आनन्दातिरेक (Rapture) पर ले जाता है। उदात्त के आलम्बन की अनन्त शक्तिमत्ता और महत्ता भी आनन्द की मात्रा को बढ़ा देती है। (7) रूप का निश्चित आधार न होने के कारण उदात्त सौन्दर्य की अपेक्षा अधिक व्यक्तिनिष्ठ है। सौन्दर्य की तरह उसके ग्रहण का माध्यम इन्द्रिय नहीं है। उसकी अनुभूति के लिए कल्पना की अधिक क्रियाशीलता आवश्यक है। उदात्त के ग्रहण के लिए अनन्त कल्पनाशील होने में मन पर अधिक दबाव पड़ता है। इस तरह इन्द्रियों से परे होने के कारण कुछ सौन्दर्यशास्त्री उदात्त को सौन्दर्य का उत्कर्ष या विस्तार मानते हैं। जो हो, उदात्त की अनुभूति का धरातल निश्चित ही सौन्दर्यानुभूति के धरातल में अत्यन्त उन्नत, सूक्ष्म और आध्यात्मिक है।

## 5. अनुकूल आधारभूमि

कलाकार सृष्टिगत उदात्तता को अपनी कल्पना के बल पर कलात्मक रूप देने का प्रयत्न करता है। कला या साहित्य में उदात्तता की इस अभिव्यंजना के लिए अनुकूल वातावरण की आवश्यकता है। साहित्य की उदात्तता एक ओर कलाकार के व्यक्तित्व, चिन्तन, कल्पना और अनुभूति की प्रौढ़ता पर निर्भर है तो दूसरी ओर युग की अनुकूल परिस्थितियों पर।

साहित्य-सर्जना का मूल हेतु कारयित्री प्रतिभा या कल्पना है। कल्पना ही प्रकृति को रमणीय कलात्मक रूप में ढालती है। कल्पना जब विराट होकर अनन्त सृष्टि को अपनी परिधि में समेट लेती है या सृष्टि के कण-कण में अनन्त का आभास पाती है, तब उदात्त की व्यंजना हो जाती है। उदात्त के लिए विराट रूप को ग्रहण करना सदा आवश्यक नहीं है। कल्पना साधारण या अल्प वस्तु में भी अपार महिमा का

दर्शन करके उदात्त की सृष्टि कर सकती है। उदाहरण के लिए, वाल्मीकि ने हनुमान के समुद्र-लंघन को अपनी कल्पना के द्वारा विराट उदात्त रूप प्रदान किया। अन्य रामायणों में यह परिकल्पना नहीं है। अन्तर्दृष्टिदायिनी कल्पना जिस तरह साधारण तुच्छ वस्तु में भी अनन्त सौन्दर्य देखती है, उसी तरह अल्पता में विराटता या अनन्त शक्तिमत्ता की झलक पा सकती है। यह कवि के दृष्टिकोण पर निर्भर है। वास्तव में केवल वस्तु की विराटता उदात्ततानुभूति के लिए पर्याप्त नहीं है। कलाकार जब तक उसे महती भावना या शक्ति की प्रतीक नहीं बनाता, वह उदात्त नहीं हो सकती।

कल्पना के द्वारा उदात्त की सृष्टि कलाकार के व्यक्तित्व और दृष्टिकोण पर निर्भर करती है। जब कलाकार का व्यक्तित्व और चिन्तन विकसित और प्रौढ़ होता है, तभी साहित्य कलात्मक या रमणीय होने के साथ महान भी बनता है। उदात्तता का बीज इसी महानता में है, यद्यपि साहित्य की महानता और उदात्तता पारिभाषिक अर्थ में एक ही बात नहीं है। जब कलाकार क्रान्तदर्शी होकर प्रकृति और जीवन की गहराई में पैठ पाता है, उदात्त की सृष्टि की सम्भावनाएँ बढ़ जाती हैं। साहित्य की उदात्तता कलाकार के चिन्तनशील व्यक्तित्व के धरातल की प्रौढ़ता के अनुरूप होती है। साधारणतया कल्पना सौन्दर्य की सर्जना करती है, लेकिन उसके साथ गहरी भावना और व्यापक चिन्तन का योग उदात्त की ओर ले जाता है। विश्व-साहित्य में उदात्त की सृष्टि करने वाले महान साहित्यकार, कलाकार होने के साथ चिन्तनशील प्रतिभाशाली भी हुए। वाल्मीकि, कालिदास, तुलसी, रवीन्द्र आदि मनीषी कलाकारों की रचना में उदात्तता की झलक मिल जाने का यही कारण है।

इस सम्बन्ध में कलाकार के दृष्टिकोण का भी अपना महत्त्व है। यह दृष्टिकोण जब तक आध्यात्मिक-सांस्कृतिक नहीं होता, उदात्त सृष्टि की सम्भावनाएँ कम रहती हैं। केवल भौतिक दृष्टि प्रकृति या जीवन के व्यक्त रूप पर ही ध्यान केन्द्रित करती है। व्यक्त की ससीमता में उदात्त की झलक नहीं मिल सकती क्योंकि उदात्त का सम्बन्ध व्यापक अनन्त से है। भौतिक की व्यापक परिकल्पना में ही उदात्त का आभास मिलता है। व्यक्त के आध्यात्मिक-सांस्कृतिक सूक्ष्म अन्तर्दर्शन में विराट रूप या अनन्त शक्ति के दर्शन की अधिक सम्भावनाएँ हैं। उदात्त केवल आध्यात्मिक है या आध्यात्मिक, दृष्टि से ही उदात्त की परिकल्पना हो सकती है, यह बात नहीं है। वस्तु भौतिक हो या आध्यात्मिक उसे व्यापक परिपार्श्व में देखना और उसके सूक्ष्म तत्त्व को ग्रहण करना उदात्त के चित्रण के लिए आवश्यक है। स्थूल भौतिक दृष्टि से यह उतना सम्भव नहीं है, जितना आध्यात्मिक-सांस्कृतिक दृष्टि से। इसीलिए उदात्तता का चित्रण करने वाले विश्व के अधिकांश साहित्यकारों का दृष्टिकोण आध्यात्मिक या सांस्कृतिक रहा है।

सौन्दर्य की तरह उदात्त की वस्तु का स्रोत भी प्रकृति और जीवन है। इसलिए कला में सौन्दर्य या उदात्त की अभिव्यक्ति के लिए जीवन-जगत् के साथ कलाकार

का घनिष्ठ सम्बन्ध आवश्यक है। कलाकार सृष्टि के रमणीय और उदात्त को ग्रहण करके उसे केवल रूप देने का प्रयत्न करता हो, यह बात नहीं है। कलाकार की कल्पना आवश्यक संशोधन और परिवर्तन के बल पर सृष्टिगत वस्तु-समुदाय को रमणीयता या उदात्तता प्रदान भी कर सकती है। सृष्टि-रूप के प्रति सौन्दर्य और उदात्तता दो दृष्टिकोण हैं। एक सृष्टि को आह्लादकारी रूप में प्रस्तुत करता है तो दूसरा गरिमामय रूप में। यह उल्लास और महानता वस्तु की प्राकृतिक विशेषता हो सकती है या कलाकार की कल्पना के द्वारा वस्तु पर आरोपित। दोनों स्थितियों में अनुभूति सजीव रूप-विधान पर निर्भर है।

उदात्त की सृष्टि के लिए परिस्थितियों की अनुकूलता का भी बड़ा महत्त्व है। जिस तरह किसी-किसी युग में प्रौढ़ सौन्दर्य-चेतना के लिए अनुकूल भूमि मिल जाती है और क्रान्तिकारी नवीन सौन्दर्य की सृष्टि होती है, उसी तरह युग का वातावरण कभी-कभी उदात्त की सर्जना के लिए अनुकूल होकर काव्य को चरम उत्कर्ष पर ले जाता है। (1) उदात्त की सरंचना के लिए मानसिक स्वतन्त्रता और स्वच्छन्दता की आवश्यकता है जो कलाकार की कल्पना को उच्च भावभूमि पर पहुँचने का अवकाश प्रदान करती है। ''स्वतन्त्रता में उन्नतमना व्यक्तियों की कल्पना को परिपुष्ट करने और आशा को प्रेरणा देने की शक्ति है।...दासता से उदात्त भावनाओं का क्षय हो जाता है और मानस-मन रूढ़ रीतियों में जकड़कर ऊर्जा से वंचित हो जाता है।[81] यह स्वतन्त्रता राजनीतिक ही हो, यह आवश्यक नहीं है। राजनीतिक परतन्त्रता में भी प्रतिभा का उन्मेश उदात्त की सृष्टि कर सकता है।[82] मध्यकालीन राजनीतिक परतन्त्रता में तुलसी की काव्य-साधना का उत्कर्ष इसका प्रमाण है। स्वतन्त्रता को रूढ़ और संकीर्ण राजनीतिक अर्थ में ग्रहण करके लोंजाइनस ने उदात्तता के लिए राजनीतिक नहीं, स्वस्थ नैतिक चेतना की आवश्यकता पर बल दिया है।[83] हर देश की परम्परा में उदात्तता का आधार धर्म से अनुशासित नैतिकता मानी गयी है। जैसा कि आरम्भ में कहा गया है, जब तक नैतिकता को रूढ़ अर्थ से मुक्त मानसिक उन्नयन के रूप में ग्रहण न किया जाये, उसके द्वारा उदात्त का उन्मेष नहीं हो सकता। प्राचीनकाल में धर्म व्यक्ति की सांस्कृतिक चेतना के विकास का केन्द्र था, इसलिए वही उदात्त की आधारभूमि रही। आजकल जनतन्त्रात्मक राजनीतिक स्वतन्त्रता, व्यक्ति की सांस्कृतिक चेतना के विकास के लिए उचित अवसर प्रदान करने पर जोर देती है। इस व्यापक अर्थ में उदात्तता राजनीतिक चेतना की अपेक्षा नहीं कर सकती।

(2) नैतिकता का स्वस्थ वातावरण भी उदात्त भावभूमि तैयार करने में अपना योगदान देता है। लोंजाइनस का कहना है कि अनैतिकता के कारण मनुष्यों में दृष्टि ऊपर उठाने अथवा यश की कामना करने की कोई क्षमता नहीं रहती। ऐसा जीवन अन्त में अपने चरम विनाश को प्राप्त होता है, आत्मा की ऊर्जा फीकी पड़ जाती है, मुरझाकर झड़ जाती है और घृण्य हो जाती है।[87] लोंजाइनस नैतिकता को

आध्यात्मिक अर्थ में ग्रहण करके कहते हैं कि "महान शब्द उन्हीं के मुख से निःसृत होते हैं जिनके विचार गम्भीर और गहन हों।"[85] और वाणी का यह औदात्त्य महान आत्मा की प्रतिध्वनि है।"[86] व्यापक नैतिक भावना पारिवारिक व सामाजिक जीवन को प्रभावित करके किस तरह जीवन और साहित्य को उदात्तता की ऊँचाई पर ले जाती है, उसका उदाहरण प्राचीन साहित्य है। भारतीय रामायण और महाभारत में पारिवारिक-सामाजिक जीवन की नैतिक उदात्तता का आदर्श रूप सामने आया है। कालक्रम में जब नैतिक मान्यताओं का ह्रास हो गया तो मध्यकालीन साहित्य में वासना की अविरल धारा प्रवाहित होती रही। तुलसी ने प्राचीन आदर्श से प्रेरणा लेकर नैतिक उदात्तता की पुनः प्रतिष्ठा का प्रबल प्रयत्न किया, जो युग की प्रतिकूल परिस्थितियों के कारण पूरा सफल नहीं हो सका। आधुनिक युग में आकर नैतिकता की भावना में आमूल परिवर्तन हो गया। उसमें उदात्तता का स्वर अवश्य मिलता है, पर वह नैतिक दृष्टि का नहीं, आध्यात्मिक मानवीय दृष्टि का है।

(3) उदात्त के लिए परिस्थितियों में जीवन-मूल्यों की स्थिरता और प्रौढ़ व्यक्तित्व के विकास की अनुकूलता चाहिए। प्राचीनकाल का धार्मिक-सांस्कृतिक परिवेश उदात्त के लिए विशेष अनुकूल था। मूल्यों की स्थिरता के कारण जीवन में उच्छृंखलता या विघटन की गुंजाइश कम थी। आत्म-केन्द्रित मनुष्य का व्यक्तित्व समग्र, सन्तुलित और समन्वित था, जिससे मन में अपार ऊर्जा का स्फुरण होता था और कला एवं साहित्य की सर्जना अधिक-से-अधिक ऊँचाई पर पहुँच गयी थी। आधुनिक जीवन और व्यक्तित्व की विघटनकारी परिस्थितियों में उदात्त कल्पना के लिए कम अवसर प्राप्त होते हैं। ऐसी स्थिति में उदात्त की सृष्टि के लिए प्राचीन का अनुकरण करना पड़ता है। लोंजाइनस का कहना है कि अनुकरण में ये प्राचीन "महापुरुष हमारे सामने प्रकट होकर हमारे उत्साह को प्रज्वलित कर किसी गूढ़ रीति से हमारे मस्तिष्क को औदात्त्य के उन स्तरों तक ले जायेंगे जो हमारे भीतर बिम्बित हैं।"[87]

(4) उदात्तता प्रधानतः जीवन में नयी चेतना के विकास का परिणाम है। रूढ़िग्रस्त जीवन में गरिमा को अनुभूति के लिए कोई अवकाश नहीं है। उदात्त की सृष्टि के लिए अनुकूल जीवन की नयी चेतना प्रायः दार्शनिक एवं सांस्कृतिक हुआ करती है। वैदिक युग और साहित्य में दार्शनिक चिन्तन की स्फूर्ति से उत्पन्न उदात्तता का दर्शन होता है। जब दार्शनिक चेतना जीवन को प्रभावित करती हुई एक नवीन सांस्कृतिक भावना और व्यवस्था को जन्म देती है, उसके गहरे प्रभाव से सामाजिक जीवन, आदर्श की एक नयी ऊँचाई पर पहुँचने का प्रयत्न करता है। रामायण, महाभारत में उसकी झलक मिल जाती है। मध्य युग में आकर यह दार्शनिक-सांस्कृतिक नव-जागरण समाप्त हो गया। एक ओर भक्ति-आन्दोलन और दूसरी ओर हिन्दू राष्ट्रीय भावना ने इस रूढ़िवादिता को झकझोरकर जीवन में नया उत्साह भरने का प्रयास अवश्य किया। तुलसी और भूषण की उदात्त काव्य-रचना इसी का फल है। लेकिन मध्य

युग का पुनर्जागरण रूढ़ व्यवस्था को पूरा-पूरा समाप्त नहीं कर सका। इसलिए काव्य में नयी चेतना की झलक सर्वदा उदात्त की ऊँचाई पर पहुँच नहीं सकी। भक्तिकाल के बाद ह्रान्सोन्मुख रीतिवादी प्रवृत्ति इस बात का प्रमाण है कि भक्ति-भावना ने सामाजिक जीवन को बिल्कुल नया चेतन रूप नहीं दिया। आधुनिक काल में आकर ही पाश्चात्य सम्पर्क के कारण जीवन की नयी गतिविधी का आरम्भ हुआ। राष्ट्रीय भावना ने धर्म के संकुचित घेरे से बाहर निकलकर भारतीय जीवन की आत्मा को शताब्दियों की चिर निद्रा से इस तरह जगा दिया कि जीवन के आध्यात्मिक, सांस्कृतिक, सामाजिक, पारिवारिक हर एक पहलू में नव-जागृति फैल गयी। इस जागृति के चरम विकास की अभिव्यक्ति छायावाद में हुई। इस कारण उसमें नयी सौन्दर्य चेतना के साथ उदात्त की सृष्टि भी हो सकी। उसके बाद फिर मध्य वर्ग के विघटन की परिस्थितियों में उदात्त की परिकल्पना बहुत कम हो रही है। कहने का तात्पर्य यह है कि उदात्त युग की आध्यात्मिक-सांस्कृतिक नव-चेतना में अधिक पनप पाती है, यद्यपि जीवन के अन्य पहलुओं के उत्कर्ष में भी उसका उन्मेष हो सकता है। प्राचीन उदात्त भावना शुद्ध आध्यात्मिक-सांस्कृतिक चेतना पर आधारित थी, तो आधुनिक युग में आकर वह एक व्यापक राष्ट्रीय परिपार्श्व में व्यक्त हुई।

इलियट के अनुसार क्लासिक की रचना प्रौढ़ सांस्कृतिक सांस्कारिकता के युग में ही सम्भव है।[88] संस्कारों की प्रौढ़ता साहित्य के स्वर को उदात्त बना देती है। कुछ पाश्चात्य समीक्षकों के अनुसार मानवीय संवेदना पर आधारित सार्वभौमिक सत्य ही किसी रचना को क्लासिकल और उदात्त बना देता है। विचारों की यह विविधता स्पष्ट करती है कि साहित्य में उदात्त की आधारभूमि एक न होकर बहुमुखी है। आध्यात्मिक-सांस्कृतिक चेतना, राष्ट्रीय पुनर्जागरण, प्रौढ़ सामाजिक सांस्कारिकता, सार्वभौमिक मानवीय संवेदना आदि अनेक विचार-सूत्र परिस्थितियों को सजीव बनाकर साहित्याभिव्यक्ति को उदात्त बनाते हैं।

उदात्त के उन्मेष में साहित्यिक परम्परा का भी अपना योगदान होता है। स्वस्थ और प्रौढ़ साहित्यिक परम्परा के बाद ही रचना और उसकी भाषा-शैली उदात्त रूप धारण कर पाती है। भाषा-शैली और रूप-विधान जब तक परम्परा में मँजते नहीं, तब तक उदात्त की अनुरूप भव्य अभिव्यक्ति के लिए अवसर प्राप्त नहीं होता। भक्तिकाव्य की साधना में प्रयोग के द्वारा प्रौढ़ता प्राप्त करने के बाद ही तुलसी की उदात्त भावना को अनुरूप काव्य-भाषा प्राप्त हुई। आधुनिक काल में द्विवेदी-युग की साधना के बाद ही छायावादी-युग में उदात्त की उचित रूप-कल्पना हो सकी। काव्य-भाषा और शैली की यह भव्यता, उदात्त के सफल रूपायन के लिए अत्यन्त आवश्यक है।

## 6. स्वरूप-विश्लेषण

सौन्दर्य और उदात्त, दोनों मानसिक भावन के विषय हैं। चूँकि सौन्दर्य रूपाश्रित है, इसलिए उसका ग्रहण एवं भावन इन्द्रियों के माध्यम से होता है। इन्द्रियों तथा मन के सामंजस्य से आनन्द की अनुभूति होती है। सृष्टिगत और कलागत दोनों प्रकार के सौन्दर्य की यही स्थिति है। इसके विपरीत उदात्त रूप से बँधा नहीं है। इसलिए उसमें ऐन्द्रिय ग्रहण का कोई प्रश्न ही नहीं उठता। वह केवल बौद्धिक भावना का विषय है, उसकी अनुभूति मानसिक धरातल पर ही सम्भव है। इस अन्तर को स्पष्ट करते हुए काण्ट कहते हैं कि जहाँ सौन्दर्य-बोध (Understanding) पर आधारित है। वहाँ उदात्त बौद्धिक चेतना पर।[89] यह सच है कि कला में प्रत्येक अभिव्यक्ति ऐन्द्रिय ही होती है और उस ऐन्द्रिय ग्राहक रूप के बिना वह मूर्त नहीं हो पाती जो कला में प्रभाव-सृष्टि के लिए आवश्यक ही नहीं अनिवार्य भी है। उदात्त की कलात्मक अभिव्यक्ति इसका अपवाद नहीं है अर्थात् उदात्त भी अपनी अनुभूति के लिए कला में ऐन्द्रिय रूप ग्रहण करता है, जो ससीम और भौतिक है। उदात्त का यह कलात्मक स्थूल रूप उसकी निजी प्रकृति के विरुद्ध है। इसलिए उदात्त को कला में ससीम रूप के माध्यम से असीम की व्यंजना और अनुभूति का प्रयत्न करना पड़ता है, जिस प्रयत्न में वह प्रतीकात्मक रूप धारण करता है। हेगेल के अनुसार,

"The sublime in general is the attempt to express the infinite without finding in the realm of phenomena any object which proves itself fitting for this representation."[90]

उदात्त की प्रतीकात्मक अभिव्यंजना का यही कारण है। बौद्धिक चेतना के द्वारा ग्रहण की वस्तु होने से उदात्त सौन्दर्य की अपेक्षा अधिक व्यक्तिनिष्ठ है। सौन्दर्य की अनुभूति के लिए भी ग्राहक में संस्कारिता, भावात्मक स्पन्दनशीलता और कल्पनाशीलता चाहिए। पर ग्राहक-मन पर वस्तु-रूप का नियन्त्रण रहता है और रूप की विशेषताएँ ग्राहक-मन को अनुरूप, अनुकूल प्रतिक्रया के लिए प्रेरित करती हैं। रूप के अभाव में उदात्त अपनी अनुभूति के लिए ग्राहक-मन के बौद्धिक भावन पर ही निर्भर रहता है। इसलिए काण्ट के अनुसार उसकी अनुभूति सौन्दर्य की अपेक्षा अधिक संस्कारिता, स्पन्दनशीलता और कल्पनाशीलता की आग्रही है।[91] दूसरे शब्दों में, वह अधिक व्यक्तिनिष्ठ है। सौन्दर्य से भिन्न उदात्त की वास्तविक पहचान उसकी शालीनता है। सृष्टि और कला के रूप-विधान के दो प्रधान आयाम हैं–शोभा और भव्यता। ये वस्तु या आलम्बन के धर्म भी हैं और अनुभूति के पहलू भी। वस्तु के आकर्षण और प्रभाव की मात्रा को लेकर शोभा और भव्यता का अन्तर होता है। शोभा की अतिशयता में वस्तु भव्य हो जाती है। सिसिरो शोभा को स्त्रैण और भव्यता को पौरुष धर्म कहते हैं।

उपर्युक्त चर्चा से उदात्त की प्रकृति के सम्बन्ध में स्पष्ट हो जाता है कि वह (1) अतीन्द्रिय, (2) बौद्धिक संवेगों और भावन से सम्बद्ध तथा (3) व्यक्तिनिष्ठ है। उसकी अनुभूति प्रमाता की संस्कारिता, सहृदयता और कल्पनाशीलता पर निर्भर है। उसकी कलात्मक अभिव्यक्ति प्रतीकात्मक है। उसका महत्त्व गरिमा या भव्यता के कारण है।

सौन्दर्य की तरह उदात्त के स्वरूप के भी दो पहलू हैं—एक बाह्य और दूसरा आन्तरिक। बाह्य पहलू का सम्बन्ध आलम्बन के व्यक्त रूप की विशेषताओं से है तो आन्तरिक पहलू आलम्बनगत धर्मों को लेकर है। जिस तरह अन्तःसौन्दर्य व्यक्त रूप के माध्यम से ही प्रकट होता है और उसे प्रभावित भी करता है, उसी तरह उदात्त आलम्बन के आन्तरिक धर्म, व्यक्त रूप और उसकी गरिमा को निर्धारित करते हैं। ब्रैडले आदि समीक्षक आन्तरिक धर्मों को ही वास्तविक उदात्तता या उसका आधार मानते हैं जिनके बिना केवल बाह्य रूप उदात्त की अनुभूति नहीं दे सकता।[93] यह सौन्दर्यशास्त्रीय समस्या है कि सौन्दर्य, उदात्त आदि कहां तक बहिर्मुखी हैं और कहाँ तक अन्तस्सत्ता से सम्बद्ध अन्तर्मुखी भावन के विषय हैं। उदात्त की अतीन्द्रियता और व्यक्तिनिष्ठता को देखते हुए इतना अवश्य कहा जा सकता है कि सौन्दर्य की भाँति उदात्त में व्यक्त बाह्य रूप अपने में विशेष आकर्षक और महत्त्वपूर्ण नहीं हो सकता। उस रूप की अनन्तता भी उदात्त की अनुभूति के लिए अनन्त चेतना की, शक्तिमत्ता की न्यूनाधिक व्यंजना पर निर्भर रहती है।

उदात्त आलम्बन के बाह्य रूप की चार विशेषताएँ हैं—(1) पहले वह रूप की सीमाओं में बँधा नहीं होता। बर्क उसे विरूप कहते हैं तो काण्ट अरूप।[95] विरूप भयानक होता है, पर अरूप का भयानक होना आवश्यक नहीं है। जैसा कि ब्रैडले कहते हैं विरूपता या भय उदात्त आलम्बन का अनिवार्य धर्म नहीं है।[96] वह उदात्त का एक विशेष रूप मात्र है। मृत्यु के विरूप की भयानकता उसका प्रतिनिधि उदाहरण है। अरूप का तात्पर्य एक ओर रूपरहित होने से है तो दूसरी ओर असीम-अनन्त रूप या विराट रूप से भी है। ईश्वर की आध्यात्मिक रूप-कल्पना दोनों का उदाहरण है। रहस्यवादियों ने जहाँ ईश्वर को निराकार माना है, प्रकृति में उसके विराट रूप की परिकल्पना भी की। काण्ट की दृष्टि में विरूप भी अरूप के अन्तर्गत समाहित हो जाता है, "Beauty always has to do with form; sublimity may depend on form or 'unform', a useful idiom which may cover both formless and deformity."[97]

विरूपता की भावना निषेधात्मक है जबकि रूपरहित सूक्ष्मता और रूप की विराटता की भावनाएँ विधायक हैं। दोनों ससीम आकृति के विरोधी तत्त्वों के रूप में उदात्त के आलम्बन बनते हैं। लेकिन निषेधात्मक विरूपता गरिमा या महत्ता के विधायक धर्म की अनुभूति के बिना उदात्त नहीं हो सकती। अपने शुद्ध निषेधात्मक रूप में वह विकर्षणमय कुरूपता की अनुभूति है। हेगेल की दृष्टि में उदात्तता रूप की अपर्याप्तता

या अपूर्णता पर निर्भर है। वह रूप या आकृति में नहीं समाती। सृष्टिगत उदात्त शुद्ध आध्यात्मिक तत्त्व है और प्रकृति इसका पूर्ण प्रतिनिधित्व नहीं कर सकती। इस तरह हेगेल की उदात्त भावना व्यक्त की विराटता या अनन्तता की अपेक्षा रूपरहित सूक्ष्मता की ओर अधिक झुकी हुई है। रूप की अपर्याप्तता के कारण कला में उसकी अभिव्यक्ति प्रतीकात्मक है।[98] दूसरे शब्दों में, जब असीम-समीम वस्तु-जगत् के माध्यम से कला में अभिव्यक्त होने का प्रयत्न करता है और उस प्रयत्न में असफल हो जाता है, तब ससीम कलात्मक अभिव्यंजना अपनी अपूर्णता में असीम का व्यंजक हो जाती है। ससीम में असीम की यह अपर्याप्त व्यंजना प्रकृति और कला, दोनों क्षेत्रों में उदात्त की संज्ञा से अभिहित होती है। इन दार्शनिक-आध्यात्मिक उलझनों से बचकर लोंजाइनस ने व्यावहारिक दृष्टि से उदात्त आलम्बन की अनन्तरूपता पर ही ध्यान केन्द्रित किया है। उनका कहना है कि "सम्पूर्ण विश्व भी मानव-मस्तिष्क के विचार और चिन्तन के लिए पर्याप्त नहीं लगता और प्रायः हमारी कल्पना दिगन्त को पार कर जाती है।...स्वभाव से ही हम छोटी-छोटी धाराओं की प्रशंसा नहीं करते, चाहे वे कितनी ही उपयोगी और निर्मल क्यों न हो, बल्कि नील नदी, डेन्यूब अथवा राइन और इन सबसे अधिक महासागर से प्रभावित होते हैं।"[99]

(1) रूप की विराटता या अनन्तता आध्यात्मिक और लौकिक, दोनों प्रकार की हो सकती है। दूसरे के अन्तर्गत प्रकृति का अनन्त विस्तार ही नहीं मानव-निर्मित वस्तु समुदाय की साधारण से परे की व्यापकता भी आ जाती है। यहाँ रूप संकीर्ण अर्थ में परिमित हो सकता है लेकिन असाधारण होने के कारण अद्‌भुत लगकर विस्मय के माध्यम से उदात्त अनुभूति होती है। मानव-निर्मित कलाकृतियों की विराटता, वास्तविक विराटता न होकर सापेक्ष या तुलनात्मक विराटता है। यहाँ भी अनुभूति उदात्त या भव्य होती है। इसीलिए ब्रैडले का कहना है कि उदात्त वस्तु की व्यापकता असीमता में न होकर माप की दृष्टि से प्रमाता के ध्यान को हटाकर विस्तार की अनुभूति देने में है।[100]

पन्त जी की 'परिवर्तन' कविता में रूप-परिवर्तन की अनन्तता की ओर बड़ा ही भव्य संकेत मिलता है :

*"कहाँ आज वह पूर्ण पुरातन, वह सुवर्ण का काल?*
*भूतियों का दिगन्त दविजाल,*
*ज्योति चुम्बित जगती का भाल?*
*राशि-राशि विकसित वसुधा का वह यौवन विस्तार*
*स्वर्ग की सुषमा जब साभार*
*धरा पर करती थी अभिसार!"*[101]

(2) उदात्त के अनन्त रूप की उपर्युक्त चर्चा में ही स्पष्ट किया गया है कि रूप-विस्तार का एक कारण आध्यात्मिक है। धर्मग्रन्थों में रूप की अलौकिकता से

उत्पन्न उदात्त की अनेक झलकें मिल जाती हैं। गीता में भगवान के विराट रूप की परिकल्पना इसी प्रकार की है। यहूदियों के धर्मग्रन्थ में लिखा है कि भगवान ने कहा, "आलोक प्रकट हो जाये तो आलोक प्रकट हो गया।"[102] ईश्वर के विराट रूप की तरह उनकी यह अद्‍भुत लीला भी अलौकिक उदात्तता का उदाहरण है। हिन्दी का पूरा भक्ति साहित्य इस अद्‍भुत अलौकिकता से भरा हुआ है। साधारण मानवीय लीला के माध्यम से अलौकिक उदात्त की सफल व्यंजना किस तरह हो सकती है, इसका उत्कृष्ट उदाहरण सुर की रचना है।[103] उदात्त अलौकिक रूप की ओर संकेत रहस्यवादी रचनाओं में सर्वाधिक मिलते हैं। निराकार का यह अलौकिक रूप और उसकी व्यापकता प्रतीकात्मक रूप में व्यक्त हुई है। कबीर कहते हैं :

*"लाली मेरे लाल की जित देखो तित लाल।*
*लाली देखन मैं गयी मैं भी हो गयी लाल।।"*[104]

(3) रूप की रहस्यात्मकता में भी उदात्त की अनुभूति होती है। सौन्दर्य की रहस्यमयता उसके अद्‍भुत प्रभाव के कारण है। उदात्त में रहस्यात्मकता आलम्बन का वस्तुनिष्ठ धर्म है और रूप के अनन्त विस्तार का द्योतन करती है। यह रहस्यात्मकता आध्यात्मिक और लौकिक, दोनों प्रकार की हो सकती है। 'तुलसीदास' का यह उदाहरण द्रष्टव्य है :

*"दृष्टि से भारती की बँधकर*
*कवि उठता हुआ चला ऊपर;*
केवल अम्बर केवल अम्बर फिर देखा;
*धूमायमान वह घूर्ण्य प्रसर*
*धूसर समुद्र शशि-ताराहर*
*सूझता नहीं क्या ऊर्ध्व, अधर, क्षर रेखा।"*[105]

(4) लोंजाइनस के अनुसार अनन्त ऐश्वर्य या समृद्धि, प्रचुरता आदि आलम्बन के धर्म भी उदात्त की अनुभूति में योगदान देते हैं। वास्तव में व्यापकता, गहराई, प्रचुरता आदि रूप-सम्बन्धी आयाम जब मात्रा या गुण के आधार पर साधारण से अधिकता का द्योतन करने लगते हैं, आलम्बन का रूप उदात्त हो जाता है। प्राकृतिक वस्तुओं के अनन्त विस्तार की तरह उनकी समृद्धि भी सौन्दर्य को उदात्तता में परिणत करती है। अनन्त आसमान जितना उदात्त है, अतलस्पर्शी समुद्र भी उतना ही उदात्त है। जैसा कि पहले संकेत किया गया है, रूप के किसी भी पहलू या आयाम की असाधारणता वस्तु को उदात्त बनाती है।

उदात्त के सम्बन्ध में बाह्य रूप की अपेक्षा आन्तरिक चेतना का अधिक महत्त्व है। सौन्दर्य स्पन्दनशील और गतिशील चेतना का उज्ज्वल वरदान है तो उदात्त प्रबल या शक्तिशाली चेतना की उत्कट प्रभावशाली अभिव्यक्ति है। इसलिए कला में वस्तु-रूप

के विराट न होने पर सशक्त चेतना की क्रियाशीलता के द्वारा उदात्त की अनुभूति हो जाती है। यही सशक्त चेतना उदात्त का आन्तरिक पहलू है। सौन्दर्यशास्त्रियों ने इस अन्तरंग के स्वरूप को अपने-अपने ढंग से स्पष्ट करने का प्रयत्न किया है। बर्क उदात्त की वस्तुगत शक्ति को इतना प्रबल और आतंकमयी मानते हैं कि उससे भय और खतरा उत्पन्न हो जाता है।[106] उदात्त की प्रबलता विस्फोटकारी हो सकती है, लेकिन ग्राहक-मन में भय की भावना को जगाकर आत्म-रक्षण में प्रवृत्त नहीं करती। लोंजाइनस ने उदात्त चेतना की दो विशेषताओं की ओर हमारा ध्यान आकृष्ट किया है। एक ऊर्जा है जो मन या आत्मा का उन्नयन करती है।[107] सच्चे औदात्त्य से हमारी आत्मा जैसे अपने-आप ही ऊपर उठकर गर्व से उच्चाकाश में विचरण करने लगती है।[108] ऊर्जा वह मूलभूत शक्ति है जो प्राणी को क्रियाशील बनाकर उसमें उत्साह भरकर उसे उत्कर्ष की ओर ले जाती है। जिस वस्तु या व्यक्ति में ऊर्जा या प्राणशक्ति जितनी अधिक होती है, वह उतना ही उदात्त होता है। मानव-जगत् में पुरुष और पशु-जगत् में सिंह अधिक ऊर्जस्वित प्राणी हैं। ऊर्जा का सम्बन्ध शारीरिक और मानसिक, दोनों प्रकार की शक्तिमत्ता से है। लोंजाइनस ने इसका सम्बन्ध केवल महान धारणाओं की क्षमता से माना है। यह सामर्थ्य जन्मजात है, पर भव्य प्रेरणाओं और उच्च विचारों से उसका पोषण किया जा सकता है।[109] लोंजाइनस ने दो प्रकार के आवेगों की चर्चा की। उत्साह, साहस आदि उत्कर्षकारी आवेश और भय, शोक आदि हीनतर आवेग हैं जो आत्मा का अपकर्षण करते हैं। उत्कर्षकारी आवेगों से भी उदात्त की पुष्टि होती है।[110] भारतीय दृष्टि में शक्ति के तीन रूप हैं—शारीरिक, मानसिक, और आत्मिक। उनके उत्तरोत्तर उत्कर्ष का यही क्रम है। ऊर्जा का सम्बन्ध शक्ति के तीनों रूपों से है, यद्यपि शक्ति के उत्कर्ष के अनुसार उदात्त की मात्रा में अन्तर हो सकता है। उदात्त वस्तु की ऊर्जा या शक्तिमत्ता असाधारण वेग के साथ प्रकट होती है। गति-वेग की यही तीव्रता उदात्त की आन्तरिक चेतना की दूसरी विशेषता है। उस वेग को लोंजाइनस ज्वालामुखियों से विस्फोट और उनसे निकलने वाली ज्वालाओं से कम प्रभावशाली नहीं मानते।[111] 'राम की शक्तिपूजा' की इन पंक्तियों में ऊर्जा और संवेगात्मक प्रबलता की सजीव अभिव्यंजना हुई है :

*"ये अश्रु राम के आते ही मन में विचार*
*उद्वेग हो उठा शक्ति-खेल-सागर-अपार,*
*हो श्वसित पवन उनचास पिता-पक्ष के तुमुल*
*एकत्र वक्ष पर बहा वाष्प को उड़ा अतुल,*
*शतघूर्णावर्त, तरंग-भंग, उठते पहाड़,*
*जलराशि-जलराशि पर चढ़ता खाता पछाड़,*
*तोड़ता बन्ध-प्रतिसन्ध धरा, हो स्फीत वक्ष*

*दिग्विजय-अर्थ प्रतिपल समर्थ बढ़ता समक्ष,*
*शतवायु-वेग-बल डुबा अतल में देश-भाव,*
*जलराशि विपुल मथ मिला अनिल में महारव*
*वज्रांग तेजघन बना पवन को, महाकाल*
*पहुंचा, एकादश रुद्र क्षुब्ध कर अट्टहास।''*[112]

ब्रैडले उदात्त को रूप की अनन्तता पर आधारित नहीं मानते। असाधारण महत्ता उसका अनिवार्य गुण है। यह महत्ता शारीरिक, मानसिक और आत्मिक, तीनों प्रकार की हो सकती है। लेकिन मूलतः वह मानसिक चेतना की अपार शक्तिमत्ता पर आधारित है। ब्रैडले का कहना है कि उदात्तता केवल गुण में नहीं है, बल्कि गुण की मात्रा में है, "It is not in the quality alone, but in the quantity, that sublimity lies."[113]

इसी मात्रा की अधिकता के कारण उदात्त वस्तु-मन को अभिभूत करती है। निम्नलिखित उद्धरण महत्ता के आधार पर उदात्त की परिकल्पना का प्रतिनिधि उदाहरण है:

*''करता मैं योजित बार-बार शर-निकर निशित,*
*हो सकती जिनसे यह संसृति सम्पूर्ण विजित,*
*जो तेजःपुंज, सृष्टि की रक्षा का विचार*
*है जिनमें निहित पतनघातक संस्कृति अपार—*
*शत-शुद्धि-बोध—सूक्ष्मातिसूक्ष्म मन का विवेक*
*जिनमें है क्षात्र धर्म का धृत पूर्णाभिषेक,*
*जो हुए प्रजापतियों से संयम से रक्षित,*
*वे शर हो गये आज रण में श्रीहत, खण्डित!''*[114]

संक्षेप में रूप की अपूर्व विशेषताएँ और रूपगत शक्तिमत्ता, दोनों मिलकर समष्टि में उदात्त की सृष्टि करती हैं। दोनों की असाधारणता वस्तु की महत्ता का प्रतिपादन करती है। यही असाधारणता उदात्त वस्तु को अलौकिकता का आभास भी देती है। महत्ता की गरिमा और गम्भीरता कभी-कभी लौकिक धरातल से ऊपर उठकर आध्यात्मिकता का स्पर्श करने लगती है। वह उदात्त का चरम रूप है। भारतीय साहित्य में उसी का प्रतिपादन हुआ है। भक्ति-साहित्य में जहाँ उदात्त लौकिकता से अलौकिक की ओर प्रवृत्त हुआ है, रहस्यवादी और दार्शनिक रचनाओं में उदात्त की आध्यात्मिक परिकल्पना है। भारतीय आध्यात्मिक दृष्टि में रूप की विराटता और शक्ति की अनन्तता-दोनों ईश्वरीय विभूतियाँ हैं जिनकी एक झलक सृष्टि में मिल जाती है।

उदात्त के स्वरूप पर विचार करने वाले आचार्यों ने उपर्युक्त वस्तुनिष्ठ दृष्टि के अतिरिक्त व्यक्तिनिष्ठ दृष्टि से भी उसे स्पष्ट करने का प्रयत्न किया है। सौन्दर्य

की तरह उदात्त के सम्बन्ध में शुद्ध वस्तुनिष्ठ दृष्टिकोण सम्भव नहीं है। जैसा कि आरम्भ में कहा गया है, व्यक्तिनिष्ठता उदात्त की प्रकृति का एक मुख्य पहलू है। इसलिए उसे दृष्टि में रखकर ही उसके स्वरूप की व्याख्या की जा सकती है। उदात्त की अनुभूति में कुछ ऐसी विशिष्टता है जिसका स्पष्टीकरण वस्तुनिष्ठ रूप में नहीं किया जा सकता और जिसके बिना उदात्त का स्वरूप पूरा-पूरा बोधगम्य नहीं होता। इसीलिए ब्रैडले कहते हैं कि "Granted that in the sublime there is always some exceeding and overwhelming greatness, is that all there is? Is there not in every case some further characteristic?...

So far, on the whole, we have been regarding the sublime object as if its sublimity were independent of our state of mind in feeling and apprehending it. Yet the adjective in the phrase 'overwhelming greatness' should at once suggest the truth that this state of mind is essential to sublimity?"[114]

ब्रैडले के अनुसार महत्ता की विशेष मात्रा ही उदात्त के लिए पर्याप्त नहीं है। वह महत्ता ग्राहक-मन को अनुभूति करने वाली होनी चाहिए। इस अनुभूति की दो दिशाएँ हैं। एक उस महत्ता के सामने ग्राहक-मन के विमूढ़ हो जाने की भावना और दूसरे स्तम्भन की उस स्थिति से ऊपर उठकर आलम्बन की ऊँचाई तक पहुँचने का प्रयत्न जिससे मन का उन्नयन होता है।[116]

उदात्त विचार के प्रथम आचार्य लोंजाइनस ने भी उदात्त के इस उत्कट प्रभाव की ओर संकेत किया है, यद्यपि उन्होंने उस प्रभाव की प्रकृति की ऐसी स्पष्ट मनोवैज्ञानिक व्याख्या नहीं की। उदात्त के उत्कट और स्थायी प्रभाव-क्षमता के सम्बन्ध में वे आलंकारिक भाषा में कहते हैं कि वज्रपात का बिना पलक झपकाए सामना करना तो आसान है, किन्तु एक के बाद एक तीव्र गति से होने वाले उस भाव-विस्फोट को अविचल गति से देखना सम्भव नहीं है।[117] जिससे प्रभावित न होना कठिन ही नहीं लगभग असम्भव हो जाये और जिसकी स्मृति इतनी प्रबल और गहरी हो कि मिटाये न मिटे, वही उदात्त हो सकता है।[118] उदात्त के इस प्रभाव को स्पष्ट करते हुए वे कहते हैं कि उसका प्रभाव अत्यन्त प्रबल एवं दुर्निवार होता है और प्रत्येक श्रोता को भावाक्रान्त कर देता है।[119] उदात्त तत्त्व उपयुक्त क्षणों में बिजली की भाँति कौंध समस्त विषय-वस्तु को छिन्न-भिन्न करता हुआ, वक्ता की शक्ति के सम्पूर्ण वैभव को एक ही बार में उजागर कर देता है।[120] लोंजाइनस की व्याख्याओं और दृष्टान्तों से ऐसा लगता है कि वे प्रभाव के माध्यम से व्यक्तिनिष्ठ रूप में उदात्त को पहचानने का प्रयत्न कर रहे हैं। अपनी महत्ता से मन पर आघात, अपनी शक्तिमत्ता से मन को पराभूत कर देना और अन्त में मन को अभिभूत करते हुए उच्च भावभूमि पर ले जाना उदात्त की अनुभूतिमूलक व्यक्तिनिष्ठ विशेषताएँ हैं।

कुछ सौन्दर्यशास्त्रियों ने उदात्तता के उपवर्गीकरण का भी प्रयत्न किया है। काण्ट ने उदात्त को गणितीय और गतिशील दो वर्गों में विभाजित किया है। पहले में मन का स्पन्दन कल्पना और बोध के क्रियाशील सामंजस्य पर आधारित है तो दूसरे में कल्पना और आकांक्षा के सामंजस्य पर। दोनों स्थितियों में उदात्त उद्देश्य या प्रयोजन निरपेक्ष है। गणितीय उदात्त तुलना से परे महान अनन्त रूपा है तो गतिशील उदात्त प्रकृति की अपार शक्तिमत्ता की व्यंजना है।[121] गणितीय उदात्त में सृष्टि के विराट रूप की समष्टि, इन्द्रियों के लिए अग्राह्य हो जाती है। गतिशील उदात्त में प्रकृति की शक्तिमत्ता के सामने प्राणी प्रकृति का अंग होते हुए भी अपनी शक्तिहीनता की सीमाओं का अनुभव करता है। यद्यपि मनुष्य की नैतिक शक्ति प्रकृति की सर्वव्यापी शक्तिमत्ता से अधिक प्रभावशाली है, यद्यपि प्रकृति का ऐन्द्रिय रूप उस नैतिक शक्ति के प्रसार का न तो प्रतिनिधित्व कर सकता है और न ही पराभूत, फिर भी अपार प्राकृतिक शक्ति के सम्बन्ध में हमारे मूल्यांकन की शक्ति पंगु हो जाने के कारण गतिशील उदात्त की अनुभूति हो जाती है।[122] काण्ट का यह विभाजन उदात्त के बाह्य रूप-सम्बन्धी और आन्तरिक शक्तिमत्ता-सम्बन्धी पहलुओं को लेकर है।

ब्रैडले ने सौन्दर्यशास्त्रीय जिन पाँच रूपों की चर्चा की, उनमें दो भव्य (Grand) और उदात्त, सौन्दर्य और उसके अन्य रूपों से भिन्न और समान प्रकृति के हैं। महत्ता का बोध दोनों के लिए अनिवार्य है। दोनों में अन्तर महत्ता की मात्रा का है। उसकी अधिकता या उत्कर्ष उदात्त की अनुभूति देती है, जबकि भव्य होने के लिए उतनी अधिक महत्ता की आवश्यकता नहीं है। सौन्दर्य के आलम्बन में भी महत्ता हो सकती है, लेकिन उसका बोध अनिवार्य नहीं है। मनोरम और ललित रूपों का महत्ता से स्पष्ट विरोध है।[123] ब्रैडले ने भव्य और उदात्त का जो अन्तर किया, वह दोनों के प्रकृति-भेद के आधार पर न होकर महानता के मात्रा-भेद को लेकर है।

"उदात्त की विचित्रता यह है कि वह विशाल होकर भी सूक्ष्म में समाहित हो सकता है अर्थात् उसकी भूमिकाएँ बहुवर्णी हैं।"[124] उदात्त की अभिव्यक्ति के आधार और रूप-रंग को लेकर जगदीश पाण्डेय ने उसके सूक्ष्मोदात्त, श्रेयोदात्त, परोदात्त और विस्तारोत्त, चार भेद किये हैं। वास्तव में ये सब उदात्त की विभिन्नता को नहीं, उसकी विशेषताओं को प्रकट करते हैं।

संक्षेप में कहा जा सकता है कि उदात्त के ये वर्गीकरण प्रकृतिगत अन्तर के आधार पर न होने के कारण अत्यन्त स्थूल हैं। वे या तो उदात्त के किसी विशेष धर्म को लेकर हैं या उसकी अभिव्यक्ति के आधार को लेकर। अनुभूति की मात्रा को लेकर उदात्त का वर्गीकरण भी पूर्ण सत्य को प्रकट नहीं करता। वास्तव में उदात्त के उपभेदों में वह प्रकृतिगत अन्तर नहीं है जो सौन्दर्य, मनोरम और ललित के भेदों में है।

साहित्य में उदात्त की अभिव्यक्ति के चार साधन या माध्यम हैं—दृष्टि, वस्तु,

भाव और रूप। उदात्त-रचना के लिए साहित्यकार की प्रेरणा और दृष्टि, दोनों का उदात्त होना आवश्यक है। नायक के उदात्त-कार्यों से प्रेरित होने पर ही महाकाव्य की रचना होती है। इसीलिए रवीन्द्र ने महाकाव्य को आराध्य की पूजा कहा है। कवि के जीवन-सम्बन्धी दृष्टिकोण के उदात्त होने पर ही वस्तु, भाव और रूप में उदात्त का समावेश सम्भव है। दृष्टिगत यह उदात्त व्यंग्य होकर रचना की समष्टि में व्याप्त रहती है और उसके स्वर को ऊँचा उठा देती है।

वस्तुगत उदात्त वर्ण्य की व्यापकता, गहराई और ऊँचाई पर आधारित है। उदात्त के विविध पहलू—अनन्तता या विराटता, समृद्धि, रहस्यमयता, अलौकिकता आदि वस्तु के इन्हीं तीन आयामों के द्वारा व्यंजित होते हैं। जीवन-सापेक्ष दृष्टि से वर्ण्य का सांस्कृतिक परिवेश और दार्शनिक गहराई उसके धरातल को ऊँचा उठा देते हैं। कभी-कभी कवि की कल्पना, दृष्टि की दार्शनिक व्यापकता के बल पर वस्तु की महत्त्वहीन लघुता में भी महानता का दर्शन कराती है। जहाँ क्लासिकल दृष्टि उदात्त के लिए वस्तु की महत्ता पर बल देती है, स्वच्छन्दतावादी दृष्टि वस्तु के सामाजिक-सांस्कृतिक परिपार्श्व की अपेक्षा कलाकार के दृष्टिकोण को महत्त्व देती है।

साहित्य में भाव-व्यंजना के तीन आयाम हैं—मनोवैज्ञानिक, सामाजिक और सौन्दर्यशास्त्रीय। मनोवैज्ञानिक आयाम में सच्चाई, भाव की गहराई और अनुभूति की तीव्रता आ जाती है। इनकी उदात्तता, आलम्बन के साथ भाव के मनोवैज्ञानिक सम्बन्ध, सूक्ष्म तलस्पर्शिता और भाव-विस्फोट पर निर्भर रहती है। सौन्दर्यशास्त्रियों ने उदात्त के लिए भावगत ऊर्जा, आवेग और शक्तिमत्ता पर जो जोर दिया है, उनकी साहित्यिक अभिव्यक्ति इसी पहलू के अन्तर्गत है। भाव के सामाजिक आयाम में जीवन-सापेक्षता, मर्यादा, संस्कारिता और औचित्य का निर्वाह होना चाहिए। इन्हीं से उदात्तता के लिए आवश्यक उच्च धारणाओं का समावेश हो पाता है। भाव का सौन्दर्यशास्त्रीय पहलू हर्षोल्लास की सृष्टि करता है जो उदात्त की विस्मयकारी अनुभूति को पुष्ट करती है। वास्तव में वस्तुगत भाव की उदात्तता मात्रा पर निर्भर है। जहाँ भाव की मार्मिक व्यंजना केवल सौन्दर्य की रमणीय अनुभूति देती है। उसका गुणगत और मात्रागत उत्कर्ष उदात्त के हर्षातिरेक पर ले जाता है।

रूपगत उदात्तता के अनेक साधन हैं जिनकी चर्चा आगे की गयी है। रूप की उदात्तता के लिए अनौचित्य के दोषों से बचना और सुनिश्चित एवं सुगठित योजना ही पर्याप्त नहीं है। उसके लिए अभिव्यंजना की प्रौढ़ता का चरम विकास भी अपेक्षित है। लोंजाइनस ने साहित्य में रमणीय और उदात्त रूप-विधान का प्रभाव के आधार पर स्पष्ट अन्तर किया है। "गरिमामयी वाणी अपनी अभिभाव-क्षमता के कारण अनुनय और परितोषकारी वाणी की अपेक्षा सदैव और सभी प्रकार से अधिक समर्थ होती है।"[126]

उदात्तता रूप के ढाँचे पर नहीं, उसकी व्यंजना पर निर्भर करती है। लोंजाइनस

के शब्दों में, "When a passage is pregnent in suggestion, when it is hard, may impossible, to distract the attention from it, and when it takes a strong and lasting hold on the memory, then we may be sure that we have lighted on the true sublime."[127]

जहाँ व्यंजना ढाँचे का अतिक्रमण कर जाती है, वहीं रूप उदात्त हो सकता है। उदात्त रूप में न समाकर मन की कल्पना या विचारणा में ही अपनी सम्पूर्णता के साथ प्रकट होता है।

## 7. उदात्त की अनुभूति

प्रकृति और स्वरूप के अन्तर के कारण उदात्त की अनुभूति सौन्दर्यानुभूति से बिल्कुल भिन्न ठहरती है। सौन्दर्य की अनुभूति का मूल तत्त्व आकर्षण है। इस आकर्षण में ग्राहक का सुन्दर वस्तु के साथ आत्मीयता का सम्बन्ध स्थापित होकर उसका मन वस्तु-रूप में तल्लीन हो जाता है। इसके विपरीत उदात्त की अनुभूति का मूल तत्त्व श्रद्धा है। वस्तु की महानता के सामने मन झुक जाता है, उसके प्रति आदर की भावना उत्पन्न होती है। श्रद्धा की भावना के कारण वस्तु और ग्राहक-मन के बीच दूरी की अनुभूति अवश्य होती है। वस्तु की महानता आध्यात्मिक हो या लौकिक, मन में श्रद्धा का संचार हो जाना स्वाभाविक है। यदि उदात्तता महानता पर निर्भर है तो महानता श्रद्धा का कारण होती है। साकार ईश्वर की उदात्त भारतीय परिकल्पना और भक्ति-विधान इसका प्रमाण है। बर्क उदात्तानुभूति की मूल वृत्ति श्रद्धा नहीं, भय और आतंक मानते हैं।[128] लेकिन उदात्त की अनुभूति के मूल में सदा भय वर्तमान नहीं रहता। उदात्त की शक्तिमत्ता मन को विमूढ़ और स्तम्भित कर सकती है, पर यह भय की प्रतीति नहीं है। केवल कुछ वस्तुओं की उदात्तता ही भयमूलक है। जहाँ रूप और शक्ति तामसी है, वहीं भय की अनुभूति की सम्भावना है, जैसे राक्षसों की भावना में अन्यथा उदात्त अपने सात्त्विक रूप में श्रद्धा का ही भाजक बनता है।

उदात्तानुभूति का मूल आधार ऊर्जा है। सच्ची उदात्तानुभूति की यही पहचान है कि मन में अनन्त स्फूर्ति, उत्साह और शक्ति भर जाते हैं। उदात्त आलम्बन की शक्तिमत्ता ग्राहक-मन में संक्रमित होकर उसे एक ऊँचे धरातल पर पहुँचा देती है। ऊर्जा मन या आत्मा का उत्कर्ष करने वाली प्रबल अनुभूति है। लोंजाइनस ने मानव-मन की भावनाओं को दो वर्गों में बाँटा है—उत्साह आदि जिनसे आत्मा का उत्कर्ष होता है और भय, शोक आदि हीन भावनाएँ जो आत्मा का अपकर्ष करती हैं।[129] उदात्त की अनुभूति में प्रथम कोटि की भावनाओं का विकास होता है जिससे हमारी आत्मा अपने आप ही ऊपर उठकर गर्व को उच्चाकाश में विचरण करने लगती है।[130] ऊर्जा उदात्त भावनाओं की आधारभूमि है जिससे शक्ति की लहरें उठकर मन को विस्तारगामी और ऊर्ध्वमुखी बना देती हैं। उसकी व्यापकता शारीरिक शक्ति से

लेकर, जिसे 'वीर्य' कहा जाता है, आध्यात्मिक शक्ति तक है जो चिति या चेतना कहलाती है। उदात्त आलम्बन के द्वारा मन ऊर्जस्वित होता है एवं उसके विकास-प्रसार की अनुकूल भूमि प्रस्तुत हो जाती है। भारतीय आचार्यों ने अनुभूति की इस स्थिति को चित्त की दीप्ति या स्फीति कहा है। 'राम की शक्तिपूजा' में ऊर्जा की अनुभूति का यह अत्यन्त सजीव उदाहरण है :

*"बिच्छरित-बह्नि-राजीव-नयन-हत-लक्ष्य-बाण*
*लोहित-लोचन-रावण-मद-मोचन-महीयान*
*राघव-लाघव-रावण-वारण-गतयुग्म-प्रहर*
*उद्धत-लंकापति-मर्द्दित-कपिदल-बल-बिस्तर*
*अनिमेष-राम-विश्वजिद्दिव्य-शर-भंग-भाव*
*बिद्धांग—बद्ध-कोदण्ड-मुष्टि-खर-रुधिर-स्राव।"*[131]

सौन्दर्यानुभूति से भिन्न उदात्त की अनुभूति में अनेक भावनाओं का समन्वय हो जाता है। सौन्दर्य की अनुभूति में मानव-मन की भावना या कल्पना एकोन्मुख होकर वस्तु के साथ तदाकार परिणति प्राप्त करती है। उदात्त अनुभूति में अनेक भावनाओं का सामंजस्य होता है जो परस्पर विरोधी होते हैं, जैसे उदात्त वस्तु से मन जहाँ आतंकित और स्तम्भित हो जाता है, वहाँ आनन्द की अनुभूति भी होती है। जहाँ उदात्त वस्तु के सामने अपनी हीनता का बोध होता है, वहाँ आत्मा चरम उत्कर्ष पर भी पहुँच जाती है। उदात्त के द्वारा एक जटिल भावचक्र का प्रवर्तन हो जाता है जिसके कारण अनुभूति अत्यन्त गहरी प्रतीत होती है। उदात्त से उत्पन्न समस्त भावनाएँ अन्त में जाकर पूर्ण रूप से समन्वित हो जाती हैं जिससे अनुभूति की एकोन्मुखता की रक्षा में कोई बाधा नहीं पहुँचती। उदात्त के भावचक्र का विश्लेषण करने पर एक साथ ही निम्नलिखित अनेक भावनाओं का पता चलता है। (1) उदात्त वस्तु अपने रूप की व्यापकता या उसमें संचारित शक्ति की अनन्तता के बल पर ग्राहक-मन को अभिभूत कर देती है। ग्राहक-मन की चेतना पर वस्तु का पूर्ण अधिकार हो जाता है और लोंजाइनस के शब्दों में वह विस्मय-विमूढ़ बन जाता है।[132] यह अभिभूति स्तम्भन की स्थिति की द्योतक है जो वस्तु के आतंक को सूचित करती है।[133] (2) अभिभूति की दशा में विस्मय या अद्‌भुतपन की भावना भी मिली रहती है। अद्‌भुत रस का यह संचार उदात्त वस्तु की लोकोत्तरता के कारण है। वस्तु लौकिक हो या अलौकिक वह साधारण से परे लगती है। लोंजाइनस के शब्दों में, "जो कुछ भी उपयोगी तथा आवश्यक है, उसे मनुष्य साधारण मानता है, अपने संभ्रम का भाव तो वह उन पदार्थों के लिए ही सुरक्षित रखता है, जो विस्मय-विमूढ़ कर देने वाले हैं।"[134] (3) वस्तु की महानता ग्राहक-मन में आदर या श्रद्धा की भावना को भी जन्म देती है। मनुष्य की अल्पता या ससीमता के सामने उदात्त वस्तु की गरिमा श्रद्धा की भावना को द्विगुणित कर देती है।[135] (4) उदात्त वस्तु का अत्यन्त महान

होने पर आदर-मिश्रित भय का (Awe) संचार भी हो जाता है।[136] जैसा कि बर्क ने सोचा है यह भयानक की अनुभूति नहीं है। भयानक में हर्षोल्लास की भावना कुण्ठित हो जाती है। उदात्त आनन्ददायी सौन्दर्य का रूप है, कुरूपता से उत्पन्न भावना नहीं। भय का सम्बन्ध सौन्दर्य से नहीं, कुरूप से है। आदर-मिश्रित भय की भावना वस्तु के प्रमाता से दूर एक ऊँचाई पर स्थित होने की अनुभूति देती है। उस ऊँचाई के प्रति विस्मय और आदर की ही नहीं, भय की एक हलकी भावना भी अनुभूत होती है जिसके कारण प्रमाता का मन झकझोर उठता है और वह कुछ पीछे हटकर वस्तु को देखने लगता है। पीछे हटने की (Set back) यही भावना उदात्तता की पहचान है और सौन्दर्य से उसका अन्तर करती है। जहाँ सौन्दर्य में मनुष्य वस्तु की ओर बढ़कर उसके साथ एक हो जाने का प्रयत्न करता है, उदात्त में वस्तु से दूर भले ही न चला जाये, उससे अलग रहकर दर्शन का प्रयत्न करता है। (5) उदात्त की अनुभूति में इन सब भावनाओं के साथ हर्षोल्लास की भावना भी संलग्न रहती है। लोंजाइनस के अनुसार उदात्त की अनुभूति में हमारी आत्मा हर्ष और उल्लास से परिपूर्ण हो जाती है।[137] इस स्थिति में मनोवैज्ञानिक दूरी के बावजूद उदात्त वस्तु के साथ आत्मा की भावात्मक एकता स्थापित हो जाती है। उल्लास की यह अनुभूति सौन्दर्यानुभूति की अपेक्षा तीव्र मात्रा में होती है। यह हर्षातिरेक (Rapture) है जो मनुष्य को समस्त संसार से अलग करके आत्मलीन बना देता है। उदात्त की अनुभूति में इन सब भावनाओं का ऐसा सामंजस्य हो जाता है कि उसे भारतीय काव्यशास्त्र की परम्परा का अनुसरण करते हुए न भयानक, अद्‌भुत आदि रसों की संज्ञा दी जा सकती है और न ही उत्साह, श्रद्धा आदि भावों की कोटि में रखा जा सकता है।

काण्ट, हेगेल, ब्रैडले आदि आलोचकों ने उदात्तानुभूति की प्रक्रिया की विभिन्न स्थितियों को स्पष्ट करने का प्रयत्न किया। सौन्दर्यशास्त्रियों के अनुसार उदात्तानुभूति की प्रथम दशा वस्तु से पराभूत होने की है। वस्तु की महानता से पराभूत मन में पहले असीम का बोध होता है और फिर उस असीमता के समक्ष प्रमाता की ससीमता या हीनता की अनुभूति का। इस दशा में मन चकित और स्तम्भित हो जाता है और वस्तु से दूरी का अनुभव करता है। अनुभूति की दूसरी दशा में मन वस्तु के प्रति आकर्षण का अनुभव करता है। वस्तु के प्रबल प्रभाव से मन अपनी अल्पता को भूलकर वस्तुगत महानता से ऊँचे धरातल पर पहुँच जाता है। वस्तु की अनन्त शक्तिमत्ता का यह प्रभाव है। इस दिशा में प्रमाता के मन का उत्कर्ष होकर हर्षोल्लास की अनुभूति होती है। पहली दशा में मन पर आघात उदात्त को सुन्दर से अलग कुरूप का समीपवर्ती बना देता है, तो दूसरी आकर्षणमय दशा सौन्दर्य के साथ उसकी सजातीयता को व्यक्त करती है। ब्रैडले ने इन दोनों स्थितियों या दशाओं को इस तरह स्पष्ट किया है :

"There seem, in fact, to be two aspects of stages in it. First—if only for a faction of a second—there is a sense of being checked or baffled or even stupified or possibly even repelled or menaced, as though something were affecting us which we could not receive or grasp or stand up to. In certain cases we appear to shrink away from it, as though it thrust upon us a sense of our own feebleness or insignificance. This we may call by the convenient but too strong name of the negative stage...To it there succeeds, it may be instaneously or more gradually, another: a poweful reaction, a push of self expansion or an uplifting or a sense of being born out of the self that was checked, or even of being carried away beyond all checks and limits. These feelings, even when the sublime thing might be called forbidding, menacing or terrible, are always positive,—feelings of union with it, and when its nature permits of this, they may amount to rapture or adoration."[138]

अनुभूति की इन दशाओं में पहली निषेधात्मक स्थिति उदात्त-बोध के लिए अनिवार्य है। सौन्दर्य की अनुभूति भी उदात्त की तरह विस्मयकारी हो सकती है, लेकिन यह आनन्दात्मक है।[139]

प्रभाव की दृष्टि से उदात्त की अनुभूति मानसिक उन्नयन का कारण होती है। यह उन्नयन कभी-कभी आध्यात्मिक होकर उदात्त को धर्म और दर्शन का समकक्ष बना देता है। उदात्त की अनुभूति मानव-मन को साधारण भौतिक जगत् से ऊपर उठाकर एक उच्च मानसिक या आध्यात्मिक धरातल पर पहुँचा देती है। उस धरातल पर मनुष्य विश्वात्मा के साथ एक होकर अपनी आत्मा का अनन्त विस्तार कर लेता है। सौन्दर्यानुभूति में यह व्यापकता और ऊँचाई नहीं है। अनुभूति की इन विशेषताओं के कारण उदात्त सौन्दर्यशास्त्रीय विविध रूपों में सर्वोत्कृष्ट माना जाता है।

## 8. उदात्त के साधन

कल्पना, बिम्ब, प्रतीक, अलंकार, रूप-संरचना, भाषा-शैली आदि सौन्दर्याभिव्यक्ति के जो साधन हैं, वे ही उदात्त के भी साधन हैं। साहित्यिक अभिव्यक्ति के तत्त्व समान होते हैं, लेकिन उनकी प्रकृति और स्वरूप में अन्तर के कारण अभिव्यंजना की अनुभूति भिन्न प्रकार की हो जाती है। उदात्त की अनुभूति के लिए साहित्य के तत्त्वों या साधनों का विशिष्ट प्रयोग अपेक्षित है।

उदात्त की संरचना भाषात्मक साहित्य के द्वारा जितनी सफलता से हो सकती है, भिन्न माध्यमों वाली अन्य कलाओं के द्वारा नहीं। इसका कारण भाषा में अभिव्यंजना की सामर्थ्य है। उदात्त की सृष्टि के लिए व्यापकता और गहराई के द्वारा तीव्रतम अनुभूति की जो आवश्यकता है, उसकी पूर्ति की सर्वाधिक सम्भावनाएँ भाषात्मक

माध्यम में हैं। उसके बाद संगीत का स्थान है जो साहित्य की तरह कालिक कला है। कालिक कलाओं की अभिव्यक्ति में व्यापकता और गहराई, दोनों आयामों का निरूपण हो सकता है, भले ही व्यापकता देश या स्थान-सम्बन्धी भौतिक रूप की न होकर मानसिक अनुभूति की सूक्ष्म व्यापकता की क्यों न हो। स्थान-सम्बन्धी दृश्य कलाओं में उदात्त की व्यापकता या तो वास्तुकला और मूर्तिकला की तरह भौतिक रूप-कल्पना से सम्बद्ध है या चित्रकला की तरह स्थान के व्यापक परिपार्श्व के चित्रण पर आधारित। इन कलाओं में रूप के विशिष्ट आयोजन के द्वारा व्यापकता की सूक्ष्म मानसिक भावना की व्यंजना भी की जा सकती है, लेकिन कालिक कलाओं की सफलता के साथ नहीं। उदात्तता के लिए आवश्यक मन पर आघात करने वाली अनुभूति की गहराई और तीव्रता कालिक कलाओं की प्रकृतिगत विशेषता है।

उदात्त पर विचार करने वाले सौन्दर्यशास्त्रियों में लोंजाइनस ही एक ऐसे आलोचक हैं जिन्होंने उदात्त के आत्म-दर्शन के साथ उसकी अभिव्यक्ति के साधनों का भी विस्तार से विवेचन किया है क्योंकि उन्होंने औदात्त्य को सिद्धान्ततः आत्मगत मानते हुए भी व्यवहार में उसे रूपगत माना है। जैसा कि पहले कहा गया है वे दार्शनिक सौन्दर्यशास्त्री उतने नहीं हैं, जितने काव्य के व्यावहारिक समीक्षक। काव्य-साहित्य की उत्कृष्टता की पहचान के रूप में उदात्त के सिद्धान्त का प्रतिपादन करते हुए उन्होंने उसके साहित्यिक रूप-विधान की विशेषताओं की ओर संकेत किया है। उनकी दृष्टि में उदात्त "अभिव्यक्ति की विशिष्टता और उत्कृष्टता का नाम है।"[140] इस तरह उदात्त अभिव्यक्ति या शैली उनके प्रबन्ध का मुख्य प्रतिपाद्य रहा है। उनके अनुसार उचित रूप-विधान के बिना उदात्त अन्तःप्रेरणाओं का कोई मूल्य नहीं है। इसलिए साहित्यकार की उदात्त शैली के निर्माण के सम्बन्ध में सचेष्ट रहना चाहिए। लोंजाइनस की दृष्टि में उदात्त शैली के तीन मुख्य साधन हैं—"एक—अलंकारों की समुचित योजना जिसके अन्तर्गत भाव और अभिव्यक्ति, दोनों ही से सम्बन्धित अलंकार आ जाते हैं। दो—उत्कृष्ट भाषा जिसके अन्तर्गत शब्द-चयन रूपकादि का प्रयोग और भाषा की सज्जा-समृद्धि आदि गुण आ जाते हैं। तीन—गरिमामय एवं ऊर्जित रचना-विधान।"[141]

(1) लोंजाइनस के अनुसार उदात्त शैली के निर्माण में उचित अलंकार-प्रयोग का महत्त्वपूर्ण स्थान है। औचित्य, उत्कर्ष का हेतु और विषय-वस्तु को गरिमा प्रदान करने वाला है। अलंकार जहाँ सौन्दर्य का वर्धक होता है, वहाँ औचित्य की गरिमा के बल पर उदात्त का पोषक भी। औचित्य के बिना भव्य-से-भव्य अलंकार भी निरर्थक हो जाता है। वस्तु के अनुरूप होना ही औचित्य है। यह अनुरूपता स्थान, परिस्थिति, रीति और उद्देश्य की समता पर निर्भर है। रचना में अलंकार साध्य न होकर साधन है। साधन की स्वतन्त्र सत्ता या निरपेक्ष चमत्कारिता पाठक के ध्यान को साध्य से विमुख करके अपनी ओर आकृष्ट कर लेती है। इसलिए लोंजाइनस के अनुसार अलंकार इतने अयत्नज और साध्य से अभिन्न हों कि "इस बात पर भी किसी का

इन अलंकारों की संसृष्टि अपने विस्तार और प्राचुर्य के द्वारा उदात्त की पुष्ट अभिव्यंजना में अधिक सहायक सिद्ध होती है। ये अलंकार सदा उदात्त के ही व्यंजक हों, यह बात नहीं है। उनके द्वारा चमत्कार-प्रदर्शन और सौन्दर्य की व्यंजना भी हो जाती है। जैसा कि भारतीय अलंकारशास्त्र में इनके निरूपण से स्पष्ट हो जाता है। इसीलिए लोंजाइनस ने इनके प्रयोग में औचित्य पर बल दिया है। वास्तव में उदात्त वर्ण्य के अलंकार-विधान में भी विस्तार, समृद्धि आवेग, शक्तिमत्ता, ऊर्जा आदि की व्यंजना से ही अलंकार-प्रयोग उदात्त बनता है। इन विशेषताओं से युक्त होने पर सभी अलंकार उदात्त बन जाते हैं। महाप्राण निराला ने उपर्युक्त 14 अलंकारों के ही नहीं अन्यों के भी उदात्त प्रयोग किये हैं, जैसे निम्नांकित उपमा का विधान :

*"दृढ़ जटा-कुकुट हो विपर्यस्त प्रति लट से खुल*<br>
*फैला पृष्ठ पर, बाहुओं पर, वक्ष पर विपुल*<br>
*उतरा ज्यों दुर्गम पर्वत पर नैशान्धकार*<br>
*चमकतीं दूर ताराएँ ज्यों ही कहीं पार।"*[144]

(2) साहित्याभिव्यक्ति का माध्यम भाषा है। उसके उचित प्रयोग से, वर्ण्य वस्तु की उपयुक्त शैली की संरचना से, उदात्त आलम्बन सजीव रूप धारण करता है और अभीष्ट प्रभाव-सिद्धि में सफल होता है। उदात्त की अनुरूप भाषा-शैली को पाश्चात्य भव्य शैली कहते हैं। अरस्तू ने इस एपिक शैली की विशेषताओं की ओर संकेत किया। लोंजाइनस ने उदात्तता की सृष्टि के लिए इस शैली की आवश्यकता का सैद्धान्तिक प्रतिपादन किया। उसकी दृष्टि में भाव-विचार और भाषा-शैली अन्योन्याश्रित हैं। इसलिए उदात्त की अभिव्यक्ति का माध्यम उत्कृष्ट या गरिमामयी भाषा ही हो सकती है। यह गरिमा उपयुक्त और प्रभावक शब्द-प्रयोग पर आधारित है। सुन्दर शब्द ही वास्तव में विचार को विशेष प्रकार का आलोक प्रदान करते हैं[145] और उन्हीं के द्वारा प्रत्यक्ष रूप में किसी रचना में सुन्दरतम मूर्तियों की भाँति भव्यता, सौन्दर्य, मार्दव, गरिमा, ओज और शक्ति तथा अन्य श्रेष्ठ गुणों का आविर्भाव होता है और मृतप्राय वस्तुएँ जीवन्त हो उठती हैं।[146] भाषा-शैली की यह गरिमा उदात्त वस्तु के सन्दर्भ में ही औचित्यपूर्ण है। साधारण या हलकी धारणाओं के सम्बन्ध में उसका प्रयोग रचना को खोखला बना देता है। निराला जी ने तुलसीदास, राम की शक्तिपूजा आदि अपने कथा-काव्यों में इस भव्य शैली का बड़ा सार्थक प्रयोग किया है। इस भव्य शैली का प्राणतत्त्व ओजस्विता है जो कोमल तथा उग्र, दोनों प्रकार के भाव-विचारों को सजीव शक्तिमत्ता के साथ प्रस्तुत करती है। विस्तार, समृद्धि, संस्कारिता आदि उसकी विशेषताएँ हैं तो आश्चर्यार्थक, प्रश्नवाचक, आवृत्तिमूलक, समासबहुल, शब्दक्रम में विपर्यस्त, प्रवाहमय रचना-विधान उसके साधन हैं।

(3) रचना में रूप-संघटन के महत्त्व की ओर ध्यान आकृष्ट करने वाले प्रथम आचार्य अरस्तू हैं। लोंजाइनस ने अपने प्रतिपाद्य के अनुरूप रूप की गरिमा और

ऊर्जस्विता को विशेष महत्त्व दिया। रूप की यह विशेषता पाठकों को अभिभूत करके उदात्त की अनुभूति देती है। रूप या रचना-विधान की गरिमा कलाकृति के विभिन्न तत्त्वों के पारस्परिक सामंजस्य पर निर्भर करती है। रचनागत शब्द, विचार, कार्य, सौन्दर्य, राग आदि विभिन्न तत्त्वों का सामंजस्य अनिवार्य रूप से हमें भव्यता, गरिमा, ऊर्जा तथा अपने भीतर निहित प्रत्येक भाव की ओर प्रवृत्त करता है और इस प्रकार हमारे मन के ऊपर पूर्ण अधिकार प्राप्त कर लेता है।[147] रचना में निहित गरिमा के तत्त्वों को एक-दूसरे से अलग कर दिया जाये तो औदात्त्य भी बिखर जाता है।[148] सामंजस्य सौन्दर्य का भी प्राण-तत्त्व है। इसलिए जैसा कि लोंजइनस कहते हैं, केवल वही रचना में उदात्त का सन्निवेश नहीं कर सकता। उसके लिए सामंजस्यपूर्ण रूप-विधान के द्वारा जीवन की व्यापकता और गहराई की व्यंजना हो जाना आवश्यक है! सौन्दर्य रूप में समाया रहता है जबकि उदात्त निश्चित रूप का अतिक्रमण कर जाता है। इसलिए रूप-विधान में रूप के स्पष्ट निर्देशों से परे की व्यंजना हो जाना आवश्यक है। उसमें रूप के द्वारा जो संकेत होता है, वहीं पर अनुभूति समाप्त नहीं हो जाती। उदात्त रूप की व्यापकता और गहराई विशालकाय रचना में वस्तुनिष्ठ प्रतीत होती है जबकि लघुकाय रचना में व्यंजना गर्भित। लेकिन वास्तव में विशालकाय कलाकृति के निर्माण-कौशल की भव्यता को भी निश्चित रूप की परिधि तक ही परिमित नहीं समझना चाहिए। निश्चित रूप की विशालता, स्वयं उदात्त की अनन्तता का व्यंजक होती है। मानस जैसा पौराणिक प्रबन्ध ही नहीं, निराला का तुलसीदास जैसा लघु प्रबन्ध भी अपने रूप-संविधान के द्वारा जीवन की सांस्कृतिक गरिमा को व्यंजित करने में वस्तु-रूप की सीमाओं को पार कर जाता है।

(4) लोंजाइनस ने उदात्त के अन्य साहित्यिक साधनों की ओर भी संकेत किया है जिनमें विशेष उल्लेखनीय कल्पना है। कल्पना बिम्ब विधायिनी शक्ति है। सामान्य रूप में बिम्ब विचार का वह रूप है जो वाणी को प्रस्फुटित करता है। विशेष अर्थ में वह वर्णन को साक्षात्कार का रूप देने वाला है।[149] प्लेटो ने बिम्ब को मानसिक प्रतिकृति कहा है। उससे उदात्त की सृष्टि पर विचार करते हुए लोंजाइनस कहते हैं कि "बिम्ब भी प्रवक्ता की गरिमा, ऊर्जा और शक्ति के सम्पादन में बहुत कुछ सहायता करते हैं।"[150] कल्पना सौन्दर्य और उदात्त, दोनों की अभिव्यक्ति का प्रधान साधन है। उसके द्वारा जो बिम्ब, चित्र या प्रतीक प्रस्तुत होते हैं, वे वर्ण्य के रूप-विधान को मूर्त सजीवता प्रदान करते हुए सौन्दर्य या उदात्त की अनुभूति देते हैं। जहाँ कल्पना कोमल होती है, वहाँ सौन्दर्य की अनुभूति होती है और जहाँ वह विराट हो जाती है, वहाँ उदात्त की अनुभूति। उसके द्वारा प्रस्तुत बिम्ब, प्रतीक आदि कल्पना की प्रकृति के अनुसार रूप की सजीवता या अनन्तता के व्यंजक बनते हैं। सौन्दर्य और उदात्त, दोनों की अभिव्यक्ति के भाषाबिम्ब मूर्त और इन्द्रिय-ग्राह्य ही होते हैं, अन्यथा कलात्मक अभिव्यंजना असफल हो जाती है। लेकिन वर्ण्य और व्यंजना के

आधार पर बिम्ब, प्रतीक आदि रमणीय या उदात्त बनते हैं। दूसरे शब्दों में, उदात्त की व्यापकता, आवेग, शक्तिमत्ता, ऊर्जस्विता आदि आत्मगत विशेषताओं से युक्त होने पर ही साहित्य के साधन और उनके द्वारा सजीव रूप-कल्पना उदात्त हो सकती है।

(5) उदात्त की अभिव्यक्ति के लिए उपयुक्त और समर्थ साधनों का प्रयोग करने में साहित्यकार को विशेष सावधान रहना चाहिए क्योंकि उदात्त शैली के लिए घातक अनेक ऐसे विरोधी तत्त्व हैं जिनके समावेश से रचना की वस्तुगत उदात्तता नष्ट हो जाती है। लोंजाइनस ने उदात्त शैली के इन विरोधी तत्त्वों पर भी विस्तार से विचार किया है। वे स्वीकार करते हैं कि प्रतिभा सर्वदा निर्दोष नहीं रहती और रचना की महानता का मूल्यांकन प्रतिभा के उत्कर्ष के आधार पर होना चाहिए, न कि निर्दोषता को लेकर। अलंकारवादी आरम्भिक आचार्यों ने निर्दोषता पर बहुत बल दिया है[151] पर परवर्ती आनन्दवर्धन, अभिनवगुप्त आदि ने रस के विधायक धर्म को ही महत्त्व दिया है। निर्दोषता की दृष्टि शास्त्रीय है जबकि उत्कर्ष की दृष्टि स्वच्छन्दतावादी। जहाँ अरस्तू ने रूप की निर्दोष परिपूर्णता का आग्रह किया है, लोंजाइनस ने रचना को उदात्त बनाने वाली प्रतिभा की ऊँचाई का।

कभी-कभी प्रतिभा के सदोष होने पर भी काव्यात्मा के घातक तत्त्वों से बचना बहुत ही आवश्यक है अन्यथा रचना में उदात्त का निर्वाह नहीं हो पाता। लोंजाइनस के अनुसार उदात्तता का विपरीत रूप बालेयता है। बचपन के चापल्य, संयम-हीनता, हीन भावना, गम्भीरता का अभाव, हलकापन आदि गुण प्रौढ़ावस्था की गरिमा या शालीनता के विरुद्ध पड़ते हैं। भाषा-शैली में इनके प्रवेश से वाक्स्फीति, भावाडम्बर, शब्दाडम्बर आदि उदात्त के विरोधी तत्त्वों का समावेश हो जाता है। वाक्स्फीति से अभिप्राय है, अर्थ या भाव को गरिमा के अभाव में अनावश्यक वागाडम्बर का प्रयोग।[152] भावाडम्बर का अर्थ है, जहाँ किसी आवेग की आवश्यकता नहीं है, वहाँ अवसर के अनुपयुक्त और खोखले आवेग का प्रदर्शन किया जाये अथवा जहाँ संयम की आवश्यकता है, वहाँ असंयम दिखाई दे।[153] शब्दाडम्बर से लोंजाइनस का आशय ऊहाजन्य अत्युक्तिपूर्ण शब्दावली का है[154] इनके अतिरिक्त अन्य सभी प्रकार का विवेकहीन चमत्कारी प्रदर्शन उदात्त का विरोधी है। लोंजाइनस की दृष्टि में यही विवेकहीनता हास्यास्पद का आधार है।[155]

इसी प्रकार अभिव्यक्ति की क्षुद्रता, अत्यधिक संक्षिप्तता, जड़ाव और संगीत तथा लय का आधिक्य भी उदात्त शैली के लिए घातक सिद्ध होते हैं। अभिव्यक्ति की क्षुद्रता का अर्थ है क्षुद्र अर्थ के वाचक शब्दों का प्रयोग...साथ ही उक्ति की अत्यधिक संक्षिप्तता से भी उदात्तता का ह्रास होता है क्योंकि बहुत ही संकीर्ण घेरे में विचार को ठूँसने से भी गरिमा नष्ट हो जाती है। यह आरोप समास-शैली के विषय में नहीं है जो कि शैली का गुण है, वरन् ऐसी उक्ति के विषय में है जो सर्वथा क्षुद्र और छोटे-छोटे भागों में खण्डित हो, क्योंकि शब्दों की अल्पता अर्थ को संकुचित कर

देती है। यही बात जड़ाव के विषय में है। ऐसे शब्द जो एक-दूसरे से बहुत सटे हुए हों, छोटे-छोटे अक्षरों में विभक्त हों और नितान्त विषमता तथा कर्कशता के द्वारा माना लकड़ी की कीलों से एक-दूसरे के साथ जड़े हों, उदात्त शैली के दूषण होते हैं। और अन्त में लय तथा संगीत का आधिक्य भी उदात्त के प्रभाव को नष्ट कर देता है : इनके कारण उक्ति में एक प्रकार की अतिशय सुकुमारता, कृत्रिमता और एकरसता उत्पन्न हो जाती है और श्रोता का ध्यान विषय-वस्तु से हटकर लय और संगीत पर केन्द्रित हो जाता है।"[156]

भारतीय काव्यशास्त्र में इन काव्य-दोषों का सूक्ष्म विस्तार के साथ विवेचन किया गया है। ये दोष शब्दगत, अर्थगत और भावगत, तीन प्रकार के होते हैं। उनका दोषत्व अनौचित्य के कारण है और उससे कलात्मक अभिव्यंजना का सौन्दर्य कुण्ठित हो जाता है, विशेषतः जब दोष भाव या रस-सम्बन्धी हो। लोंजाइनस ने जिन दोषों का उल्लेख किया हैं उनका सम्बन्ध प्रायः सौन्दर्यहीनता से है जो कुरूपता की चरम सीमा का स्पर्श भी कर सकते हैं। यह कुरूपता कवि की कल्पना में सौन्दर्यशास्त्रीय धर्म या मूल्य से सम्पन्न होने पर दोष के स्थान पर गुण होकर आस्वाद्य बनती है। जहाँ तक उदात्तता के घातक विरोधी तत्त्वों का प्रश्न है, कुरूपता, बालेयता या खोखला आडम्बरपूर्ण नकली उदात्त, दोष का आधार बनकर काव्य की गरिमा को नष्ट कर देते हैं।

## 9. हिन्दी साहित्य में उदात्त भावना

साहित्य में उदात्त का समावेश एक ओर साहित्यकार की विराट कल्पना, व्यापक दार्शनिक दृष्टिकोण और चिन्तनशील प्रौढ़ व्यक्तित्व पर निर्भर करता है तो दूसरी ओर परिस्थितियों की अनुकूलता और उस अनुकूलता के अनुरूप वस्तु-ग्रहण पर। इतनी आवश्यकताओं के कारण उदात्त की सृष्टि साहित्य में विरल ही हुआ करती है। प्रायः साहित्य का इतिहास जाति की सौन्दर्य-चेतना के युग-सापेक्ष विकास की ही कहानी है जो कलाकार की प्रतिभा और उसके लिए अनुकूल वातावरण मिल जाने पर कहीं-कहीं उदात्त के ऊँचे धरातल पर पहुँच जाती है।

काल-विकास की दृष्टि से प्रत्येक राष्ट्र के इतिहास और साहित्येतिहास को तीन कालों में बाँटा जा सकता है—आदिकाल, मध्यकाल और आधुनिक काल। साहित्य के आचार्यों का कहना है कि किसी भी जाति का आदिकाल सांस्कृतिक-विकास का प्रौढ़ समय होने के कारण उदात्त क्लासिकल साहित्य की सृष्टि के लिए अनुकूल होता है। भारतीय इतिहास के आदिकाल में वैदिक साहित्य, रामायण, महाभारत आदि इस प्रकार की भव्य रचनाएँ हैं। हिन्दी भाषा का विकास और साहित्य-सर्जना का आरम्भ मध्यकाल में हुआ। वास्तव में हिन्दी साहित्य का आदिकाल, भक्तिकाल और रीतिकाल व्यापक भारतीय साहित्येतिहास में मध्यकाल के तीन चरण या युग मात्र हैं जिनकी

विभाजन-रेखा काल की व्यापक भावना न होकर विशेष प्रवृत्ति-विकास की है। ऐसी स्थिति में सहज ही हिन्दी साहित्य प्राचीनकाल की आध्यात्मिक-सांस्कृतिक गरिमा से अस्पृश्य रहा। सामान्य इतिहास की दृष्टि से मध्यकाल रूढ़िवादी ह्रासोन्मुख काल है जो प्राचीन का अनुकरण मात्र करता रहा। इसलिए साहित्य में केवल परम्परा का निर्वाह हुआ और प्राचीन उदात्त की आत्मारहित बाह्य रूपरेखा ही अपनाई गयी। मध्यकाल में नव-जागरण के प्रयत्न न हुए हों, यह बात नहीं है लेकिन वे प्राचीनकाल की तरह सर्वव्यापी नहीं थे जिससे जीवन और साहित्य में उदात्त का समृद्ध नव-उन्मेष हो सकता। हिन्दी साहित्य का भक्तिकाल मध्यकाल में पुनर्जागरण का वैसा ही समय है, जब समाज और साहित्य की सोयी हुई आत्मा अपनी उन्नति के लिए छटपटा उठी। वैज्ञानिक उन्नति के कारण आधुनिक काल में नवीन सांस्कृतिक विकास का उससे कहीं अधिक अपूर्व अवसर प्राप्त हुआ जिससे प्रेरणा लेकर नव-जीवन और साहित्य समय के अनुरूप एक नवीन ऊँचाई पर पहुँचने का प्रयत्न कर रहे हैं।

हिन्दी साहित्य का आदिकाल धार्मिक और सामाजिक दृष्टि से रूढ़ ह्रासोन्मुखता का था जिससे उस समय की जैन, नाथ और सिद्ध सम्प्रदायों की रचना में या दरबारी मनोरंजक और शृंगारी रचना में उदात्त की व्यंजना के लिए कोई अवसर ही नहीं मिला। दूसरी ओर उस समय हिन्दू-मुसलमानों के धर्माश्रित राजनीतिक संघर्ष चल रहे थे, जिनको लेकर वीर काव्यों की रचना हुई। इन संघर्षों में राष्ट्रीय भावना के स्फुरण और उसके माध्यम से उदात्त सांस्कृतिक चेतना को पुष्ट करने की सम्भावना थी लेकिन कवि वैयक्तिक वीरता की प्रशस्तियाँ गाते रहे। इस तरह आदिकाल में उदात्त की व्यंजना के लिए जो अल्प अवसर प्राप्त हुआ, कवियों की दृष्टिकोण की संकीर्णता के कारण उससे लाभ नहीं उठाया जा सका। दूसरी ओर कवियों की प्रतिभा सीमित थी जो उदात्त की विराट कल्पना करने में असमर्थ थी। वीर काव्य में वर्णित युद्धोत्साह और घोर संग्रामों के ओजस्वी वर्णन उदात्त की आरम्भिक भूमिका पर ही समाप्त हो गये क्योंकि केवल उत्साह और ओज उदात्त की सृष्टि नहीं कर सकते। उसके लिए आन्तरिक आवेग और असाधारण शक्तिमत्ता के साथ उनकी प्रौढ़ अभिव्यंजना भी अपेक्षित है।

भक्तिकाल पुनर्जागरण का युग था जिसमें सामाजिक-धार्मिक रूढ़ियों को तोड़कर नवीन आध्यात्मिक-सांस्कृतिक चेतना के विकास का प्रयत्न किया गया। उससे प्रभावित भक्ति की स्वच्छन्दतावादी काव्यधारा में नवीन सौन्दर्य-बोध का उन्मेष हुआ जो अन्तर्मुखी आध्यात्मिक भावना के संस्पर्श से कहीं-कहीं उदात्त के धरातल पर पहुँच गया। भक्तिकाल की उदात्तता लौकिक-सामाजिक नहीं, आध्यात्मिक उदात्तता थी। भक्तिकाव्य आत्मप्रेरणा का फल है जिसमें सत्, चित् और आनन्द की पूर्ण प्रतिष्ठा का प्रयत्न हुआ। जहाँ कवि सिद्ध होकर आध्यात्मिक परिपूर्णता की प्रौढ़ प्रतीकात्मक व्यंजना में सफल हुए, वहाँ उदात्त की सृष्टि हुई। पूर्णता के अभाव में कवियों की

भक्ति-भावना लीला-कीर्तन के माध्यम से केवल रमणीयता का संचार करती रही भक्ति-आन्दोलन भारतीय संस्कृति की भास्वरता, आध्यात्मिक भाव-विचारों की उदात्तता और जीवन-दर्शन की व्यापकता या ऊँचाई से अनुप्राणित था। काव्य में इनका ग्रहण जिस अनुपात में हुआ, उसी अनुपात में उदात्त की संरचना हो सकी। उदात्त की संरचना के लिए आध्यात्मिक ऊँचाई के साथ जीवन में उसके व्यापक प्रसार के दर्शन की भी आवश्यकता होती है। एकान्त साधना में संलगन भक्त कवि उस कार्य में विशेष सफल नहीं हुए। यही भक्ति-काव्य की उदात्त की सीमा है। भक्तिकाव्य आध्यात्मिक सूक्ष्मता में उदात्त को पकड़ सका, पर उसे जीवन की सापेक्षता में पूरा-पूरा व्यक्त नहीं कर सका। इस तरह भक्तिकाव्य में उदात्त की ओर संकेत अवश्य मिल जाते हैं, पर उसका समग्र निरूपण या चित्रण नहीं हुआ।

निर्गुण धारा में अपनी दार्शनिक दृष्टि के अनुरूप सूक्ष्म आध्यात्मिक उदात्त की व्यंजना है। उसके प्रतिनिधि कवि कबीर में ईश्वरीय भावना की सूक्ष्मता, व्यापकता और रहस्यमयता के बल पर उदात्त का स्फुरण हुआ है। उनकी ईश्वरीय प्रेम-भावना में तीव्रता, गम्भीरता, गूढ़ता, व्यापकता और गहराई के आयाम मिल जाते हैं जो उनके काव्य के स्वर को उदात्त बनाने वाले हैं। विधायक रूप में उनके काव्य में औचित्य की गरिमा का पूरा-पूरा निर्वाह हुआ है तो निषेधात्मक रूप में मर्यादाहीन छिछलापन नहीं है। कबीर के काव्य की वस्तु शुद्ध आध्यात्मिक होने के कारण उदात्त है ही, आलम्बन की महानता की ओर संकेत करने और भावनाओं का व्यापक प्रसार दिखाने में उन्होंने उस उदात्तता का निर्वाह भी किया है। उनकी रचना में उदात्त की सूक्ष्मता, व्यापकता और रहस्यमयता के ये प्रतिनिधि उदाहरण हैं :

*"हदे छाड़ि बेहदि गया, हुआ निरन्तर बास।*
*कवलज फूल्या फूल बिन, को निरषै दास।।"*[157]

... ... ...

*"पांणी ही तै हिम भया, हिम है गया बिलाइ।।*
*जो कुछ था सोई भया, अब कछु कह्या न जाइ।।"*[158]

सूफी धारा में अलौकिक सौन्दर्य को प्रकृति के व्यक्त रूप-सौन्दर्य के माध्यम से स्फुरित करने का प्रयत्न किया गया है। ईश्वरीय सौन्दर्य अपनी अनन्तता में उदात्त हो जाता है। उस अनन्त की अभिव्यक्ति सीमित रूप के द्वारा सम्भव नहीं है। इसलिए सूफी कवियों ने ईश्वरीय दिव्य आलोक के अनन्त प्रसार की ओर प्रकृति के माध्यम से संकेत करके उसकी समग्र कल्पना को पाठकों की भावना पर छोड़ दिया है। सृष्टि में ईश्वरीय सौन्दर्य का प्रसार, उसका प्रकृति पर व्यापक प्रभाव और उस प्रभाव के कारण अनन्त के साथ संयोग की अभिलाषा, ईश्वरीय रूप और सौन्दर्य की अद्भुत विराटता के व्यंजक हैं। सूफी धारा के सर्वश्रेष्ठ कवि जायसी ने पद्मावती-सौन्दर्य-वर्णन के बहाने ईश्वरीय दिव्य आलोक का इस तरह वर्णन किया है :

*''जेहि दिन दसन जोति निरमई। बहुतै जोति जोति ओहि भई।।*
*रवि ससि नखत दिपहिं ओहि जोती। रतन पदारथ मानिक मोती।।*
*जहँ जहँ बिहँसि सुभावहि हँसी। तहँ तहँ छिटकि जोति परगसी।।''*[159]

ईश्वरीय रूप-वर्णन में उदात्तता की जो झलक मिलती है, ईश्वरीय प्रेम की व्यंजना में उसका अभाव ही है। नैतिक संकीर्ण अर्थ में पद्मावती के प्रति रतनसेन का प्रेम उदात्त कहा जा सकता है, लेकिन सौन्दर्यशास्त्रीय अर्थ में उस प्रेम-भाव का स्वरूप असाधारण शक्ति और आवेग का विस्फोटक रूप धारण नहीं कर सका। ईश्वर के प्रति समस्त सृष्टि का आकर्षण और प्रेम उदात्त की भूमिका हो सकती है, पर रचना में उसकी उदात्त रूप-कल्पना नहीं हो सकती। सूफी भाव-व्यंजना की तुलना में कबीर की भाव-व्यंजना उदात्त के आयामों से अधिक परिचालित है। सूफियों की समासोक्ति में लौकिकता का पहलू कुछ अधिक भारी हो गया, जिससे वे उदात्त की अपेक्षा सौन्दर्य के द्रष्टा और स्रष्टा बने।

कृष्णभक्त कवि माधुर्योपासक थे। वे भक्ति-भाव में तल्लीन होकर श्रीकृष्ण की मधुर लीलाओं का कीर्तन-गायन किया करते थे। इसलिए उनके काव्य में उदात्त की अपेक्षा रमणीयता का ही अधिक प्रसार हुआ है। कृष्णभक्त कवियों में केवल सूरदास अन्तर्मुखी भावनाशील कवि थे। उन्होंने राधा और गोपिकाओं की विरह-वेदना को सूक्ष्म अलौकिक रूप प्रदान किया। उन अवसरों पर काव्य का स्वर उदात्त हो उठा, भले ही उदात्त का बिम्बात्मक, व्यापक निरूपण न हुआ हो। राधा और गोपियों की अन्तर्मुखी विरह-वेदना इतनी बढ़ गयी है कि उसकी शाब्दिक अभिव्यक्ति के असम्भव होने के कारण वचन-वक्रता या वाग्वैदग्ध्य के द्वारा उसकी सांकेतिक व्यंजना हुई। दूसरी ओर हास्य और विनोद के माध्यम से हलके आवरण में अनन्त वेदना को द्योतित करने का प्रयत्न किया गया। वास्तव में वेदना की अतिशयता चरम सीमा पर पहुँचकर विनोदमय रूप धारण करती है, एक निःस्पृहता का विकास होकर मनुष्य अपने को भूल जाता है और वेदना परिहास में अन्तर्निहित हो जाती है :

*''हमसों कहत कौन की बातें?*
*सुनि, ऊधो, हम समुझति नाहीं, फिर बूझति हैं तातें।।*
*को नृप भयो, कंस किन मार्यो, को वसुद्यौ सुत आहि?''*[160]
*''ऊधो! भली करी तु आये।*
*ये बातें कहि कहि या दुख में ब्रज के लोग हँसाए।''*[161]

*''उर में माखन चोर गड़े।*
*अब कैसहुँ निकसत नहिं, ऊधो, तिरछे ह्वै जो अड़े।।''*[162]

*"निर्गुण कौन देस को वासी?*
*मधुकर! हंसि समुझाइ, सोंह दै बूझति साँच न हाँसौ।।"*[163]

इस परिहास और वाग्वैदग्ध्य के द्वारा सूर ने गोपिकाओं के प्रेम का जो चित्र प्रस्तुत किया है, उससे पाठकों की कल्पना में उनका भव्य-उदात्त चित्र अंकित हो जाता है। सूर ने वात्सल्य के क्षेत्र में भी सामान्य बाल-लीलाओं को अद्‌भुतपन के संयोग से विस्मयकारी अलौकिक रूप प्रदान किया। इस तरह उन्होंने मानवीय लीला को आध्यात्मिक ही नहीं बनाया, बल्कि उसमें उदात्तता का आभास भी दिया। शिशु के प्रति स्वार्थ और प्रयोजन से परे माता की वात्सल्य-भावना स्वयं अपने में उदात्त है। सूर ने संयोग के अवसर पर माता के हर्षोल्लास के अतिरेक के और वियोग के दिनों में आन्तरिक वेदना के बड़े ही भव्य चित्र प्रस्तुत किये हैं :

*"जसोदा हरि पालनै झुलावै।*
*हलरावै, दुलराई मल्हावै, जोइ-सोइ कछु गावै।।*
*मेरे लाल कौ आउ निदरिया काहे न आनि सुवावै।*
*तू काहे नहि बेगिहि आवै, तो कौ कान्ह बुलावै।।"*[164]

*"सुत मुख देखि जसोद फूली।*
*हरषित देखि दूध की दँतियाँ, प्रेम मगन तन की सुधि भूली।।*
*बाहिर, तैं सब नन्द बुलाये, देखी धौं सुन्दर सुखदाई।।"*[165]

*"संदेसौं देवकी सौं कहियौ।*
*हौ तौ धाइ तिहारे सुत की मया करत ही रहियौ।।*
*जदपि टेव तुम जानति उनकी, तऊ मोहिं कहि आवै।*
*प्रात होत मेरे लाल लडैतैं माखन रोटी भावै।।*
*तेल उबटनौ अरु तातौ जल, ताहि देखि भजिजाते।*
*जोई जोइ माँगत सोइ सोइ देती क्रम क्रम करिकै न्हाते।।"*[166]

*"मेरे कुँवर कान्ह बिनु सब कुछ वैसेहि धर्‌यौ रहै।*
*को उठ प्रात होत लै माखन, को कर नेति गहै।।*
*सूने भवन जसोद सुत के गुन गुनि सूल सहै।*
*दिन उठि घर घेरत ही ग्वारिनि उरहन कोउ न कहै।।"*[167]

मातृ हृदय की यह उदारता और व्यापकता काव्य को उदात्त बना देती है। सूर ने कबीर की तरह अपनी कविता के स्वर को उदात्त रखने का भरसक प्रयत्न किया है। जहाँ कबीर की वस्तु आध्यात्मिक होने के कारण स्वयं उदात्त है, सूर ने लौकिक लीला में ही एकनिष्ठता, अनन्यता, तन्मयता, तीव्रता, गम्भीरता, सार्वभौमिकता आदि

के बल पर अलौकिकता का आभास किया है। अन्य कृष्णभक्त कवि आराध्य के अलौकिक होने पर भी मधुर लीलाओं के गायन में ही तल्लीन रहे।

उदात्त सृष्टि की दृष्टि से भक्तिकाव्य में विशेष महत्त्वपूर्ण रामभक्ति काव्य है। उसके प्रतिनिधि कवि तुलसी अपने प्रौढ़ चिन्तनशील व्यक्तित्व, प्रतिभा और विराट कल्पना के बल पर रामकाव्य को उदात्तता की चरम सीमा पर ले जाने में सफल हुए। उनकी अद्भुत प्रतिभा ने शक्ति को ही नहीं, रूप-सौन्दर्य, प्रेम और शील के लौकिक प्रसंगों को भी मर्यादा और औचित्य के गम्भीर निर्वाह के द्वारा विस्मयकारी अलौकिक आदर्श रूप प्रदान किया। भारतीय दाम्पत्य जीवन की मंगलमय पवित्रता और सामाजिक जीवन में कर्तव्यनिष्ठ धार्मिकता के चित्रण से मानो तुलसी ने समग्र भारतीय जीवन को भी ऊँचा उठा दिया है। इस उदात्तता का मूल कारण तुलसी का दृष्टिकोण है। उनके अनुसार काव्य का चरम प्रयोजन आध्यात्मिकता का प्रतिपादन है। इसलिए कहते हैं कि,

*"कीन्हें प्राकृत जन गुन गाना। सिर धुनि गिरा लागि पछिताना।।"*[168]

काव्य की सार्थकता उदात्त ईश्वरीय आलम्बन ग्रहण करने में है। जहाँ भक्ति की अन्य धाराओं और उनके प्रतिनिधि कवियों ने अपने आराध्य के जीवन और व्यक्तित्व के कुछ विशेष पहलुओं तक ही अपनी दृष्टि को सीमित रखा, तुलसी ने अपने काव्य के नायक श्री रामचन्द्र जी को पूर्ण ब्रह्म के रूप में प्रतिष्ठित किया। इतना ही नहीं, उनकी अलौकिकता की ओर आध्यात्मिक संकेतों से सन्तुष्ट न होकर अवतारी लौकिक जीवन में उनको उतारने का पूरा-पूरा प्रयत्न किया। इस तरह तुलसी के काव्य की उदात्तता जहाँ एक ओर लौकिक है, वहाँ दूसरी ओर अपनी गरिमा के बल पर अलौकिक हो जाती है। उदात्त की सृष्टि के लिए नायक के चरित्र और जीवन की जैसी परिकल्पना होनी चाहिए, वह तुलसी के राम में पूर्ण रूप से विद्यमान है। यह उदात्तता नायक के जीवन के प्रेम, वीरता आदि किसी एक पहलू को लेकर नहीं, सभी पहलुओं से सम्बन्धित है। सत्, चित् और आनन्दमय पूर्ण ब्रह्म के अवतार के रूप में तुलसी के राम लौकिक धरातल पर शील, शक्ति और सौन्दर्य के शाश्वत स्रोत हो गये हैं। आलम्बन की ये विभूतियाँ जीवन में उदात्त की सृष्टि करती हैं। श्री रामचन्द्र का सौन्दर्य त्रिभुवन लजावनहार है। उनका शील लोक में आचार की गरिमा का प्रतिपादक है। उनकी शक्ति दुष्ट-संहार और शिष्ट-रक्षण के द्वारा लोक-रक्षक, पालक और रंजक रूप धारण करती है। इन तीनों विभूतियों में लोक-रक्षक शक्ति-रूप का अधिक महत्त्व है। मानवीय रूप में शक्ति के अनन्त संचार और जीवन में उसके व्यापक प्रसार को दिखाने के कारण ही तुलसी का काव्य उदात्त हो उठा। हनुमान इस शक्ति के प्रतीक हैं। इसलिए उनके कार्यों के वर्णन में उदात्तता का सर्वाधिक स्फुरण हुआ है। कवितावली में लंकादाह का प्रसंग इसका उज्ज्वल उदाहरण है:

*"लाइ लाइ आगि भागे बाल-जाल जहाँ तहाँ,*
*लघु ह्वै निबुकि गिरि मेरु तें बिसाल भों।*
*कौतुकी कपीस कूदि कनक कँगूरा चढ़ि*
*रावन भवन जाइ ठाढ़ो तेहिकाल भों।*
*तुलसी विराज्यो ब्योम बालधी पसारि भारी*
*देखे हहरात भट काल तें कराल भों।।*
*तेज को निधान मानो कोटिक कृसानु भानु*
*नख बिकराल, मुख तैसो रिस लाल भों।।*

*बालधी बिसाल बिकराल ज्वाल-जाल मानों,*
*लंक लीलिबो को काल रसना पसारी है।*
*कैधों ब्योम बीथिका भरे हैं भूरि धूमकेतु,*
*बीर रस बीर तरबारी सौ उघारी है।।*
*तुलसी सुरेस चाप, कैधों दामिनी कलाप,*
*कैधों चली मेरु तें कृसानु सरि भारी है।*
*देखे जातुधान ताजुधानी अकुलानी कहैं*
*कानन उजारयौ अब नगर प्रजारी है।।"*[169]

इस प्रसंग में आलम्बन हनुमान के मन में उत्साह और शक्ति की अनन्त क्रियाशीलता के साथ-साथ उनसे निष्पन्न रूप की विराटता की ओर भी संकेत किया गया है। उनके कार्य के मूल में क्रोध की तीव्रता है तो उसकी परिणति में भय और आतंक का व्यापक प्रसार। इस तरह भाव-व्यंजना में तीव्रता, ओजस्विता और आवेग का पूरा निर्वाह हुआ है। प्रभाव के विस्तार की ओर संकेत करने वाली गतिशील अभिव्यंजना शैली भी उदात्त वस्तु के अनुरूप ही है। हनुमान की अपार शक्तिमत्ता प्रतिद्वन्द्वी राक्षसों को भी विस्मय-विमूढ़ कर देने वाली है।

आराध्य और उनके अनुचरों की शक्तिमत्ता हृदय में श्रद्धा उत्पन्न करने वाली है। यह तुलसी की दास्यभक्ति का आधार है। उनमें एक ओर आराध्य की महानता का प्रतिपादन होता है तो दूसरी ओर भक्त की अल्पता का। उदात्तानुभूति के विश्लेषण में इसका संकेत किया गया है कि उदात्त के दर्शन में पहले अपनी ससीमता का बोध होता है जौर फिर मन आलम्बन की असीमता की ओर अग्रसर होता है। यह ससीमता और असीमता मिली-जुली होती है और परस्पर बोधकारी रूप में एक-दूसरे को प्रभावित करती रहती है। आलम्बन की असीमता आश्रय की सीमाओं का बोध देती है तो आश्रय की ससीमता दूसरे की महानता की ओर ध्यान आकृष्ट करती है। इस कारण दास्य-भक्ति में उदात्त की अनुभूति की सर्वाधिक सम्भावनाएँ हैं। जहाँ मधुर भक्ति आध्यात्मिक ऊँचाई पर ले जाकर सूक्ष्मोदात्त की अनुभूति देती है, दास्य-भक्ति विस्तारोदात्त की।

तुलसी की कलात्मक अभिव्यंजना और भाषा-शैली भी अत्यन्त प्रौढ़ और मंजी हुई है। सूर ने काव्योचित रमणीय भाषा-शैली का विकास किया तो तुलसी ने उसे परिष्कृत और उदात्त बनाया। ऐतिहासिक दृष्टि से यह विकासक्रम स्वाभाविक है ही, विषय-वस्तु के अनुरूप भी है क्योंकि सूर सौन्दर्य के और तुलसी उदात्त के कवि हैं। तुलसी के चित्रांकन की व्यापकता एवं गतिशीलता; रूप-विधान का औचित्य तथा भाषा-शैली की गरिमा, उदात्त के शाब्दिक निर्वाह की पूर्ण सफलता की परिचायक है। मानस की अभिव्यंजना में सरलता और प्रौढ़ता की जो एक साथ अनुभूति होती है, वह क्लासिकल एपिक शैली की भव्यता का प्रमाण है।

हिन्दी साहित्य के आदिकाल से ही जो दरबारी काव्य-परम्परा चल रही थी और भक्तिकाल में जो विशेष पुष्ट हुई, रीतिकाल में आकर शृंगार के राग-रंग के साथ काव्य की प्रधान धारा हो गयी। शृंगार की व्यंजना के लिए कवियों ने पूर्ववर्ती कृष्णभक्ति की काव्यधारा से प्रेरणा ग्रहण की लेकिन उनके लिए राधाकृष्ण की लीलाओं का स्मरण शृंगार-निरूपण के लिए केवल बहाना था। इसलिए उनके काव्य में कृष्णभक्ति काव्य के समान आध्यात्मिक भावना के बल पर उदात्त का आभास नहीं मिलता। शृंगार के सन्दर्भ में लौकिक बहिर्मुखी सौन्दर्य के आकर्षण को ही कवि व्यक्त करते रहे। रीतिबद्ध कवियों की तुलना में रीतिमुक्त कवि अधिक भावनाशील होकर प्रेम की अन्तर्मुखी सूक्ष्म भावना में तल्लीन हुए। उनका प्रेम भौतिक और ऐन्द्रिय नहीं; स्वच्छन्द, अन्तर्मुखी और निश्चल था। उसमें तीव्रता, व्यापकता और गहराई कृष्णभक्ति काव्य के टक्कर की थी। उस प्रेम में संयोग की अपेक्षा वियोग की प्रधानता थी। वियोग की तीव्र वेदना में रीतिमुक्त कवियों का प्रेम एकनिष्ठ और अनन्य होकर उच्चतम मानसिक तथा आध्यात्मिक धरातल पर पहुँच गया जिसके कारण कहीं-कहीं सूक्ष्मोदात्त के स्वर झंकृत हो उठे, विशेषतः घनानन्द की रचना में। यह सही है कि उनका लक्ष्य उदात्त का निरूपण न होकर रमणीयता के सूक्ष्म स्तरों के उद्घाटन का है। लेकिन सौन्दर्य की सूक्ष्मता अपनी आदर्शोन्मुख ऊँचाई में सौन्दर्य का स्पर्श करने लगती है। घनानन्द का भावादर्श उनके काव्य की उदात्तोन्मुखता को स्पष्ट कर देता है :

*"घनानन्द प्यारे सुजान सुनो, यहाँ एक तै दूसरो आंकु नहीं।"*[170]

. . . . . . . . .

*"समुझै कविता घन आनन्द की हिय आँखिन प्रेम की पीर तकी।"*[171]

जिस तरह भक्तिकाल में उदात्तता के निरूपक एकमात्र कवि तुलसी थे, उसी की रीतिकाल में भूषण थे। उनके काव्य की उदात्तता का मूल कारण आलम्बन की विशेषता है। तुलसी के राम उच्चतम आदर्शों से प्रेरित अनन्त शक्तिशाली ईश्वर के अवतार थे तो भूषण के शिवाजी हिन्दू राष्ट्रीय भावना से अनुप्राणित, जनता की आशा-आकांक्षा के शक्तिशाली केन्द्र थे। आलम्बन की शक्तिमत्ता के साथ उस पर

आश्रय की श्रद्धा और अपार विश्वास उदात्त में प्राण फूँक देता है। शिवाजी अपने समय के महान हिन्दू महाराजा ही नहीं थे, भूषण की दृष्टि में मुसलमानी अत्याचारों से हिन्दू जनता और राष्ट्र के उद्धारक भी थे। उनकी शक्ति अपराजेय थी। शक्ति के साथ राष्ट्रीय भावना का यह अपूर्व संयोग आदिकालीन वीरकाव्यों में नहीं था। भूषण के मन में आलम्बन शिवाजी के आदर्शों पर जितनी श्रद्धा थी, उनकी शक्ति पर जितना विश्वास था, उनके शील और व्यवहार पर उतनी ही सम्मान की भावना थी। शक्ति और शील का यह समन्वय कवि को विस्मय-विमूढ़ कर देता है और कवि की वाणी में प्रबल आवेगमयी भावधारा उद्दण्ड गति के साथ प्रवाहित हो उठती है। भूषण शिवाजी के साहस और पराक्रम का जो वर्णन करते हैं, उसमें पग-पग पर उनकी श्रद्धा-भक्ति झलक उठती है। आलम्बन की महानता, भावों की तीव्रता और अनुभूति की विस्मयकारी भव्यता के अनुरूप भूषण की भाषा-शैली भी अपूर्व ओजस्वी हो गयी है। कोमल ब्रजभाषा में इतना ओज भरने वाले दूसरे कवि शायद ही मिलते हैं। उनकी शैली में उद्दाम प्रवाहमय गतिशीलता के साथ भाषण-कला की प्रौढ़ता और पौराणिक प्रसंगों के ग्रहण से उत्पन्न अलंकार-विधान की औचित्यपूर्ण गरिमा दर्शनीय है :

*"इन्द्र जिमि जृंभ पर बाड़व सु अंभ पर रावन सदंभ पर रघुकुल राज है।*
*पौन बारिवाह पर संभु रतिनाह पर ज्यौं सहस्रबाहु पर राम द्विजराज है।*
*दावा द्रमदंड पर चीता मृगझुंड पर भूषण बितुंड पर जैसे मृगराज है।*
*तेज तम-अंस पर कान्ह जिमि कंस पर त्यों मलेक्छ-बंस पर सेर सिवराज है।।"*[172]

समष्टि रूप में हिन्दी के प्राचीन साहित्य की साधना या तो रूढ़ परम्परावादी है या आध्यात्मिक अथवा लौकिक नवीन सौन्दर्य के उन्मेष की ओर उन्मुख है। सौन्दर्य को उदात्त के धरातल पर ले जाकर उसे उचित रूप प्रदान करने वाले कवि केवल तुलसी और भूषण हुए। कबीर, सूर और घनानन्द में उसकी एक सूक्ष्म झलक भले ही मिल जाये, समग्र चित्रण नहीं हो सका। परिस्थितियों की प्रतिकूलता, कवियों के काव्यादर्शों की सीमाएँ और काव्य-वस्तु की परिमिति के कारण विराट कल्पना और व्यापक भावना से सम्पन्न होने पर भी कवियों की रचना में उदात्त का उचित रूप-विधान नहीं हो पाया।

आधुनिक काल के आरम्भिक भारतेन्दु और द्विवेदी-युगों में उदात्त की ओर साहित्यकारों का ध्यान ही नहीं गया। भारतेन्दु-युग प्राचीन और नवीन की संक्रान्ति का युग था, जिसमें नवीन का आवाहन केवल सुधारवादी दृष्टि से हुआ। युग की परिस्थितियाँ उदात्त की उद्भावना के लिए अनुकूल नहीं थीं। द्विवेदी-युग की प्रवृत्तियाँ नवीनता की ओर कुछ अधिक झुकी हुई अवश्य थीं लेकिन उन पर नैतिक आचरण और व्यावहारिक उपयोगितावादी दृष्टि के प्रतिबन्ध लगे हुए थे, जिनके कारण नयी जागृति का पूरा ग्रहण नहीं हो सकता। जहाँ नवीन भावना और सौन्दर्य-बोध परम्परा से अनुशासित थे, वहाँ उदात्त की परिकल्पना के सम्बध में सोचना ही व्यर्थ है।

सच्चे अर्थ में आधुनिक काल का आरम्भ छायावादी युग से होता है, जब कविता और गद्य-रचना, दोनों में नयी चेतना को रूप देने का प्रयत्न होने लगा। समय की नयी जागृति ने एक नये सौन्दर्य-बोध का विकास किया। यह जागृति सर्वव्यापी और आमूल परिवर्तनकारी थी। उसका प्रसार राजनीतिक, सामाजिक, सांस्कृतिक और आध्यात्मिक सभी क्षेत्रों में हुआ। दूसरी ओर उसने रूढ़ परम्पराओं को तोड़कर स्वच्छन्दता का आग्रह करते हुए नये भाव-बोध का विकास किया। गद्य-रचना में यह भाव-बोध जहाँ यथार्थोन्मुख था, वहाँ छायावादी कविता में आध्यात्मिकता की ओर उन्मुख। इसी कारण छायावाद में उदात्त के उन्मेष का अवसर मिला। आध्यात्मिक-सांस्कृतिक जागृति की परिस्थितिगत अनुकूलता के अतिरिक्त छायावादी दृष्टिकोण ने भी उदात्त की परिकल्पना में योग दिया। वह अन्तर्मुखी, सूक्ष्म और आध्यात्मिक था। स्थूल से सूक्ष्म की ओर चलने वाली इस प्रवृत्ति ने सौन्दर्य के नवीन सूक्ष्म रूप का उन्मीलन ही नहीं किया, बल्कि उस सूक्ष्म सौन्दर्य को आध्यात्मिक चेतना से सम्बद्ध करते हुए उदात्त की सृष्टि भी की। यही आध्यात्मिक दृष्टि पाश्चात्य और भारतीय स्वच्छन्दतावादी प्रवृत्तियों का एक प्रधान अन्तर है। छायावादी कवियों ने अपनी आध्यात्मिक उदात्त-भावना को भारतीय सांस्कृतिक गरिमा, प्रकृति वैभव की अनन्त रमणीयता और करुण मानवतावादी सार्वभौमिक भावना से पुष्ट करने का प्रयत्न भी किया। सर्वचेतनावादी व्यापक दृष्टिकोण के कारण वस्तु और भावोन्मेष में व्यापकता, गतिशीलता, रहस्यमयता, शक्तिमत्ता आदि उदात्त के आयामों का समावेश हो सका। अन्तर्दृष्टिदायिनी कल्पना ने अनुरूप विराट बिम्बों की रचना की। प्रतिभाशाली कवियों ने भाषा-शैली में प्रौढ़ संस्कारिता का ध्यान रखते हुए अपनी कलात्मक अभिव्यंजना को उदात्त के ऊँचे धरातल पर पहुँचाने का प्रयत्न किया। यह सही है कि छायावादी कवियों की दृष्टि प्रधानतः सौन्दर्य की सृष्टि पर ही केन्द्रित रही, लेकिन सौन्दर्य की पराकाष्ठा आध्यात्मिक मानने के कारण उसका उदात्त में पर्यवसान स्वाभाविक है। छायावाद के साथ रहस्यवाद के घनिष्ठ सम्बन्ध ने सूक्ष्मोदात्त के निरूपण के लिए अनेक अवसर प्रदान किये लेकिन अत्यधिक सौन्दर्यप्रियता में उदात्त की रूप-कल्पना सर्वत्र नहीं हो सकी। छायावादी सौन्दर्य-भावना के स्वर में ही उदात्त झंकृत हो उठा। छायावादी उदात्तता की दूसरी दुर्बलता आवश्यक भावोद्वेग का अभाव है। परिस्थिति, दृष्टि और वस्तु की अनुकूलता में भी भाव-व्यंजना स्फूर्तिदायी, आवेगमयी और ओजस्वी नहीं बन पायी। रमणीय कल्पना ने उसे इस तरह आच्छन्न कर दिया कि उदात्तता केवल सूक्ष्म रूप में ही व्यंजित हो सकी। संक्षेप में छायावादी कवियों ने सौन्दर्य में उदात्त को मिला दिया, उसका स्वतन्त्र विधान स्फुट रूप में ही हो पाया।

छायावादी कवियों में प्रसाद जी सौन्दर्य और प्रेम के कवि हैं। दोनों का मूल आधार जीवन की माधुर्यानुभूति है। इसलिए उन्होंने व्यक्त रूप के ऐन्द्रिय सौन्दर्य

पर ही विशेष ध्यान दिया है। उनकी सौन्दर्य-भावना क्रमशः ऐन्द्रिय से मानसिक और मानसिक से आध्यात्मिक की ओर उन्मुख होकर अपने चरम रूप में उदात्त का सूक्ष्म आभास देने लगती है। उनकी रचनाओं में कहीं-कहीं सृष्टि के व्यापक उदात्त रूप की भी झलक मिल जाती है। ईश्वरीय रूप-कल्पना सौन्दर्य के विराट रूप या उदात्त का उदाहरण है। कामायनी के दर्शन सर्ग में नटराज का वर्णन इस प्रकार हुआ है :

*"बन गया तमस था अलक जाल*
*सर्वांग ज्योतिमय था विशाल*
× × ×
*आनन्द पूर्ण ताण्डव सुन्दर*
*झरते थे उज्ज्वल श्रमसीकर,*
*बनते तारा, हिमकर दिनकर*
*उड़ रहे धूल कण से भूधर;*
*संहार सृजन से युगल पाद—*
*गतिशील, अनाहत हुआ नाद।"*[173]

पन्त जी सात्त्विक सौन्दर्य और कोमल भावनाओं के कवि हैं। वे मूलतः सौन्दर्यवादी कवि हैं। उनकी दृष्टि सीमित रूप के व्यक्त सौन्दर्य पर ही केन्द्रित रही। इसलिए उन्होंने अन्य छायावादी कवियों की तरह रूप-सौन्दर्य को आध्यात्मिक परिधान भी नहीं दिया। परिणामस्वरूप उनके सौन्दर्य-निरूपण में आध्यात्मिक उदात्तता का स्वर बहुत कम मिलता है। कुछ प्राकृतिक रहस्यवादी कविताएँ इसकी अपवाद हैं। एकाध स्थान पर उनकी सूक्ष्म रंगीन कल्पना विराट होकर सृष्टिव्यापी अनन्त बिम्बों की भी सृष्टि कर सकी। विशेषतः उन दार्शनिक प्रसंगों में जहाँ सृष्टिगत व्यापक सत्यों का उद्घाटन किया गया है। उदाहरण के लिए, परिवर्तन का यह छन्द द्रष्टव्य है :

*"अहे निष्ठुर परिवर्तन!*
*तुम्हारा ही ताण्डव नर्तन!*
*विश्व का करुण विवर्तन,*
*तुम्हारा ही नयवोन्मीलन,*
*निखिल उत्थान, पतन!*
*अहे, वासुकि सहस्र फन!*
*लक्ष-अलक्षित चरण तुम्हारे चिह्न निरन्तर*
*छोड़ रहे हैं जग के विक्षत वक्षःस्थल पर!*
*शत शत फेनोच्छ्वसित, स्फीत फूत्कार भयंकर*
*घुमा रहे हैं घनाकार जगती का अम्बर!*
*मृत्यु तुम्हारा गरल दन्त, कंचुक कल्पान्तर,*

*अखिल विश्व ही विवर,*
*वक्र कुण्डल*
*दिङ् मण्डल।''*[174]

महादेवी वर्मा रहस्यवादी कवयित्री हैं। काव्यवस्तु आध्यात्मिक होने के कारण उनके काव्य में उदात्त दर्शन की अनेक सम्भावनाएँ हैं। उनके द्वारा परमात्मा, आत्मा और प्रकृति का चित्रण अपूर्व सौन्दर्यमय ही नहीं, अनन्त भावना का व्यंजक भी है। अप्सरा का यह व्यापक रूप द्रष्टव्य है :

*''रवि शशि तेरे अवतंस लोल*
*सीमन्त जटित तारक अमोल*
*चपल विभ्रम स्मित इन्द्रधनुष*
*हिमकण बन झरते स्वेद निकर*
*अप्सरि तेरा तर्नन सुन्दर।''*[175]

जब विरह-वेदना में आत्मा और परमात्मा का संयोग होता है तो ससीम में असीम ज्योति प्रोज्ज्वल हो चमक उठती है :

*''जब मेरे लघु उर में अम्बर*
*नयनों में उतरेगा सागर*
*तब मेरी कारा में झिलमिल*
*दीपक मेरे छाले होंगे।''*[176]

आध्यात्मिक वस्तु को लेकर भी महादेवी की रचना में उदात्त का अधिक उन्मीलन नहीं हो सका। क्योंकि उसमें विराट या अनन्तता विषय-वस्तु का ही धर्म है, अनुभूति का विशेषण नहीं। महादेवी का रहस्यवाद दार्शनिक और सैद्धान्तिक है। इसलिए उसमें औदात्त्य की व्यापक अनुभूति सर्वत्र दृष्टिगत नहीं होती।

छायावादी कवियों में निराला जी ही एक ऐसे कवि हैं जिनकी रचनाओं में उदात्त का व्यापक और सफल निर्वाह हुआ है। उन्होंने उदात्त की सृष्टि के लिए अपने युग की आध्यात्मिक-सांस्कृतिक गरिमा का पूरा-पूरा उपयोग कर लिया है। वे व्यक्त रूप के नहीं, रूपगत चेतना के कवि हैं। उनके गम्भीर चिन्तनशील व्यक्तित्व और उदात्त दृष्टिकोण ने इस चेतना की शक्तिमत्ता को सजीव रूप दिया है। जहाँ छायावादी कवि के रूप में उन्होंने सौन्दर्य की रमणीय कल्पनाएँ कीं, क्रान्तिकारी कवि के रूप में जीवन के समस्त रूढ़ बन्धनों को तोड़कर सृष्टिगत विराट चेतना, उसकी अनन्त गतिशीलता और भव्य गरिमा का उद्घाटन किया। 'बादलराग', 'जागो फिर एक बार', 'धारा', 'राम की शक्तिपूजा', 'तुलसीदास', 'गीतिका' आदि उनकी राष्ट्रीय, सांस्कृतिक और आध्यात्मिक रचनाओं में विषय-वस्तु और भावोन्मेष, दोनों उदात्त का व्यापक दर्शन कराते हैं। कलाकार की भावना युग की सीमाओं में न बँधकर मानवीय महानता का दर्शन करती हुई उसके अनन्त प्रसार की विराटता को

द्योतित करने में प्रतीकात्मक हो जाती है। भारतीय जीवन-दर्शन की सार्वभौमिकता, भारतीय संस्कृति की शालीनता और भारतीय आत्मवाद की ओजस्वी शक्तिमत्ता से परिचालित होकर अनुरूप वस्तु के साथ उसकी सजीव रूप-कल्पना में संलग्न कवि के द्वारा उदात्त की परिकल्पना आश्चर्य की बात नहीं है। आलम्बन की विराटता या व्यापकता और आध्यात्मिक रहस्यवादी अनन्तता, भावों की जीवन ऊर्जस्विता एवं आवेगमयता तथा अनुभूति का विस्मयकारी प्रसार और उत्कर्ष, निराला की रचनाओं में पग-पग पर मिल जाते हैं। ओज या पौरुष के कवि के रूप में उनकी प्रसिद्धि काव्यगत उदात्तता का प्रमाण है। निराला की विराट कल्पना ने अलंकारों, प्रतीकों और बिम्बों को व्यापक गतिशील रूप देकर कलात्मक अभिव्यंजना को भी उदात्तोचित स्वरूप प्रदान किया। समास-बहुल, प्रवाहमय और ओजस्वी भाषा-शैली ने उदात्त को उचित शब्दरूप दिया। आवृत्ति, विस्तार, समृद्धि, ऐतिहासिक-पौराणिक आख्यानों से प्रसंग-पुष्टि आदि उदात्त के समस्त साधनों का उन्होंने समग्र और सफल उपयोग कर लिया जिससे गीतों और छोटे कथा-काव्यों में भी महाकाव्योचित उदात्तता का समावेश हो सका। भावगत और रूपगत उदात्तता के सम्मिलित आयोजन से उनकी रचना किस तरह उदात्त होती है, उसका यह उदाहरण है :

> *"देखते नहीं?—वेग से लहराती है—*
> *नग्न प्रलय का-सा ताण्डव हो रहा—*
> *चाल कैसी मतवाली—लहराती है—*
> *प्रकृति को देख, मींचती आँखें,*
> *त्रस्त खड़ी है—थर्राती है।*
> *आज हो गये ढीले सारे बन्धन*
> *मुक्त हो गये प्राण*
> *रुका है सारा करुण क्रन्दन।"*[177]

जिस तरह छायावादी युग की गद्य-रचना मानस के सूक्ष्म मनोवैज्ञानिक निरूपण की ओर प्रवृत्त होकर भी दृष्टि की परिसीमाओं के कारण उदात्त नहीं हो सकी, उसी तरह छायावादोत्तर काव्य और गद्य की प्रवृत्तियाँ किसी-न-किसी दुर्बलता के कारण उदात्त की ओर अग्रसर नहीं हो सकीं। समता के भव्य दर्शन पर आधारित होने पर भी प्रगतिवाद ने जीवन की आन्तरिक चेतना की उपेक्षा करके उदात्त को खण्डित कर दिया। दृष्टि और कल्पना की ऊँचाई के अभाव में भौतिक भव्यता का भी भवन खड़ा नहीं हो सका। उसके बाद जीवन के विघटन की परिस्थितियों में खण्डित मानवात्मा मार्गान्वेषण में ही संलग्न होकर प्रयोग करती रही, सिद्धि के उत्कर्ष पर पहुँच नहीं सकी। नव्यतर प्रवृत्तियाँ समय की गति के अनुसार क्षण में अनन्त को पकड़ना चाहती हैं, लेकिन क्षण क्षणिक ही रह गया, उसमें समग्रता समा नहीं पायी। इस तरह नवीनतम साहित्य मानव-मन और जीवन की गहन गहराइयों में जाने का

प्रयत्न तो कर रहा है पर उनके मूल तन्तुओं को पकड़कर आधारभूत मूल्य-दृष्टि से परिचालित होकर उदात्त की सृष्टि नहीं कर पा रहा है। पहले आत्मवाद, प्रेम-दर्शन या मानवतावाद ने उदात्त की जो परिकल्पना की, उसे स्थूल कहा जा सकता है लेकिन नवीन दृष्टि अधिक गहराई में जाकर भी नवीन केन्द्रबिन्दु की उद्‌भावना और स्थापना करने में सफल नहीं हो रही है।

सौन्दर्य की अपेक्षा उदात्त का साहित्य में उचित निर्वाह करना कठोर साधना का परिणाम है। इसलिए साहित्य के इतिहास में उदात्त-सृष्टि करने वाले मनीषी कलाकार विरल ही होते हैं। तुलसी, निराला आदि ऐसी विभूतियाँ हैं। अन्य साहित्यकारों की रचना में उदात्तता का केवल आभास मिल जाता है।

## सन्दर्भ


1. S.T. Coleridge : Biographia Literaria, P. 156-157
2. The Oxford English Dictionary : Vol. X, Sublimity : P. 32-33
3. Bernard Bosanquet, A History of Aesthetic : P. 276
4. Ibid P. 105
5. Ibid P. 356-357
6. जागरण, (साहित्यक पाक्षिक पत्र, काशी) अंक-1-11, फरवरी, 1932, पृ. 21
7. Ruskin : Modern Painter, Vol. I, P. 40
8. Bernard Bosanquet, A History of Aesthetic, P. 356
9. Ibid, P. 204
10. A.C. Bradley : Oxford lectures on poetry, P. 41
11. Benedetto Croce : Aesthetic; P. 87, 88 and 90
12. हरद्वारीलाल शर्मा : सौन्दर्यशास्त्र, पृ. 209
13. हरद्वारीलाल, सौन्दर्यशास्त्र, पृ. 205
14. साहित्य 1957-4, पृ. 9-10
15. वही, 1957-4, पृ. 10
16. डॉ. जगदीश पाण्डेय, उदात्त सिद्धान्त और शिल्पन, पृ. 13-18
17. कपिल देव पाण्डेय, मध्यकालीन साहित्य में अवतारवाद, पृ. 915
18. विश्वनाथ, साहित्य दर्पण, पृ. 49
19. धनंजय, दशरूपक, पृ. 79
20. डॉ. नगेन्द्र, काव्य में उदात्त तत्त्व, भूमिका, पृ. 19
21. धनंजय, दशरूपक, 2-4
22. वाल्मीकि रामायण, बालकाण्ड, प्रथम सर्ग, श्लो. 2-19
23. विश्वनाथ, साहित्य दर्पण 3-232
24. वही, 3-178
25. वही, 3-242-43
26. वही, 3-179-80
27. आनन्दवर्धन ध्वन्यालोक, पृ. 259
28. आचार्य रामचन्द्र शुक्ल, रसमीमांसा, पृ. 50-51

29. भामह, काव्यालंकार, 3-11-12
30. मम्मट, काव्यप्रकाश, पृ. 407
31. रुय्यक, अलंकारसर्वस्व, पृ. 230
32. विश्वनाथ, साहित्य दर्पण, 8-4-5
33. विश्वनाथ, साहित्य दर्पण, 9-3-4
34. डॉ. नगेन्द्र, काव्य में उदात्त-तत्त्व, भूमिका, पृ. 26
35. Bernard Bosanquet, A History of Aesthetic, P. 104
36. Longinus, On the Sublime, P. 271
37. काव्य में उदात्त तत्त्व, सं. डॉ. नगेन्द्र, पृ. 44
38. Longinus, On the Sublime, P. 281
39. Ibid., P. 323
40. Bernard Bosanquet, A History of Aesthetic, P. 105-106
41. डॉ. नगेन्द्र, काव्य में उदात्त तत्त्व, पृ. 40
42. वही, पृ. 40
43. Burke, A philosophical enquiry into the origin of our ideas of the sublime and beautiful, P. 39
44. Bernard Bosanquet, A History of Aesthetic, P. 203-204
45. Bernard Bosanquet : A History of Aesthetic, P. 247
46. Ibid., P. 247
47. Bernard Bosanquet, A History of Aesthetic, P. 276
48. Ibid., P. 278
49. Ibid., P. 356
50. Ibid., P. 356
51. Bernard Bosanquet, A History of Aesthetic, P. 357
52. Ibid., P. 357
53. Ibid., P. 366
54. Ibid., P. 369
55. Ibid., P. 407
56. Bernard Bosanquet, A History of Aesthetic, P. 408-409
57. Ibid., P. 418-419
58. George Santayna, The Sense of Beauty, P. 80
59. Benedetto Croce, Aesthetic, P. 87
60. A.C. Bradley; Oxford Lectures on Poetry, P. 40-41
61. A.C. Bradley, Oxford Lectutes on Poetry, P. 40-41
62. Ibid., P. 47-48
63. Ibid., P. 51-52
64. Ibid., P. 53-55
65. Ibid., P. 53-55
66. A.C. Bradley, Oxford Lectures on Poetry, P. 55-58
67. Ibid., P. 58
"The greatness is only sometimes immeasurable, but it is always immeasured."
68. Ibid., P. 58-62
69. S. Korner, Kant, P. 189
70. A.C. Bradley, Oxford Lectures on Poetry, P. 38

71. Immanuel Kant : The Critique of Judgement, "Analytic of the Sublime", P. 90
72. Bernard Bosanquet, A History of Aesthetic, P. 276
73. S. Korner, Kant, P. 190-191
74. Bernard Bosanquet, A History of Aesthetic, P. 356
75. A.C. Bradley, Oxford Lectures on Poetry, P. 41
76. Ibid., P. 50
77. A.C. Bradley, Oxford Lectures on Poetry, P. 62
78. Ibid., P. 62
79. साहित्यिक निबन्ध, सं. त्रिभुवन सिंह; औदात्त्य, डॉ. विश्वनाथ प्रसाद, पृ. 525-526
80. आनन्द शंकर बापूभाई ध्रुव, सुन्दर और भव्य, जागरण (साहित्यिक पाक्षिक पत्र) अंक 1, 11 फरवरी 1932, पुस्तक मन्दिर, काशी, पृ. 21
81. डॉ. नगेन्द्र, काव्य में उदात्तता, पृ. 34
82. वही, पृ. 36
83. वही, पृ. 35
84. Longinus, On the Sublime, P. 336
85. Ibid., P. 282
86. Ibid., P. 282
87. Longinus, On the Sublime, P. 293-294
88. T.S. Eliot, What Is a Classic?, P. 10
89. Bosanquet, A History of Aesthetic, P. 276
90. Ibid., P. 356
91. Ibid., P. 276
92. Bosanquet, A History of Aesthetic, P. 104
93. Bradley, Oxford Lectures on Poetry, P. 145
94. Bosanquet, A History of Aesthetic, P. 203
95. Ibid., P. 276
96. Bradley, Oxford Lectures on Poetry, P. 55-55
97. Bernard Bosanquet, A History of Aesthetic, P. 276
98. Ibid., P. 356-357
99. Longinus, On the Sublime, P. 322-323
100. Bradley, Oxford Lectures on Poetry, P. 59
101. सुमित्रानन्दन पन्त, पल्लव, पृ. 95
102. Bosanquet, A History of Aesthetic, P. 357
103. आचार्य नन्ददुलारे वाजपेयी, महाकवि सूरदास, पृ. 147 'स्वाभाविकता में अलौकिकता का विन्यास सूरदास की मुख्य काव्य-साधना है।"
104. कबीर वचनावली, सं. पं. अयोध्या सिंह उपाध्याय, पृ. 6
105. निराला, तुलसीदास, छन्द 88
106. Bosanquet, A History of Aesthetic, P. 203
107. Longinus, On the Sublime, P. 281
108. Longinus, On the Sublime, P. 279
109. Ibid., P. 281
110. Ibid., P. 280-281
111. Ibid., P. 323
112. निराला, अपरा, राम की शक्तिपूजा, पृ. 46-47

113. Bradley, Oxford Lectures on Poetry, P. 44
114. निराला, अपरा, राम की शक्तिपूजा, पृ. 50
115. Bradley, Oxford Lectures on Poetry, P. 49-50
116. Ibid., P. 51
117. Longinus, On the Sublime, P. 322
118. Ibid., P. 279
119. Longinus, On the Sublime, P. 272
120. Ibid., P. 272
121. S. Korner, Kant, P. 191-192
122. Bosanquet, A History of Aesthetic, P. 277
123. Bradley, Oxford Lectures on Poetry, P. 40-41
124. डॉ. कुमार विमल, सौन्दर्यशास्त्र के तत्त्व, पृ. 102
125. द्रष्टव्य, जगदीश पाण्डेय, उदात्त सिद्धान्त और शिल्पन, पृ. 13-18
126. Longinus, On the Sublime, P. 272
127. Ibid., P. 279
128. Bradley, Oxford Lectures on Poetry, P. 203
129. Longinus, On the Sublime, P. 280
130. Ibid., P. 259
131. निराला, अपरा, राम की शक्तिपूजा, पृ. 43
132. Longinus, On the Sublime, P. 323
133. A.C. Bradley, Oxford Lectures on Poetry, P. 51
134. Longinus, On the Sublime, P. 323
135. A.C. Bradley, Oxford Lectures on Poetry, P. 59
136. Ibid., P. 52-53
137. Longinus, On the Sublime, P. 279
138. A.C. Bradley, Oxford Lectures on Poetry, P. 51-52
139. Ibid., P. 52
140. Longinus, On the Sublime, P. 272
141. डॉ. नगेन्द्र, काव्य में उदात्त तत्त्वच, पृ. 14
142. Longinus : On the Sublime, P. 301
143. डॉ. नगेन्द्र, काव्य में उदात्त तत्त्व, पृ. 15-17
144. निराला, अपरा, राम की शक्तिपूजा, पृ. 44
145. Longinus, On the Sublime, P. 314
146. Ibid., P. 314
147. Longinus, On the Sublime, P. 327
148. Ibid., P. 329
149. Ibid., P. 294
150. Ibid., P. 294
151. (क) सौन्दर्यालंकारः। स दोषगुणालंकारहानादानाभ्यम्।—वामन : काव्यालंकार सूत्रवृत्ति, 2-3
(ख) तद्दोषौ शब्दार्थौ सगुणावनलंकृती पुनः क्वापि।—मम्मट, काव्यप्रकाश, 1-40
152- Longinus, On the Sublime, P. 274
153. Longinus, On the Sublime, P. 275
154. Ibid., P. 276
155. Ibid., P. 333

156. डॉ. नगेन्द्र, काव्य में उदात्त तत्त्व, पृ. 20
157. कबीर ग्रन्थावली, सं. श्यामसुन्दरदास, पृ. 12
158. वही, पृ. 13
159. जायसी ग्रन्थावली, सं. आचार्य रामचन्द्र शुक्ल, पृ. 44
160. भ्रमरगीतसार, सं. आचार्य रामचन्द्र शुक्ल, पद 18
161. वही, पद 136
162. वही, पद 95
163. भ्रमरगीतसार, पद 64
164. सूरसागर, सं. नन्ददुलारे वाजपेयी, पद 661
165. वही, पद 700
166. वही, पद 3793
167. वही, पद 3798
168. रामचरितमानस, बालकाण्ड, दो 11। पृ. 7
169. तुलसी ग्रन्थावली, सं. आचार्य रामचन्द्र शुक्ल, कवितावली, सुन्दरकाण्ड, छन्द 4-5
170. घनानन्द कवित्त, सं. विश्वनाथप्रसाद मिश्र, छं. 82
171. वही, छं. 2
172. भूषण ग्रन्थावली, सं. विश्वनाथप्रसाद मिश्र, छं. 50
173. कामायनी, दर्शन, पृ. 202
174. सुमित्रानन्दन पन्त, पल्लव, पृ. 98
175. महादेवी वर्मा, नीरजा, पृ. 222-223
176. महादेवी वर्मा, सान्ध्यगीत, पृ. 74
177. निराला, अपरा, धारा, पृष्ठ 115-116

# कुरूपता

## 1. सामान्य विवेचन

कुत्सित या विकृत रूप कुरूप है। उसका धर्म कुरूपता है। यहाँ पर रूप सुरूप या सुन्दर रूप के अर्थ में प्रयुक्त हुआ है। आकर्षक रूप में विकार उत्पन्न हो जाने से वह कुरूप हो जाता है। भाषा के सामान्य सामाजिक व्यवहार में भी रूप शब्द आकर्षक रूप के लिए ही प्रयुक्त होता है, जैसे राम रूपवान है। रूपरहित वस्तु का कोई अस्तित्व ही नहीं है और रूप धारण स्वयं अपने आपमें आकर्षक है। जब रूप-विकास की प्रक्रिया में कोई त्रुटि हो जाती है, परिणामतः रूप अनभीष्ट या अव्यवस्थित हो जाता है तो कुरूप का आविर्भाव होता है। यह भी सम्भव है कि वस्तु के आकर्षक और अनाकर्षक होने की केवल द्वैत स्थिति के कारण रूप सुरूपार्थक हो गया हो। दोनों स्थितियों से परे वस्तु के रूप की कल्पना अमूर्त भाव (Abstract idea) मात्र है।

यदि कुरूपता का सम्बन्ध वस्तु के सुन्दर रूप के विकृत हो जाने से है तो निश्चित रूप से वह सौन्दर्य का निषेधात्मक है लेकिन यदि रूप-विकास की मूल प्रक्रिया से उसका सम्बन्ध है तो वह सौन्दर्य का द्वन्द्व है। वास्तव में यही कुरूपता के विकास का कारणभूत स्रोत है। जीवन-जगत् में अच्छे और बुरे की तरह ही सौन्दर्य एवं कुरूपता, दोनों दिखाई देते हैं। कुरूपता केवल निषेधात्मक न होकर विधायक भी है। वह सौन्दर्य का अभाव मात्र नहीं होती; उसकी अपनी विशिष्ट सत्ता और मूल्य भी होता है। सौन्दर्य की तरह उसके अपने लक्षण हैं। सौन्दर्य इन्द्रियों और मन को अपनी ओर आकृष्ट करके उनमें अनुकूल प्रतिक्रिया उत्पन्न करता है तो कुरूपता से इन्द्रिय और मन दूर हट जाते हैं; उनमें प्रतिकूल प्रतिक्रिया होती है।

सौन्दर्य की तरह कुरूपता भी गोचर रूप से सम्बद्ध विशेषता है। कुरूपता का शब्दार्थ स्वयं इस बात को स्पष्ट कर देता है। रूप नेत्रेन्द्रिय के दर्शन की वस्तु है। जो रूप-रहित हैं, उनके सुरूप या कुरूप होने का कोई प्रश्न ही नहीं उठता। गोचर-रूप-रहित मनुष्य के भाव-विचार एवं क्रियाएँ सौन्दर्य एवं कुरूपता से नहीं, सत्यासत्य तथा धर्माधर्म से सम्बन्धित विषय हैं। लेकिन जब वे किसी वस्तु के रूप से सम्बद्ध हो जाते हैं तो उनसे रूपगत सौन्दर्य का विकास या ह्रास हो जाता है। जिस तरह मनुष्य के

भाव-विचार एवं क्रियाएँ उसके सौन्दर्य का विकास करते हैं, उसी तरह कुरूपता को भी बढ़ा देते हैं। जब मन में लज्जा, प्रेम आदि भावनाएँ उत्पन्न होती हैं तो मनुष्य का मुख कान्ति से चमक उठता है। इसके विपरीत मनुष्य की भावनाओं और क्रियाओं में आये विकार उसकी कुरूप आकृति को और अधिक विकृत बना देते हैं।

कुरूप से सम्बद्ध अर्थ रखने वाले हिन्दी के अन्य शब्दों में बेडौल, बेढंगा, भद्दा और भोंडा विशेष ध्यान देने योग्य हैं। डील-डौल वस्तु की बनावट या गठन का द्योतक शब्द है। सौन्दर्य रूपाश्रित है। रूप के आकर्षण का एक पहलू आकृति-निर्माण सम्बन्धी है। वस्तुनिष्ठ दृष्टि के रूपवादी समीक्षकों ने आकृति के सौष्ठव, अनुपात या एकता को ही सौन्दर्य माना है। अनुपात के अभाव में रूप की एकता की अनुभूति न होकर कुरूपता का दर्शन होता है। अनुपात की तरह रूप का रंग-ढंग भी आकर्षण का एक कारण है। ढंग सजावट की रीति या शैली है। घर की सजावट उचित न होने पर वह बेढंगी लगती है अर्थात् सजावट की पद्धति या औचित्य में सौन्दर्य है। मानव-निर्मित वस्तु की रचना और उसकी सजावट में मनुष्य का हाथ रहता है। प्राकृतिक वस्तुओं को भी वह अभीष्ट उचित रूप में सँवार लेता है। वाटिकाएँ इसकी उदाहरण हैं। दूसरी ओर प्राकृतिक वस्तु स्वयं सहज रीति में सँवारी हुई होती है। ऐसा न होने पर उसकी रचना या विकास बेढंगा हो जाता है। रीति या पद्धति के अनौचित्य में भी कुरूपता होती है।

अनुपातरहित या औचित्यहीन रूप की अनुभूति भद्दी होती है। भद्दापन वस्तुनिष्ठ और अनुभूतिनिष्ठ, दोनों है। वस्तुनिष्ठ रूप में वह सौन्दर्य के नागरिक प्रतिमानों के अभाव का सूचक है। प्रायः सौन्दर्य-सम्बन्धी मान्यताएँ नागरिकों के द्वारा ही निर्धारित होती हैं। निम्नवर्गीय और ग्रामीण सौन्दर्य-दृष्टि स्वस्थ और सच्ची हो सकती है, लेकिन सामाजिक वातावरण में सभ्यता और संस्कृति के उन्नायक और इसलिए सौन्दर्य तत्त्व के अभिज्ञ नागरिक समझे जाते हैं। इन विषयों में उनके भाव-विचार दूसरों के लिए आदर्श और अनुकरणीय हो जाते हैं। ऐसी स्थिति में संस्कारहीनता या गँवारूपन भद्दा माना जाता है अर्थात् नागरिक मान्यताओं के विरुद्ध संस्कारहीन रूप के भद्देपन में कुरूपता है। असंस्कृत अनुमति में भी भद्दापन होता है। जब कोई अनुभूति नागरिकोचित नहीं रहती और संस्कारहीनता की द्योतक बन जाती है तो उसे भद्दा कहा जाता है।

भोंडापन भद्देपन से मिलती-जुलती भावना है। नागरिकता के विरुद्ध होने पर भद्दा कहते हैं तो सभ्यता या सामाजिक शिष्टता के विरुद्ध होने पर भोंडा कहते हैं। विशेषतः भोंडापन सामाजिक मर्यादा के विरुद्ध निम्नवर्गीय रुचि का विषय है। उदात्त सांस्कृतिक वातावरण में भोंडापन कुरूपता माना जाता है, यद्यपि निम्नवर्ग उस विकार का भी आस्वादन करते हुए दिखाई देते हैं। अनागरिक या भद्दे से अधिक विकृत रूप भोंडा होता है और इसलिए उसमें कुरूपता की अनुभूति भी अधिक तीव्र होती है।

अंग्रेजी में कुरूपता का पर्यायवाची शब्द अग्लीनेस (ugliness) है। ऑक्सफोर्ड शब्दकोश के अनुसार उसका अनेक सन्दर्भों में प्रयोग किया जाता है। 1. जिसकी आकृति त्रस्त या आतंकित कर दे, 2. जो घटना या समय भयंकर हो, 3. जो नेत्र के लिए आनन्ददायक न हो, 4. जो नैतिक दृष्टि से घृणास्पद और विकर्षक हो, 5. जो घ्राण या स्वाद को आघात पहुँचाने वाला हो, 6. जो संस्कृत अभिरुचि और भावनाओं को धक्का देकर भद्दा लगे, 7. जो खतरे या बाधा में डालने वाला हो और 8. जो असन्तुलित भावात्मक प्रकृति का हो, वह कुरूप कहलाता है।[1] इन अर्थों के द्वारा कुरूपता की प्रायः सभी वस्तुनिष्ठ या व्यक्तिनिष्ठ विशेषताएँ स्पष्ट हो जाती हैं। कुरूपता रूप की गोचर विकृति उसमें सन्तुलन का अभाव रहता है। उसकी अनुभूति ऐन्द्रिय है। प्रतिकूल प्रक्रिया से मानसिक भय, आतंक और जुगुप्सा की स्थिति पर पहुँचती है। कुरूपता का जीवन के नैतिक तथा सांस्कृतिक पहलुओं से भी सम्बन्ध है। नैतिक तथा सांस्कृतिक मान्यताओं से विरुद्ध होने पर घृणा और भद्देपन की अनुभूति होती है।

अंग्रेजी में दो और शब्द 'ग्रोटेस्क' (Grotesque) और 'लूडिक्रस' (Ludicrous) हैं जिनका कुरूपता के साथ तात्त्विक सम्बन्ध है। विकट या ग्रोटेस्क का अर्थ अत्युक्ति और असंगति से पूर्ण रूप का अप्राकृतिक संयोजन या विकार है जो असम्भव और फैंटास्टिक (Fantastic) लगता है अर्थात् विकटता या विरूपता कुरूपता का एक विशेष प्रकार है जिसमें विकृति असाधारण कल्पनाजन्य लगती है। उसकी अनुभूति में विलक्षणता का चमत्कार भी मिला रहता है। हास्यास्पद या लूडिक्रस में असंगत, असम्भव या तुच्छ विषयों के द्वारा हास्य उत्पन्न किया जाता है। हास्यास्पद विषय या रूप साधारण से भिन्न, अविश्वसनीय और तिरस्करणीय होता है। दूसरे शब्दों में, हास्यास्पद विषय या रूप की एक विकृति है जो असंस्कृत और निम्न स्तरीय होने के कारण केवल विनोद का साधन माना जाता है। इस तरह हास्यास्पद भी कुरूपता का एक भेद है जो सामाजिक स्थिति और संस्कारिता पर आधारित है।

संक्षेप में कुरूपता रूप-सौन्दर्य के विपरीत आकृति, रीति, संस्कारिता या शिष्टता-सम्बन्धी न्यूनता से उत्पन्न गोचर विकास है जिससे इन्द्रियों और मन में विकर्षण की न्यूनाधिक अनुभूति होती है। विकट और हास्यास्पद उसके स्थिति-भेद हैं। पहले में विलक्षणता और दूसरे में विनोद की भावनाएँ अधिक प्रबल रहती हैं।

## 2. भारतीय चिन्तन

सौन्दर्य दर्शन की तरह कुरूपता-तत्त्व-निरूपण भी भारतीय अलंकारशास्त्र में विशेष दिखाई नहीं देता। रस-सिद्धान्त की चर्चा में इस ओर संकेत अवश्य मिल जाते हैं। वे ही इस सन्दर्भ में भारतीय दृष्टिकोण को समझने के आधार हैं। अलंकारशास्त्र में कुरूपता का विवेचन साहित्य की परिधि में हुआ है। दूसरे शब्दों में, वह साहित्य के क्षेत्र में कुरूपता के ग्रहण की समस्या का विचार है।

लेखक सृष्टिगत कुरूपता को साहित्य में सौन्दर्य का रूप दे देता है अन्यथा साहित्य में कुरूपता का वर्णन पाठक को आनन्द न देता। मानव-जीवन साहित्य की मूल वस्तु या सामग्री है। लेखक अपनी प्रतिभा एवं कल्पना के बल पर उस वस्तु का रचना में रूपान्तरण ही नहीं करता बल्कि इस प्रयत्न में वस्तु-सम्बन्धी मूल्यों को भी परिवर्तित कर देता है। कलाकार की कल्पना में जब वस्तु रूप धारण करती है, तभी यह परिवर्तन होता है। इसलिए पाश्चात्य समीक्षकों ने वस्तु (Subject matter) को वर्ण्य या कथ्य (Content) से अलग किया है। वस्तु-सम्बन्धी लौकिक मूल्यों के आधार पर रचना का मूल्यांकन करने पर कलाकार के द्वारा किये गये रूप तथा मूल्य-सम्बन्धी परिवर्तनों की उपेक्षा होती है और कलाकार की भावना के साथ न्याय नहीं हो पाता। साहित्य या कला के क्षेत्र में लौकिक कुरूपता किस तरह सौन्दर्य का रूप धारण करती है, इसके सम्बन्ध में भारतीय आलंकारिकों तथा पाश्चात्य सौन्दर्यशास्त्रियों ने अनेक विशेषताओं का उल्लेख किया है।

भारतीय आलंकारिकों ने सिद्ध किया है कि लौकिक भावना और अलौकिक रस की प्रकृति में तात्त्विक अन्तर है तथा साहित्य-सर्जना में पहली रस रूप में परिणत हो जाती है। रस आनन्दस्वरूप है है, इसलिए करुण, रौद्र, भयानक, बीभत्स आदि लौकिक दृष्टि से दुःखात्मक भावनाओं पर आधारित रसों की अनुभूति भी आनन्ददायक मानी गयी है। हास्य को भी मिलाकर इन सभी रसों में विभाव या वस्तु लौकिक दृष्टि से कुरूप हो होती है। साहित्य दर्पणकार की परिभाषा :

*"विकृताकारवाग्वेषचेष्टादेः कुहनाद्भवेद् हास्यो"*[2]

'कुहना' शब्द विशेष ध्यान देने योग्य है। प्राकृतिक या वास्तविक विकृति से जुगुप्सा या दया की भावना भी उत्पन्न हो सकती है, इसलिए हास्य के लिए उसका अभिनय ही होना चाहिए। यदि विकृति जन्म-सम्बन्धी या व्यक्ति के लिए हानिकारक होती है तो पाठक के मन में वेदना उत्पन्न होती है और रसाभास हो जाता है। करुण रस में विकृति या कुरूपता का प्रत्यक्ष निरूपण नहीं होता। लेकिन दुःख का आश्रय दुःखानुभूति की तीव्रता में अपना रूप-सौन्दर्य खोकर अनाकर्षक रूप में पाठक की अधिक सहानुभूति प्राप्त करता है। लेकिन विप्रलम्भ शृंगार का आलम्बन, कृशांगी नायिका का रूप, प्रेम-भावना के कारण नायक को अपूर्व सौन्दर्य से उज्ज्वल ही दिखाई देता है। रौद्र में क्रोध के कारण आश्रय का रूप भयंकर होता है। 'अनुजः क्षोभः'[3] कहकर धनंजय ने रौद्र में मानसिक क्षोभ की अनुभूति की ओर संकेत किया है। लेकिन आलम्बन के वचनों और क्रियाओं से उत्पन्न क्रोध जब धर्मबद्ध एवं उचित होता है, आनन्द की ही अनुभूति होती है। तामसी क्रोध से भिन्न सात्त्विक क्रोध को पाश्चात्यों ने 'धर्मबद्ध क्रोध' (Righteous anger) की संज्ञा दी है। अलीक या हानि न करने वाले क्रोध में भी रूप सुन्दर ही लगता है। मानिनी नायिका या छोटे बच्चों का क्रोध इसका उदाहरण है।

वास्तविक कुरूपता भयानक तथा बीभत्स रसों में ही दिखाई देती है। धनंजय ने भयानक की परिभाषा इस प्रकार दी है—

*"विकृत स्वर सत्त्वादेर्भय भावो भयानकः"*[4]

वास्तविक जीवन में भय उत्पन्न करने वाला भयंकर रूप कवि की कल्पना होने के कारण रचना में आस्वाद्य हो जाता है। जीवन में भी जब मन दुर्बल होता है, तभी भय की अनुभूति उत्पन्न होती है। बीभत्स के आलम्बन तथा उद्दीपन, दोनों जुगुप्साजनक हैं।

*"दुर्गंध मांसरुधिरमेदास्यालंबनं मतम्।*
*तत्रैव कृमिपाताद्यमुद्दीपनमुदाहृतम्।।"*[5]

इस तरह बीभत्स को क्षोभजनक मानकर धनंजय ने स्त्री-जघन आदि के सम्बन्ध में वैराग्य से उत्पन्न घृणा को शुद्ध या सात्त्विक बीभत्स कहा है।[6] इससे सिद्ध होता है कि लेखक के द्वारा मूल्य-परिवर्तन किये जाने पर भी कुरूपता में जुगुप्सा की कुछ अनुभूति अनिवार्य है। इसलिए मूल्य-परिवर्तन करते हुए वस्तु को नवीन रूप प्रदान करने के सम्बन्ध में ही नहीं, वस्तु-चयन के सम्बन्ध में भी कलाकार को सावधान रहना चाहिए।

कुरूपता वस्तुगत ही नहीं, काव्य रूप-सम्बन्धी भी हो सकती है। रचना-विधान-सम्बन्धी इस त्रुटि को आलंकारिकों ने काव्यदोष कहा है। निषेधात्मक रूप में गुणरहित होना और विधायक रूप में दोष की स्थिति, दोनों ही रूप-सौन्दर्य को आघात पहुँचाते हैं।

## 3. पाश्चात्य चिन्तन

सौन्दर्यदर्शन पाश्चात्य दर्शन की देन है। उसी में कुरूपता की विशेष चर्चा प्राप्त होती है क्योंकि कुरूपता के तात्त्विक निरूपण के बिना सौन्दर्य का दार्शनिक चिन्तन समग्र नहीं हो सकता। वास्तव में सौन्दर्य और कुरूपता एक-दूसरे के पूरक हैं और एक के बिना दूसरे को समझना असम्भव नहीं तो कठिन अवश्य है।

अरस्तू के अनुसार 'कॉमेडी' में हास्य उत्पन्न करने के लिए कुरूपता उपयोगी होती है। उनका कथन है कि कलाओं में कुरूपता के द्वारा आनन्द की अनुभूति उसे पहचानने (Recognition) से प्राप्त होती है।[7] प्लाटिनस सृष्टि तथा कलाओं में हेतुबद्धता (Rational) को सुन्दर तथा तद्व्यतिरेक को असुन्दर कहते हैं।[8] लेस्सिंग की दृष्टि में कुरूपता हास्य और भयानक का साधन है। साहित्य में उसके ग्राह्य होने पर भी गोचर कलाओं में उसके द्वारा जुगुप्सा की ही अनुभूति होती है।[9] अर्थात् उनमें कुरूपता के लिए नहीं, सौन्दर्य के लिए ही स्थान है। स्कैलिगल सौन्दर्य की अच्छाई की आनन्ददायी अभिव्यक्ति और कुरूपता को बुराई की दुःखदायी अभिव्यक्ति मानते हैं।[10] हेगेल के अनुसार सृष्टि-रूपगत आध्यात्मिक भावना सौन्दर्य है। वह भावना सृष्टि

की समस्त वस्तुओं में सम्पूर्ण एवं सजीव रूप में अभिव्यक्त नहीं होती। जीव-शक्ति (Vitality) की न्यूनता के कारण निम्नवर्गीय जन्तु समुदाय और अपूर्ण मानवीय रूप, हेगेल के लिए कुरूपता के उदाहरण हैं। इसी दृष्टि से उन्होंने पूर्णतारहित मोलियर के लोभी पात्रों को कुरूप कहा है।[11] सोलगर का कथन है कि जिन तत्त्वों से सौन्दर्य की सृष्टि होती है, उन्हीं से कुरूपता की भी सृष्टि होती है। इसलिए कुरूपता केवल निषेधात्मक भावना न होकर सौन्दर्य का विधायक निषेध (Positive negation) है। ऐसी स्थिति में कुरूपता को केवल बाह्य विकृति न मानकर बुराई की तरह सृष्टिगत मूल शक्तियों में से एक मानना पड़ता है।[12] रोजंक्रा का कहना है कि प्रकृतिगत कुरूपता की अपेक्षा सब दृष्टियों से स्वतन्त्र प्राणी के नियमबद्ध होने में जो कुरूपता है, वह अधिक भयंकर है। वे स्वीकार करते हैं कि कलाओं में सृष्टि की पूर्ण अभिव्यक्ति के लिए कुरूपता की उपेक्षा नहीं की जा सकती। लेकिन उनका विचार है कि कलाओं में कुरूपता सुन्दर नहीं हो जाती और कलाकार को उसे सौन्दर्य में परिवर्तित करके ग्राहक को भ्रम में नहीं डालना चाहिए।[13] इसके विरुद्ध कैरियर कहते हैं कि कलाओं में कुरूपता का ग्रहण ही नहीं करना चाहिए बल्कि उसे आदर्श रूप (Idealize) देकर सौन्दर्य द्वारा शासित (Subordination) रखना चाहिए जिससे जुगुप्सा उत्पन्न न हो।[14] हार्टमैन के अनुसार सौन्दर्य में ही कुरूपता है। हेतुबद्ध सृष्टि में अहेतुक होने के कारण यह कुरूपता सापेक्ष है।[15] क्रोचे के अनुसार सृष्टि में मानवीय भावना के निरपेक्ष कोई सौन्दर्य नहीं है। मानव-मन का कलाकार अपनी कल्पना के बल पर सृष्टि में सौन्दर्य देख रहा है अर्थात् सौन्दर्य केवल कलात्मक भावना-सम्बन्धी है और सृष्टि उसका उद्दीपन मात्र है। कलाओं में सौन्दर्य सफल अभिव्यंजना है और कुरूपता असफल अभिव्यंजना। कलाकार की असफलता के अनुसार कुरूपता में भी सौन्दर्य का अंश होता है। पूर्ण सफलता या सौन्दर्य की मात्राएँ नहीं हो सकतीं। न्यूनाधिक सौन्दर्य से युक्त असफलता या कुरूपता की ही मात्राएँ होती हैं।[16] सौन्दर्य और कुरूपता के प्रश्न को ग्राहकों की भावना के साथ सम्बद्ध करते हुए बोसांको कहते हैं कि प्रायः जो कुछ कुरूप समझा जाता है, वह प्रेक्षकों की दुर्बलता के कारण है। जब विशेष भावात्मक संवेदनशीलता की आवश्यकता होती है या व्यंग्य के द्वारा नैतिक विश्वासों को आघात पहुँचता है तो कलाकृति के सम्बन्ध में ऐसी शिकायत होती है।[17] अलेक्जेंडर कलाओं में प्रविष्ट कुरूपता को जटिल सौन्दर्य कहते हैं।[18] कलाओं के क्षेत्र में कुरूपता की अभिव्यंजना के द्वारा सौन्दर्यानुभूति कराने में होने वाली कठिनाइयाँ 'जटिल' शब्द के द्वारा अभिव्यक्त की गयी हैं।

पाश्चात्य आचार्यों ने कुरूपता को सौन्दर्य के धरातल पर रखकर उसके द्वारा पूर्ण आनन्दानुभूति की सम्भावना को स्वीकार नहीं किया। उन्होंने केवल इस ओर संकेत किया है कि वह साहित्य या कलाओं में कैसे प्रवेश पा सकती है और उसका किस तरह उपयोग होता है। साहित्य या कला की पूर्णता प्रदान करने के लिए

सृष्टिगत सौन्दर्य एवं कुरूपता, दोनों की अभिव्यक्ति को आवश्यक माना है। जैसा कि अरस्तू कहते हैं, केवल पहचानने से कलागत कुरूपता आनन्ददायी नहीं हो सकती। रोमांटिक युग में कवि की भावना या कल्पना को प्रधानता देकर कुरूपता की समस्या को हल करने का कुछ प्रयत्न हुआ है। प्राचीन क्लासिकल पद्धति में कुछ विषय-वस्तुओं को उदात्त मानकर जो मूल्य दिया गया है, उसका तिरस्कार करके सृष्टिगत समस्त पदार्थों में सौन्दर्य दर्शन का प्रयास किया गया है। इस प्रयास में सृष्टिगत तथाकथित अल्पता या लघुता में भी उदात्तता का दर्शन हुआ है। यह सिद्ध किया गया है कि सौन्दर्य एवं कुरूपता सृष्टि-सम्बन्धी ही न होकर कलाकार की भावना-सम्बन्धी भी है अर्थात् जीवन-जगत् की कुरूपता साहित्य में भी कुरूपता ही हो, ऐसा आवश्यक नहीं माना गया।

## 4. तात्त्विक विश्लेषण

उपर्युक्त विवेचन से स्पष्ट हो जाता है कि कुरूपता के सम्बन्ध में दार्शनिकों में बड़ा मतभेद है। सामान्यतः सृष्टि में सौन्दर्य की तरह कुरूपता के अस्तित्व का भी स्पष्ट आभास प्रतीत होता है। लेकिन कुछ आचार्य उसे सौन्दर्य का निषेध मानते हैं तो कुछ उसकी भावात्मक सत्ता को स्वीकार करते हैं। सृष्टि को सत्य मानने पर द्वैत या द्वन्द्व की स्थिति को स्वीकार करना ही पड़ता है। अद्वैत की भावना में ही सौन्दर्य सत् होकर कुरूपता माया हो जाती है। तब वह सौन्दर्य का निषेधमात्र है। कला या साहित्य के क्षेत्र में कुरूपता का प्रवेश किसी-न-किसी रूप में अनिवार्य माना गया है लेकिन भारतीय आचार्य और कुछ पाश्चात्य समीक्षक रसानुभूति या सौन्दर्यानुभूति के रूप में उसका आनन्दात्मक पर्यवसान स्वीकार करते हैं तो कुछ अन्य पाश्चात्य चिन्तक उसे सौन्दर्य के अन्तर्गत मानने को तैयार नहीं हैं। वास्तव में करुण रस की अनुभूति में वेदना के संस्पर्श की तरह कुरूपता की अनुभूति में दुःख और जुगुप्सा का न्यूनाधिक संस्पर्श अवश्य रहता है। साहित्य की अनुभूति मानने पर ही उनकी पूर्ण आनन्दात्मकता स्वीकार की जा सकती है।

कुरूपता रूप की विकृति है। सौन्दर्य की तरह उसकी वस्तुनिष्ठ और व्यक्तिनिष्ठ, दोनों रूपों में व्याख्या की जा सकती है। वस्तुनिष्ठ रूप में वह गोचर वस्तुरूप की विशेषता है। आकृति की अस्वाभाविकता और कृत्रिमता से लेकर अवयव-लोप और संस्कारहीनता तक के अनेक पहलू या धर्म कुरूपता का बोध कराते हैं। जैसा कि पहले कहा जा चुका है कि रूप की विकलता, अव्यवस्था, अनौचित्य, असभ्यता और अशिष्टता में कुरूपता का दर्शन होता है। व्यक्ति की अनुभूति की दृष्टि से वस्तु से विमुख होना, मन में जुगुप्सा का उदय, उनसे दूर हटने की क्रियाशील प्रवृत्ति आदि कुरूपता के द्योतक हैं। वास्तव में सौन्दर्य और कुरूपता, दोनों की अनुभूति में वस्तु-धर्म और मानसिक प्रतिक्रिया का सामंजस्य ही नहीं होता, बल्कि वे एक-दूसरे को प्रभावित

भी करते रहते हैं। रूप की विकृति के कारण मन में प्रतिकूल प्रतिक्रिया उत्पन्न होती है तो उस प्रतिक्रिया में रंगकर वस्तु और भी विकृत तथा विकर्षक लगती है।

कुरूपता केवल बाह्य रूप-सम्बन्धी न होकर आन्तरिक, मानसिक या भावना-सम्बन्धी भी है। प्राकृतिक या जन्मजात का विकार दर्शक के मन में जुगुप्सा उत्पन्न न करके दया-करुणा का भी संचार कर सकता है। दूसरी ओर बाह्य आकृति का विकार जुगुप्साजनक होकर भी उतना भयानक नहीं होता, जितना मानसिक विकास और आकृति में उसका प्रतिफलन। चेतना के साथ सौन्दर्य का जो सम्बन्ध है, वही मानसिक विकृति के साथ कुरूपता का। इसीलिए रोजंक्रा का कहना है कि सबसे अधिक कुरूपता प्रकृति के विकृत रूप में नहीं, मानवीय मानसिक विकारों में है।[19] इसीलिए हमारे पुराणों में राक्षसों का वर्णन सबसे भयंकर कुरूपता का उदाहरण हो गया है। उनका रूप ही नहीं, उनकी भावनाएँ और चेष्टाएँ भी विकृत हैं। जीवन और साहित्य, दोनों में कुरूपता रूप की विकृति पर ही नहीं उसके प्रभाव पर भी निर्भर है। एमर्सन का कहना है कि कुरूपता का रहस्य अनियमित होने में नहीं, अनाकर्षक होने में है।[20] इस तरह तात्त्विक दृष्टि से कुरूपता के बाह्य और आन्तरिक दो पहलू या वर्ग हो जाते हैं। यद्यपि वस्तुतः दोनों अभिन्न और एक-दूसरे के पूरक हैं, फिर भी प्रधानता के आधार पर यह वर्गीकरण किया जाता है।

कुरूपता की आधारभूमि वस्तु के सम्बन्ध में मानव के मन की प्रतिकूल प्रतिक्रिया है। उस प्रतिक्रिया की चरम परिणति जुगुप्सा में होती है। इसीलिए मनुष्य सृष्टिगत कुरूपता से विमुख होता है। ऐसी परिस्थिति में प्रश्न उठता है कि साहित्य या कला में उसका ग्रहण क्यों किया जाता है? उस अनुभूति की क्या सार्थकता या मूल्य है? कुरूपता जीवन का सत्य है। उससे बचने का प्रयत्न करके भी मनुष्य उससे दूर नहीं रह सकता। सृष्टि की व्यापकता की दृष्टि से ही नहीं, मानवीय सौन्दर्य-बोध के विकास की दृष्टि से भी उसका अपना महत्त्व है। सृष्टि-बोध की समग्रता उसी पर निर्भर है। सौन्दर्य-बोध की गहराई उसी से प्राप्त होती है। उसके माध्यम से मनुष्य जीवन के अनेक नये मूल्यों से अवगत होता है। द्वन्द्वों के बिना सत्य, शिव और सुन्दर की पहचान नहीं हो सकती। इसलिए जीवन की गहराई में पैठने वाला कलाकार उसके दूसरे पहलू की उपेक्षा नहीं कर सकता। वास्तव में कुरूपता के द्वारा जुगुप्सा ही नहीं, अनेक अन्य भावनाओं का विकास भी होता है। इन भावनाओं के साथ जीवन के मूल्यों के सम्बद्ध हो जाने से कुरूपता की अनुभूति विकर्षणात्मक अवमूल्य के स्थान पर सौन्दर्य का मूल्य प्राप्त करती है।

सौन्दर्य के साथ तुलना में कुरूपता की वस्तुनिष्ठ विशेषताएँ स्पष्ट हो जाती हैं। रूप का औचित्य उसकी नैसर्गिकता में है, तभी वह आकर्षक या सुन्दर लगता है। प्रकृति के नियमों के विरुद्ध होने पर वह अनाकर्षक या कुरूप हो जाता है। कुरूपता की मात्रा, प्राकृतिक अनौचित्य या अनैसर्गिकता पर निर्भर है। कभी-कभी

अनैसर्गिकता कृत्रिम होने के कारण वस्तु को अनाकर्षक बना देती है, भले ही उसे बिल्कुल कुरूप न बना दे। प्राकृतिक नियमों के आधार पर सृष्टिगत कुरूपता का निर्धारण किया जाता है। तो तदनुरूपता के आधार पर मानव-निर्मित वस्तु या कला की कुरूपता का। नैसर्गिकता सौन्दर्य का तत्त्व और प्रवर्धक है तो उसका विपरीत कुरूपता का निर्धारक और प्रकर्षक।

कुरूपता का दूसरा पहलू रूढ़ नियमबद्धता है। नैसर्गिक रूप स्वच्छन्द होता है। इसी स्वच्छन्दता में प्रकृति का आकर्षण छिपा हुआ है। सृष्टि जहाँ कुछ प्राकृतिक नियमों से अव्यक्त बँधी हुई है, वहाँ उसका व्यक्त रूप स्वच्छन्द होकर नित्य नूतनता का आकर्षण उत्पन्न करता है। मानव-निर्मित रूप जब रूढ़ और स्थूल नियमों से बँधा रहता है, उसमें सौन्दर्य की प्रतीति नहीं होती। वह कुरूप न होने पर भी अनाकर्षक अवश्य है। इसी आकर्षणहीनता में वह कुरूपता की अनुभूति से मिलती-जुलती हो जाती है। रूप की कृत्रिमता भी नियबद्धता की तरह अनाकर्षण का कारण बन जाती है। कृत्रिमता एक ओर प्रकृति के विरुद्ध होने में है तो दूसरी ओर अधिक संस्कृत होने में है। नियमबद्धता और कृत्रिमता, ये दोनों तत्त्व यद्यपि कुरूपता के निर्धारक नहीं हैं, फिर भी सौन्दर्याभाव के निषेधात्मक रूप की कुरूपता की विशेषताएँ बन जाती हैं।

औचित्य-निर्धारण का एक आधार प्रकृति है तो दूसरा सामाजिक जीवन है। अप्राकृतिक रूप की तरह असामाजिक रूप में भी सौन्दर्य दर्शन नहीं होता। नैसर्गिकता की तरह सामाजिकता की मात्रा विधायक रूप में सौन्दर्य का उत्कर्ष करती है। सामाजिक मर्यादा, मान्यता और औचित्य के विरुद्ध होने पर रूप घृणा का विषय होकर कुरूपता की प्रतीति कराती है। सौन्दर्य और कुरूपता की मानवीय भावनाएँ सामाजिक दृष्टि से विकसित और विशेष प्रभावित होती हैं। इसीलिए आलंकारिकों ने कला के क्षेत्र में सामाजिक औचित्य के निर्वाह पर बल दिया है।

सत्य और शिव के साथ सौन्दर्य का जो सम्बन्ध है, वही सम्बन्ध असत्य और अशिव के साथ कुरूपता का है। सत्यासत्य और शुभाशुभ के विषय, मानवीय भावनाएँ और चेष्टाएँ हैं तो सौन्दर्य का विषय गोचर रूप है। कभी-कभी अमूर्त, रहस्यमय और व्यापक रूप धूमिल होकर इन्द्रियातीत-सा लगता है लेकिन वास्तव में वहाँ रूप की निश्चित रेखाओं के अभाव में रूपरहित होने का भ्रम ही उत्पन्न हो रहा है। वह विराट रूप का उदाहरण है जिसके ग्रहण के लिए सूक्ष्म कल्पना की आवश्यकता होती है। सारांश यह है कि सत्यासत्य और शिवाशिव के विषय सौन्दर्यासौन्दर्य के विषय से भिन्न होने के कारण उनके प्रतिमान भी अलग-अलग हैं। असत्य और अशिव का निर्धारण प्रधानतः सामाजिक आधार पर होता है तो कुरूपता का प्रधानतः प्राकृतिक आधार पर। ऐसी स्थिति में कुरूपता को केवल गोचर रूप-सम्बन्धी मानकर भाव एवं क्रिया-सम्बन्धी विकारों को सामाजिक-नैतिक दृष्टि से देखना चाहिए। इसलिए ईर्ष्या, भय, द्वेष, जुगुप्सा आदि भावनाएँ और पापकार्य कुरूपता के उदाहरण नहीं

हैं। जैसा कि पहले संकेत किया गया है, उनके रूप में प्रतिफलन से कुरूपता की अनुभूति रूप-विकृति की अनुभूति से अधिक तीव्र हो उठती है। जिस तरह रूप की सौन्दर्यानुभूति और उदात्त भावानुभूति एक ही तरह की आनन्दानुभूति देती हैं, उसी तरह रूप-विकास तथा भाव-विकार एक ही तरह की जुगुप्सा या ग्लानि उत्पन्न करती हैं। इसलिए दोनों के एक होने की भ्रान्ति उत्पन्न होती है लेकिन वास्तव में दोनों भिन्न-भिन्न हैं। असत्य या अशिव कुरूप न होकर उसके केवल संवर्द्धक हैं। पहले का मूल्यांकन सामाजिक-नैतिक दृष्टि से और दूसरे का सौन्दर्य-दृष्टि से करते हैं और करना भी चाहिए।

युगानुरूप जीवन-मूल्य बदलते रहते हैं। उनके अनुसार सामाजिक जीवन की मान्यताएँ निर्धारित होती हैं। उन सामाजिक मान्यताओं से प्रभावित मनुष्य की सौन्दर्य-भावना भी न्यूनाधिक बदलती रहती है। जीवन-मूल्यों और सामाजिक मान्यताओं के परिवर्तन से सौन्दर्य असौन्दर्य-सा और असौन्दर्य सौन्दर्य जैसा प्रतीत होने लगता है। अपरिवर्तनशील आदर्शवादी दृष्टि सौन्दर्य को शाश्वत आध्यात्मिक सत्य मानती है लेकिन व्यावहारिक जगत् में सौन्दर्य और कुरूपता लौकिक धरातल पर ही निर्धारित होती हैं। प्रकृति का सौन्दर्य भी कोई शाश्वत सत्य नहीं है। मानवीय भावना के अनुसार प्रकृति के विविध पहलुओं में सौन्दर्य की प्रतीति होती रहती है। चूँकि सभ्यता की तरह मानवीय भावनाएँ अधिक और शीघ्र परिवर्तनशील नहीं हैं, सृष्टि के प्रति मनुष्य का आकर्षण शाश्वत-सा लगता है। लेकिन आकर्षण का आधार और उसकी दिशा कालक्रम में अवश्य बदल जाती है। जीवन के अन्य मूल्यों की तरह सौन्दर्य और कुरूपता भी सामाजिक मूल्य हैं और इसलिए उनमें परिवर्तन अवश्यम्भावी है। यह परिवर्तन आलम्बनगत और अनुभूतिगत, दोनों प्रकार का होता है।

कुरूपता सौन्दर्य की तरह व्यक्ति, देश और काल-सापेक्ष है। व्यक्ति की भावना एवं कल्पना तथा उसकी प्रकृति के अनुसार एक को दिखाई देने वाला सौन्दर्य दूसरे को दिखाई नहीं देता। पाश्चात्यों की नीली आँखें या रूपहले केश भारतीय दृष्टि में सुन्दर नहीं हो सकते। लेकिन व्यक्ति के संस्कारों के उन्नत होने पर समाज द्वारा कल्पित सौन्दर्य की सीमाएँ नष्ट हो जाती हैं। ऐसा कवि कहता है :

*"नील व्योम ने ढल अज्ञात*
*उन्हें नीलिमा दी नवजात;"*[21]

और

*"सामने शुक्र की छवि झलमल, पैरती परी-सी जल में कल*
*रुपहरे कचों में हो ओझल!"*[22]

कालक्रम में सामाजिक परिस्थितियों और मूल्यों के बदल जाने पर परम्परागत सुहागिन के रूप में सौन्दर्य नहीं दिखाई देता। पूरे नवीन संस्कारों से युक्त लोगों को वह रूप विरूप ही लगे तो भी आश्चर्य की बात नहीं है।

सभ्यता के विकास से उत्पन्न परिवर्तनों के कारण जिस तरह मानवीय सौन्दर्य एवं कुरूपता-सम्बन्धी मूल्य बदलते जा रहे हैं, उसी तरह मानवेतर सृष्टि-सौन्दर्य-सम्बन्धी भावनाएँ भी बदल रही हैं। सभ्यता के प्रभाव से मनुष्य प्रकृति से दूर हो गया है और दूर होता जा रहा है। कुछ समय बाद मनुष्य को आधुनिक सभ्यता के चिह्न मोटर, रेल, वायुयान आदि में ही सौन्दर्य दिखाई दे सकता है।[23] प्राचीनों के लिए जुगुप्साजनक अनेक दृश्यों में आधुनिकों को सौन्दर्य दिखाई दे रहा है। आधुनिकों के लिए सुन्दर अनेक विषय प्राचीनों की दृष्टि में गर्ह्य थे। सभ्यता के विकास के साथ मनुष्य सृष्टिगत सौन्दर्य को छोड़कर मानव-निर्मित वस्तु-समुदाय में सौन्दर्य ढूँढ़ रहा है।

## 5. सौन्दर्यरहित स्थिति

इस सन्दर्भ में यह प्रश्न भी उठता है कि क्या सौन्दर्य एवं कुरूपता से भिन्न सौन्दर्यरहित स्थिति (Non-beauty) भी होती है? दैनिक जीवन में कुछ वस्तुएँ सुन्दर होकर मनुष्य को आकृष्ट करती हैं, कुछ अपनी कुरूपता के कारण जुगुप्सा उत्पन्न करती हैं तो और कुछ सुन्दर एवं कुरूप, दोनों न होकर सामान्य लगती हैं और इसलिए उपेक्षित भी होती हैं। लेकिन वास्तव में वे वस्तुएँ सौन्दर्यांश से रहित पूर्ण असौन्दर्य या कुरूपता के उदाहरण हैं। सौन्दर्य से पूर्ण सन्तोष प्राप्त होता है। उसकी न्यूनताएँ अर्थात् अपूर्ण सौन्दर्य जुगुप्सा उत्पन्न करती हैं। वस्तुगत विकास जितना अधिक होता है, उसी मात्रा में सौन्दर्यानुभूति कम होकर जुगुप्सा की अनुभूति होने लगती है। सौन्दर्य का अंशमात्र भी न होने पर उत्पन्न जुगुप्सा से उस वस्तु की उपेक्षा की जाती है क्योंकि उसमें आकृष्ट करने के लिए सौन्दर्य का लेश भी नहीं रहता। कलाओं में सौन्दर्यरहित स्थिति के सम्बन्ध में क्रोचे का कहना है कि कलात्मक अनुभूति में सौन्दर्य एवं कुरूपता का अन्तर करने वाली चेतना संघर्ष तथा विरोध पर आधारित है। जैसे-जैसे हमारा ध्यान जटिल से सरल अभिव्यंजना की ओर जाता है, यह चेतना दुर्बल होती जाती है और यह भ्रान्त धारणा उत्पन्न होती है कि सौन्दर्य एवं कुरूपता से मुक्त सरल प्राकृतिक अभिव्यंजना हो सकती है।[24]

वास्तव में सौन्दर्य एवं कुरूपता का द्वन्द्व अपनी चरम स्थिति में भी समाप्त नहीं हो जाता, इसलिए सौन्दर्यरहित स्थिति होने का प्रश्न ही नहीं उठता। दार्शनिक दृष्टि से जो भी कहें, दैनिक जीवन में हम कुरूपता की अपेक्षा तथाकथित उपेक्षणीय सौन्दर्यरहित स्थिति को अधिक सौन्दर्यात्मक मूल्य दे रहे हैं। लेकिन सृष्टि में रूपरहित अभिव्यक्ति नहीं हो सकती। पंचभूतों से सृष्टि का विकास ही रूपधारण है। कुछ वस्तुएँ प्राकृतिक तथा मानव-निर्मित दोनों ही, कुछ सन्दर्भों में, कुछ क्षणों में, मानव-मन को स्पन्दित नहीं कर सकतीं। उन परिस्थितियों में वे मनुष्य से उपेक्षित हो जाती हैं लेकिन इस आधार पर उनको सौन्दर्यरहित नहीं कहा जा सकता। परिस्थितियों के बदलने पर जब मनुष्य का मन उन वस्तुओं पर केन्द्रित होता है तो वे मानव-मन को स्पन्दित कर सकती हैं।

## 6. जीवन-जगत् में कुरूपता

यह जीवन-जगत् सौन्दर्य से भरकर जिस तरह मनुष्य को आकृष्ट करता रहा है, उसी तरह अपनी कुरूपता की झाँकियों से उसे विरक्त भी करता आया है। भावनाशील कवि तथा अनुरागी हृदय सृष्टि के सौन्दर्य पर मुग्ध होकर उसके साथ तदाकार परिणति प्राप्त करते हैं तो विरागी उसे माया ही नहीं कुत्सित तथा घृणित भी मानते हैं। मनुष्य की भावना के अनुसार सृष्टि के विविध पहलुओं पर उसकी दृष्टि जाती है और वह तदनुरूप अनुभूति पाते हैं। इस व्यक्तिनिष्ठ दृष्टि से सृष्टि के सौन्दर्यासौन्दर्य के ग्रहण के अतिरिक्त वस्तुनिष्ठ दृष्टि से भी उसके रूप पर विचार किया जा सकता है और किया गया है। सृष्टिगत सौन्दर्य और कुरूपता मनुष्य की दार्शनिक दृष्टि पर निर्भर है। शंकर के अद्वैत के अनुसार सृष्टि माया है तो प्रत्यभिज्ञा दर्शन के अनुसार वह ईश्वरीय अंश होने के कारण सत्य है। सृष्टि को माया मानने पर उसमें सौन्दर्य दर्शन का कोई प्रश्न ही नहीं उठता; सौन्दर्य और कुरूपता का द्वन्द्व मायाजन्य अज्ञान का परिणाम है। सृष्टि की सत्यता को स्वीकार करने पर अवश्य ही अन्य द्वन्द्वों के साथ सौन्दर्य और कुरूपता के द्वन्द्व का प्रश्न भी उत्पन्न होता है।

इस सन्दर्भ में सहज ही यह प्रश्न उठता है कि क्या सृष्टि में कुरूपता की सत्ता वास्तविक है और क्या वह प्रेक्षकों के लौकिक संस्कारों से उत्पन्न भ्रम नहीं है? लौकिक दृष्टि से सत्यासत्य और पाप-पुण्य की तरह सौन्दर्य एवं कुरूपता के द्वन्द्व को स्वीकार करना ही पड़ता है लेकिन आध्यात्मिक दृष्टि से जब मन पूर्ण सात्त्विक स्थिति में होता है, लौकिक द्वन्द्व समाप्त हो जाते हैं तथा पूर्ण सत्य, पूर्ण धर्म एवं पूर्ण सौन्दर्य का साक्षात्कार होता है, तब सब मिलकर एक ही ईश्वरीय चिति के रूप में प्रतीत होने लगते हैं। जब कवि प्रतिभासम्पन्न एवं कल्पनाशील ही न होकर 'नान्ऋषिः कुरुते काव्यम्' वाले भारतीय काव्यादर्श के अनुसार ऋषि भी होता है, तब वह जीवन-जगत् में द्वन्द्वातीत सौन्दर्य का दर्शन कर लेने में सफल होता है। पाश्चात्यों की दार्शनिक दृष्टि इस अद्वैत की स्थिति पर नहीं पहुँच सकी; इसलिए वे सृष्टि में सौन्दर्य एवं कुरूपता के द्वन्द्वों, उनके कारणों एवं सम्बन्धों पर ही विचार करते रहे। आनन्द की उपासना करने वाले भारतीय ऋषि वैदिक काल से ही सृष्टि के कण-कण में सर्वत्र द्वन्द्वातीत सौन्दर्य देख सके। प्रसाद जी के अनुसार वैदिक काल से ही आर्यों के दो वर्ग थे।[25] एक वर्ग के आर्य आत्मतत्त्व को प्रधानता देकर यज्ञों के द्वारा आनन्दोपलब्धि का प्रयत्न करते थे तो दूसरे वर्ग के लोग बुद्धि या विवेक को प्रधानता देकर सृष्टि को दुःखमय मानते थे। वे व्रात्य कहे जाने लगे। पहला वर्ग ईश्वरीय सृष्टि के सौन्दर्य में आनन्दोल्लसित होता था और दूसरा उसे क्षणिक माया मानकर निवृत्ति के मार्ग पर चलने लगा। कालक्रम में विकसित जैन एवं बौद्ध धर्म, शंकर का अद्वैत-विशिष्टाद्वैत आदि विवेकवादी या दुःखवादी आर्यों की विचारधारा के ही रूपान्तर हैं। प्रवृत्तिमार्गीय

भक्तों ने एक सीमा तक ईश्वर की लीलाभूमि के रूप में सृष्टिगत सौन्दर्य को कुछ प्रधानता दी और उसका आस्वादन भी कर सके। प्रवृत्ति मार्ग में प्रथम वर्ग के आर्यों के आनन्दवाद को विकसित करने वाले कश्मीरी शैव थे। शैवागमों में ईश्वरीय सौन्दर्य की प्रत्यभिज्ञा के लिए सृष्टिगत लौकिक सौन्दर्य आधार बना। प्रसाद जी ने 'कामायनी' के काम सर्ग में इस ओर सुन्दर संकेत किया है।

*''मैं देख रहा हूँ जो कुछ भी,*
*वह सब क्या छाया उलझन है?*
*सुन्दरता के इस परदे में,*
*क्या अन्य धरा कोई धन है?''*[26]

ईश्वरीय चिति के कारण ही सृष्टि का कण-कण सौन्दर्य से भरा हुआ है।

*''कर रही लीलामय आनन्द*
*महा चिति सजग हुई-सी व्यक्त,*
*विश्व का उन्मीलन अभिराम*
*इसी में सब होते अनुरक्त।।''*[27]

आत्मसाक्षात्कार होने पर जीव को सृष्टि में सर्वत्र सौन्दर्य ही गोचर होता है; असौन्दर्य या कुरूपता कहीं नहीं दिखलायी देती :

*''नर्तन में निरत, प्रकृति गलकर,*
*उस कान्ति सिन्धु में घुल-मिलकर;*
*अपना स्वरूप धरती सुन्दर*
*कमनीय बना था भीषणतर।।''*[28]

*''समरस थे जड़ या चेतन*
*सुन्दर साकार बना था,*
*चेतनता एक विलसती*
*आनन्द अखण्ड घना था।।''*[29]

इस प्रकार की आध्यात्मिक दृष्टि से सम्पन्न कवि लौकिक दृष्टि में तथाकथित कुरूपता को भी सुन्दर रूप प्रदान कर सकता है।

सृष्टिगत कुरूपता की अपनी सार्थकता है। उसके दर्शन से उत्पन्न जुगुप्सा, मानव-मन की स्पन्दनशीलता को बढ़ाती है। उसकी अनुभूति मानवीय चेतना के विकास और उसकी भावनाओं के परिष्कार में सहायक है। सौन्दर्यानुभूति प्रत्यक्ष विधायक रूप में मानव-मन का प्रसार करती है तो कुरूपता की अनुभूति, अप्रत्यक्ष और निषेधात्मक रूप में। सौन्दर्य के विरोधी तत्त्व के रूप में वह मनुष्य के सौन्दर्य-बोध का विकास भी करती है। कुरूपता सृष्टिगत सौन्दर्य की ओर मनुष्य का ध्यान आकृष्ट करके उसे उस सौन्दर्य की विधायक आध्यात्मिक चेतना की ओर उन्मुख करती है।

## 7. साहित्य में कुरूपता

क्रोचे का कहना है कि जीवन के सौन्दर्य या कुरूपता के साथ कला के मूल्यों का कोई प्रत्यक्ष सम्बन्ध नहीं है। कला का मूल्य केवल कलाकार की कल्पना या भावना पर आधारित है।[30] 'क्रोचे' के इस अभिमत को पूर्ण रूप से स्वीकार न करने पर भी इतना मानना ही पड़ता है कि जीवन और कला में एक स्वाभाविक अन्तर है। प्रकृति या जीवन नैसर्गिक है जबकि कला मानव-निर्मित। कला जीवन के प्रवाह का खण्डित रूप है। यह रूप किसी विशेष लक्ष्य, प्रयोजन, अनुभूति या अभिव्यक्ति की दृष्टि से प्रस्तुत होता है। उस दृष्टि के अनुसार जीवन में न्यूनाधिक परिवर्तन करने का कलाकार को अधिकार है। इस प्रयत्न में जीवन के सौन्दर्य और कुरूपता के स्वरूप और मूल्य भी बदल सकते हैं। जो हो, जीवन की कुरूपता साहित्य या कला में उसी रूप में प्रतिपाद्य नहीं हो सकती क्योंकि वह जीवन और साहित्य, दोनों में आस्वादनीय नहीं है। और किसी मूल्य से असम्बद्ध केवल कुरूपता की रुचि मानसिक विकृति ही समझी जायेगी। साहित्यकारों ने जीवन की कुरूपता को मुख्यतः तीन-चार रूपों में आस्वाद्य रूप प्रदान किया है।

(1) कवि कुरूपता के द्वारा सौन्दर्य को और उज्ज्जवल बना सकता है, सौन्दर्य एवं कुरूपता का अन्तर दिखाकर सौन्दर्य का मूल्य बढ़ा देता है। सौन्दर्य के विरोधी रूप में कुरूपता के चित्रण की पद्धति प्राचीनकाल से ही दिखाई देती है। आदिकवि वाल्मीकि ने राम के सौन्दर्य और शूर्पणखा की कुरूपता को एक-दूसरे के पार्श्व में रखकर इस तरह वर्णन किया है :

> *"सुमुखं दुर्मुखी रामं वृत्तमध्यं महोदरी।*
> *विशालाक्षं विरूपाक्षी सुकेशंताम्रमूर्धजा।।*
> *प्रीति रूपं विरूपा सुस्वरं भैरव स्वरा।*
> *तरुणं दारुणा वृद्धा दक्षिणं वामभाषिणी।।"*[31]

कवि जब कुरूपता को कुरूपता ही मानकर वर्णन करता है, तब वह आस्वाद्य नहीं हो सकती। जब वस्तु और पात्रों पर कवि की सहानुभूति नहीं होती, तभी इस तरह होता है। हमारे पुराणों में राक्षसों का रूप-वर्णन इसी प्रकार का है। इस पर प्रश्न उठाया जा सकता है कि क्या कवि जब शब्दों में राक्षसों की रूप-कल्पना करता है, तब उसके द्वारा चित्रित शब्द-बिम्बों में सौन्दर्य नहीं रहता है? लेकिन यह सौन्दर्य कवि के वस्तु-भाव-पल्लवन द्वारा निर्दिष्ट कुरूपता या असौन्दर्य की अनुभूति का अतिक्रमण नहीं कर सकता। इसलिए पाठक ऐसे अवसरों पर कवि की कल्पना या भावना-शक्ति की ही प्रशंसा करता है। या कुरूपता का यह प्रसंग पूरे काव्य की व्यवस्था में व्याप्त सौन्दर्यानुभूति के विरोधी रूप में अंग बनकर काव्यास्वादन को बढ़ा देता है। कवि शब्दांकित कुरूपता को एक सीमा तक सौन्दर्य-रूप अवश्य प्रदान

करता है, पर मूल्य और अनुभूति के परिवर्तन के बिना उसे आस्वाद्य नहीं बनाया जा सकता। सौन्दर्यानुभूति के लिए यह परिवर्तन, कवि को अभीष्ट और काव्य में निर्दिष्ट होना आवश्यक है।

(2) कलाकार जीवन-जगत् की कुरूपता का वर्णन करता हुआ पाठक को उसके द्वारा दूसरे मूल्यों की अनुभूति देने का प्रयत्न करता है। अज्ञेय कहते हैं :

*"मैं ही हूँ वह पदाक्रान्त रिरियाता कुत्ता*
*मैं ही वह मीनार शिखर का प्रार्थी मुल्ला"*[32]

*"मैं हूँ ये सब, ये सब मुझमें जीवित।"*[33]

यह कहकर वे दीन-दुःखी रूपों को ही प्रस्तुत नहीं कर रहे हैं बल्कि उन्हें नव-जीवन भी प्रदान कर रहे हैं। कुँवर नारायण मानव-मन के अन्दर और बाहर की खामोशी का भयंकर चित्र प्रस्तुत करके उस शान्ति में नयी चेतना की हलचल उत्पन्न करना चाहते हैं।

*"इन मुर्दा महलों की मीनारें हिल जायें,*
*इन रोगी ख़यालों की सीमाएँ धुल जायें,*
*अन्दर से बाहर आ सदियों की कुंठाएँ*
*बहुत बड़े जीवन की हलचल से मिल जायें।।"*[34]

कलाकार कुरूपता का वर्णन करके करुणा, क्रोध, भय, जुगुप्सा आदि भावनाओं की अनुभूति देता हुआ जीवन के किसी नग्न सत्य की अभिव्यक्ति या किसी उदात्त भाव का स्फुरण अवश्य करता है। यह कभी प्रत्यक्ष दिखाई देता तो कभी अप्रत्यक्ष रह जाता है। ऐसा न होने पर पाठक न कवि की भावना को स्वीकार कर सकता है और न उसका आस्वादन ही कर पाता है। साहित्य में कुरूपता का मूल्य निषेधात्मक है। इसलिए जब तक उस पर एक विधायक मूल्य का आरोप नहीं होता, वह मनुष्य के लिए ग्राह्य नहीं हो सकती।

(3) सामान्य व्यक्ति जिसे कुरूप समझता है, उसी में कलाकार सौन्दर्य देख लेता है। यह लोकोक्ति 'जहाँ न पहुँचे रवि वहाँ पहुँचे कवि' उसकी अन्तर्दृष्टि का प्रमाण है। शिव की कुरूपता का वर्णन करने वाले कवियों ने उस तथाकथित विरूपता में अनन्त सौन्दर्य भी देखा है। उस सौन्दर्य को पार्वती भी देखती हैं, लेकिन सखियाँ आश्चर्य करती हैं कि उस जोगिया में क्या देखकर पार्वती उसको इतना अधिक चाह रही है :

*"जोगिया एक हम देखलौं गे माई।*
*अनहद रूप कहलो नहि जाई।।*
*पंच बदन तिन नयन बिसाला।*
*बसन बिहिन ओढ़न बघछाला।।*

*सिर बहे गंग तिलक सोहे चन्दा।*
*देखि सरूप मेटल दुख दन्दा।।*
*जाहि जोगिया लै रहलि भवानी।*
*मन आनलि बर कोन गुन जानी।।*
*कुल नहि सिल नहि तात महतारी।*
*बएस हिनक थिक लछु जुग चारी।।*
*मन विद्यापति सुनु ए मनाइनि।*
*एहो जोगिया थिका त्रिभुवन दानि।।''*[35]

लेकिन विद्यापति 'अनहद रूप कहलो नहि जाई' कहने वाली सखियों के व्यंग्य में ही शिवजी के अनन्त सौन्दर्य को ध्वनित कर देते हैं।

(4) नवीनतम युग में कुरूपता की सार्थकता पहले से बिल्कुल भिन्न रूप में अभिव्यक्ति हो रही है। प्राचीन क्लासिकल साहित्य की द्वन्द्वात्मक दृष्टि में कुरूपता सौन्दर्य का विरोधी तत्त्व थी। रोमांटिक छायावादी साहित्य में कवि की भावना ने या तो उसे एक नवीन मानवतावादी मूल्य प्रदान किया है या अन्तर्दर्शन के द्वारा उसमें भी उदात्त सौन्दर्य देखने का प्रयत्न किया है। कहीं-कहीं लौकिक दृष्टि के द्वन्द्वों से ऊपर उठकर सृष्टि में सर्वत्र आध्यात्मिक सौन्दर्य ही देखा गया है लेकिन नवीनतम कलाकार कुरूपता को जीवन की व्यापक यथार्थता का अभिन्न अंग मानता है। ''वह सुन्दर को विरूप से पृथक् नहीं मानता, दोनों का सम्बन्ध अनिवार्य मानता है, क्योंकि 'रूप' उतना ही बड़ा सत्य है जितना विरूप, सुन्दर उतना ही बड़ा सत्य है जितना असुन्दर, जीवन उतना ही बड़ा सत्य है जितना जीवन-परिवेश। विरूपता अश्लीलता नहीं है, असुन्दर भोंडापन (Vulgarity) नहीं है, परिवेश खोखला नहीं है—इन सबका सौन्दर्य के पक्ष में महत्त्व है। ये सब सौन्दर्य को सम्पूर्ण बनाते हैं, उसके आयामों को विकसित करते हैं।''[36] जिस कला-अभिरुचि में जीवन के पंकिल और असुन्दर को सहन करने की क्षमता है, उसे उसकी सार्थकता देने का सम्बल है, वही सुधा का निर्माण कर सकता है, सुन्दर का भोग (Participate) कर सकता है, उसके आयामों को नयी तराश दे सकता है। जिसमें यथार्थ के इस पक्ष को वहन करने की शक्ति नहीं है, वह केवल कागजी सौन्दर्य के निर्माण का प्रदर्शन करता है, जल की फेनिल लहरियों को ही सत्य मानता है।''[37] ''असुन्दर को या विरूप को मात्र उसकी असुन्दरता और विरूपता के आधार पर तिरस्कृत नहीं किया जा सकता क्योंकि विरूपता और असुन्दरता भी सौन्दर्य-बोध के लिए एक विशेष महत्त्व और मूल्य की वस्तु है। असुन्दर सुन्दर का परिशिष्टमात्र नहीं है। वह सुन्दर की अभिव्यक्ति का माध्यम भी है। आज का यथार्थ मात्र उस सौन्दर्य पर प्रौढ़ नहीं हो सकता है और न ही जीवित अनुभूति दे सकता है जो जीवन में व्याप्त तिक्तता और असुन्दरता के प्रति मुँह मोड़कर एकांगी एकालाप गाता चलता है। जब हम जीवन के यथार्थ को

स्वीकार कर लेते हैं तो फिर उसकी विरूपता से बचने का कोई अर्थ ही नहीं है। इसका यह भी अर्थ लगाया जा सकता है कि नयी कविता का सौन्दर्य-बोध विरूपता और असुन्दरता को ही सौन्दर्य-बोध मानता है किन्तु ऐसा सोचना बहुत बड़ा भ्रम है। नयी कविता का सौन्दर्य-बोध जब यथार्थ को स्वीकार करता है तो यथार्थ सम्पूर्णता को भी स्वीकार करता है। ...जब आज के सौन्दर्य-बोध की समस्त चेतना लघु परिधि में व्याप्त लघु मानव से द्रवित होती है तो फिर उसके लिए यथार्थ का विरूप पक्ष भी एक सत्य है।''[38] 'दीपशिखा' की भूमिका में श्रीमती महादेवी वर्मा आक्षेप करती हैं कि ''यथार्थ द्रष्टा केवल विरूपताएँ चुनकर उनसे जीवन को सजा देता है।''[39] लेकिन वह भूल जाती हैं कि साहित्य या कला में विरूपता सौन्दर्यशास्त्रीय मूल्य ग्रहण करती है। क्रिस्टोफर काड्वेल का कहना है कि ''कुरूपता एक सौन्दर्यशास्त्रीय मूल्य है। सौन्दर्य और कुरूपता के बीच में विभाजन की निश्चित रेखा नहीं खींची जा सकती। सौन्दर्य और कुरूपता, गरिमा एवं लघुता, उदात्त तथा हास्यास्पद के विरोधी शब्द, सौन्दर्यशास्त्रीय रूप में प्रयुक्त होने पर एक-दूसरे को अन्तर्भुक्त कर लेते हैं तथा उनको उन भिन्न धर्मों के आधार पर निर्धारित करना चाहिए जिनसे वे विकसित हुए हैं।''[40]

## 8. विविध भावनाओं का विकास

सौन्दर्य की तरह कुरूपता भी जीवन-जगत् में सर्वव्यापी है। कवि की मनःस्थिति तथा भावना के अनुसार उसका प्रत्यक्षीकरण होता है। डूबती सन्ध्या में पहाड़ी को देखकर कवि कहता है :

*''वह विचित्र कुरूपता उनकी*
*विभा के पार्श्व में*
*है हो उठी कुछ और भी असमान।''*[41]

सौन्दर्य जिस प्रकार मनुष्य को स्पन्दित करता है, उसी तरह कुरूपता भी उसके मन को क्रियाशील बनाती है। कुरूपता को देखकर मनुष्य के मन में वेदना, क्रोध, भय और जुगुप्सा के अतिरिक्त हास्य भी उत्पन्न हो सकता है। प्राचीन कविता में हास्य की दृष्टि के लिए कुरूपता का वर्णन विशेष दिखाई देता है। विद्यापति ने नचारी के पदों में वर के लौकिक सौन्दर्य एवं रंगीन व्यवहार के विरोध में शिव के रूप और व्यवहार का इस तरह वर्णन किया है :

*''बाघक छाल जे बसहा पलानल*
*सांपक भीरल तंग।*
*डिमक डिमक जे डमरु बजाइन*
*खटर-खटर करु अंग।।*

*भकर भकर जे भांग भकोसथि*
*छटर पटर करु गाल।*[42]

नवीन जीवन की परिस्थितियों में विषमता, कटुता और निराशा कवि के हृदय को जब घेर लेती है तो उसकी रचना में 'औद्योगिक बस्ती' का वह करुण चित्र उतरता है:

*"पहाड़ियों से घिरी हुई इस छोटी-सी घाटी में*
*ये मुँहझौंसी चिमनियाँ बराबर*
*धुआँ उगलती जाती हैं।*
*भीतर जलते लाल धातु के साथ*
*कमकरों की दुस्साध्य विषमताएँ भी*
*तप्त उबलती जाती हैं।"*[43]

जीवन की इन विषम परिस्थितियों के कारण कवि प्रकृति को भी उदात्त रूप में प्रस्तुत करता है :

*"बादल ढँकी रात आती है*
*धूल भरी दीपक की लौ पर मन्द पग धर।*
*गीली राहें धीरे-धीरे सूनी होतीं*
*जिन पर बोझिल पहियों के लम्बे निशान हैं*
*माथे पर की सोच-भरी रेखाओं जैसे।"*[44]

आधुनिक कवि जीवन-जगत् की कुरूपता को देखकर क्रुद्ध होता है, वर्तमान की उपेक्षा करके कल्पना-लोक में विहार करने वाले कवि पर व्यंग्य करता है :

*"वह क्यों गाये*
*इस वर्तमान के, अति कुत्सित बीभत्स अँधेरे के,*
*जड़ता के,*
*काले-काले क्रुद्ध गीत,*
*जब देख रहे उसके अधमुँदे नयन*
*क्षितिज के पार दूर गरिमा के गौरव से मण्डित स्वर्णिम अतीत।"*[45]

हिन्दी की नवीनतम काव्य-प्रवृत्तियों में प्रयोगवाद और नयी कविता में जीवन-जगत् की कुरूपता के आधार पर जुगुप्सा की भावना का अधिक प्रसार हुआ है। इसके विपरीत तेलुगु की नवीनतम 'दिगम्बर कविता' में जीवन की कुरूपता के विरुद्ध क्रोध की भावना सबसे अधिक प्रबल दिखाई देती है। वास्तव में यह क्रुद्ध युवा मानस का विद्रोह है जिसमें वर्तमान की निराशा के अतिरिक्त भावी जीवन की आशा तथा आस्था भी है।

कुरूपता से भय और जुगुप्सा की भावनाओं का विकास प्राचीन साहित्य में भी दिखाई देता है। तुलसीदास की कवितावली के सुन्दरकाण्ड तथा लंकाकाण्ड में

इसके अनेक सुन्दर उदाहरण मिल जाते हैं। कवि ने लंकादाह का भयानक चित्र इस प्रकार खींचा है :

*''लागि-लागि आगि, भागि-भागि चले जहाँ तहाँ,*
*धीय को न माय, बाप पूत न सँभारहीं।*
*छूटे बार बसन उधारे धूम धुन्ध अन्ध,*
*कहैं बारे बूढ़े बारि बारि बार-बार हीं।।*
*हय हिहिनात भागे जाते, घहरात गज,*
*भारी भीर ठेल पेलि रौंदि-खौदि डारहीं।*
*नाम ले चिलात बिललात अकुलात अति*
*तात तात, तौंसियत भोंसियत झारहीं।।''*[46]

युद्ध की जुगुप्साजनक विभीषिका का भी उतना ही सजीव वर्णन किया गया है :

*''ओझारी की झोरी काँधे, आंतनि की सेल्ही बाँधे,*
*मूंड के कमंडलु, खपर किए कोरि कै।*
*जोगिनी झुटुंग झुण्ड झुण्ड बनी तापसी सी,*
*तीर तीर बैठीं सो समरसरि खोरि कै।।*
*सोनित सों सानि सानि गूदा खात सतुआ से,*
*प्रेत एक पियत बहोरि घोरि घोरि कै।*
*तुलसी बैताल भूत साथ लिए भूतनाथ,*
*हेरि हेरि हँसत हैं हाथ हाथ जोरि कै।।''*[47]

तुलसी के काव्य में कुरूपता के द्वारा भय और जुगुप्सा के विकास के और भी अनेक उदाहरण मिल जाते हैं। यहाँ आश्रय के प्रति श्रद्धा और उसकी शक्ति पर प्रगाढ़ विश्वास के कारण रचना में सजीवता आ गयी है और कुरूपता भी संवेद्य रूप धारण कर सकी है। प्राचीनकाल की भयंकर कुरूपता स्थूल तथा बहिर्मुखी थी। प्राचीन राक्षसी रूप का वर्णन इसका प्रमाण है। आधुनिक काल की भयंकर कुरूपता अन्दर और बाहर के सूनेपन में है। इसलिए वह सूक्ष्म एवं मानसिक होकर अधिक भयानक प्रतीत होती है :

*''खण्डहरों के मूक और निस्पन्द से*
*उमड़े अकेले गीत।*
*ये भूत से निर्देह भयंकर*
*बेचैन काले व्यथित आतुर*
*तिमिर नुपूर के अकेले स्वर,*
*उमड़े अकेले गीत।''*[48]

कुरूपता से उत्पन्न प्रधान भावना जुगुप्सा है जिसका आधुनिक साहित्य में महत्त्वपूर्ण स्थान है। आधुनिक साहित्य में जुगुप्सा के आलम्बन प्राचीनकाल की

तरह सीमित नहीं रह गये हैं। यथार्थवादी दृष्टि के कारण तथाकथित रमणीय दृश्यों में भी नये कवि की जुगुप्साजनक कुरूपता दिखाई देती है। अज्ञेय की 'शिशिर की राका-निशा' में शान्ति और भव्यता नहीं :

> *"निकटतर-धँसती हुई छत, आड़ में निर्वेद*
> *मूत्र-सिंचित मृत्तिका के वृत्त में*
> *तीन टाँगों पर खड़ा नतग्रीव*
> *धैर्यधन गदहा।"*[49]

दीख पड़ता है।

## 9. हिन्दी साहित्य में कुरूपता की भावना

किसी जाति की सौन्दर्य-भावना उसकी आध्यात्मिक-सांस्कृतिक दृष्टि पर आधारित होकर युगानुरूप परिवर्तित होती रहती है। इस सौन्दर्य-भावना के अंग-रूप में कुरूपता का निषेधात्मक या विधायक ग्रहण भी उसी दृष्टि से प्रभावित होता है। प्रागैतिहासिक काल से ही भारतीय चिन्तन आदर्शोन्मुख और आध्यात्मिक रहा इसलिए भारतीयों ने जीवन और साहित्य में सौन्दर्य को जितना महत्त्व दिया उतना कुरूपता को नहीं। आध्यात्मिक अद्वैत की पराकाष्ठा पर पहुँचकर उन्होंने जीवन के अन्य द्वन्द्वों की तरह सौन्दर्य और कुरूपता के द्वन्द्व को भी मिथ्या मानकर भूमा के व्यापक आनन्द का अनुभव किया। लेकिन भारतीय दृष्टि शुद्ध आध्यात्मिक ही नहीं, लौकिक-अलौकिक की समन्वयकारी भी रही। लौकिक जीवन और व्यवहार में द्वन्द्वों को स्वीकार करना ही पड़ता है। इस तरह जीवन-जगत् में कुरूपता सौन्दर्य के विरोधी पहलू के रूप में स्वीकृत होकर साहित्य और कलाओं में अभिव्यक्त होती आयी। विशेषतः पौराणिक दृष्टि से प्रभावित साहित्य में अच्छाई के साथ बुराई का, सत्य के साथ असत्य का, सौन्दर्य के साथ कुरूपता का संघर्ष निरूपित होता रहा। जहाँ यह संघर्ष दोनों पक्षों की प्रबलता के साथ प्रधान रहा, साहित्य ने महाभारत की तरह यथार्थोन्मुख रूप ग्रहण किया। जहाँ इस संघर्ष में विरोध के बावजूद अच्छाई, सत्य और सौन्दर्य की विजय हुई या विजय दिखाई गयी, रामायण की तरह काव्य आदर्शोन्मुख रूप में ढलता गया। इसमें कुरूपता का उतना ही भयंकर चित्रण हुआ है, जितना यथार्थोन्मुख साहित्य में लेकिन उसकी प्रबलता और शक्ति की वैसी स्वीकृति नहीं हुई।

हिन्दी के प्राचीन साहित्य में, आदर्शोन्मुख जीवन की व्यवस्था में, सामान्यतः कुरूपता के स्वरूप को ही स्वीकृति मिली। यदि तुलसी को मध्य युगीन विकासोन्मुख संस्कृति का प्रतीक मानें तो उनकी रचना में कुरूपता निषेधात्मक रूप में प्रस्तुत की गयी है। यहाँ पर आदर्शीकरण की प्रवृत्ति आदिम युग की अपेक्षा अधिक तीव्र हो जाने के कारण, बुराई या कुरूपता की शक्ति को एक तरह से नकार ही किया गया। विकासोन्मुख संस्कृति की अवनति रीतिकाव्य में है। उदात्त अनुभूति और स्फूर्ति

के अभाव में आदर्श खोखला हो गया था और राधा-कृष्ण का स्मरण का बहाना आदर्श की बाहरी व्यवस्था का पालन मात्र था। ऐसी स्थिति में रीतिकालीन कवियों के सामने बुराई या कुरूपता की कोई समस्या ही नहीं थी। मध्ययुगीन ह्रासोन्मुख संस्कृति की अभिव्यक्ति तत्कालीन सिद्ध, नाथ आदि की गुह्य भावना और शृंगारी साधना में दिखाई देती है। वास्तव में यह महाभारत की परम्परा में यथार्थता की स्वीकृति न होकर उसकी विकृति-मात्र है। यह सच है कि सिद्ध, नाथ आदि ने कुछ आधुनिक उपन्यासकारों की तरह बुराई और विकृति को आदर्श सौन्दर्य रूप प्रदान नहीं किया। फिर भी वह जीवन और साहित्य में आकर्षण की केन्द्रबिन्दु अवश्य रही। इस तरह की रचनाओं में कुरूपता की झलक अवश्य मिल जाती है लेकिन सृष्टिगत मूल शक्ति के रूप में नहीं।

हिन्दी साहित्य के आदिकाल की धार्मिक रचना में कुरूपता 'रहस्य' को आकर्षक बनाने वाला माध्यम रही। घृणा के विषय को लेकर कवि साधकों ने अपनी भावनाओं की अलौकिक उदात्तता को सिद्ध करने का प्रयत्न किया। आदिकाल की दूसरी प्रवृत्ति वीरकाव्यों की रचना थी। इन प्रशस्ति काव्यों में कुरूपता का वर्णन केवल युद्धजन्य बीभत्स के रूप में हुआ।

*"रुंड मुंड पल षंड भुअ। मचि योगिनि बेताल।।*
*चिल्हनि भष जंबुक गहक। हर गुंथी गल माल।।*
*ले चिल्ही भ्रम्मिय सु भर। है हर सिद्धी रूप।।*
*बीर सीस चंगुल चपै। गाय ग्रधन्न अनूप।।"*[50]

अपने आश्रयदाता की महानता का यशोगान करने वाला कवि जीवन में बुराई या कुरूपता की सत्ता और शक्ति को कभी स्वीकार नहीं कर सकता। उनकी दृष्टि में वे बुराई को समाप्त करने वाले और सौन्दर्य के प्रतिरूप थे।

आदिकाल की तीसरी प्रवृत्ति शृंगारी थी जिसके प्रतिनिधि कवि विद्यापति थे। शृंगार में कुरूपता के लिए कोई स्थान नहीं रहता। लेकिन विद्यापति ने अपने शैवभक्ति के पदों में शिव की कुरूपता के वर्णन के द्वारा गिरिजा कल्याण के शृंगार और सौन्दर्य को चमका दिया। अप्रत्यक्ष रूप से यह कुरूपता भक्ति की साधन भी हुई। विद्यापति ने कुरूपता को सौन्दर्यशास्त्रीय मूल्य प्रदान करके उसे आस्वाद्य बनाया। वह ईश्वरीय होने के कारण अलौकिक ही नहीं, ईश्वरीय अंश के रूप में जीवन-जगत् का एक पहलू भी सिद्ध हुई। जीवन-जगत् में कुरूपता की कमी नहीं है लेकिन पार्वती की तरह उसे सहने और ग्रहण करने की आवश्यकता है। उसी में जीवन का आनन्द छिपा हुआ है। विद्यापति ने शृंगार रसाभास, हास्य और भक्ति के साधक रूप में कुरूपता का वर्णन अवश्य किया, लेकिन उसके द्वारा जीवन के एक महान सत्य की ओर भी संकेत हुआ। इस जीवन में प्रेम सदा सौन्दर्य पर ही आश्रित नहीं है, जीवन में कुरूपता की उपेक्षा नहीं की जा सकती और अनेक अवसरों पर महान से महान को भी उसे

स्वीकार करना ही पड़ता है। वह जीवन का एक पहलू है जिसे सहर्ष स्वीकृति के द्वारा आनन्दमय बनाया जा सकता है। कुरूपता के प्रति घृणा, जीवन में मानसिक क्षोभ को बढ़ाती जाती है। यह कुरूपता-दर्शन विद्यापति की आनन्दवादी दृष्टि का परिणाम है। तुलसी से तुलना करने पर स्पष्ट हो जाता है कि एक कुरूपता को आनन्दवादी दृष्टि से देखते हैं तो दूसरे शक्ति के द्वारा बुराई और कुरूपता का समापन चाहते हैं।

वास्तव में आदिकालीन और परवर्ती दरबारी काव्यों में, चाहे वे वीर काव्य हो चाहे शृंगारी, आनन्दवादी भोग-दृष्टि के कारण सौन्दर्य को ही प्रधानता मिली। यह वीर काव्यों की तरह कहीं रूढ़ है तो कही रीति काव्य की तरह विलासी। इन दोनों के बीच जीवन-सौन्दर्य के सजीव स्पन्दन का निरूपण करते हुए विद्यापति ने समस्त सृष्टि को, उसकी कुरूपता को भी, सौन्दर्य की सजीवता प्रदान की।

जीवन की आदर्शोन्मुख भावना पर आधारित भक्ति काव्य में कुरूपता जीवन की कोई जटिल समस्या नहीं थी। भक्त कवियों ने उसे केवल निषेधात्मक माना है जो जीवन की गतिविधि की संचालिका कभी नहीं हो सकती। नाथों और सिद्धों ने प्रेरणा लेकर निम्नवर्गीय चेतना को आदर्शोन्मुख रूप में ढालने का प्रयत्न करने वाले ज्ञानमार्गी कवियों ने उस वर्ग के जीवन की कुरूपता को चमत्कार का साधन बनाकर सौन्दर्य में पर्यवसित किया। कबीर की उलटबांसियों में इस ओर संकेत मिलता है। उनके रहस्यवाद या गुह्य भावना की आधारभूमि कुरूपता है जिसने आदर्शीकरण की प्रवृत्ति में जुगुप्साजनक रूप से मुक्त होकर सौन्दर्य रूप ग्रहण किया।

सूफी कवियों ने समस्त सृष्टि को ईश्वरीय सौन्दर्य से आपूर्ण मानकर कुरूपता की उपेक्षा की। लेकिन फारसी परम्परा में शृंगार को अपनी चरम सीमा पर बीभत्स के साथ सम्बद्ध करके कुरूपता-सम्बन्धी एक विशेष पहलू की ओर संकेत किया। अन्तर्मुखी भावना की तीव्र अनुभूति में सौन्दर्य और प्रेम, ऐन्द्रिय और लौकिक आनन्दानुभूति के धरातल से ऊपर उठकर कुरूपता और जुगुप्सा के विरोधी द्वन्द्वात्मक तत्त्वों के साथ मिल जाते हैं और ऐसी मनःस्थिति के द्वन्द्वों का भेदभाव नहीं रह जाता। यह कुरूपता का सौन्दर्य में साधारण आदर्शोन्मुख पर्यवसान न होकर सौन्दर्य की कुरूपात्मक परिणति है, जहाँ जुगुप्सा की अनुभूति आनन्दात्मक न होने पर भी लौकिक कुरूपता दर्शन की विमुखता से परे तीव्र भावात्मक स्थिति की द्योतक है।

कृष्णभक्त कवियों ने सूफियों की तरह सृष्टिगत आध्यात्मिक सौन्दर्य पर ही विशेष ध्यान दिया। अपनी आनन्दवादी दृष्टि के कारण जीवन में सौन्दर्य और प्रेम के मूल्यों को ही स्वीकृति दी। इसके विपरीत रामभक्त कवियों ने, विशेषतः तुलसी ने जीवन के आध्यात्मिक पहलू के साथ लौकिक सौन्दर्य-कुरूपता, अच्छाई-बुराई, सत्य-असत्य आदि द्वन्द्वों के अस्तित्व को स्वीकार किया, यद्यपि आदर्शवादी दृष्टि से दूसरे पर पहले की विजय दिखाई गयीं क्योंकि सौन्दर्य, अच्छाई और सत्य ईश्वरीय विभूतियाँ हैं। तुलसी ने कुरूपता को निषेधात्मक ही नहीं, विधायक अवमूल्य माना

है, इसलिए असत्य और बुराई के साथ उसे सम्बद्ध करके जीवन से उसके परिहार का मार्ग प्रशस्त किया। यह परिहार सत्य-धर्माश्रित सौन्दर्य के विकास-प्रसार पर आधारित है। कुरूपता तामसी और राजसी है। उसका सम्बन्ध असुरों से है। सात्त्विक धर्म से सम्बद्ध होने पर वह सत्य या धर्म की शक्ति का द्योतक है। ईश्वरीय अनन्त शक्ति ने दुष्ट-संहार के साथ जो विभीषिका उत्पन्न की वह जुगुप्सा नहीं, आनन्द उत्पन्न करती है। क्योंकि धर्म-सम्बद्धता में कुरूपता का मूल्य-परिवर्तन हो गया है। तुलसी ने कुरूपता को एक ओर द्वन्द्व का परिहार्य निषेधात्मक पहलू माना है तो दूसरी ओर ईश्वरीय लीला में उसे आदर्श रूप भी दिया है। कहीं-कहीं उन्होंने हास्य की सृष्टि के लिए भी कुरूपता का उपयोग कर लिया है। राक्षसों की दीन दशा के वर्णन में कुरूपता की ओर जो संकेत है, वह हनुमान के माध्यम से ईश्वरीय लीला के उत्कर्ष को प्रकट करता है :

*"लपट कराल, ज्वाल जाल माल दहूँ दिसि,*
*धूम अकुलाने पहिचाने कौन काहि रे?*
*पानी को ललात, बिललात, जरे गात जात,*
*परे पाइमाल जात, भ्रात! तू निबाहि रे।।*
*प्रिया तू पराहि, नाथ नाथ! तू पराहि, बाप*
*बाप, तू पराहि, पूत पूत, तू पराहि रे।*
*तुलसी बिलोकि लोग व्याकुल बिहाल कहै।*
*लेहि दससीस अब बीस चख चाहि रे।।*[51]

यहाँ पर कुरूपता जीवन का मूल्य न होकर अन्य मूल्यों का साधन मात्र है। अपनी शुद्ध आदर्शवादी दृष्टि के अनुसार तुलसी ने कुरूपता को जीवन का स्वतन्त्र मूल्य न मानकर धार्मिक, सामाजिक मूल्यों का साधक बनाया है। हिन्दी के प्राचीन कवियों में विद्यापति और तुलसी ही ऐसे कवि हुए जिन्होंने जीवन-जगत् की कुरूपता पर दृष्टि डाली और अपनी दृष्टि से उसका आदर्शीकरण किया।

कृष्णभक्त कवियों की तरह रीतिकालीन कवि भी जीवन के प्रति आनन्दवादी दृष्टि रखते हैं, लेकिन वे आध्यात्मिकता के स्थान पर लौकिक भोगवादी चेतना से परिचालित हैं। इसलिए रीतिकाव्य में ऐन्द्रिय लौकिक सौन्दर्य का ही उन्मेष हुआ है। रति-क्रीड़ा वर्णन के श्रृंगार-रसाभास में ही कुरूपता के संकेत मिलते हैं। रीतिकाल के राष्ट्रीय कवियों ने, विशेषतः भूषण ने वीर रस के अंग रूप में भयानक-बीभत्स का विस्तृत वर्णन किया है।

*तेरे त्रास बैरि-वधू पीवत न पानी कोऊ, पीवत अघाय धाय उठैं अकुलाई है।*
*कोऊ रहीं बाल, कोऊ कामिनी रसाल ते तौ, भई बेहवाल फिरैं भागी बनराइ है।*
*साहि के सपूत तुम आलम सुभानु सुनौ भूषन भनत तव कीरति बनाइ है।*
*दिल्ली को तखत तजि नींद-खान-पान-भोग सिवा-सिवा बकत-सी सारी पातसाइ है।*[52]

× × ×

*प्रेतिनी पिसाचरु निसाचर निसाचरिहू, मिलि मिलि आपुस में गावत बधाई है।*
*भैरो भूत-प्रेत भूरि भूधर भयंकर से, जुत्थ जुत्थ जोगिनी जमाति जोरि आयी है।*
*किलकि किलकि कै कुतूहल करति काली, डिम डिम डमरू दिगम्बर बजाई है।*
*सिवा पूछैं सिव सों समाज आजु कहाँ चली काहू पै सिवा नरेस भुकुटी चढ़ाई है।*[53]

तुलसी के काव्य की तरह यहाँ भी कुरूपता नायक की शक्ति का परिचायक और उसकी धार्मिकता के कारण जुगुप्साजनक न होकर ग्राह्य हुई है। कुरूपता का मूल्य-परिवर्तन तुलसी ने आध्यात्मिक दृष्टि से किया है तो भूषण ने लौकिक दृष्टि से। इस अन्तर को छोड़कर तुलसी और भूषण का दर्शन और वर्णन एक ही तरह का है।

पाश्चात्य संस्कृति और साहित्य के प्रभाव से आधुनिक हिन्दी साहित्य की प्रवृत्ति, प्राचीन से भिन्न अधिकाधिक यथार्थोन्मुख रूप में ढलती गयी। परिणामस्वरूप साहित्य में कुरूपता का व्यापक चित्रण होने लगा। साहित्यकारों ने जीवन में कुरूपता के अस्तित्व को ही स्वीकार नहीं किया, बल्कि जीवन में सार्थकता-सम्बन्धी उसका नवीन दर्शन भी प्रस्तुत करना प्रारम्भ किया। सम्भव है कि प्राचीनकाल में धार्मिक आदर्श ने सामाजिक जीवन को व्यवस्थित रूप में ढाला था और आधुनिक युग में आकर आदर्श की उस व्यवस्था के टूट जाने के कारण जो विच्छृंखलता आयी है, उसमें अधिक कुरूपता भरी हुई हो। युग-जीवन को प्रस्तुत करने में साहित्य उस कुरूपता से असम्पृक्त न रहा और न रह सकता है। सौन्दर्य दर्शन प्राचीन साहित्य की विशेषता थी तो असौन्दर्य दर्शन आधुनिक साहित्य की।

हरिश्चन्द्र और द्विवेदी-युगों में नवीनता का ग्रहण केवल सुधारवादी दृष्टि से हुआ। साहित्यकारों ने प्राचीन आदर्शवादी व्यवस्था में ही उसे ग्रहण किया और आधुनिक आवश्यकताओं के अनुसार उसमें परिवर्तन पर बल दिया। आदर्शोन्मुख व्यवस्था में भी सामाजिक-नैतिक प्रतिमानों की प्रबलता थी। इसलिए कुरूपता घृणा का विषय रही। शुद्धतावादी दृष्टि में सौन्दर्य, सत्य और अच्छाई की भव्य अनुभूति से तद्व्यतिरेक का परिहार प्रधान हो जाता है। प्राचीन कवियों की तरह द्विवेदी-युग तक के साहित्यकारों ने कुरूपता को सौन्दर्य के विरोधी निषेधात्मक रूप में ही स्वीकार किया है। उसे न सौन्दर्य का संवेद्य रूप मिला है और न मूल्य-परिवर्तन के साथ उसका आदर्शीकरण हुआ है। इस विषय में इन साहित्यकारों की दृष्टि तुलसी, भूषण आदि प्राचीन साहित्यकारों की दृष्टि की व्यापकता प्राप्त नहीं कर सकी। गुप्त जी के लिए कुरूपता द्वन्द्व का अंग मात्र है, सौन्दर्य के व्यापक रूप से सम्बद्ध या उसका पहलू नहीं है।

छायावाद-रहस्यवाद ने पहले की नैतिक मान्यताओं के स्थान पर आध्यात्मिक मूल्यों को अपनाकर द्वन्द्वों से परे उठने का प्रयत्न किया। संकीर्ण अर्थ में छायावादियों की दृष्टि कुरूपता की उपेक्षा करके सौन्दर्य पर ही केन्द्रित रही। लेकिन व्यापक

दृष्टि से उन्होंने द्वन्द्वों से परे समरसता को अपनाकर कुरूपता को व्यापक सौन्दर्य में गला दिया। ऐसी स्थिति में समस्त सृष्टि ईश्वरीय चिति के उन्मीलन के रूप में केवल सौन्दर्यमय दीखता है।[54] इसीलिए देवसेना कहती हैं कि "सृष्टि के कण-कण में सौन्दर्य का अपूर्व संगीत भरा हुआ है लेकिन सभ्यता के कारण विकृत मनुष्य का हृदय उससे स्पन्दित नहीं हो पा रहा है।"[55]

सौन्दर्य के साथ कुरूपता की यह अद्वैत भावना आदर्शवाद की पराकाष्ठा है। कविता की रमणीय कल्पना में ही उसकी शोभा हो सकती है। यथार्थोन्मुख और बौद्धिक गद्य साहित्य में द्विवेदी-युग की सुधारवादिता के बाद कुरूपता के अस्तित्व की स्वीकृति की ओर ही झुकाव दिखाई देता है। छायावाद के बाद प्रयोगवाद के साथ कविता के क्षेत्र में कुरूपता-सम्बन्धी जो दार्शनिक प्रवृत्ति पनपने लगी, वही कथा-साहित्य में प्रेमचन्द जी के बाद दृष्टिगोचर हुई। यहीं से सच्चे अर्थ में आधुनिक दृष्टि का विकास आरम्भ होता है और उसके साथ साहित्य में कुरूपता को अधिक प्रश्रय मिलने लगा है। वास्तव में इन नवीन साहित्यकारों ने कुरूपता का चित्रण ही नहीं किया बल्कि तत्सम्बन्धी एक 'दृष्टि' सामने रखी है। उनके लिए कुरूपता सौन्दर्य का विरोधी निषेध मात्र नहीं है और न उन्होंने उसे मूल्य-परिवर्तन के साथ आदर्श की परिधि में ग्रहण किया है। वह सौन्दर्य की तरह जीवन का सत्य है। उसकी स्वीकृति के बिना सौन्दर्य का व्यापक और गहरा बोध ही सम्भव नहीं है। उन्होंने अन्तर्मुखी भावात्मक दृष्टि से कुरूपता में सौन्दर्य-दर्शन का या उसे सौन्दर्यरूप प्रदान करने का प्रयत्न नहीं किया। कुरूपता की कटु अनुभूति और उससे उत्पन्न मानसिक चेतना का विकास, अपने में स्वयं मूल्यवान है और जीवन की व्यापक परिधि को गहराई देने वाला है। इस तरह कुरूपता को केवल घृणा का विषय नहीं माना जा सकता।

नवीनतम साहित्य में प्राकृतवाद ने सभ्यता और संस्कृति के आवरण को चीरकर विकृति को अपने प्राकृतिक रूप में दिखाया है तो उदात्तता ने उसके मूल्य को स्वीकार किया है। प्रयोगवादी उसके प्राकृत रूप और मूल्य के आधार पर नवीन दार्शनिक सार्थकता के अन्वेषण में लगे हुए हैं। सम्भव है कि नवीन साहित्य में कुरूपता या विकृति का चित्रण, जीवन के व्यापक परिपार्श्व में, असम्पृक्त न हुआ हो और अनेक अवसरों पर वासना का उत्तेजक सिद्ध हुआ हो। फिर भी आधुनिक युग में आकर कुरूपता-सम्बन्धी एक नवीन दार्शनिक चिन्तन की दिशा प्रस्फुटित होती जा रही है। प्राचीन काल में जहाँ कुरूपता की सत्ता ही स्वीकार नहीं की गयी, आधुनिक युग में आकर उसके व्यापक प्रभाव के आकलन का प्रयत्न भी हो रहा है।

## 10. नवीन सौन्दर्य-बोध

आधुनिक साहित्य में कुरूपता का विशेष चित्रण हो रहा है, लेकिन वह नये साहित्यकार की भावना में संवेद्य रूप प्राप्त करके ही प्रस्तुत हो रहा है। दूसरे शब्दों में, कुरूपता

को सौन्दर्यशास्त्रीय मूल्य प्राप्त हो रहा है। अन्यथा वह पाठकों के लिए ग्राह्य नहीं हो सकती है। नवीन सौन्दर्य-बोध, यथार्थता की गहराई में जाकर जीवन के दूसरे पहलू को, उसकी कुरूपता को संवेद्य बनाने का प्रयत्न कर रहा है।

*"उससे क्या नीचे उतर*
*थाहा था अनस्तित्व का सागर*
*पतनोन्मुख होकर?*
*दिग्भ्रम,*
*भटकन,*
*सीलन*
*कीचड़, काई*
*पाप, उबकाई*
*के स्तर छुए थे?"*[56]

नवीन सौन्दर्य-बोध का आग्रही कवि आक्षेप करता है कि :

*"आज की दुनिया में*
*विवशता,*
*भूख,*
*मृत्यु,*
*सब सजाने के बाद ही*
*पहचानी जा सकती है।*
*बिना आकर्षण के दुकानें टूट जाती हैं।*
*शायद कल उनकी समाधियाँ नहीं बनेंगी*
*जो मरने के पूर्व*
*कफ़न और फूलों का*
*प्रबन्ध नहीं कर लेंगे।"*[57]

इस सौन्दर्य-दृष्टि ने तथाकथित सौन्दर्य से हीन इस तरह के बिम्बों की सृष्टि की है :

*"कलैंडर दिसम्बर तक फटा है, ग्लास चनके हुए हैं, किताबों*
*के पन्ने फट-फटकर एक दूसरे से मिल गये हैं,*
*कान टूटने से प्यालियाँ कटोरियाँ बनी हुई हैं,*
*दीवारों पर लाल-काली मकड़ी-जालियाँ लिखी हैं,*
*टेबल-लैम्प में न बल्ब है न छतरी, मौसमी*
*फुलवाड़ी में सिर्फ डण्ठल और डाल हैं।"*[58]

क्रिस्टोफर कॉडवेल का कहना है कि जो युग प्राचीन परम्परा की सुन्दर वस्तुओं से सन्तुष्ट न होकर उनसे भिन्न, विद्रोही एवं क्रान्तिकारी सौन्दर्य की वस्तुओं की

सृष्टि करता है वही सबसे अधिक सौन्दर्यसम्पन्न युग है।[59] इसीलिए नयी कविता में 'रचनाक्रम में छूट गयी एक कड़ी का आह्वान,' 'सरकारी अस्पताल में एक लावारिस लाश के सिरहाने टेम्प्रेचर चार्ट पर लिखा गया वक्तव्य' आदि पर रचना हो रही है।[60]

प्राचीन कवियों ने शृंगार, करुण और वीर रसों को प्रधान मानकर साहित्य में सौन्दर्य को प्रमुखता दी। रौद्र, भयानक, बीभत्स आदि रस अंग रूप में ही दिखाई देते हैं। कुरूपता हास्य का आलम्बन बनकर नाटकों में कुछ महत्त्वपूर्ण स्थान पा सकी। आधुनिक काल में रोमांटिक छायावादी युग के बाद साहित्य में सौन्दर्य से असौन्दर्य या कुरूपता ही अधिक दिखाई दे रही है। काव्यवस्तु ही नहीं, उसे व्यक्त करने वाले अलंकार, प्रतीक, बिम्ब आदि भी कुरूपता सम्बन्धी हैं। नयी सभ्यता-सम्बन्धी विकार, नग्न सत्य और अनुदात्त भावनाएँ, कुरूपता-सम्बन्धी संकेतों के द्वारा ही प्रभविष्णु रूप में अभिव्यक्त किये जा सकते हैं। आधुनिक कवि हास्य की सृष्टि के लिए नहीं रौद्र, भयानक और बीभत्स रसों की व्यंजना के लिए कुरूपता को साधन के रूप में ग्रहण कर रहे हैं।

साहित्य में इस परिवर्तन के कारण स्पष्ट ही हैं। साहित्य आदर्श को छोड़कर वास्तविकता के पास आ गया है। वास्तविकता में अच्छाई से बुराई और सौन्दर्य से कुरूपता अधिक मिलती है। आर्थिक दृष्टि, औद्योगीकरण से उत्पन्न परिस्थितियों, महानगरों के विकास और युद्धों ने आधुनिक जीवन में सौन्दर्य को समाप्त कर दिया है। कृत्रिम सभ्यता के विकास के साथ आत्म-वंचना और आत्मगोपन की प्रवृत्तियाँ बढ़ गयी हैं। इन परिस्थितियों में कवि या तो सेक्स की उत्तेजनाओं के प्रवाह में बह रहे हैं या निराशा के गर्त में गिर रहे हैं। थोड़े ही कवि परिस्थितियों का सामना करते हुए जीवन की पंकिलता को दिखाने का प्रयत्न कर रहे हैं। दोनों रूपों में कवियों की भावनाएँ कुरूपता के चारों ओर मँडरा रही हैं। जब कवि कुरूपता की आराधना न करके परिस्थितियों के अनुसार उसमें जीवन के किसी सत्य या मूल्य को दिखाता है, तब नवीनतम कविता उपेक्षणीय या तिरस्करणीय नहीं रह जाती।

यह सम्भव है कि प्राचीन संस्कारों की प्रबलता के कारण कुछ वर्ग या कुछ व्यक्ति नयी कविता का आस्वादन न कर पायें लेकिन कालक्रम में संस्कारों का परिवर्तन अनिवार्य है। तब मनुष्य की सौन्दर्य-भावना ही पूरी बदल सकती है। वास्तव में नये कवियों का साहित्यिक दृष्टिकोण और सौन्दर्य-बोध क्रान्तिकारी है जिसमें कुरूपता भी सौन्दर्य बनती है। अज्ञेय कहते हैं :

*"मिट्टी के नीचे*
*जहाँ एक बुदबुदाता अन्धकार था*
*कीड़े आँख-ओट कुलबुलाते थे*
*रिसता था जिसकी नस-नस में*
*मैल किस-किस का और कब-कब का"*

मिट्टी के नीचे
बुदबुदाते अन्धकार में
पौधे की जड़ क्रियमाण थीं।"[61]

मिट्टी के नीचे इस कीचड़ में जिस तरह पौधे का विकास होता है उसी तरह साहित्य-सर्जना में भी कवि जीवन के मैलेपन से रस-ग्रहण करता है; उससे असम्पृक्त नहीं रह सकता। नया कवि कहता है कि :

*"ओ कुरूप बीभत्स सनातन*
*की प्रतिनिधि-प्रतिभा के आगर,"*

*"मुझमें जलते स्वर्ण बनोगे"*[62]

रस मानसिक आस्वादन की वस्तु है। इन्द्रियों की उत्तेजना करने वाली रचनाएँ साहित्य की संज्ञा नहीं पा सकतीं। भारतीय आलंकारिकों के अनुसार वासना की उत्तेजना शृंगार रस न होकर रसाभास है। जो कुरूपता साहित्य में आस्वाद्य रूप न पाकर दैनिक जीवन की ही तरह जुगुप्सा उत्पन्न करती है, वह साहित्य के अन्तर्गत नहीं मानी जा सकती। रूप-विकार या भाव-विकार साहित्य में यथावत् ग्राह्य नहीं हो सकते। नयी कविता में ऐसे भी सन्दर्भ हैं, जहाँ कुरूपता वास्तविक जुगुप्सा में परिणत दिखाई देती है। वस्तुतः कुरूपता को सौन्दर्य में परिणत करने के लिए उसकी व्यंजना में संयम की बड़ी आवश्यकता है। कुरूपता का जुगुप्साजनक तीव्र प्रभावशाली वर्णन उसके आस्वादन में घातक सिद्ध होता है।

## सन्दर्भ

1. The Oxford English Dictionary, Vol XI, Ugly, P. 5-6
2. विश्वनाथ, साहित्यदर्पण, तृतीय परिच्छेद, श्लोक 240
3. धनंजय, दशरूपक, चतुर्थ प्रकाश, श्लोक 73
4. वही, श्लोक 80
5. विश्वनाथ, साहित्य दर्पण, तृतीय परिच्छेद, श्लोक 240
6. धनंजय, दशरूपक, चतुर्थ प्रकाश, श्लोक 73
7. A History of Aesthetic : Bernard Bosanquet, P. 57-58
8. Ibid., P. 116
9. Ibid., P. 226
10. Ibid., P. 301
11. Ibid., P. 355-356
12. Ibid., P. 396-397

13. Ibid., P. 402, 404 and 405
14. Ibid., P. 411
15. Ibid., P. 432
16. Benedetto Croce : Aesthetic, P. 99 and 77
17. The Encyclopaedia of Philosophy, Ed. Paul Edwards, Ugliness, P. 176
18. S. Alexander, Beauty and Other Forms of Value, P. 164
19. The ugliest ugliness is not that which disgusts as in objects of nature, in the swamp, distarted tree, in toads and reptiles, gogglex-eyed fish monsters, and massive pachyderms, in rats and monkeys; it is the egoism which reveals its madness in malacious and frivolus, gestrure, in the furrows drawn by passion, in the shifty look of the eye and in crime.
A History of Aesthetic : Bernard Bosanquet, P. 402
20. The secret of ugliness consists not in irregularity but in being uninteresting.
R.W. Emerson, Conduct of Life; Beauty
Cassell's Classified Quotations : W.G. Benham, P. 525
21. सुमित्रानन्दन पन्त, गुंजन, पृ. 48
22. वही, नौकाविहार, पृ. 203
23. इंजन के हेडलाइट-सा, शोरगुल के बीच सूरज निकल गया।
गार्ड की रोशनी-सा पीछे गुमसुम अब शुक्रतारा जा रहा है।।
—तीसरा सप्तक, सं. अज्ञेय, मदन वात्स्यायन, पृ. 146
24. And because the distinctive consciousness of the beautiful and of the ugly is based on the conflicts and contradictions in which aesthetic activity is developed, it is evident that the consciousness becomes attenuated to the point of disappearing altogether, as we descend from the more complicated to the more simple and to the simplest instances of expression. Hence the illusion that there are expressions neither beautiful nor ugly, those which are obtained without sensible effort and appeal easy and natural being considered such.
Benedetto Croce, Aesthetic, Translated by Douglas Ainslie, P. 79-80
25. जयशंकर प्रसाद : काव्य और कला तथा अन्य निबन्ध, पृ. 50-51
26. जयशंकर प्रसाद : कामायनी, काम सर्ग, छं. 28
27. जयशंकर प्रसाद, कामायनी, श्रद्धा सर्ग, छं. 36
28. वही, दर्शन सर्ग, छं. 46
29. वही, आनन्द सर्ग, छं. 100
30. Benedetto Croce, Aesthetic, P. 99
31. वाल्मीकि रामायण, अरण्यकाण्ड, सप्तदश सर्ग, श्लोक 9-10-11
32. तार सप्तक, सं. अज्ञेय, उषः काल की भव्यशान्ति, पृ. 285
33. तार सप्तक, सं. अज्ञेय, पृ. 285
34. तीसरा सप्तक, सं. अज्ञेय, खामोशी : हलचल, पृ. 258
35. विद्यापति की पदावली, सं. रामवृक्ष बेनीपुरी, पृ. 238
36. लक्ष्मीकान्त वर्मा, नयी कविता के प्रतिमान, पृ. 70
37. लक्ष्मीकान्त वर्मा, नयी कविता के प्रतिमान, पृ. 83
38. वही, पृ. 97
39. महादेवी वर्मा, दीपशिखा : चिन्तन के कुछ क्षण, पृ. 24-25

40. Ugliness itself is an aesthetic value... No where can we draw a distinct line and say, on this side lives the beautiful and on that the ugly. Beauty and ugliness, the noble and the pretty, the sublime and the rediculous, all these opposite terms, when used in an aesthetic way, involve each other, and must be determined by other, different qualities, from which they spring.
Christopher Caudwell, Further Studies in a Dying culture, P. 77-78
41. तार सप्तक, सं. अज्ञेय, नेमिचन्द्र, डूबती सन्ध्या, पृ. 13
42. विद्यापति की पदावली, पद 233
43. अज्ञेय, सं. विद्यानिवास मिश्र, औद्योगिक बस्ती, पृ. 110
44. तार सप्तक, सं. अज्ञेय, गिरिजाकुमार माथुर, भीगा दिन, पृ. 236
45. वही, नेमिचन्द्र, कवि गाता है, पृ. 10-11
46. तुलसी ग्रन्थावली, दूसरा खण्ड, कवितावली, सुन्दरकाण्ड, छन्द 15
47. वही, लंकाकाण्ड, छन्द 50
48. तार सप्तक, सं. अज्ञेय, गजानन माधव मुक्तिबोध, व्यक्तित्व और खँडहर, पृ. 70
49. तार सप्तक, सं. अज्ञेय, शिशिर की राका निशा, पृ. 286
50. संक्षिप्त पृथ्वीराज रासो, सं. हजारीप्रसाद द्विवेदी, कनवज्ज समय, छन्द 276-277
51. तुलसीदास, कवितावली, सुन्दरकाण्ड, छन्द, 16
52. भूषण (ग्रन्थावली), सं. विश्वनाथप्रसाद मिश्र, छन्द 480
53. वही, छन्द 413
54. प्रसाद, कामायनी, श्रद्धा सर्ग, छं. 36 और आनन्द सर्ग, छन्द 100
55. प्रसाद, स्कन्दगुप्त, पृ. 49
56. नयी कविता-3, धर्मवीर भारती, पूजागीत, पृ. 57
57. तीसरा सप्तक, सं. अज्ञेय, सर्वेश्वर दयाल सक्सेना, सौन्दर्य-बोध, पृ. 375
58. वही, मदन वात्स्यायन, स्वस्ति : मेरी बेटी, पृ. 155
59. And that age which is least able to rest content with the beautiful things of the past, that creates things beautiful to its eyes most different, most revolutionary and most insurgent, is precisely that age which seems to us most in possession of beauty.
Christopher Caudwell, Further Studies in a Dying Culture, p.78
60. नयी कविता 5-6, लक्ष्मीकान्त वर्मा, पृ. 166-179
61. अज्ञेय, सं. विद्यानिवास मिश्र, हमने पौधे से कहा, पृ. 46
62. तार सप्तक, सं. अज्ञेय, गजानन माधव मुक्तिबोध, सृजन-क्षण, पृ. 64

# परिशिष्ट

## सन्दर्भ-ग्रन्थ

### संस्कृत


1. अभिज्ञान शाकुन्तलम्, कालिदास
2. अलंकार सर्वस्व, रुय्यक, काव्यमाला, ई. 1939
3. उज्ज्वलनीलमणि, रूपगोस्वामी, अनु. कृष्णदास बाबा, कुसुम सरोवर, मथुरा, सं. 2022
4. उत्तररामचरित, भवभूति
5. ऋग्वेद
6. औचित्य विचार चर्चा, क्षेमेन्द्र, हरिदास संस्कृत ग्रन्थमाला, बनारस, ई. 1933
7. कठोपनिषद्
8. कादम्बरी, बाणभट्ट, सं. श्रीकृष्ण मोहन शास्त्री, चौखम्बा संस्कृत सीरीज ऑफिस, ई. 1961
9. काव्यप्रकाश, मम्मट, सं. डा. सत्यव्रत सिंह, चौखम्बा विद्याभवन, वाराणसी, ई. 1960
10. काव्यमीमांसा, राजशेखर, अनु. पण्डित केदारनाथ शर्मा, बिहार राष्ट्रभाषा परिषद, प्रथम संस्करण, ई. 1954
11. काव्यादर्श, दण्डी
12. काव्यानुशासन, हेमचन्द्र
13. काव्यालंकार, भामह
14. काव्यालंकारसूत्र, वामन, (व्याख्याकार) आचार्य विश्वेश्वर, प्रथम संस्करण, ई. 1954
15. किरातार्जुनीय, भारवि
16. कुमारसम्भव, कालिदास
17. गीतगोविन्द, जयदेव

18. दशरूपक, धनंजय, सं. डा. भोलाशंकर व्यास, चौखम्बा विद्याभवन, बनारस, ई. 1955
19. दृष्टान्तकलिकाशतक, कुसुमदेव, काव्यमाला, चतुर्दशगुच्छ, ई. 1938
20. ध्वन्यालोक, आनन्दवर्धन, व्याख्याकार आचार्य विश्वेश्वर, प्रथम संस्करण, ई. 1952
21. ध्वन्यालोक लोचन, अभिनवगुप्त, सं. पं. पट्टाभिराम शास्त्री, चौखम्बा संस्कृत सीरीज ऑफिस, बनारस, ई. 1940
22. भगवद्गीता
23. मेघदूत, कालिदास
24. रघुवंश, कालिदास
25. रसगंगाधर, पण्डितराज जगन्नाथ, सं.पं. बदरीनाथ झा और पं. मदनमोहन झा, चौखम्बा विद्याभवन, बनारस, ई. 1970
26. रामायण, वाल्मीकि, गीताप्रेस, प्रथम संस्करण, सं. 2017
27. वक्रोक्तिजीवित : कुन्तक, सं. डॉ. नगेन्द्र, ई. 1955
28. व्यक्ति-विवेक, महिम भट्ट
29. शब्दकल्पद्रुम, ई. 1961
30. शिशुपालवध, माघ
31. श्रीमद्भागवत, गीताप्रेस, गोरखपुर, तृतीय संस्करण, सं. 2023
32. साहित्यदर्पण, विश्वनाथ, सं. पं. शालग्रामशास्त्री, मोतीलाल बनारसीदास, ई. 1956

**हिन्दी**

1. अपरा, निराला, चतुर्थ संस्करण, सं. 2017
2. अज्ञेय, सं. विद्यानिवास मिश्र, प्रथम संस्करण
3. आकाशदीप, जयशंकर प्रसाद, तृतीय संस्करण, सं. 2002
4. आचार्य रामचन्द्र शुक्ल के समीक्षा-सिद्धान्त, डॉ. रामलाल सिंह, सं. 2015
5. आँधी, जयशंकर प्रसाद, तृतीय संस्करण, सं. 2001
6. आँसू, जयशंकर प्रसाद, पन्द्रहवाँ संस्करण, सं. 2023
7. आधुनिक कवि-2, सुमित्रानन्दन पन्त, सं. 2003
8. आधुनिक साहित्य की प्रवृत्तियाँ, डॉ. नामवर सिंह, प्रथम संस्करण
9. आधुनिक हिन्दी कविता में प्रेम और सौन्दर्य, डॉ. रामेश्वरलाल खण्डेलवाल, प्रथम संस्करण, सं. 2015
10. इरावती, जयशंकर प्रसाद, द्वितीय संस्करण, सं. 2001

11. उदात्त सिद्धान्त और शिल्पन, डॉ. जगदीश पाण्डेय, अर्चना प्रकाशन, आगरा, ई. 1964
12. एक घूँट, जयशंकर प्रसाद, दूसरा संस्करण, सं. 2004
13. कबीर ग्रन्थावली, सं. डॉ. श्यामसुन्दर दास, इण्डियन प्रेस लिमिटेड, चतुर्थ संस्करण, ई. 1928
14. कबीर वचनावली, सं. अयोध्या सिंह उपाध्याय, नागरी प्रचारिणी सभा, काशी, आठवाँ संस्करण, सं. 1996
15. कविता-कौमुदी, पहला भाग, सं. रामनरेश त्रिपाठी, आठवाँ संस्करण, ई. 1954
16. कामायनी, जयशंकर प्रसाद, सं. 2000
17. काव्य और कला तथा अन्य निबन्ध, जयशंकर प्रसाद, पंचम संस्करण, सं. 2015
18. काव्य में उदात्त तत्त्व, सं. डॉ. नगेन्द्र, द्वितीय संस्करण, ई. 1961
19. गुंजन, सुमित्रानन्दन पन्त, आठवाँ संस्करण
20. घनानन्द कवि, सं. आचार्य विश्वनाथप्रसाद मिश्र, सं. 2000
21. चिन्तामणि-1, आचार्य रामचन्द्र शुक्ल, ई. 1951
22. चिन्तामणि-2, आचार्य रामचन्द्र शुक्ल, सं. 2002
23. छाया, जयशंकर प्रसाद, पंचम संस्करण, सं. 2016
24. जायसी ग्रन्थावली, सं. आचार्य रामचन्द्र शुक्ल, चतुर्थ संस्करण, सं. 2017
25. जायसी ग्रन्थावली की भूमिका, आचार्य रामचन्द्र शुक्ल, ई. 1935
26. तार सप्तक, सं. अज्ञेय, द्वितीय संस्करण, ई. 1966
27. तीसरा सप्तक, सं. अज्ञेय, द्वितीय संस्करण, ई. 1962
28. तुलसी ग्रन्थावली, सं. आचार्य रामचन्द्र शुक्ल, चतुर्थ संस्करण, सं. 2015
29. तुलसीदास, निराला, षष्ठ संस्करण, सं. 2019
30. दीपशिखा, महादेवी वर्मा, पंचम संस्करण, सं. 2026
31. नयी-कविता-3, सं. डॉ. जगदीश गुप्त
32. नयी कविता-5-6, सं. डॉ. जगदीश गुप्त
33. नयी कविता के प्रतिमान, लक्ष्मीकान्त वर्मा, प्रथम संस्करण, सं. 2014
34. नयी कविता की सीमाएँ और सम्भावनाएँ, गिरिजाकुमार माथुर, प्रथम संस्करण, ई. 1966
35. नयी कविता स्वरूप और समस्याएँ, डॉ. जगदीश गुप्त, ई. 1969
36. नीरजा, महादेवी वर्मा, ई. 1942
37. पल्लव, सुमित्रानन्दन पन्त, पाँचवाँ संस्करण, सं. 2005
38. पृथ्वीराज रासो के दो समय, सं. डॉ. भगीरथ मिश्र, प्रथमावृत्ति, सं. 1919
39. प्रियप्रवास, हरिऔध, ई. 1948
40. बिहारी रत्नाकर, सं. जगन्नाथदास रत्नाकर, ई. 1955

41. बेलि किसन रुकमणी री, पृथ्वीराज, सं. ठाकुर रामसिंह और पं. सूर्यकरण पारीक, हिन्दुस्तानी अकादेमी, 1931
42. भूषण-ग्रन्थावली, सं. आचार्य विश्वनाथप्रसाद मिश्र, द्वितीय संस्करण, सं. 2017
43. भ्रमरगीत सार : सं. आचार्य रामचन्द्र शुक्ल, पंचम परिशोधित संस्करण, सं. 2004
44. मध्यकालीन साहित्य में अवतारवाद, डॉ. कपिलदेव पाण्डेय, ई. 1963
45. महाकवि सूरदास, आचार्य नन्ददुलारे वाजपेयी, ई. 1952
46. रत्नाकर ग्रन्थावली–भाग-1, नागरी प्रचारिणी सभा, सं. 2003
47. रसखान और घनानन्द, सं. बाबू अमीरसिंह, प्रथम संस्करण, ई. 1929
48. रसमीमांसा, आचार्य रामचन्द्र शुक्ल, प्रथम संस्करण, सं. 2006
49. रामचरितमानस, तुलसीदास, गीताप्रेस, सं. 2005
50. रीतिकाव्य की भूमिका, डॉ. नगेन्द्र, तृतीय संस्करण, ई. 1959
51. लहर, जयशंकर प्रसाद, द्वितीय बार, सं. 2001
52. लालित्य तत्त्व, डॉ. हजारी प्रसाद द्विवेदी, हिन्दी विभाग, पंजाब की वार्षिक गोष्ठी में प्रस्तुत प्रबन्ध, ई. 1963
53. वाङ्मय विमर्श, आचार्य विश्वनाथप्रसाद मिश्र, तृतीय संस्करण, सं. 2007
54. विद्यापति की पदावली, सं. श्री रामवृक्ष बेनीपुरी, द्वितीय संस्करण
55. सान्ध्यगीत, महादेवी वर्मा, पंचम संस्करण, सं. 2027
56. संस्कृति का दार्शनिक विवेचन, डॉ. देवराज, ई. 1957
57. संक्षिप्त पृथ्वीराज रासो, सं. आचार्य हजारी प्रसाद द्विवेदी और डॉ. नामवर सिंह, द्वितीय संस्करण, ई. 1957
58. साहित्य–रवीन्द्रनाथ ठाकुर, अनु. वंशीधर विद्यालंकार, हिन्दी ग्रन्थ रत्नाकर कार्यालय, बम्बई, द्वितीय संस्करण, ई. 1949
59. साहित्य शब्दकोश, सं. डॉ. धीरेन्द्र वर्मा, प्रथम संस्करण, सं. 2015
60. साहित्यिक निबन्ध, सं. डॉ. त्रिभुवन सिंह, प्रथम संस्करण, ई. 1970
61. सूर पंचरत्न, सं. लाला भगवानदीन, षष्ठ बार, सं. 2005
62. सूर सागर–दूसरा खण्ड, सं. आचार्य नन्ददुलारे वाजपेयी, चतुर्थ संस्करण, सं. 2026
63. सूर सागर–पहला खण्ड, सं. आचार्य नन्ददुलारे वाजपेयी, चतुर्थ संस्करण, सं. 2021
64. सौन्दर्य के तत्त्व, डॉ. कुमार विमल, प्रथम संस्करण, ई. 1967
65. सौन्दर्य तत्त्व, सुरेन्द्रनाथ गुप्त, अनु. आनन्द प्रकाश दीक्षित, प्रथम संस्करण, सं. 2017
66. सौन्दर्यशास्त्र, हरद्वारीलाल शर्मा, साहित्य भवन, इलाहाबाद, ई. 1953